Markenbewertung

Europäische Hochschulschriften

Publications Universitaires Européennes
European University Studies

Reihe V
Volks- und Betriebswirtschaft

Série V Series V
Sciences économiques, gestion d'entreprise
Economics and Management

Bd./Vol. 3045

PETER LANG
Frankfurt am Main · Berlin · Bern · Bruxelles · New York · Oxford · Wien

Lars-Gunnar Frahm

Markenbewertung

Ein empirischer Vergleich von Bewertungsmethoden und Markenwertindikatoren

PETER LANG
Europäischer Verlag der Wissenschaften

Bibliografische Information Der Deutschen Bibliothek
Die Deutsche Bibliothek verzeichnet diese Publikation in der Deutschen Nationalbibliografie; detaillierte bibliografische Daten sind im Internet über <http://dnb.ddb.de> abrufbar.

Zugl.: Hamburg, Univ., Diss., 2003

D 18
ISSN 0531-7339
ISBN 978-3-631-52242-4

www.peterlang.de

Für meine Mutter und für meinen Vater,
der die Fertigstellung dieser Arbeit leider nicht mehr miterlebt hat.

Geleitwort

Die Forschung in der Betriebswirtschaftslehre hat sich in den letzten 10 Jahren verstärkt mit dem Management von immateriellen Vermögensgegenständen beschäftigt, insbesondere im Hinblick auf Marken. Sowohl von Seiten der Praxis als auch der Forschung ist erkannt worden, dass Marken den oftmals mit Abstand wichtigsten Vermögensgegenstand von Unternehmen darstellen.

Vor diesem Hintergrund ist die Entwicklung eines geeigneten Instruments zur Markenbewertung von herausragender Relevanz. Die bisherige Forschung hat eine Fülle von Ansätzen zur Markenbewertung erarbeitet, ohne dass sich bisher auch nur näherungsweise ein Standard herausgebildet hat. Die vielfältigen bisherigen Ansätze verwenden unterschiedlichste Indikatoren für den Wert einer Marke, so z.B. die Markenbekanntheit, das Markenimage oder die Markentreue. Hier stellt sich die Frage, welche dieser Indikatoren für die Markenbewertung herangezogen werden sollten und inwiefern die Indikatoren zusammenhängen bzw. eigne Erklärungsbeiträge liefern können. Für den Fall, dass zumindest eine erhebliche Teilmenge der bisher verwendeten Indikatoren inhaltlich stark zusammenhängen (worauf einige vergleichende Studien hinzudeuten scheinen), ist die Auswahl der Indikatoren von nachrangiger Bedeutung und die verschiedenen bisherigen Maße sollten von den Messergebnissen in hohem Maße übereinstimmen.

Ein erstes Ziel der vorliegenden Arbeit besteht in einer empirischen Studie, die eine hohe Anzahl möglichst verschiedenartiger Markenwertindikatoren hinsichtlich ihrer Interdependenzen untersucht. Als Grundlage für diese Studie wird als zweites Ziel eine umfangreiche Analyse bisheriger Ansätze zur Markenbewertung durchgeführt. Neben einer Literaturrecherche wird hierfür auch eine umfangreiche Unternehmensbefragung durchgeführt. Insbesondere die aus dem Bereich der Praxis entwickelten Verfahren sind bislang nur unzureichend dokumentiert.

Die Lektüre des Buchs ist lohnenswert. So kommt der Autor zu dem Ergebnis, dass die meisten betrachteten Markenwertmaße bzw. -indikatoren in einem erstaunlich hohen Maße zusammenhängen. In der weltweit bisher umfangreichsten Vergleichsstudie wird herausgearbeitet, dass sich zumindest auf aggregiertem Niveau die allermeisten Markenwertmaße nur wenig unterscheiden. Weiterhin werden verschiedene in der Unternehmenspraxis häufig eingesetzte Verfahren anschaulich beschrieben. Viele dieser Verfahren haben bislang kaum Eingang in die Literatur gefunden.

Sowohl Wissenschaftler als auch Praktiker werden das Buch nutzbringend verwenden können. Ich wünsche dem Buch nicht nur im Bereich der Wissenschaft, sondern auch in der Praxis eine weite Verbreitung.

Hamburg, im Dezember 2003 Prof. Dr. Henrik Sattler

Vorwort

Marken sind oftmals überaus wertvoll und ihre Bedeutung als Marketing-Instrument steigt zunehmend – doch wie kann man ihren Wert messen? Wie sind die vielen verschiedenen Markenbewertungsverfahren zu beurteilen, welche methodischen Unterschiede beinhalten sie und warum kommen sie zu teils extremen Ergebnisabweichungen? Wie kann man in diesem wichtigen Forschungsgebiet einen Beitrag zur Schließung der vorhandenen Forschungslücken und zum Abbau der hohen Intransparenz leisten, so daß insbesondere auch Anwendern in der Unternehmenspraxis geholfen ist? Diese Kernfragen des hier bearbeiteten Themas haben mich von Anfang an fasziniert.

Die vorliegende Arbeit ist hauptsächlich während meiner Zeit als Wissenschaftlicher Mitarbeiter am Institut für Handel und Marketing der Universität Hamburg entstanden und wurde dort im November 2003 am Fachbereich Wirtschaftswissenschaften als Dissertation angenommen. Mein ganz besonderer Dank gilt meinem Doktorvater und akademischen Lehrer, Herrn Prof. Dr. Henrik Sattler. Seiner Anregung verdanke ich nicht nur dieses sehr interessante und überaus aktuelle Thema, sondern noch vieles mehr. Unsere vielen gemeinsamen Diskussionen, teils auch mit Vertretern von Marketing-Lehrstühlen anderer Universitäten, haben mich sehr angespornt, gefördert und bei der Erstellung dieser Arbeit ganz maßgeblich unterstützt. Nach seiner Rufannahme im Februar 2000 hat er am Institut eine freundschaftlich-kollegiale Atmosphäre geschaffen und so das tägliche Miteinander für alle Beteiligten immens bereichert. Unvergessen bleiben auch die zahlreichen Lehrstuhlausflüge; hier insbesondere das jährliche Bosseln und die Besprechung wesentlicher Inhalte meiner Dissertation im Kanu auf der Alster („Nee, is klar!"). Dies alles werde ich ihm nie vergessen. Herrn Prof. Dr. Karl-Werner Hansmann danke ich herzlich für die freundliche Übernahme und die schnelle Erstellung des Zweitgutachtens sowie Herrn Prof. Dr. Lothar Streitferdt für die Übernahme des Vorsitzes der Promotionskommission. Mein besonderer Dank gilt auch Herrn Prof. Dr. Heiner Hautau, bei dem ich während meines Studiums als Tutor und studentische Hilfskraft gearbeitet habe und der mich hierbei nachdrücklich zum Promovieren ermuntert hat. Mein Dank gilt auch Herrn Prof. Dr. Axel Bänsch dafür, daß er mich als Wissenschaftlichen Mitarbeiter eingestellt hat. Leider ist er knapp zwei Monate später dauerhaft erkrankt und folglich aus dem Dienst ausgeschieden, ohne daß wir Gelegenheit zur Zusammenarbeit hatten oder ein Dissertationsthema abstimmen konnten.

Während meiner Zeit am Institut hatte ich auch die Gelegenheit, mit ganz besonderen Kollegen zusammenarbeiten zu dürfen; hier sein vor allem Dipl.-Math. Adriane Hartmann, Dipl.-Kfm. Thomas Nitschke, Dr. Franziska Völckner, Dr. Markus Wilken und auch Dipl.-Kfr. Gwen Kaufmann genannt. Unsere freundschaftliche Zusammenarbeit, die vielen inspirierenden Diskussionen über promotionsbezogene, berufliche wie auch private Themen, die teils mehrfache Hilfe bei Durchsicht bzw. Korrektur des Manuskripts sowie nicht zuletzt der moralische Beistand bleiben unvergessen. Für das sehr nette Miteinander und vieles mehr sei auch unserer Lehrstuhl-Sekretärin Frau Jutta Haevecker sowie unseren studentischen Hilfskräften Torben Beilke, Mario Farsky, Nadine Hessler und Christian Reinstrom gedankt. Ebenso gilt mein herzlicher Dank Frau Aliaa Ali für ihre wertvolle Hilfe bei der Unternehmensbefragung. Überdies habe ich an der Universität Hamburg viele weitere nette Kollegen und Freunde kennengelernt, die meine Studien- und Promotionszeit sehr bereichert haben. Nicht unerwähnt bleiben darf auch meine Freundin Silke Mohr, die mir während der Endphase der Promotion und darüber hinaus stets zur Seite gestanden, dabei so manche meiner promotionsbedingten Launen gemildert und mich überdies in vielerlei weiterer Hinsicht jederzeit seelisch-moralisch unterstützt hat.

Auch ohne Kooperationspartner aus der Unternehmenspraxis wäre die Anfertigung dieser Arbeit nicht möglich gewesen. Hier sei Herrn Siegfried Högl, Herrn Dr. Oliver Hupp sowie Herrn Harald Schuster von der GfK AG in Nürnberg für die umfangreiche Unterstützung dieses Projekts, die Durchführung der Datenerhebungen und die außerordentlich gute Zusammenarbeit herzlichst gedankt. Für die Bereitstellung von Paneldaten und Bewertungsergebnissen des GfK-Markensimulators danke ich Herrn Dr. Raimund Wildner und Herrn Wolfgang Twardawa, ebenfalls von der GfK AG in Nürnberg. Mein Dank gilt auch Herrn Dr. Karl-Heinz Maul von der PwC Deutsche Revision / PricewaterhouseCoopers in Frankfurt für die finanzielle Unterstützung dieses Projekts.

Schließlich danke ich ganz besonders herzlich meinen Eltern Else und Alex Günter Frahm, denen dieses Buch gewidmet ist. Beide haben mir im Leben so vieles ermöglicht und mir während meiner Studien- und Promotionszeit eine Sicherheit gegeben, ohne die beides nicht möglich gewesen wäre. Mein Vater war sehr stolz auf mich und erzählte anderen immer gerne, daß sein Sohn der erste Doktor in der Familie sein wird. Leider hat er die Fertigstellung dieser Arbeit und den Abschluß des Promotionsverfahrens nicht mehr miterlebt. Ich bin mir sicher, daß er sich noch mehr als ich darüber gefreut hätte.

Hamburg, im Dezember 2003 Lars-Gunnar Frahm

Inhaltsverzeichnis

Abbildungsverzeichnis

Abkürzungsverzeichnis

Abb.	Abbildung
ACA	Adaptive Conjoint Analysis
AIDA	Attention - Interest - Desire - Action
BASS	Brand Assessment System
BEES	Brand Equity Evaluation System
BPI	Brand Potential Index
BSE	Brand Specific Earnings
BTL	Bradley/Terry/Luce-Regel
CAPM	Capital Asset Pricing-Modell
CBC	Choice Based Conjoint Analysis
DAX	Deutscher Aktien Index
DRSC	Deutsche Rechnungslegungs-Standards Committee
EAN	European Article Number
ESOMAR	European Society for Opinion and Marketing Research
FA	Faktorenanalyse
GfK	Gesellschaft für Konsumforschung
IASC	International Accounting Standard Committee
k.a.	Keine Angabe
MarkenG	Markengesetz
MCM	Marketing Centrum Münster
MDS	Multidimensionale Skalierung
ME	Mengeneinheiten
MMA	Madrider Markenabkommen
MMC	Mergers and Monopolies Commission
MT	Markentransfer
MW	Mittelwert
N	Stichprobenumfang
n.s.	nicht signifikant
o.O.	Ohne (Verlags-) Ortsangabe
OMPI	Organisation Mondiale de la Propriete Intellectuelle
PP	Preis-Premium
PwC	PricewaterhouseCoopers
SA	Standardabweichung
UK	United Kingdom
V	Variante
WA	Marken-Wahlanteil

1. Einleitung

1.1. Problemstellung

Hinsichtlich der zentralen Bedeutung der Marke als Marketing-Instrument herrscht auf Seiten der betriebswirtschaftlichen Forschung ein hohes Maß an Einigkeit. Marken können für ihren Inhaber einen hohen Nutzen stiften[1] und vermögen so einen Wert zu generieren, der als **Markenwert** (bzw. Brand Equity) bezeichnet wird. Unter dem Markenwert eines Produktes kann derjenige Wert verstanden werden, der mit dem Namen oder Symbol der Marke verbunden ist; es handelt sich um einen inkrementalen Wert, der gegenüber einem technisch-physikalisch gleichen, jedoch namenlosen Produkt besteht.[2] Somit stellt der Markenwert eine latente Variable dar, die nicht direkt beobachtbar bzw. meßbar ist, so daß nur eine indirekte Messung anhand von geeigneten Indikatoren erfolgen kann.[3] Trotz bestehendem Grundkonsens herrschen teils stark kontroverse Auffassungen hinsichtlich der Operationalisierung und Messung des Markenwerts vor. So wurde eine inzwischen kaum noch überschaubare Vielzahl an verschiedenartigsten Meßverfahren von Seiten der betriebswissenschaftlichen Forschung und der Unternehmenspraxis entwickelt, welche grob in die zwei Gruppen der nichtmonetären und der monetären Markenbewertungsverfahren unterteilt werden kann.

Aus der **verhaltenswissenschaftlichen Perspektive** wird der Markenwert durch die mit einer Marke verbundenen Wissensstrukturen beim Konsumenten begründet, welche nach Keller (1998) in die beiden wesentlichen Konstrukte Mar-

---

[1] Aus Sicht des Markeninhabers können Marken wertvoll sein, indem sie eine wachsende Erstkaufbereitschaft für das Markenprodukt bewirken, Loyalität bzw. Markentreue erzeugen und so Wiederholungskäufe begünstigen. Sie können bei Konsumenten eine Resistenz gegen Kaufalternativen von Konkurrenzprodukten schaffen, sie größere Suchaufwendungen nach dem Markenprodukt tätigen lassen und eine höhere Zahlungsbereitschaft induzieren, so daß in der Folge höhere Preise durchgesetzt und somit höhere Deckungsbeiträge realisiert werden können. Weiterhin können starke Marken die Effektivität der Marketing-Mix-Instrumente steigern, höhere Lizenzeinnahmen bewirken und Markentransfers ermöglichen. Vgl. Keller (1993), S. 8 f.; Biel (2001), S. 68 f. In Bezug auf den Handel vermögen Marken die Verhandlungsmacht des Herstellers zu stärken; es ist anzunehmen, daß sie Pull-Effekte induzieren und somit Kosteneinsparungen hinsichtlich Handelspromotions, Verkaufsaußendienst und Key-Account-Management bewirken. Vgl. Sattler (1997a), S. 196.

[2] Vgl. Aaker (1991), S. 15 f.; Sattler (1998c), S. 192.

[3] Sofern eine Marke durch Veräußerung den Besitzer wechselt, kann ihr Verkaufserlös als Äquivalent für den monetären Markenwert angesehen werden. Vgl. hierzu Abschnitt 2.3.2.3.2. In diesem Zusammenhang würde der Markenwert keine latente Variable darstellen, da der realisierte Verkaufserlös direkt erfaßbar ist.

kenbekanntheit und Markenimage unterteilbar sind.[4] Nach diesem Verständnis liegt der Markenwert nicht innerhalb des markenführenden Unternehmens, sondern spiegelt sich in den Köpfen der Konsumenten wider.[5] Entsprechend erfolgt seine Operationalisierung und Messung anhand von Konstrukten aus dem Bereich der Wissensstrukturen, welche als konsumentenbezogene Markenwertindikatoren Verwendung finden. Da diese nichtmonetären Wertmaße insbesondere wichtige Informationen hinsichtlich der Markenpositionierung und der Markenpräferenzen aus Konsumentensicht liefern, sind sie im Rahmen der Markenführung und -steuerung von hoher Bedeutung. Jedoch können sie nicht die ökonomische Wertschöpfung einer Marke widerspiegeln, welche nach verhaltenswissenschaftlicher Sichtweise auch explizit nicht im Mittelpunkt des Interesses steht. Bei einzelnen nichtmonetären Wertmaßen erscheint es indes möglich, sie als Basis für eine Transformation in einen monetären Wert zu verwenden.[6]

Die gegenpolige Sichtweise des Markenwerts stellt die **wertorientierte Perspektive** dar, welche an das Value-Based-Planning-Konzept[7] bzw. Shareholder-Value-Konzept[8] angelehnt ist. Hiernach stellen Marken einen immateriellen Vermögensgegenstand des Unternehmens dar, der mit dem Ziel der langfristigen Wertsteigerung zu führen ist.[9] Der Wert von Marken begründet sich aus der wertorientierten Perspektive in ihrer Fähigkeit, zukünftige Cash flows des mar-

---

[4] Diese Wissensstrukturen sind nicht abschließend festgelegt, sondern unterliegen einem stetigen Wandel, der sich hinsichtlich des Markenimage in der Regel langsam vollzieht, so daß man für dieses eine relative Konstanz postulieren kann. Markenbekanntheit hingegen kann unter Einsatz entsprechender Investitionen vergleichsweise kurzfristig aufgebaut werden. Insofern ist das Markenimage als die bedeutendere Grundlage des Markenwerts anzusehen. Vgl. Keller (1998), S. 87 ff.; Sattler (2001c), S. 134 und siehe auch Abschnitt 2.3.1.

[5] Vgl. Esch/Geus (2001a), S. 1031.

[6] Vgl. Sattler (1998c), S. 197 ff.; siehe auch Abschnitt 2.3.1. und Abschnitt 3.4.

[7] Nach dem **Value-Based-Planning-Konzept** wird die Bewertung einer Strategie auf Basis der durch sie induzierten zukünftigen Cash flows vorgenommen, deren Diskontierung unter Berücksichtigung von Risikoaspekten erfolgt. Das Konzept setzt den Fokus auf eine langfristige nachhaltige Erfolgsorientierung, welche von Shareholdern als bedeutendste Anspruchsgruppe gefordert wird. Vgl. Day/Fahey (1988), S. 45 f.

[8] Das **Shareholder-Value-Konzept** geht auf Rappaport (1986) zurück und stellt eine Übertragung des Value-Based-Planning-Konzepts auf den Bereich der Unternehmensbewertung dar. Diese erfolgt hier auf Basis der Barwerte zukünftiger, frei verfügbarer Zahlungsströme, deren Diskontierung anhand von risikogerechten Marktrenditen vorgenommen wird. Weiterhin werden sogenannte Werttreiber identifiziert, mit denen eine Nettowertsteigerung für das Gesamtunternehmen erreicht werden kann. Als einziges Unternehmensziel wird schließlich die Maximierung des Aktionärsvermögens postuliert, jedoch ist das Konzept nicht streng auf Aktiengesellschaften fokussiert, sondern kann auch auf andere Unternehmensformen übertragen werden. In der Unternehmenspraxis findet das Shareholder-Value-Konzept zunehmend breitere Akzeptanz und Anwendung. Vgl. Kunz (1998), S. 392 f.; S. 405.

[9] Vgl. Sattler (2001c), S. 145.

kenführenden Unternehmens zu beschleunigen (z.B. bei Neuprodukteinführungen), auszuweiten (z.B. durch Markentransfers) sowie das Risiko zukünftiger Cash flows zu reduzieren (z.B. durch geringeres Markenwechselverhalten infolge von Markenloyalität), wodurch sie einen Beitrag zur Steigerung des Unternehmenswerts leisten.[10] Entsprechend wird der Markenwert nach Sattler (1998c) als „*Kapitalwert abgezinster zukünftiger markenspezifischer Einzahlungsüberschüsse*"[11] definiert und ist als solches in Geldeinheiten quantifizierbar.

Trotz bestehender Auffassungsunterschiede können die verhaltenswissenschaftliche und die wertorientierte Perspektive zusammengeführt werden. Da die Wissensstrukturen einer Marke eine wichtige Basis für das Markenwahl- bzw. Kaufverhalten von Konsumenten darstellen, determinieren sie die zukünftigen markenspezifischen Cash flows. Somit können die Wissensstrukturen nach der wertorientierten Perspektive als ein langfristiges Investitionsobjekt verstanden werden und sind im Rahmen einer wertorientierten Markenpolitik mit dem Ziel einer langfristigen Markenwertsteigerung zu gestalten.[12] Insofern baut das wertorientierte Markenwertverständnis auf dem verhaltenswissenschaftlichen auf bzw. ergänzt dieses um den Fokus auf die ökonomisch nachhaltige Entwicklung des Markenwerts.

Betrachtet man Schätzungen der Werte von international erfolgreichen Marken, so werden diese teilweise auf zweistellige Milliarden Dollar-Beträge taxiert.[13] Diese hohe wertmäßige Relevanz macht ein zielgerichtetes Markencontrolling erforderlich, innerhalb dessen Informationen für Planung, Steuerung und Kontrolle einer Marke zu erfassen und aufzubereiten sind.[14] Eine zentrale Informationsgrundlage stellt hierbei der monetäre Markenwert dar, der anhand geeigneter Bewertungsverfahren regelmäßig erfaßt werden sollte. Bei dessen Messung treten jedoch verschiedene Probleme auf, die sich nach Sattler (2000a) in drei zentrale Bereiche unterteilen; einen Überblick dieser drei zentralen Problembereiche gibt Abbildung 1.

---

[10] Vgl. Srivastava et al. (1998), S. 9 ff.; Sattler (1998c), S. 192.

[11] Sattler (1998c), S. 192; diese Begriffsauffassung wird im weiteren Verlauf zugrundegelegt.

[12] Vgl. Sattler (2001c), S. 145.

[13] Vgl. z.B. o.V. (2001a); o.V. (2001b); Paoli/Fischer (2001); Kaeuffer (2001).

[14] Vgl. Kriegbaum (2001), S. 66 ff.

Abb. 1: Grundprobleme und Komponenten einer monetären Markenwertmessung

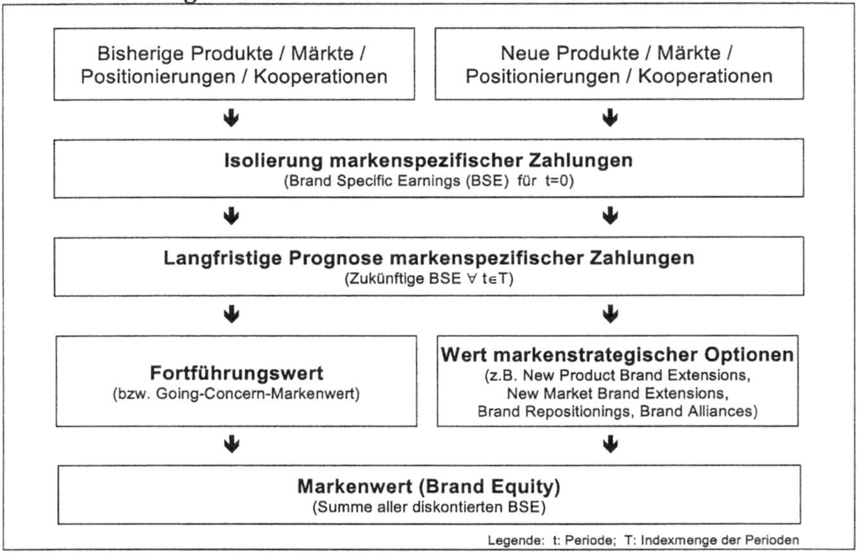

Quelle: in Anlehnung an Sattler (2000a), S. 226

Der erste Problembereich umfaßt die Separierung markenspezifischer Einzahlungsüberschüsse (bzw. Brand Specific Earnings) und wird als **Isolierungsproblem** bezeichnet.[15] Es besteht darin, die mit einem Markenprodukt erzielten Einzahlungen in den Anteil zu zerlegen, der durch das Produkt aufgrund seiner technisch-physikalischen Eigenschaften bedingt wird und auch dann bestünde, wenn es als No-Name ohne Marketing-Unterstützung abgesetzt würde, sowie den Einzahlungsanteil, der zusätzlich durch die Markierung geschaffen wird und als solches die Grundlage für den monetären Markenwert darstellt. Ebenso ist bei den Auszahlungen nach den produkt- und markenbedingten Komponenten zu differenzieren.[16] Zu letzteren zählen insbesondere Kommunikationsbudgets, welche vor allem durch Werbung und Verbraucherpromotions bedingt sind und zu Aufbau-, Umbau- sowie Erhaltungszwecken der Markenwissensstrukturen dienen. Weiterhin sind Distributionsbudgets relevant, welche durch Handelspromotions und Auszahlungen für den Verkaufsaußendienst und das Key-Account-Management bedingt sind, jedoch nur zum Teil der Marke zugerechnet werden können. Auszahlungen im Rahmen der Produktpolitik (bzw. Forschung und Entwicklung) sowie Herstellkosten des Markenprodukts können hingegen im

[15] Zum Isolierungsproblem siehe detailliert Sattler (2001c), S. 150 und S. 152 ff.

[16] Vgl. Sattler (2001c), S. 152 ff.

wesentlichen als produktspezifisch angesehen werden.[17] Während die Isolierung markenspezifischer Auszahlungen bislang kaum in der Literatur behandelt wurde, liegt hingegen zur Isolierung markenspezifischer Einzahlungen eine Reihe verschiedener Verfahren vor, die einen Lösungsbeitrag zu leisten vermögen.[18]

Den zweiten Problembereich stellt das **Prognoseproblem** hinsichtlich der zukünftigen markenspezifischen Wertschöpfung dar.[19] Da die Lebensdauer einer Marke anders als bei materiellen Wirtschaftsgütern nicht technisch begrenzt ist, sondern von Gestaltung und Pflege der Markenwissensstrukturen abhängt, können sich erfolgreich geführte Marken wie beispielsweise Coca-Cola, Marlboro, Nivea oder Persil schon seit einigen Jahrzehnten am Markt behaupten, ohne daß ein Ende ihrer Nutzungsdauer absehbar ist. Somit stellt die Schätzung zukünftiger markenspezifischer Einzahlungsüberschüsse ein komplexes Prognoseproblem dar, bei dem Zeiträume von mehr als zehn Jahren relevant werden können. Um den Markenwert als Kapitalwert abgezinster zukünftiger markenspezifischer Einzahlungsüberschüsse zu bestimmen, ist deren betragsmäßige Höhe sowie die Restlebensdauer der Marke zu schätzen; die resultierende Zahlungsreihe ist unter Berücksichtigung von Risikoaspekten zu diskontieren.[20]

Der dritte Problembereich umfaßt die **Bewertung markenstrategischer Optionen**, welche zum Ziel haben, die mit der Marke zukünftig zu erwirtschaftende Wertschöpfung langfristig auszuweiten.[21] In der Unternehmenspraxis finden als solche insbesondere Markentransfers[22] und Markenlizensierungen[23] eine häufige

[17] Vgl. Sattler (2001c), S. 153. Bei strenger Sichtweise wären hier auch Auszahlungen für die Entwicklung des Markenzeichens bzw. -namens, der durch die physikalische Markierung des Produkts bedingte Anteil der Herstellkosten und überdies Kosten des juristischen Markenschutzes zu berücksichtigen, da diese bei unmarkierten Produkten nicht bestehen.

[18] Vgl. Sattler (1998c), S. 197 ff. und siehe auch Abschnitt 2.3.

[19] Zum Prognoseproblem vgl. detailliert Sattler (2001c), S. 150 und S. 161 ff.

[20] Vgl. Smith (1997), S. 22 f.

[21] Zur Bewertung markenstrategischer Optionen vgl. detailliert Sattler (2001c), S. 151; S. 165 f.

[22] Hinsichtlich **Markentransfers** (bzw. Brand Extentions oder Markendehnungen) können im wesentlichen zwei Arten unterschieden werden: bei New Product Brand Extentions erfolgt die Übertragung eines etablierten Markenzeichens auf ein neues Produkt, um so die von Nachfragern in der Vergangenheit gebildeten Markenwissensstrukturen auf das neue Produkt zu transferieren. Eine New Market Brand Extentions liegt vor, wenn ein räumlicher Transfer der Marke in ein neues geographisches Absatzgebiet erfolgt, in dem die Nachfrager bereits Kenntnisse über die Marke des Ursprungsabsatzgebiets haben. Vgl. Sattler (2001c), S. 141 f. Zu den aus einer Markentransferstrategie erwachsenden Chancen und Risiken vgl. z.B. Aaker/Keller (1990); John/Loken/Joiner (1998); Sullivan (1992); eine Übersicht bietet Sattler (2001a), S. 146 ff.

Anwendung;[24] des weiteren können markenstrategische Optionen auch durch markenbezogene Unternehmenskooperationen[25] oder durch das Umpositionieren einer Marke[26] realisiert werden. Für alle Arten markenstrategischer Optionen ist zu konstatieren, daß sich deren monetäre Bewertung in besonderer Weise schwierig gestaltet, da hier nicht allein das Isolierungs- und das Prognoseproblem auftreten, sondern darüber hinaus mangels bisheriger Realisierung auch Unsicherheit über deren Erfolgswirkungen besteht. Obwohl markenstrategische Optionen Gegenstand zahlreicher Veröffentlichungen sind, steht die Forschung hinsichtlich ihrer monetären Bewertung in den Anfängen. Die speziell hierzu vorliegenden Untersuchungen beschäftigen sich insbesondere mit der Identifikation von Erfolgsfaktoren für Markentransfers.[27]

Sofern die Bewertungsgrundlage nur durch die bisherige Verwendung der Marke gebildet wird und keine mögliche Ausdehnung der Markenverwendung auf neue Produkte, Märkte, Kooperationen oder Positionierungen umfaßt, wird der

---

[23] Bei **Markenlizenzierungen** (bzw. Brand Licencing) vollzieht nicht das markenführende Unternehmen selbst den Markentransfer, sondern es erfolgt die Einräumung eines Markennutzungsrechts (Lizenz) durch den Markeninhaber an ein anderes Unternehmen, welches die Marke sodann für seine Produkte verwendet. Das Nutzungsrecht kann sich entweder auf Produkte beziehen, welche der Markeninhaber selbst nicht vermarktet (Sonderform einer New Product Brand Extension) oder auf Regionen, in denen der Markeninhaber selbst nicht mit seinen Produkten präsent ist (Sonderform einer New Market Brand Extension). Als Gegenleistung verpflichtet sich der Lizenznehmer zur Einhaltung vertraglicher Vorgaben und zur Zahlung einer Lizenzgebühr, deren Höhe zumeist in Form eines Prozentsatzes vom getätigten Umsatz vereinbart wird. Vgl. Binder (2001), S. 387 und siehe auch allgemein Schiele (1998); Braitmayer (1998); Kutz (2000).

[24] Vgl. Binder (2001), S. 387 f.

[25] **Kooperationen von markenführenden Unternehmen** (bzw. Brand Alliances) laufen zumeist darauf hinaus, Marketing-Mix-Instrumente für mehrere Markenprodukte zu bündeln. Im Rahmen der Markenpolitik erfolgt beispielsweise beim Co-Branding oder Ingredient Branding eine Markierung von einzelnen Produkten bzw. Leistungen durch mehre Marken; vgl. hierzu z.B. Baumgarth (2000); Freter/Baumgarth (2001); Kleinaltenkamp (2001). Im Rahmen der Kommunikationspolitik können Werbeaktivitäten (Co-Advertising) oder Promotionaktivitäten (Co-Promotion) für mehrere Marken zusammengelegt werden; vgl. hierzu z.B. Bergen/John (1997); Palupski/Bohmann (1994). Im Rahmen der Preispolitik können Bündelpreise für mehrere Markenprodukte gesetzt werden; vgl. hierzu z.B. Gaeth et al. (1990); Levin et al. (1996). Im Rahmen der Distributionspolitik können Einwirkungen hinsichtlich Platzierung oder Präsentation des Markenprodukts am POS (Handelskooperationen; Merchandising) erfolgen; vgl. hierzu z.B. Buchanan et al. (1999); Schuh (1995).

[26] **Umpositionierungen** (bzw. Brand Repositionings) bestehender Marken zielen darauf ab, die vorhandenen Markenwissensstrukturen durch Hinzufügung bzw. Veränderung zentraler Imagepositionen umzuwandeln, um so eine höhere Wertschöpfung zu erzielen. Vgl. Sattler (2001c), S. 151.

[27] Siehe hierzu insbesondere Sattler (2001a), S. 146 f.; Zatloukal (2002); Völckner (2003).

ermittelte monetäre Wert als **Fortführungswert** (bzw. Going Concern-Markenwert) bezeichnet. Wird der monetäre **Wert markenstrategischer Optionen** nicht erfaßt, entspräche dies ihrer Bewertung mit null Geldeinheiten, was aufgrund ihres teils erheblichen Wertschöpfungspotentials nicht angemessen erscheint.[28] Die Summe aus dem Fortführungswert und dem Wert markenstrategischer Optionen ergibt schließlich den (gesamten) monetären Markenwert (bzw. Brand Equity).

Bei der Berücksichtigung der drei zentralen Problembereiche kommen verschiedene **Markenwertindikatoren**[29] zum Einsatz. Über die Gesamtheit aller Markenbewertungsverfahren hinweg wird hierbei eine Vielzahl von Einzelindikatoren verwendet, welche in teils sehr unterschiedlichen Kombinationen zusammengestellt sind. Je nach betrachteten Verfahren erstreckt sich ihre Verwendung auf einzelne oder mehrere Problembereiche, innerhalb derer sie unterschiedliche Funktionen erfüllen und stets eine hohe wertdeterminierende Bedeutung inne haben. So werden Markenwertindikatoren teils unmittelbar zur Isolierung markenspezifischer Einzahlungsüberschüsse herangezogen (z.B. Preis-Premien).[30] Sofern bei einzelnen Verfahren eine Prognose zukünftiger markenspezifischer Einzahlungsüberschüsse erfolgt, basiert diese explizit oder implizit auf einer Reihe von Markenwertindikatoren.[31] Bei der Bewertung markenstrategischer Optionen sind überdies noch weitere Indikatoren zur Abschätzung der Erfolgswirksamkeit relevant,[32] welche im weitesten Sinne ebenfalls als Markenwertindikatoren aufgefaßt werden können. Die Auswahl geeigneter Indikatoren stellt somit eine zentrale Problemstellung im Rahmen der monetären Bewertung von Marken dar.

Bezüglich der **Eignung** einzelner Markenwertindikatoren für eine monetäre Markenwertmessung wie auch hinsichtlich der **Zusammenhänge** von Markenwertindikatoren herrscht jedoch in der Markenwertforschung noch immer weit-

---

28 Vgl. Sattler (2001c), S. 167.

29 Unter **Markenwertindikatoren** werden nachfolgend in einer weit gefaßten Sichtweise alle markenbezogenen Indikatoren verstanden, die innerhalb von monetären oder nichtmonetären Markenbewertungsverfahren verwendet werden. Hierbei wird zwischen einerseits **konsumentengerichteten Indikatoren** wie z.B. Markenbekanntheit, Markenimage, Markentreue, Preis-Premien und andererseits **marktgerichteten (bzw. ökonomischen) Indikatoren** wie z.B. Marktanteil, Marktpreis, Distributionsquote, Wiederkaufrate unterschieden.

30 Siehe hierzu Abschnitt 2.3.2.3.1.

31 Siehe hierzu z.B. die Ansätze von Interbrand, Brand-Finance, FutureBrand und GfK/PwC/Sattler, welche in den Abschnitten 2.4.2.3.1. bis 2.4.2.3.4. detailliert behandelt werden.

32 Als **Erfolgsfaktoren für Markentransfers** sind insbesondere die von potentiellen Konsumenten eingeschätzte Qualität des Markentransferprodukts sowie der Fit des Markentransferprodukts mit dem Muttermarkenprodukt relevant. Vgl. Zatloukal (2002), S. 217.

gehend Unklarheit. So ist ein Mangel an wissenschaftlichen Veröffentlichungen festzustellen, innerhalb derer solche Zusammenhänge systematisch auf breiter empirischer Basis analysiert werden. Bedeutende Untersuchungen zu dieser Thematik liegen bislang lediglich von Francois/MacLachlan (1995), Agarwal/ Rao (1996) und Mackay (2001) vor. Diese Studien weisen jedoch Beschränkungen hinsichtlich Anzahl und Art an untersuchten Markenwertindikatoren sowie in ihrer externen Validität auf; überdies kann auf Basis der jeweiligen Ergebnisse keine eindeutige Aussage über die Indikatoreneignung im Rahmen einer monetären Markenbewertung getroffen werden.[33] Aufgrund ihrer hohen Bedeutung für die Markenwertmessung ist der Stand der Forschung angesichts einer Vielzahl vorhandener Markenwertindikatoren mit jeweils ungewisser Verwendungseignung als unbefriedigend einzustufen. Dies gibt Anlaß für Untersuchungen, die eine hohe Anzahl verschiedenartigster Indikatoren einbeziehen, auf breiter empirischer Basis bestehende Zusammenhänge erforschen und die Indikatoreneignung für eine monetäre Markenwertmessung prüfen.

Um eine Übersicht der vorhandenen Markenwertindikatoren und ein tiefgreifendes Verständnis ihrer Verwendung und wertdeterminierenden Bedeutung im Rahmen einer monetären Markenbewertung zu erlangen, ist zuvor eine Analyse der bestehenden Bewertungsansätze vorzunehmen. In der jüngeren Vergangenheit wurde seitens der Wissenschaft und Unternehmenspraxis eine Reihe neuer monetärer Markenbewertungsansätze entwickelt, welche in die Verfahrensanalyse einzubeziehen sind. Jedoch erfassen selbst aktuellere wissenschaftliche Veröffentlichungen[34] nur einen kleinen Ausschnitt der insgesamt vorhandenen Markenbewertungsverfahren und vernachlässigen insbesondere die neueren Ansätze aus der Unternehmenspraxis. Da die derzeitige wissenschaftliche Diskussion hinsichtlich monetärer Markenbewertungsverfahren überdies auf einem teils veralteten Entwicklungsstand basiert,[35] erscheint eine umfassende empirische Bestandsaufnahme der Markenbewertungstools aus der Unternehmenspraxis notwendig. Hiermit wird gewährleistet, daß möglicherweise nur innerhalb dieser Verfahren verwendete Markenwertindikatoren aus den nachfolgenden Betrachtungen nicht systematisch ausgeschlossen werden.

---

[33] Diese drei Studien werden in Abschnitt 3.1. umfassend dargestellt und kritisch analysiert.

[34] Vgl. z.B. Esch/Geus (2001a); Sattler (2001c), S. 150 ff.; Kriegbaum (2001), S. 89 ff.; Maretzki (2001), S. 65 ff.

[35] Dies drückt sich beispielsweise darin aus, daß der **Interbrand-Ansatz** als eines der bekanntesten und renommiertesten monetären Markenbewertungsverfahren selbst in aktuelleren Veröffentlichungen noch immer in der veralteten Modellierung behandelt wird, obwohl Interbrand zwischenzeitig seine Bewertungsmethodik grundlegend umgestellt hat. Vgl. Trevillion/Perrier (1999), S. 34 ff.; Interbrand (1999; 2001); siehe auch Abschnitt 2.4.2.2.

Nachdem Markenmanagement und Markenbewertungen zuvor aus theoretischer Perspektive betrachtet wurden, soll nun auf deren Staus Quo in der **Unternehmenspraxis** fokussiert werden. Zu diesem Themenkreis bestehen drei bedeutende empirische Studien, welche sich auf deutsche Markenartikelhersteller konzentrieren; hierbei handelt es sich um PricewaterhouseCoopers/Sattler (2001)[36], Günter/Kriegbaum (1999)[37] und Drees (1999)[38].

Zunächst ist festzustellen, daß der Dialog mit der Unternehmenspraxis durch das umgangssprachlich begründete Mißverständnis erschwert wird, Marke und Markenprodukt seien identisch. So waren nur 12,4% der von Günter/Kriegbaum (1999) befragten Markenartikelhersteller der Auffassung, eine Marke sei ein Kennzeichen; für 35,7% stellte eine Marke ein markiertes Produkt dar und für 51,9% beides.[39] Dies ist insofern erstaunlich, da eine Marke aus juristischer Sicht durch §3, Abs. 1 des Markengesetzes eindeutig als Kennzeichen definiert ist.[40] Eine mangelnde Trennschärfe zwischen Marke und Markenprodukt hat überdies im Rahmen einer monetären Markenbewertung gravierende Auswir-

---

[36] In der explorativen Studie von **PricewaterhouseCoopers/Sattler (2001)** wurden die 100 größten deutschen Unternehmen sowie die Mitglieder des Deutschen Markenverbands über die Themenkreise der allgemeinen Markenbedeutung, den Gebrauch von Markenbewertungsinstrumenten sowie die Einsatzzwecke bzw. verfolgten Zielsetzungen von Markenbewertungen befragt. Die Befragung richtete sich an die jeweiligen markenverantwortlichen Spitzenführungskräfte; insgesamt konnten 126 Antworten von 403 ausgesandten Fragebögen ausgewertet werden. Vgl. PricewaterhouseCoopers/Sattler (2001), S. 7 f. und S. 17.

[37] Die Studie von **Günter/Kriegbaum (1999)** zum „State of the Art des Markenmanagements in Deutschland" umfaßt die Themenbereiche Markenverständnis, Markenverantwortung, monetäre Markenbewertung, Markensteuerung, Budgetierung von Marken sowie bislang etablierte Informationsbeschaffungs- und Anreizsysteme. Die schriftliche Befragung richtete sich an markenverantwortliche Führungskräfte aus 1015 Unternehmen der Gebrauchs- und Verbrauchsgüterindustrie innerhalb Deutschlands; insgesamt konnten 132 Antworten ausgewertet werden. Vgl. Günter/Kriegbaum (1999), S. 1 ff.

[38] Die Studie von **Drees (1999)** fokussiert auf den Kenntnisstand der Unternehmenspraxis hinsichtlich nichtmonetärer Bewertungsverfahren, die dahinter vermuteten Anbieter und deren zugemessener Beratungskompetenz. Die schriftliche Befragung richtete sich an markenverantwortliche Führungskräfte aus 1080 Markenartikelunternehmen des Verbrauchsgüter-, Gebrauchsgüter-, Investitionsgüter und Dienstleistungssektors innerhalb Deutschlands; insgesamt konnten 190 Antworten ausgewertet werden. Vgl. Drees (1999), S. 3.

[39] Vgl. Günter/Kriegbaum (1999), S. 6.

[40] „Als **Marke** können alle Zeichen, insbesondere Wörter einschließlich Personennamen, Abbildungen, Buchstaben, Zahlen, Hörzeichen, dreidimensionale Gestaltungen einschließlich der Form einer Ware oder ihrer Verpackung sowie sonstige Aufmachungen einschließlich Farben und Farbzusammenstellungen geschützt werden, die geeignet sind, Waren oder Dienstleistungen eines Unternehmens von denjenigen anderer Unternehmen zu unterscheiden." §3, Abs. 1, Markengesetz (MarkenG). Zur weiteren Differenzierung des Markenbegriffs vgl. z.B. Sattler (1997a), S. 9 ff.; Bruhn (1997), S. 10 ff.

kungen. So geht das Verständnis einer Marke als markiertes Produkt mit einer Vernachlässigung des Isolierungsproblems einher und führt in der Konsequenz zu einer systematischen Überbewertung des „wahren" Markenwerts. Als Grundlage des Dialogs mit der Unternehmenspraxis und der wissenschaftlichen Diskussion hinsichtlich der Bewertung von Marken erscheint das vereinheitlichte Begriffsverständnis einer Marke als Kennzeichen unabdingbar.

Trotz bislang uneinheitlichem Begriffsverständnis ist auf Seiten der Unternehmenspraxis die Erkenntnis gewachsen, daß der Wert ihrer angebotenen Marken einen ihrer bedeutsamsten Vermögensgegenstände darstellt. So gaben die von PricewaterhouseCoopers/Sattler (2001) befragten Markenartikelhersteller im Durchschnitt an, daß ihre Marken 56% des Gesamtunternehmenswertes ausmachen; 80% der Befragten waren der Auffassung, daß dieser Wert zukünftig noch steigen wird.[41] Entsprechend werden wichtige Markenentscheidungen zumeist auf Vorstands- bzw. Geschäftsführungsebene getroffen;[42] in 70% der von Günter/Kriegbaum (1999) befragten Unternehmen wurden spezielle, markenverantwortliche Organisationsbereiche eingerichtet.[43] Obwohl die Wichtigkeit der Markenwertmessung von den deutschen Markenartikelherstellern weitestgehend anerkannt ist,[44] herrscht bei ihnen hinsichtlich der vorhandenen Bewertungsverfahren und der kommerziellen Anbieter von Markenbewertungsservices ein hohes Maß an Unkenntnis wie auch Skepsis vor.[45] So besteht unter den markenverantwortlichen Führungskräften die Auffassung, daß Markenbewertungen derzeit nicht zuverlässig durchführbar sowie zu zeit- oder/und kostenintensiv seien und daß noch kein geeignetes Bewertungsverfahren existiere.[46] Diese Auffassung wird auch dadurch bestärkt, daß verschiedene Verfahren bei der monetären Bewertung der selben Marke zu stark abweichenden Ergebnissen führen.[47]

---

[41] Vgl. PricewaterhouseCoopers/Sattler (2001), S. 11 ff.

[42] Vgl. PricewaterhouseCoopers/Sattler (2001), S. 13.

[43] Vgl. Günther/Kriegbaum (1999), S. 12.

[44] Vgl. PricewaterhouseCoopers/Sattler (2001), S. 14 f.; Drees (1999), S. 5 f.; Günter/Kriegbaum (1999), S. 16 f.

[45] Vgl. Drees (1999), S. 3 f. und S. 8 ff.

[46] Vgl. PricewaterhouseCoopers/Sattler (2001), S. 14 f.; Günter/Kriegbaum (1999), S. 18 f.

[47] So wurde beispielsweise eine Vergleichsstudie erstellt, innerhalb derer drei kommerzielle Anbieter von monetären Markenbewertungsservices anhand ihrer Tools die Marke „Pro Sieben" bewerteten. Hierbei traten erhebliche Ergebnisabweichungen auf; von A.C. Nielsen wurde ein monetärer Markenwert von 2,147 Mrd. DM ermittelt; von der Semion Brand-Broker GmbH 1,562 Mrd. DM und von Wolfgang Repenn 0,2395 Mrd. DM. Diese Differenzen können zwar auf ein abweichendes Markenwertverständnis und daraus resultierende Unterschiede in den Bewertungsansätzen zurückgeführt werden, erscheinen aber dennoch dazu geeignet, die in der Unternehmenspraxis vorherrschende Skepsis hinsichtlich der bestehenden Verfahren zu bestärken. Vgl. Nußbaum (1998) und siehe Abschnitt 2.4.2.

Weiterhin sind viele der kommerziellen monetären Bewertungsverfahren nur in Ansätzen oder teils lückenhaft offengelegt,[48] so daß ein hohes Maß an Intransparenz hinsichtlich ihrer Wertermittlungsmethodik besteht. Folglich finden Markenbewertungen in Deutschland bislang nur in relativ geringem Maße praktische Anwendung. So wurden nur bei 26% der von PricewaterhouseCoopers/Sattler (2001) bzw. bei 37% der von Günther/Kriegbaum (1999) befragten Unternehmen Markenbewertungen durchgeführt, wobei sich keine Bewertungsmethode nachhaltig durchsetzen konnte.[49] Hinsichtlich der Eignung von Markenwertindikatoren zur Markenwertsmessung herrschen bei den markenverantwortlichen Führungskräften uneinheitliche Auffassungen vor, die sich in einer Fülle von als relevant angesehenen Indikatoren mit teils unterschiedlichen Bedeutungsgewichten ausdrückt.[50]

Aus Sicht der markenverantwortlichen Führungskräfte ist somit ein Bedarf nach mehr Transparenz bezüglich der vorhandenen Markenbewertungsansätze zu folgern, wobei auf deren Arten, Markenwertverständnis, Bewertungsmethodik, Stärken, Schwächen, praktische Anwendbarkeit sowie auf deren Anbieter abgestellt werden sollte. Ein derartiger Beitrag besteht innerhalb der deutschsprachigen wissenschaftlichen Marketingliteratur bislang nicht. Eine der Untersuchung von Markenwertindikatoren vorausgehende Bestandsaufnahme und umfassende Analyse monetärer Markenbewertungsverfahren hat insofern bereits einen hohen eigenständigen Nutzen für die Unternehmenspraxis. Da Markenwertindikatoren nicht nur eine hohe wertdeterminierende Bedeutung innerhalb von Verfahren zur monetären Markenbewertung inne haben, sondern überdies auch eine wichtige Informationsgrundlage im Rahmen des Markencontrollings darstellen,[51] sind tiefergreifende Erkenntnisse über ihre Eignung zur monetären Markenwertmessung sowie über Zusammenhänge von Markenwertindikatoren auch aus Sicht der Unternehmenspraxis von hohem Interesse.

1.2. Ziele und Beitrag der Arbeit

Gemäß der vorangegangenen Ausführungen sollen innerhalb der vorliegenden Arbeit zwei Zielsetzungen verfolgt werden, die sich zusammengefaßt wie folgt darstellen: Das **erste Ziel** besteht darin, die wissenschaftliche Marketingliteratur um eine umfassende Übersicht, Systematisierung, kritische Analyse sowie einen Verfahrensvergleich von Markenbewertungsverfahren aus Wissenschaft und Unternehmenspraxis zu ergänzen. Dabei wird ein Schwerpunkt auf monetäre

[48] Siehe hierzu Abschnitt 2.4.2.

[49] Vgl. PricewaterhouseCoopers/Sattler (2001), S. 14; Günther/Kriegbaum (1999), S. 17 ff.

[50] Vgl. Günter/Kriegbaum (1999), S. 28 ff.; Drees (1999), S. 7 f.; PricewaterhouseCoopers/Sattler (2001), S. 14; siehe auch Sattler (1997a), S. 221 ff.

[51] Vgl. Kriegbaum (2001), S. 68.

Markenbewertungsverfahren gelegt, da diese in der Literatur vergleichsweise weniger behandelt werden und für eine Reihe von Markenbewertungsanlässen bedeutsamer sind.[52] Ein besonderer Fokus der Betrachtungen liegt innerhalb dessen auf monetären Bewertungstools von Anbietern kommerzieller Markenbewertungsservices, da viele dieser Ansätze bislang kaum Eingang in die wissenschaftliche Marketingliteratur gefunden haben bzw. dort teils nur in Grundzügen oder in veralteten Modellierungen behandelt werden. Im Hinblick auf das zweite Ziel dient die Analyse der monetären Markenbewertungsansätze zur Erlangung eines Überblicks der verwendeten Markenwertindikatoren, deren Untersuchung den wissenschaftlichen Schwerpunkt der Arbeit bildet. Das **zweite Ziel** besteht darin, die bisherige Forschung zum Bereich der Markenwertindikatoren um eine breitangelegte empirische Studie zu ergänzen, die eine hohe Anzahl möglichst verschiedenartiger Indikatoren hinsichtlich ihrer Interdependenzen sowie ihrer Eignung als Basis für eine monetäre Transformation untersucht. So werden einerseits systematisch bestehende statistische Zusammenhänge zwischen den untersuchten Markenwertindikatoren mittels Korrelationsberechnungen und Faktorenanalysen erfaßt sowie andererseits Transformationen ausgewählter Indikatoren in monetäre Wertmaße vorgenommen und die resultierenden Ergebnisse miteinander verglichen. Die Beiträge der vorliegenden Arbeit für die Forschung und die Unternehmenspraxis gestalten sich wie folgt:

Mit der **Übersicht und Analyse von Markenbewertungsansätzen** aus Wissenschaft und Unternehmenspraxis wird ein bedeutender Grundlagenbeitrag für die weitere wissenschaftliche Diskussion geschaffen, mit dessen Hilfe diese auf den aktuellen Entwicklungsstand der Verfahren gebracht wird. Auf dieser Basis können sowohl weitergehende Vergleichsbetrachtungen erfolgen als auch Impulse für die Verbesserung bestehender bzw. Entwicklung neuer Markenbewertungsverfahren gegeben werden. Zugleich wird eine Marktübersicht der kommerziell angewandten Markenbewertungstools gegeben, welche einen Beitrag zum Abbau der insbesondere in diesem Bereich bestehenden Intransparenz leistet und insofern einen besonderen Nutzen für markenführende Entscheidungsträger der Unternehmenspraxis hat. Überdies soll ein vertieftes Verständnis der monetären Bewertung von Marken im allgemeinen sowie der Funktionsweise von Bewertungsverfahren geschaffen werden, um so eine verbesserte Interpretation von Bewertungsergebnissen zu fördern. Die Verfahrensübersicht und die Analyse basieren auf einer umfangreichen Literatur- und Internetrecherche sowie auf einer eigens durchgeführten Unternehmensbefragung von insgesamt 116 Anbietern kommerzieller Markenbewertungsservices.[53] Sie erheben den Anspruch, alle relevanten Markenbewertungsansätze aus Wissenschaft und Unter-

[52] Hinsichtlich der Relevanz von monetären Markenbewertungen in bezug auf verschiedene Bewertungsanlässe siehe Abschnitt 2.1.

[53] Für Details zur Recherche und Unternehmensbefragung vgl. Abschnitt 2.3. und 2.4.1.

nehmenspraxis abzudecken und stellen diesbezüglich die bislang umfassendste Abhandlung innerhalb der wissenschaftlichen Marketingliteratur dar.

Die **empirische Untersuchung von Markenwertindikatoren** versteht sich als weiterführende Studie der bisherigen Forschung von Francois/MacLachlan (1995), Agarwal/Rao (1996) und Mackay (2001) und ist in wesentlichen Teilen an diese angelehnt bzw. durch diese inspiriert. Der Forschungsbeitrag der vorliegenden Arbeit wird bei Betrachtung der Begrenzungen dieser drei Studien deutlich.[54] So werden dort jeweils nur elf bzw. zehn Einzelindikatoren untersucht, welche fast ausschließlich aus dem Bereich der konsumentengerichteten Markenwertindikatoren stammen. Marktgerichtete Markenwertindikatoren wie beispielsweise Marktanteil, Marktpreis, Distributionsquote, Wiederkaufrate oder Käuferreichweite sowie Erfolgsfaktoren für Markentransfers werden hingegen vernachlässigt bzw. nicht betrachtet. Weiterhin werden auch keine Kombinationen von Markenwertindikatoren untersucht, welche innerhalb vieler monetärer und nichtmonetärer Markenbewertungsverfahren zur Anwendung kommen. Überdies weisen alle drei Studien Beschränkungen in ihrer externen Validität auf. So haben beispielsweise die diesen Studien zugrundeliegenden Erhebungen jeweils einen vergleichsweise geringen Stichprobenumfang und stellen teils „convenient-samples" dar; ein Anspruch auf Bevölkerungsrepräsentativität der Ergebnisse kann somit nicht erfüllt werden. Des weiteren kann auf Basis der Ergebnisse der drei Studien keine eindeutige Aussage über die Eignung der Indikatoren im Rahmen einer monetären Markenbewertung getroffen werden.

Demgegenüber umfaßt die vorliegende Untersuchung inklusive aller Varianten insgesamt 35 Einzelindikatoren und Indikatorkombinationen, worin 8 markt- und 13 konsumentengerichtete Markenwertindikatoren sowie 2 konsumentengerichtete Erfolgsmaße für Markentransfers in je zwei Varianten und 10 Indikatorkombinationen enthalten sind. Von den jeweils elf bzw. zehn von Francois/Mac Lachlan (1995), Agarwal/Rao (1996) und Mackay (2001) untersuchten Maßen gehen dabei jeweils neun Indikatoren in identischer oder ähnlicher Form in die Analyse ein. Als Untersuchungsobjekte dienen innerhalb der vorliegenden Arbeit 19 Marken aus den Produktbereichen „Röstkaffee" und „Tafelschokolade", welche jeweils alle relevanten Herstellermarken des betreffenden Marktes innerhalb Deutschlands abdecken. Zur Erhebung der konsumentengerichteten Markenwertindikatoren erfolgte eine computergestützte, bundesweit repräsentative Befragung von 1233 Konsumenten für den Produktbereich „Röstkaffee" und von 1223 Konsumenten für den Produktbereich „Tafelschokolade". Des weiteren wurde eine computergestützte Labor-Befragung von 105 Probanden je Produktbereich vorgenommen, innerhalb derer vier Indikatoren indirekt mittels einer Choice Based Conjoint-Analysis (CBC) erhoben wurden. Hierbei handelt es

[54] Für eine detaillierte Darstellung und kritische Analyse dieser Studien vgl. Abschnitt 3.1.

sich insofern um einen explorativen Forschungsbeitrag, als daß die bisherigen Studien zu dem hier interessierenden Forschungsgebiet jeweils eine Adaptive Conjoint Analysis (ACA) verwendeten. Die in der vorliegenden Arbeit untersuchten marktgerichteten Markenwertindikatoren basieren auf bereitgestellten Paneldaten der GfK AG. Hierbei konnten mit dem Indikator „Markenkraft" auch Bewertungsergebnisse des GfK-Markensimulators einbezogen werden. Für diesen und alle anderen marktgerichteten Indikatoren kann ebenfalls ein Anspruch auf Bevölkerungsrepräsentativität erfüllt werden. Mit der Untersuchung von Markenwertindikatoren und transformierten monetären Wertmaßen soll eine Beurteilung der Konvergenzvalidität dieser Markenwertmaße ermöglicht und so ein Beitrag im Hinblick auf die Auswahl geeigneter Indikatoren im Rahmen einer monetären Markenbewertung geleistet werden. Die gewonnenen Erkenntnisse können zur Überprüfung bzw. Anpassung der Indikatorenauswahl innerhalb bereits bestehender Verfahren dienen oder für die Entwicklung neuer Markenbewertungsansätze genutzt werden.

Insgesamt stellt die im Rahmen dieser Arbeit durchgeführte Untersuchung von Markenwertindikatoren die bislang umfangreichste empirische Studie in diesem Forschungsgebiet dar. Darüber hinaus wird mit der Untersuchung der Indikatoreneignung hinsichtlich einer monetären Markenbewertung ein explorativer Forschungsbeitrag geleistet, welcher bislang in vergleichbarer Art nicht existiert.

1.3. Aufbau der Arbeit

Der zweigeteilten Zielsetzung dieser Arbeit folgt eine entsprechende Untergliederung in zwei Hauptabschnitte. **Abschnitt 2** behandelt die vorhandenen Markenbewertungsansätze aus Wissenschaft und Unternehmenspraxis. In **Abschnitt 2.1.** werden zunächst in der Unternehmenspraxis auftretende Bewertungsanlässe aufgezeigt und hinsichtlich ihrer Erfordernisse an eine Markenbewertung beurteilt. Hierauf aufbauend folgt in **Abschnitt 2.2.** eine Zusammenstellung von Beurteilungskriterien, anhand derer die nachfolgend analysierten Verfahren beurteilt werden. **Abschnitt 2.3.** behandelt die in der Literatur beschriebenen Markenbewertungsverfahren und differenziert hierbei zwischen einerseits nichtmonetären Ansätzen, welche als Grundlage einer Transformation in einen monetären Wert genutzt werden können und andererseits monetären Markenbewertungsverfahren. Für beide Verfahrensarten wird ein eigener Systematisierungsrahmen erstellt, in den die Verfahren zunächst eingeordnet werden, bevor sie jeweils überblicksartig dargestellt, kritisch analysiert und verglichen werden. **Abschnitt 2.4.** legt ein besonderes Augenmerk auf diejenigen Spezialtools, die im Rahmen kommerzieller Markenbewertungsservices Anwendung finden. Für diese wird zunächst eine umfassende Marktübersicht erstellt, die nach nichtmonetären und monetären Tools unterteilt ist und jeweils eine Kurzbeschreibung der Verfahren beinhaltet. Hiernach werden ausgewählte monetäre Spezialtools detailliert dargestellt und kritisch analysiert, woran eine vergleichende Verfahrensbeurteilung anschließt, die unter anderem auch eine vergleichende Übersicht von den zur Markenbewertung verwendeten markt- und konsumentenorientierten Markenwertindikatoren gibt.

Abschnitt 3 beinhaltet die im Rahmen dieser Arbeit durchgeführte empirische Untersuchung von Markenwertindikatoren. **Abschnitt 3.1.** gibt zunächst einen Überblick der Studien von Francois/Mac Lachlan (1995), Agarwal/Rao (1996) und Mackay (2001), welche den aktuellen Forschungsstand hinsichtlich bestehender Interdependenzen von Markenwertindikatoren widerspiegeln und zeigt die in diesem Bereich bestehenden Forschungslücken auf. Hierauf folgt innerhalb von **Abschnitt 3.2.** eine Darstellung und Erläuterung des gewählten Untersuchungsdesigns, woran sich in **Abschnitt 3.3.** eine Präsentation der Erhebungsergebnisse hinsichtlich der untersuchten Einzelindikatoren und eine Beurteilung bezüglich deren Face-Validität anschließt. Weiterhin werden innerhalb der wissenschaftlichen Literatur identifizierte Kombinationen von Markenwertindikatoren nachgebildet, für welche die jeweils verwendeten Einzelindikatoren vorhanden waren. Die untersuchten Einzelindikatoren und Indikatorkombinationen werden jeweils gruppenweise betrachtet und sind innerhalb dessen nach den zugrundeliegenden Produktbereichen „Röstkaffee“ und „Tafelschokolade“ differenziert. Nachdem im vorangegangenen Abschnitt die Datengrundlage für übergreifende Indikatorvergleichsbetrachtungen erstellt wurde, erfolgen innerhalb von **Abschnitt 3.4.** verschiedene Untersuchungen hinsichtlich der konvergierenden Validität von Markenwertindikatoren. Hierbei werden einerseits Korrelationen und Rangreihenkorrelationen auf aggregierter Ebene und andererseits Korrelationen auf disaggregierter Ebene berechnet und ausgewertet. Weiterhin werden Faktoranalysen über die erhobenen Markenwertindikatoren durchgeführt. In **Abschnitt 3.5.** erfolgen verschiedene Transformationen von Einzelindikatoren und Indikatorkombinationen in periodenbezogene monetäre Wertmaße, wobei die Transformationsmethodik von verschiedenen monetären Markenbewertungstools aus der Unternehmenspraxis nachgebildet wird. Für die ermittelten monetären Wertmaße werden sodann Absolutwertvergleiche durchgeführt.

Die Arbeit endet im **Abschnitt 4** mit einer Schlußbetrachtung, welche die zentralen Ergebnisse zusammenfaßt und ein Resümee sowie die Aufzeigung weiteren Forschungsbedarfs beinhaltet.

2. Markenbewertungsmethoden aus Wissenschaft und Unternehmenspraxis

Dieser Abschnitt widmet sich der ersten Zielsetzung der Arbeit, die eine umfassende Übersicht, Systematisierung und kritische Analyse der bestehenden Markenbewertungsverfahren aus Wissenschaft und Unternehmenspraxis beinhaltet.[55] Bevor eine detaillierte Analyse dieser Verfahren erfolgt, werden zunächst relevante Grundlagen behandelt.

2.1. Markenbewertungsanlässe in der Unternehmenspraxis

Obwohl PricewaterhouseCoopers/Sattler (2001) und Günter/Kriegbaum (1999) in ihren Befragungen von deutschen Markenartikelherstellern feststellten, daß diese bislang nur in relativ geringem Ausmaß Markenbewertungen vornehmen, sind die hierbei zugrundeliegenden Bewertungsanlässe sehr vielfältig.[56] Bei ergänzender Betrachtung der Auftragsanlässe von national und international tätigen Anbietern kommerzieller Markenbewertungsservices wird dieses Anlaßspektrum noch erweitert.[57] Da die Anlässe von Markenbewertungen einen Aufschluß über Anforderungen an Markenbewertungen sowie hinsichtlich ihrer Praxisrelevanz geben, sollen diese im folgenden detailliert betrachtet werden.

Den nach PricewaterhouseCoopers/Sattler (2001) bedeutendsten Bewertungsanlaß stellen **Markentransaktionen** dar.[58] Hier lassen Fusionen, Akquisitionen und Veräußerungen von Unternehmen bzw. Unternehmensteilen mit bedeutenden Marken deren Bewertung im Rahmen der Kaufpreisbestimmung relevant werden. Oftmals steht bei derartigen Transaktionen sogar der Erwerb von Marken im Mittelpunkt des Interesses;[59] so wurden teils Beträge aufgewandt, die das 25-fache des Jahresgewinns des akquirierten Unternehmens erreichten oder überstiegen. Sattler (2000b) konnte jedoch zeigen, daß derart hohe Investitionen

---

55 Siehe hierzu detailliert die Zielsetzung dieser Arbeit in Abschnitt 1.2.

56 Vgl. PricewaterhouseCoopers/Sattler (2001), S. 14 ff.; Günther/Kriegbaum (1999), S. 17 f. und S. 20.

57 Vgl. z.B. Brand-Finance (2000a), S. 14 ff.; Trevillion/Perrier (1999), S. 28 ff.; Semion (2000), S. 2 f.; Repenn (1998), S. 8 ff.

58 Vgl. PricewaterhouseCoopers/Sattler (2001), S. 16; anders hingegen Günther/Kriegbaum (1999), S. 20; hier waren Markentransaktionen als Anlaß von Markenbewertungen nur von mittlerer Bedeutung.

59 Innerhalb der Merger&Aquisition-Welle der 80'er und 90'er Jahre findet sich hierfür eine Reihe von Beispielen. So wurde Rowntree als Inhaber von Marken wie After Eight oder Kit Kat von Nestlé für $ 4,5 Mrd. gekauft, welches mehr als das Fünffache des Buchwerts von Rowntree darstellte. Ebenso wurde Kraft Foods als Inhaber von Marken wie Miracle Whip durch Philip Morris für $ 12,9 Mrd. zu einem mehr als Vierfachen des Buchwerts von Kraft gekauft. Vgl. Kriegbaum (2001), S. 78.

nur unter sehr restriktiven Rahmenbedingungen ökonomisch sinnvoll sind.[60] Weiterhin kann auch eine Veräußerung einzelner Marken erfolgen. Mit Inkrafttreten des Markengesetzes am 1.1.1995 ist in Deutschland die Bindung von Marken an den Geschäftsbetrieb endgültig entfallen, wodurch Marken zu einem selbständigen Vermögensrecht bzw. Wirtschaftsgut wurden, das auch losgelöst vom Geschäftsbetrieb veräußerbar ist.[61] So vermittelt beispielsweise die Semion Brand Broker GmbH zwischen Unternehmen, die eine registrierte und somit kurzfristig einsetzbare Marke erwerben wollen und Markeninhabern, die eine ungenutzte Marke veräußern wollen.[62] Bei anderen Markentransaktionen verbleibt die Marke im Besitz ihres ursprünglichen Eigentümers. So können Markentransaktionen auch innerhalb eines Konzerns durch die entgeltliche Übertragung eines Nutzungsrechts an Tochtergesellschaften erfolgen.[63] Weiterhin wird bei Lizenzierungen ein entgeltliches Nutzungsrecht (Lizenz) durch den Markeninhaber an ein anderes Unternehmen eingeräumt, welches die Marke sodann für seine Produkte verwendet. Beim Franchising hingegen wird von einem Unternehmen (Franchise-Geber) ein entgeltliches Nutzungsrecht an ein anderes Unternehmen (Franchise-Nehmer) übertragen, das nicht allein eine Marke, sondern darüber hinaus auch bestimmte Produkte, Sortimente oder Services (z.B. Mc Donald's), Patente (z.B. ICI) oder Rezepturen (z.B. Coca Cola) umfaßt.[64] Bei derartigen Transaktionen dienen monetäre Markenbewertungen als Grundlage zur Ermittlung bzw. regelmäßigen Anpassung einer adäquaten Nutzungsgebühr.

Bedeutende Anbieter kommerzieller Markenbewertungsservices geben an, auch bei der Planung weiterer Arten von **markenstrategischen Optionen** beauftragt zu werden. Als Auftragsanlässe werden hier "Corporate Strategy & Development" bzw. "New Product Development" genannt, bei denen eine Strategiebewertung anhand der zusätzlichen monetären Wertschöpfung erfolgt, die mit der Marke in einem neuen Geschäftsfeld realisierbar ist.[65] Nach der in dieser Arbeit zugrundegelegten Terminologie handelt es sich hierbei um Markentransfers.[66] Bei den von Günther/Kriegbaum (1999) befragten Unternehmen haben sich Markenbewertungen im Zusammenhang mit Markentransfers bislang nicht nachhaltig durchgesetzt.[67] Als weiterer Anlaß werden Joint Ventures angege-

[60] Vgl. Sattler (2000b), S. 173 ff.

[61] Vgl. Repenn (1998), S. 25.

[62] Vgl. Semion (1999), S. 2 ff.

[63] Vgl. Brand-Finance (2000a), S. 16.

[64] Vgl. Knigge, S. 702 f.; Trevillion/ Perrier (1999), S. 30; Brand-Finance (2000), S. 17.

[65] Vgl. Brand-Finance (2000a), S. 19; Trevillion/Perrier (1999), S. 29.

[66] Vgl. Abschnitt 1.1.

[67] Vgl. Günther/Kriegbaum (1999), S. 25.

ben,[68] bei denen die Konstellation auftreten kann, daß ein Vertragspartner seine Marke bereitstellt, während der andere „härtere“ Wertgegenstände wie Produktionskapazitäten, Distributionsnetz oder Patente einbringt. Der monetäre Markenwert quantifiziert hierbei das Bedeutungsgewicht der Marke und wird als Grundlage der Gewinnverteilung herangezogen. Demselben Zweck dienen Markenbewertungen auch bei Joint Ventures, innerhalb derer mehrere Unternehmen ihre Marken einbringen. Diese markenbezogenen Unternehmenskooperationen können zwar in vielfältiger Weise ausgestaltet werden, erfahren jedoch bislang eine vergleichsweise geringere Praxisanwendung.[69]

Weitere Bewertungsanlässe ergeben sich im Rahmen von **Markensteuerung und Markencontrolling**. Hier werden innerhalb des Markencontrolling vielfältige Informationen zur Planung, Steuerung und Kontrolle von Marken erfaßt und aufbereitet, welche eine wichtige Grundlage für die zielgerichtete Führung einzelner Marken darstellen[70] und bei Herstellern mit mehreren Marken auch für das strategische Management von Markenportfolios unabdingbar sind.[71] Bei den von Günther/Kriegbaum (1999) befragten Unternehmen wurden diese internen Steuerungszwecke als der bedeutendste Markenbewertungsanlaß eingestuft.[72] Unter den verschiedenen nichtmonetären und monetären Wertmaßen, die im Rahmen des Markencontrolling relevant sind, sollte der langfristige Markenwert als strategische Zielgröße Verwendung finden, da dieser der Kurzfristorientierung anderer Kennzahlen wie dem periodenbezogenen Umsatz bzw. Gewinn entgegenzuwirken vermag, welche für den Markenwert teils schädliche Maßnahmen induzieren.[73] Entsprechend kann auch eine Steuerung, Kontrolle und Entlohnung von markenverantwortlichen Führungskräften oder von strategischen Geschäftsbereichen innerhalb eines Konzerns erfolgen, indem diese nicht nach dem kurzfristig erzielten Gewinn, sondern nach der Veränderung des langfristigen Markenwerts innerhalb einer bestimmten Zeitspanne beurteilt werden.[74]

Weiterhin dienen Markenwertmaße als Grundlage zur Aufteilung von markenführungsbezogenen Budgets; hierbei wird Marketing- und Finanzexperten mit dem monetären Markenwert ein Maß bereitgestellt, das den Charakter von Marketingausgaben als langfristige Investition in die Markenwissensstrukturen im

[68] Vgl. Trevillion/Perrier (1999), S. 29.

[69] Vgl. Abschnitt 1.1.

[70] Vgl. Kriegbaum (2001), S. 66 ff.

[71] Vgl. Brand-Finance (2000a), S. 18.

[72] Vgl. Günther/Kriegbaum (1999), S. 20; anders hingegen bei PricewaterhouseCoopers/Sattler (2001), S. 16; hier nahmen Steuerungs- und Kontrollanlässe nur den dritten Rang ein.

[73] Vgl. Kriegbaum (2001), S. 71; Sattler (1998c), S. 194.

[74] Vgl. PricewaterhouseCoopers/Sattler (2001), S. 15; Günther/Kriegbaum (1999), S. 20; Brand-Finance (2000a), S. 18 f.; Sattler (1998c), S. 194.

Rahmen einer nachhaltigen Markenwertschöpfung untermauert, so als gemeinsame Bezugsbasis dient und auch als Argument für steigende Budgetanteile geeignet ist.[75]

Da Markenwertmaße auch für Shareholder bzw. Stakeholder von Interesse sind, werden Markenbewertungen auch aus verschiedenen **Dokumentationsanlässen** vorgenommen. Eine unternehmensexterne Berichterstattung innerhalb des Jahresabschlusses würde hierbei die Bilanzierung von Markenwerten umfassen, sofern diese nach der jeweiligen nationalen Gesetzgebung vorgeschrieben ist.[76] In Deutschland ist die Bilanzierung von selbstgeschaffenen Marken bislang nicht zulässig, entgeltlich erworbene Markenrechte hingegen müssen aktiviert werden. Aufgrund der hohen wertmäßigen Bedeutung von Marken wird diese Regelung zunehmend kritisch hinterfragt. So unterbreitete das „Deutsche Rechnungslegungs-Standards Committee“ (DRSC) einen Vorschlag zur Abänderung der bestehenden Gesetzesgrundlage, der möglicherweise im Rahmen einer Novellierung des Bilanzrechts Berücksichtigung finden wird.[77] Sollte zukünftig die Bilanzierung selbstgeschaffener Marken vorgeschrieben sein, ergibt sich hier ein höchst bedeutsames Anwendungsfeld für monetäre Markenbewertungen. Bereits jetzt besteht für deutsche Unternehmen schon die Möglichkeit, die wertmäßige Bedeutung ihrer Marken innerhalb des Geschäftsberichts zu kommunizieren, wovon hinsichtlich des monetären Markenwerts bislang jedoch nur in geringem Maße Gebrauch gemacht wird.[78]

Bei einer unternehmensexternen Berichterstattung außerhalb des Jahresabschlusses werden Markenwertmaße anhand von Firmeninformationsbroschüren oder Publikationen in Branchenfachzeitschriften offengelegt und so zu Public Relations-Zwecken genutzt. Einen Spezialfall stellen Listungsverhandlungen mit dem Handel dar, welche nach Günther/Kriegbaum (1999) einen bedeutsamen Bewertungsanlaß für Markenartikelhersteller bilden.[79] Hierbei ist eine Doku-

---

[75] Vgl. Kriegbaum (2001), S. 71; Sattler (1998c), S. 194.

[76] Zu den rechtlichen Grundlagen für das externe Rechnungswesen in Deutschland, Großbritannien, Frankreich, den USA sowie zu den Regelungen nach IASC (International Accounting Standard Committee) vgl. zusammenfassend Kriegbaum (2001), S. 48 ff.

[77] Vgl. Maul (2002), S. 20.

[78] Die praktische Relevanz von **Markendokumentationen innerhalb des Jahresabschlusses** wurde von Sattler (2000d) im Rahmen einer Analyse der Geschäftsberichte von den 30 Unternehmen des DAX für das Jahr 1998 auf darin enthaltene markenspezifische Informationen untersucht. Es zeigte sich, daß Marken mit durchschnittlich 6% Textanteil eine nicht unerhebliche Bedeutung zukam; als bedeutende Markenwertindikatoren wurden Markenbekanntheit und Marktanteil bei 60% und das Markenimage bei 37% der Unternehmen dokumentiert. Monetäre Markenwerte wurden hingegen nur in 3% der Fälle genannt. Vgl. Sattler (2000d), S. 58 ff.

[79] Vgl. Günther/Kriegbaum (1999), S. 20.

mentation der Markenstärke anhand von Kennziffern dazu geeignet, die Verhandlungsmacht des Herstellers zu erhöhen. Dies steht auch mit der Annahme von Sattler (1997a) im Einklang, nach der starke Marken Kosteneinsparungen bei Handelspromotions, Verkaufsaußendienst und Key-Account-Management bewirken können.[80] Nach einer weitgefaßten Sichtweise werden bei diesem Anlaß auch Handelsunternehmen markenbewertend tätig, indem sie ihrerseits einzulistende Markenprodukte hinsichtlich Umsatz- und Ertragspotential, Sortimentsverbundeffekten und Attraktivität für Konsumenten bewerten.[81]

Weiterhin dienen Markenwertmaße im Rahmen einer unternehmensinternen Berichterstattung zur Dokumentation des Markenerfolgs gegenüber der Geschäftsleitung sowie der Belegschaft. Nach PricewaterhouseCoopers/Sattler (2001) kommt diesen Dokumentationsanlässen bislang eine mittlere Bedeutung zu.[82] Ferner werden außerhalb Deutschlands auch Markenbewertungen von der UK Mergers and Monopolies Commission (MMC) sowie von der EU-Kommission bei wettbewerbsrechtlichen Untersuchungen zum nationalen und internationalen Freihandel eingesetzt; hier werden Fragen im Zusammenhang mit angemessenen Preissetzungen, marktbeherrschenden Stellungen bzw. Handelsmacht auch im Hinblick auf Markenwertmaße reflektiert.[83]

Mit Inkrafttreten des „Gesetz über die Erstreckung von gewerblichen Schutzrechten“ wurde es in Deutschland bereits ab dem 1.5.1992 möglich, ein Warenzeichen mit Rechten Dritter (z.B. Pfändung, Sicherungsübertragung, Nießbrauch) zu belasten,[84] so daß sich die Option einer **Markenfinanzierung** hinsichtlich der Kreditabsicherung und Kreditakquisition durch Marken ergab. Entsprechend kann das durch Eintragung beim Patentamt begründete Recht an einer Marke auch Gegenstand von Maßnahmen der Zwangsvollstreckung werden,[85] um so eine Kompensation von Gläubigern zu realisieren. Die Umsetzung einer Finanzierung durch Marken erfordert zwingend deren monetäre Bewertung. Obwohl aufgrund der hohen wertmäßigen Bedeutung von Marken die Akquisi-

---

[80] Vgl. Sattler (1997a), S. 196.

[81] Vgl. Hammann (1992), S. 215 f.; Kriegbaum (2001), S. 78; nach Hammann (1992) nehmen selbst potentielle Konsumenten Markenbewertungen vor, indem sie bei Kaufentscheidungsprozessen Produkte im Hinblick auf Marke, Preis und physikalisch-technische Eigenschaften beurteilen. Diese weite Sichtweise einer Markenbewertung soll jedoch innerhalb der vorliegenden Arbeit nicht zugrundegelegt werden.

[82] Vgl. PricewaterhouseCoopers/Sattler (2001), S. 16.

[83] Vgl. Trevillion/Perrier (1999), S. 30.

[84] Vgl. Repenn (1998), S. 25.

[85] Vgl. § 29 Abs. 1 Markengesetz (MarkenG).

tion teils beträchtlicher finanzieller Mittel möglich erscheint,[86] ist diese Option in Deutschland bislang von nachrangiger Bedeutung.[87]

Markenbewertungen finden auch im Rahmen von **Rechtsstreitigkeiten** statt. So kann bei nicht legalisierter Markenverwendung durch Dritte („Markenpiraterie") oder bei unzutreffenden Behauptungen hinsichtlich der Qualität des Markenprodukts der monetäre Markenwert dem zuständigen Gericht als Schiedswert dienen und so zur Grundlage einer Schadensersatzbemessung werden.[88] Innerhalb der 90'er Jahre hat das Ausmaß an Marken- und Produktpiraterie stark zugenommen. So wuchs der Wert beschlagnahmter Ware in Deutschland zwischen 1990 und 1998 von 2.650 DM auf 27,8 Mio. DM.[89] Da im Zuge einer fortschreitenden Internationalisierung weitere Steigerungen zu erwarten sind, ist für diesen Anwendungsbereich monetärer Markenbewertungen eine wachsende Bedeutung zu folgern. Bislang ist dieser Bewertungsanlaß in Deutschland jedoch noch von nachrangiger Bedeutung.[90]

Die Bewertungsanlässe weisen Unterschiede in der Häufigkeit ihres Auftretens auf. Während es sich bei Markentransaktionen, Markenfinanzierung und Markenschutz jeweils um besondere, eher seltene Einzelanlässe handelt, so treten Markendokumentationen, Markensteuerung und -controlling häufiger bzw. regelmäßig auf. Abbildung 2 gibt einen zusammenfassenden Überblick der Bewertungsanlässe, bei deren Betrachtung auch ein Aufschluß über die an eine Markenbewertung gestellten Anforderungen erlangt werden kann. Hierbei kann nach der Erfordernis einer nichtmonetären bzw. monetären Bewertung differenziert werden. Nichtmonetäre Markenbewertungen erfolgen insbesondere im Rahmen der Steuerung und Kontrolle von Marken und sind auch für viele Dokumentationsanlässe geeignet; bei den übrigen Bewertungsanlässen sind sie jedoch vergleichsweise weniger relevant. Monetäre Markenbewertungen sind demgegenüber für fast alle Anlässe geeignet oder sogar zwingend erforderlich, wodurch sie ein breiteres Einsatzspektrum aufweisen. So ist die Bestimmung des monetären Markenwerts beispielsweise unumgänglich für die Kaufpreisfindung bei markenmotivierten Fusionen, Akquisitionen bzw. Veräußerungen von Unternehmen(steilen) sowie bei der Veräußerungen einzelner Marken. Weiterhin

---

[86] So gehen Angehörige von Coca-Cola beispielsweise davon aus, daß das Unternehmen bei Verlust aller Fabriken und Büros sofort einen Kredit in Höhe von 100 Mrd. Dollar zum Wiederaufbau aufgrund der Sicherheit der Marke erhalten würde. Vgl. Schlote (1998), zitiert nach Kriegbaum (2001), S. 79.

[87] Vgl. PricewaterhouseCoopers/Sattler (2001), S. 15; Günther/Kriegbaum (1999), S. 20.

[88] Vgl. Sattler (1998c), S. 195.

[89] Hierbei handelte es sich jedoch größtenteils um Softwarepiraterie. Vgl. Müller/Kornmeier (2001), S. 35; siehe auch Bunk (2002).

[90] Vgl. PricewaterhouseCoopers/Sattler (2001), S. 15; Günther/Kriegbaum (1999), S. 20.

erfordern Kreditakquisitionen bzw. -absicherungen durch Marken, Schadensersatzbemessungen infolge von Markenrechtsverletzungen und Bilanzierungen von Marken zwingend deren monetäre Bewertung. Überdies ist für die Realisierung markenstrategischer Optionen gerade deren monetäre Wertschöpfung von höchster Bedeutung. Der monetäre Markenwert ist überdies auch im Rahmen aller bedeutenden markenpolitischen Entscheidungen für die Unternehmen relevant, welche ihr Management nach dem Value-Based-Planning- bzw. Shareholder-Value-Konzept ausgerichtet haben. Nichtmonetäre Markenwertmaße können bei den vorgenannten Beispielen lediglich im Vorfeld ergänzende Informationen liefern, so daß sie vergleichsweise weniger bedeutsam sind; hieraus leitet sich auch die Fokussierung der vorliegenden Arbeit auf monetäre Markenbewertungsverfahren ab.

Abb. 2: Markenbewertungsanlässe in der Unternehmenspraxis

Markentransaktionen und markenstrategische Optionen

- Fusionen, Akquisitionen und Veräußerungen von Unternehmen(steilen) mit bedeutenden Marken
- Akquisitionen und Veräußerungen von einzelnen Marken
- konzerninterne Übertragungen von Markennutzungsrechten
- Lizenzierungen und Franchising
- Markentransfers / Corporate Strategy & Development; New Product Development
- markenbezogene Unternehmenskooperationen / Joint Ventures

Markensteuerung und Markencontrolling

- Steuerung und Kontrolle von Marken, Markenportfolios und strategischen Geschäftseinheiten
- Steuerung, Kontrolle und Entlohnung von markenverantwortlichen Führungskräften
- Aufteilung von Budgets

Markendokumentation

- unternehmensexterne Berichterstattung innerhalb des Jahresabschlusses
- unternehmensexterne Berichterstattung außerhalb des Jahresabschlusses; Public Relations
- Listungsverhandlungen zwischen Herstellern und Handelsunternehmen
- unternehmensinterne Berichterstattung
- Untersuchungen zum nationalen und internationalen Freihandel

Markenfinanzierung

- Kreditakquisition und Kreditabsicherung durch Marken
- Kompensation von Gläubigern

Markenschutz

- Schadenersatzbestimmung infolge von Markenrechtsverletzungen

Quelle: eigene Zusammenstellung in teilweiser Anlehnung an Sattler (2001c), S. 147

Insbesondere den Anlässen für monetäre Markenbewertungen unterliegen teils unterschiedliche Wertbemessungsgrundlagen. So ist bei einer markenmotivierten Unternehmensakquisition die langfristige monetäre Wertschöpfung relevant, welche das akquirierende Unternehmen mit der Marke in allen zukünftigen Einsatzbereichen erzielen kann. Dies beinhaltet die bisherige Markenverwendung und überdies sämtliche realisierbaren markenstrategischen Optionen; entsprechend ist hier die Wertbemessungsgrundlage besonders breit und schwer abgrenzbar. Bei Lizenzierungen ist hingegen die langfristige monetäre Wertschöpfung der Marke bezogen auf einen bestimmten Einsatzbereich zu ermitteln; die hier relevante Wertbemessungsgrundlage ist vergleichsweise enger abgegrenzt. Bei Bilanzierung einer selbstgeschaffenen Marke wären bislang nicht realisierte markenstrategische Optionen nach dem Vorsichtsprinzip auszuschließen. Die Beispiele zeigen, daß der monetäre Wert einer Marke situationsbezogen variieren kann. Infolgedessen werden auch an eine Markenbewertung jeweils unterschiedliche Anforderungen gestellt und es wird deutlich, daß ein Bewertungsverfahren nicht für jeden Anlaß gleichermaßen geeignet sein muß. Dies wirft die Frage auf, was ein monetäres Markenbewertungsverfahren leisten sollte und anhand welcher Kriterien eine Verfahrensbeurteilung erfolgen kann.

2.2. Beurteilungskriterien für monetäre Markenbewertungsverfahren

Von Seiten der Wissenschaft und Unternehmenspraxis wird eine Reihe verschiedenartiger Anforderungen an monetäre Markenbewertungsverfahren gestellt,[91] aus welchen Kriterien für eine Verfahrensbeurteilung abgeleitet werden können. Für den hier angestrebten Untersuchungszweck kann die bestehende Fülle an Beurteilungskriterien mangels spezifischer Daten zu den einzelnen Verfahren nicht uneingeschränkt übernommen werden. Somit werden im folgenden zentrale Anforderungen an monetäre Markenbewertungsverfahren diskutiert und hinsichtlich ihrer Anwendbarkeit im Rahmen der hier angestrebten Verfahrensanalyse beurteilt. Hierauf aufbauend wird eine Auswahl von Beurteilungskriterien getroffen, welche als Grundlage der späteren Verfahrensanalyse dienen soll.

Als grundlegende Kriterien zur Beurteilung der Güte von Meßinstrumenten gelten insbesondere deren **Reliabilität** (Zuverlässigkeit) und **Validität** (Gültigkeit).[92] Diese sind prinzipiell auch auf Markenbewertungsverfahren zu beziehen und können bei Vorlage entsprechend geeigneten Datenmaterials empirisch geprüft werden. Die Überprüfung der Reliabilität dient zur Erfassung von Zufallsfehlern bei der Messung und kann anhand verschiedener Prüfkonzepte erfol-

---

[91] Vgl. zusammenfassend Kriegbaum (2001), S. 83 ff. und die dort angegebene Literatur.

[92] Vgl. z.B. Böhler (1992), S. 102 ff.; Hammann/Erichson (2000), S. 92 ff.; Hüttner (1999), S. 13 ff.

gen.[93] Die Überprüfung der Validität dient hingegen zur Erfassung von systematischen Meßfehlern und gestaltet sich wesentlich schwieriger; bestehende Prüfkonzepte zielen hier auf jeweils unterschiedliche Aspekte der Validität ab.[94] Bei der nachfolgenden Analyse von Markenbewertungsverfahren können umfassende Reliabilitäts- und Validitätsbetrachtungen mangels Datenbasis nicht erfolgen, so daß diese Gütemaße sich weitgehend einer fundierten Überprüfbarkeit entziehen. Jedoch kann zumindest die **Inhaltsvalidität** eines Markenbewertungsverfahrens im Rahmen einer kritischen Analyse des gemessenen Konstrukts bzw. der zugrundeliegenden Verfahrensmethodik beurteilt werden.

Für die Beurteilung der Inhaltsvalidität ist zu prüfen, inwieweit ein Verfahren die eingangs beschriebenen drei zentralen Problembereiche einer monetären Markenbewertung berücksichtigt. Bezüglich des **Isolierungsproblems** sind monetäre Markenbewertungsverfahren danach zu beurteilen, ob und ggf. wie sie eine Isolierung des markenspezifischen Einflusses vornehmen. Bei den markenspezifischen Ein- und Auszahlungen sollte eine Trennung zwischen marken- und produktspezifischen Anteilen erfolgen; weiterhin sind Einflüsse anderer immaterieller Vermögensgegenstände zu prüfen und entsprechend zu separieren. Die Berücksichtigung des Isolierungsproblems innerhalb eines monetären Markenbewertungsverfahrens wird insbesondere auch durch das zugrundeliegende Begriffsverständnis einer Marke[95] mitgeprägt. Sofern eine Marke nicht als Kennzeichen, sondern als markiertes Produkt aufgefaßt wird, wäre diesem Verständ-

---

[93] Die **Test-Retest-Reliabilität** induziert eine zweite Erhebung zu einem späteren Zeitpunkt und einen Vergleich der resultierenden Ergebnisse mit denen aus der ersten Messung. Bei der **Parallel-Test-Reliabilität** erfolgt die Vergleichsmessung zeitgleich im Rahmen einer zweiten Erhebung. Die **Split-Half-Reliabilität** beinhaltet eine Aufteilung der Items einer Erhebung in zwei zu vergleichende Hälften. Die Analyse der verschiedenen Meßergebnisse kann jeweils anhand von Korrelationsrechnungen erfolgen. Vgl. Böhler (1992), S. 103 f.; Hammann/Erichson (2000), S. 94 f.; Hüttner (1999), S. 14 f.

[94] Bei der **Inhaltsvalidität** wird eine Beurteilung der sachlogischen Eignung des Meßinstruments für den zugrundeliegenden Einsatzzweck vorgenommen. Diese kann in einfachster Weise mittels Plausibilitätsprüfung („Augenschein-Validität" bzw. „Face-Validität") oder in strengerer Form anhand einer Expertenbeurteilung („Experten-Validität") erfolgen. Die **Konstruktvalidität** fokussiert auf das Ausmaß der Beziehungen zwischen der empirischen Messung eines theoretischen Konstrukts und dessen „wahren" Wert („theoretische Validität"). Da dieser zumeist unbekannt ist, kann behelfsweise nur der Grad der Übereinstimmung („Konvergenzvalidität") bzw. Unterschiedlichkeit („Diskriminanz-Validität") der Messungen eines Konstrukts mit verschiedenen Meßinstrumenten untersucht werden. Bei der **Kriteriumsvalidität** wird das Ausmaß der Beziehungen zwischen einem Konstrukt und einem Kriterium dieses Konstrukts analysiert („empirische Validität"). Auch hier bestehen zwei Ausprägungen: einerseits kann das Kriterium zu einem späteren („Prognosevalidität") und andererseits zum gleichen Zeitpunkt („Konkurrentvalidität") gemessen werden. Vgl. Böhler (1992), S. 105 f.; Hammann/Erichson (2000), S. 94 ff.; Hüttner (1999), S. 15 f.

[95] Vgl. Abschnitt 1.1.

nis entsprechend keine Trennung von produkt- und markenspezifischen Komponenten vorzunehmen. Dies würde jedoch dem Grundgedanken einer monetären Markenbewertung widersprechen, nach dem der Markenwert einen inkrementalen Wert darstellt, der gegenüber einem technisch-physikalisch gleichen, jedoch namenlosen Produkt besteht.[96] Entsprechende Verfahren, welche das Isolierungsproblem nicht berücksichtigen, sind nach dem dieser Arbeit zugrundeliegenden Markenwertverständnis als weniger geeignet für eine monetäre Markenbewertung anzusehen.

Hinsichtlich des **Prognoseproblems** sind monetäre Markenbewertungsverfahren danach zu beurteilen, ob und ggf. wie die Höhe der zukünftigen markenspezifischen Einzahlungsüberschüsse sowie der Zeitraum ihres Auftretens (bzw. die Restlebensdauer der Marke) und überdies Risikoaspekte berücksichtigt werden. Grundsätzlich ist eine explizit zukunftsgerichtete Bewertung zu fordern, die sich auf einen langfristigen Zeitraum bezieht.[97] Diesen Anforderungen wird nicht entsprochen, sofern ein Markenbewertungsverfahren nur zur Berechnung eines kurzfristigen (auf eine Periode bezogenen) monetären Markenwerts dient und das Prognoseproblem somit komplett ausgegrenzt wird. Allgemein ist eine ausschließliche Verwendung historischen Datenmaterials im Rahmen einer Prognose wenig zweckdienlich; vielmehr sollten explizit zukunftsgerichtete Informationen in die Bewertung mit einbezogen werden. Eine Prognose kann im einfachsten Falle unter Zugrundelegung gleichbleibender Einzahlungsüberschüsse („Annahme konstanter Entwicklungen") und einer unendlichen Restlebensdauer der Marke erfolgen, wobei ein Kapitalwert auf Basis einer ewigen Rente berechnet wird. Diese „naive Prognose" vermag jedoch keine explizit zukunftsorientierte Bewertung zu gewährleisten, und es werden eventuell bedeutsame Einflußfaktoren vernachlässigt. Als Alternative bietet sich eine Prognose der zukünftigen markenspezifischen Einzahlungsüberschüsse unter Einbindung von Expertenwissen an. Hierbei kann zwar eine explizit zukunftsgerichtete Bewertung unter Berücksichtigung zahlreicher Einflußfaktoren realisiert werden, jedoch sind subjektive Elemente im Rahmen der Expertenschätzung weitgehend unvermeidbar. In der Gesamtabwägung wäre dennoch dieser Vorgehensweise der Vorzug zu geben. Die Berücksichtigung des Risikos der zukünftigen markenspezifischen Einzahlungsüberschüsse kann durch Auswahl eines geeigneten Diskontierungsfaktors erfolgen, welcher spezifische Risiken der jeweiligen Branche und der zu bewertenden Marke abbilden sollte. Da die Höhe des Diskontierungsfaktors einen hohen Einfluß auf das Bewertungsergebnis ausübt, ist bei dessen Ermittlung

[96] Vgl. Aaker (1991), S. 15 f.; Sattler (1998c), S. 192.

[97] Vgl. z.B. Kriegbaum (2001), S. 86 ff.

eine besondere Sorgfalt geboten.[98] Aufgrund bestehender Unsicherheit über Art und Ausprägungen von Risikodeterminanten sind auch hier subjektive Bewertungselemente nicht vermeidbar. Gleiches gilt auch für die Ermittlung des Zeitraums, innerhalb dessen die markenspezifischen Einzahlungsüberschüsse auftreten; behelfsweise könnte hier zumindest für erfolgreiche Marken eine unendliche Restlebensdauer angenommen werden.

Da die Forschung bezüglich des **Bewertungsproblems markenstrategischer Optionen** in den Anfängen steckt,[99] kann eine fundierte Methodenbeurteilung diesbezüglich kaum erfolgen, so daß als Minimalanforderung an monetäre Markenbewertungsverfahren zu stellen ist, daß sie dieses Teilproblem überhaupt berücksichtigen. Die bestehende Unsicherheit hinsichtlich der Erfolgswirkungen von markenstrategischen Optionen führt dazu, daß deren Realisierung in Art und Umfang von der Risikoeinstellung des Markeneigners abhängig ist. Insofern ist bereits die Auswahl von zukünftig zu realisierenden markenstrategischen Optionen einem hohen Maß an Subjektivität unterworfen. Diese wird im Rahmen ihrer monetären Bewertung durch Annahmen über deren Erfolgswirksamkeit sowie die auch hier auftretenden Isolierungs- und Prognoseprobleme noch erhöht. Dennoch sollten monetäre Markenbewertungsverfahren in der Lage sein, bei Bedarf eine Bewertung von konkret geplanten markenstrategischen Optionen vorzunehmen; die Bewertungsergebnisse sind hierbei jedoch unter entsprechenden Vorbehalt zu interpretieren.

Aufgrund der bestehenden Forschungslücke hinsichtlich **Markenwertindikatoren**[100] kann eine Verfahrensbeurteilung kaum auf die Verwendung spezieller Indikatoren abstellen. Grundsätzlich erscheint es jedoch sinnvoll, daß monetäre Markenbewertungsverfahren die vielschichtigen Facetten des Markenwerts berücksichtigen bzw. nicht einseitig ausgerichtet sind. Dies kann durch die Integration geeigneter Indikatoren sowohl aus dem verhaltenswissenschaftlichen als auch aus dem finanz- bzw. marktbezogenen Bereich erfolgen. Als weitere Anforderung im Rahmen der Inhaltsvalidität kann demnach gelten, daß zumindest Indikatoren aus beiden Bereichen in die Bewertung einzubeziehen sind.

Ein weiteres zentrales Kriterium zur Beurteilung der Güte von Meßinstrumenten ist deren **Objektivität**, welche die Unabhängigkeit der Meßergebnisse von der durchführenden Person beinhaltet und ebenfalls verschiedene Ausprägungen

---

[98] So konnten Högl/Hupp/Maul/Sattler (2002) aufzeigen, daß in einem konkreten Markenbewertungsfall eine Abzinsung unter Verwendung eines Diskontierungsfaktors von sieben bzw. zwölf Prozent zu einem Markenwertunterschied von 12 Mio. Euro führte. Vgl. Högl/Hupp/Maul/Sattler (2002), S. 27.

[99] Vgl. Sattler (1998c), S. 205 ff.

[100] Siehe Abschnitt 1.2. und Abschnitt 3.1.

aufweist.[101] Mangels spezifischer Daten zu den einzelnen Markenbewertungsansätzen ist eine fundierte Beurteilung der jeweiligen Verfahrensobjektivität im Rahmen dieser Arbeit kaum möglich. Wie bereits zuvor ausgeführt, können subjektive Bewertungselemente überdies in verschiedener Art innerhalb mehrerer Bewertungsschritte auftreten und sind hierbei teils nicht gänzlich vermeidbar. Somit kann im folgenden nur ein Augenmerk darauf gerichtet sein, stark subjektive bzw. willkürliche Bewertungselemente innerhalb einzelner Bewertungsmethoden zu identifizieren und kritisch zu hinterfragen. Hierbei können zumindest tendenzielle Aussagen zur Objektivität der jeweiligen Verfahren getroffen werden, welche unter entsprechendem Vorbehalt gültig sind.

Neben den vorgenannten, insbesondere aus meßtheoretischer Sicht relevanten Kriterien zur Beurteilung von monetären Markenbewertungsverfahren besteht eine Reihe weiterer, teils konträrer Anforderungen aus Sicht der Unternehmenspraxis. Hammann/Erichson (2000) nennen als weiteres Gütekriterium für Meßinstrumente deren Praktikabilität (bzw. Durchführbarkeit) unter wirtschaftlichen Gesichtspunkten.[102] Diese **Wirtschaftlichkeit** wird durch den Kosten- und Zeitaufwand der Messung bestimmt und ist indirekt anhand des benötigten Dateninputs bzw. der Verfahrenskomplexität beurteilbar. Ferner kann auch eine umfangreiche **Praxiserprobung** eines monetären Markenbewertungsverfahrens indirekten Aufschluß über dessen Wirtschaftlichkeit liefern. Aus Sicht von Anwendern aus der Unternehmenspraxis werden Meßverfahren insbesondere auch anhand ihrer **Verständlichkeit** beurteilt, welche bei steigender Modellkomplexität entsprechend weniger begünstigt ist. So stellte Little (1970) fest, daß von wirtschaftswissenschaftlicher Seite entwickelte Meßmodelle oftmals aufgrund ihrer Komplexität kaum praktische Verwendung finden. Aus Anwendersicht sollten Meßverfahren nach Little (1970) somit einfach und leicht verständlich, aber dennoch vollständig im Hinblick auf alle relevanten Stellgrößen sein; überdies sollten sie auch robust, anpaßbar an neue Daten sowie leicht kontrollierbar und bedienerfreundlich sein.[103] In diesem Sinne nennen Franzen/Reimann (1998) als aus Sicht der Unternehmenspraxis relevante Anforderungen an Markenbewertungsverfahren deren einfache Nachvollziehbarkeit für Finanzfachleute, eine

---

[101] Eine **Durchführungsobjektivität** besteht, sofern Versuchspersonen nicht durch das Ziel oder durch Vorstellungen des Untersuchungsleiters beeinflußt werden. Eine **Auswertungsobjektivität** ist gegeben, sofern keine oder nur sehr wenige Freiheitsgrade bei der Auswertung der Meßergebnisse vorliegen. Die **Interpretationsobjektivität** hingegen bezieht sich auf die vorhandenen Freiheitsgrade bei der Deutung der Meßergebnisse. Vgl. Herrmann/ Homburg (2000), S. 23.

[102] Vgl. Hammann/Erichson (2000), S. 93.

[103] Vgl. Little (1970), S. B-470.

einfache Basis an benötigten Markt- und Rechnungswesendaten sowie einen geringen Kostenaufwand der Messung.[104]

Die Anforderungen aus Sicht der markenführenden Unternehmenspraxis stehen teils in einer Zielantimonie mit der (Inhalts-) Validität der Meßergebnisse. So gehen eine breite Datenbasis sowie eine hohe Verfahrenskomplexität mit einem erhöhten Bewertungsaufwand einher und können die externe Nachvollziehbarkeit der Bewertung erschweren, so daß die in der Unternehmenspraxis bestehende Skepsis gegenüber Markenbewertungsverfahren möglicherweise bestärkt wird. Eine schmale Basis an bewertungsrelevanten Daten und eine geringe Verfahrenskomplexität sind hingegen zwar aufwandsmindernd und transparenzfördernd, können sich jedoch negativ auf die Meßgenauigkeit auswirken. Auch hinsichtlich der Wirtschaftlichkeit und Verständlichkeit aus Sicht von Anwendern aus der Unternehmenspraxis lagen im Rahmen dieser Arbeit keine spezifischen Daten vor. Behelfsweise kann jedoch zumindest die **Modellkomplexität** eines monetären Markenbewertungsverfahren beurteilt werden, welche mit deren Wirtschaftlichkeit und Verständlichkeit in enger Verbindung steht. Weiterhin kann ein indirekter Aufschluß über die Güte eines monetären Markenbewertungsverfahrens anhand seiner **wissenschaftlichen Fundierung** sowie seiner **empirischen Validierung** erlangt werden. Hierbei ergibt sich jedoch das Problem, daß entsprechende Angaben insbesondere bei kommerziell angewandten Markenbewertungsverfahren oftmals nicht oder nur lückenhaft offengelegt sind. Hinsichtlich ihrer **Anwendbarkeit** sollten sich die Verfahren zur Bewertung unterschiedlicher Arten von Marken (z.B. Produkt- bzw. Dienstleistungsmarken) und zum Einsatz bei verschiedenen Bewertungsanlässen eignen. Abbildung 3 faßt diejenigen Beurteilungskriterien zusammen, welche schwerpunktmäßig bei der nachfolgenden Analyse monetärer Markenbewertungsverfahren zur Anwendung kommen sollen.

Abb. 3: Beurteilungskriterien für monetäre Markenbewertungsverfahren

- Berücksichtigung des Isolierungsproblems
- Berücksichtigung des Prognoseproblems (insbesondere hinsichtlich Realisierung einer explizit zukunftsorientierten Bewertung und der Integration von Risikoaspekten)
- Berücksichtigung des Bewertungsproblemsproblems markenstrategischer Optionen
- Integration von konsumenten- und marktgerichteten Markenwertindikatoren
- Objektivität (Grad an subjektiven bzw. willkürlichen Bewertungselementen)
- Modellkomplexität (relativ zu anderen Verfahren)
- Anwendbarkeit in Bezug auf verschiedene Arten von Marken und Bewertungsanlässe
- Wissenschaftliche Fundierung, empirische Validierung, Praxiserprobung

Quelle: eigene Erstellung

[104] Vgl. Franzen/ Reimann (1998), S. 219.

2.3. Systematisierung und Analyse von Markenbewertungsverfahren

Seit über einem Jahrzehnt sind Markenbewertungsmethoden ein zentraler Gegenstand der Forschungsbemühungen von Wissenschaft und Unternehmenspraxis, woraus eine kaum noch zu überblickende Verfahrensvielfalt resultiert. Eine möglichst vollständige Übersicht der vorhandenen Meßverfahren existiert bislang jedoch nicht. Dies betrifft insbesondere die von Seiten der Unternehmenspraxis entwickelten Verfahren, welche oftmals keinen Eingang in die Literatur gefunden haben oder dort nur lückenhaft dokumentiert sind. Diese Intransparenz ist für die im Rahmen dieser Arbeit schwerpunktmäßig behandelten monetären Markenbewertungsverfahren vergleichsweise höher als für nichtmonetäre Verfahren. Überdies besteht eine Reihe unterschiedlicher Ansätze zur Verfahrenssystematisierung, die zusammenfassend in Abbildung 4 dargestellt sind.

Abb. 4: Systematisierungsansätze für Markenbewertungsverfahren

Systematisierungs-kriterium	**Ausprägungen**	**Quellen**
Perspektive	finanzorientiert vs. verhaltensorientiert finanzorientiert vs. absatz- bzw. marketingorientiert	Bekmeier-Feuerhahn (1998); Heider/ Strehlau (2001) Esch (2000); Hammann (1992); Drees (1999b); Irmscher (1997); Baumgarth (2001); Calderon/ Cervera/Mollá (1997)
Art der Zielgröße	monetär vs. nichtmonetär	Sattler (2001c); Zimmermann/ Sander (2001); Baumgarth (2001)
Datenerhebungsverfahren	kompositionell vs. dekompositionell	Bekmeier-Feuerhahn (1998); Sattler (2001c); Baumgarth (2001)
Markenwirkung	cause vs. effect	Calderon/Cervera/Mollá (1997)
Herkunft	Theorie vs. Praxis	Berndt/Sander (1994); Göttgens/ Sander/Wirtz/Dunz (2001)
Aggregationsgrad	Globalmodelle vs. Indikatormodelle	Franzen/Trommsdorff/Riedel (1994); Schmidt (1997)
Stufigkeit	einstufig-direkt vs. mehrstufig-indirekt	Kriegbaum (2000); Franzen/ Trommsdorff/Riedel (1994); Herreiner (1994)
Problemfokus	Isolierung vs. Prognose markenspezifischer Zahlungen	Sattler (2001c)
Anwendbarkeit	anwendbare Modelle vs. Meßkonzepte	Maretzki (2001)

Quelle: Kranz (2002), S. 440

Als Systematisierungskriterium dienen hierbei teils methodische Aspekte (z.B. Datenerhebungsverfahren, Aggregationsgrad, Stufigkeit), welche aus ergebnisorientierter Anwendersicht wenig hilfreich sind. Andere Kriterien (z.B. Markenwirkung, Herkunft, Anwendbarkeit) erscheinen hingegen aufgrund ihres Problemfokus oder ihrer differenzierenden Wirkung fraglich. Einzelne Systematisierungen (z.B. Perspektive, Art der Zielgröße) heben im Kern auf den gleichen Aspekt ab; so sind beispielsweise die Kriterienausprägungen „finanzorientiert" und „monetär" bzw. „verhaltensorientiert" und „nichtmonetär" weitestgehend deckungsgleich. Insgesamt erscheint eine grobe Differenzierung nach der Art der Zielgröße (monetär vs. nichtmonetär) am sinnvollsten. Da diese jedoch nur eine Zweiteilung der Verfahren bewirkt, sind Unterkriterien für eine tiefergreifende Einteilung erforderlich. Dies gilt insbesondere für den Bereich der monetären Verfahren, welche in besonders vielfältigen Varianten bestehen und für die keiner der vorhandenen Systematisierungsansätze besonders hilfreich ist. Aufgrund dessen wird im Rahmen dieser Arbeit ein neues Systematisierungsschema für monetäre Markenbewertungsverfahren entwickelt und verwendet.[105]

Die folgende Bestandsaufnahme von Markenbewertungsverfahren basiert auf einer umfangreichen Recherche, welche alle zwischen Januar 1997 und April 2002 erschienenen Ausgaben von insgesamt 14 nationalen und internationalen marketingrelevanten Journals aus Forschung und Praxis[106] sowie zahlreiche neuere Monographien, Sammelwerke und Dissertationen zu diesem Themenkreis umfaßt. Für den Bereich der kommerziellen Bewertungstools der Unternehmenspraxis wurde ergänzend eine umfangreiche Internetrecherche sowie eine Unternehmensbefragung durchgeführt.[107] Der hierauf aufbauenden Verfahrensanalyse ist eine weitgefaßte Sichtweise zugrundegelegt, bei der unter monetären Markenbewertungsverfahren alle Ansätze subsummiert werden, die eine markenrelevante, in Geldeinheiten quantifizierte Ergebnisgröße liefern, auch wenn diese nicht dem dieser Arbeit zugrundeliegenden Markenwertverständnis entspricht. Zusätzlich zu den monetären werden auch nichtmonetäre Markenbewertungsverfahren überblicksartig behandelt, welche zwar nicht den Schwerpunkt dieser Arbeit darstellen, deren Ergebnisgrößen jedoch teils für eine monetäre Transformation genutzt werden können. Die folgende Verfahrensanalyse ist beinhaltet zahlreiche Methoden, die in der Literatur behandelt wurden und als

---

[105] Siehe hierzu Abschnitt 2.3.2.

[106] Hierzu zählen: Journal of Marketing (JM), Journal of Marketing Research (JMR), International Journal of Research in Marketing, Journal of Consumer Research (JCR), Marketing Letters, Marketing Science, Management Science, Zeitschrift für Betriebswirtschaft (ZfB), Zeitschrift für betriebswirtschaftliche Forschung (ZfBF), Die Betriebswirtschaft (DBW), Operations Research Spectrum (ORS), Marketing ZfP - Zeitschrift für Forschung und Praxis, Absatzwirtschaft - Zeitschrift für Marketing, Markenartikel - Zeitschrift für Markenführung.

[107] Für Details dieser Erhebung siehe Abschnitt 2.4.1.

solche prinzipiell von einer Vielzahl verschiedenster Anwender eingesetzt werden können. Im Zuge der Marktübersicht von kommerziellen Markenbewertungsservices werden von der Unternehmenspraxis verwendete nichtmonetäre und monetäre Spezialtools in einem gesonderten Abschnitt detailliert behandelt und in den zuvor entwickelten Systematisierungsrahmen eingeordnet.[108]

2.3.1. Nichtmonetäre Markenbewertungsverfahren

Nichtmonetäre Markenbewertungsverfahren haben in Literatur und Unternehmenspraxis eine bislang höhere Verbreitung als monetäre Ansätze gefunden. Sie sind durch die verhaltenswissenschaftliche Perspektive des Markenwerts inspiriert und nehmen innerhalb von Konsumentenbefragungen eine Erfassung einzelner oder mehrerer Konstrukte aus dem Bereich der Marken-Wissensstrukturen vor. Die hierbei gemessenen konsumentenorientierten Markenwertindikatoren liefern wichtige Informationen für die Markenführung und Markensteuerung, was sich auch in ihrer expliziten Berücksichtigung innerhalb neuerer Controlling-Instrumente wie der Brand Balanced Scorecard[109] ausdrückt. Zur monetären Markenbewertung sind diese Indikatoren nicht unmittelbar einsetzbar, können jedoch teils als Basis für eine Transformation in ein monetäres Wertmaß genutzt werden.[110] Nichtmonetäre Markenbewertungsverfahren können grob in die beiden Hauptgruppen der quantitativen und qualitativen Ansätze unterteilt werden; eine zusammenfassende Verfahrensübersicht gibt Abbildung 5.

Nichtmonetäre Verfahren zur quantitativen Markenbewertung erfassen Daten auf metrischem Skalenniveau und sind in die zwei Untergruppen der kompositionellen und dekompositionellen Verfahren zur Messung von Markenwertindikatoren unterteilbar.[111] Die Gesamtheit der in den unterschiedlichen Ansätzen gemessenen Markenwertindikatoren deckt alle Stufen von Modellen zur Hierarchie der Effekte (z.B. „AIDA-Regel")[112] ab; einzelne Indikatoren weisen hierbei unterschiedliche Entfernungen von mit monetären Transaktionen verbundenen

---

[108] Siehe hierzu Abschnitt 2.4.1.

[109] Die **Brand Balanced Scorecard** stellte eine markenspezifische Weiterentwicklung der Balanced Scorecard von Kaplan/Norton (1997) dar und beinhaltet die regelmäßige Erfassung zuvor identifizierter erfolgsrelevanter Kennzahlen aus den Bereichen Marke, Kunden, Handel, Unternehmen, Umfeld, etc. Als markenrelevante Indikatoren werden hierbei Markenimage, Differenzierung vom Wettbewerb, Markenbild beim Konsumenten, Markensympathie, -akzeptanz, -vertrauen, -loyalität, u.a. berücksichtigt. Vgl. Linxweiler/Henneka (2002), S. 78; für eine detaillierte Verfahrensübersicht vgl. Kaplan/Norton (1997); Linxweiler (2001).

[110] Vgl. Sattler (2001c), S. 157 und siehe auch Abschnitt 3.5.

[111] Systematisierung in Anlehnung an Sattler (2001c), S. 157.

[112] Eine Übersicht dieser Modelle gibt z.B. Schweiger/Schrattenegger (1995), S. 57 ff.

Kaufentscheidungen auf.[113] Inwieweit diese Entfernung die Indikatoreneignung hinsichtlich einer monetäre Transformation determiniert, wurde bislang kaum untersucht; aus theoretischen Überlegungen heraus erscheinen diesbezüglich Konstrukte mit geringer Entfernung von Kaufentscheidungen besser geeignet.[114]

Abb. 5: Übersicht nichtmonetärer Markenbewertungsverfahren

Verfahrensart / Beispiele[115]	**Quellen**
1) Nichtmonetäre Verfahren zur quantitativen Markenbewertung	
1a) Kompositionelle Verfahren zur Messung von Markenwertindikatoren Isolierte oder kombinierte Messung einzelner Markenwertindikatoren auf Basis direkter Konsumentenbefragungen, teils mit Aggregation von Einzelindikatoren zu übergeordneten Konstrukten oder Indizes; z.B.: • Markenbekanntheit • Markentreue • Markenqualitätseinschätzung (ein- oder mehrdimensional) • Markenassoziationen (mehrdimensional) • Markenimage (mehrdimensional) • Markenattraktivität (mehrdimensional) • Markenidentität (mehrdimensional) • Markenbeziehung (ein- oder mehrdimensional) • Markenvertrauen (ein- oder mehrdimensional) • Markenloyalität (ein- oder mehrdimensional) • Markenbekanntheit und Markenqualität • Markenbekanntheit und Markenimage (mehrdimensional) • Markenbekanntheit, -assoziationen, -qualität, -treue, andere Markenvorzüge • Markenqualität, -image, -wert, -vertrauenswürdigkeit, -verbundenheit • Mittelwert aus Markenvertrautheit und subjektiver Markeneinschätzung • Multiplikative Verknüpfung von Markenbekanntheit, -qualität, -präferenz • Zugriffsfähigkeit, Qualität, Intensität und Einzigartigkeit von verbal bzw. bildlich gespeicherten Markenassoziationen	Aaker (1991; 1996); Aaker/Jacobson (1994); Agarwal/Rao (1996); Ambler (1997); Bekmeier-Feuerhahn (1998); Biel (2001); Chen (2001); Cobb-Walgren et al. (1995); Dick/Basu (1994); Dillon et al. (2001); Esch/Geus (2001a); Farquhar et al. (1992); Francois/MacLachlan (1995); Goerne (1992); Kapferer (1992; 1997); Keller (1993; 1998); Krishnan (1996); Lavenka (1991); Linxweiler/Henneka (2002); Low/Lamb (2000); Mackay (2001); Martin/Brown (1991); Na/Marshall/Keller (1999); Owen (1993); Rundle-Thiele/Bennett (2001); Sattler (2001c); Srivastava/Shocker (1991); Sweeney/Swait (1999); Yo/Donthu (2001); Winters (1991)

(Fortsetzung)

[113] Bezüglich der „**AIDA-Regel**" werden beispielsweise „Attention" durch Markenbekanntheit oder Markenerinnerung, „Interest" durch Markenqualitätseinschätzung, -assoziationen oder -image, „Desire" durch Kaufabsicht und „Action" durch die (abgefragte) Häufigkeit der Markenverwendung erfaßt.

[114] Jedoch konnte für das Markenimage ein hoher Einfluß auf den Markenwert nachgewiesen werden; vgl. Sattler (1997a), S. 226 ff.; siehe auch Sattler (1997b) und Sattler (1998e).

[115] Siehe auch Abbildung 13.

Abb. 5: Übersicht nichtmonetärer Markenbewertungsverfahren

Verfahrensart / Beispiele	Quellen
1b) Dekompositionelle Verfahren zur Messung von Markenwertindikatoren Indirekte Erhebung ganzheitlicher Präferenzurteile für Markenprodukte mittels Conjoint Analysen; hierauf erfolgt eine Dekomposition des Gesamtnutzens der Markenprodukte und eine Ableitung von markenspezifischen Indikatoren; z.B.: • Markenpräferenz bzw. Markennutzen • Kaufintention bzw. Marken-Wahlanteil	Agarwal/Rao (1996); Francois/MacLachlan (1995); Mackay (2001); Rangaswamy, et al. (1993); Sattler (2001c); Srinivasan (1979)
2) Nichtmonetäre Verfahren zur qualitativen Markenbewertung 2a) Räumliche Positionierungs- und Portfolioansätze Erhebung ganzheitlicher Ähnlichkeitsurteile für Marken(-produkte) mittels Multidimensionaler Skalierungen (MDS) oder Korrespondenzanalysen; ähnlichkeitsbezogene Abbildung der Marken in einem Wahrnehmungsraum in Relation zu Wettbewerbsmarken und in Bezug auf bestimmten Eigenschaften; auf Basis der jeweiligen Verortungen kann eine qualitative Bewertung der betrachteten Marke abgeleitet werden.	Hammann (1992); Grimm/Högl/Hupp (2000); Hupp (2000b); o.V. (2002); Zimmermann et. al. (2001)
2b) Erhebung qualitativer Aussagen über die Marke Erhebungen von Statements bzw. Konsumenteneinschätzungen (jeweils nominalskaliert) hinsichtlich der Markenpositionierung oder der emotionalen Beziehung des Konsumenten zur Marke mittels Tiefeninterviews, projektiven Techniken, ungestützten oder gestützten Abfragen von Primärassoziationen bzw. allgemeinen Eindrücken hinsichtlich der Marke, ungestützten oder gestützten Abfragen von Analogien zwischen Marken und Personen; Zuordnungen von Bildern bzw. Moodboards zu Marken, etc.; die hierdurch gewonnenen Erkenntnisse stellen sodann die Grundlage für eine qualitative Markenbeurteilung dar.	Eumara (o.J.); facit (2000); Grey GmbH (2000); H,T,P, Concept (2001); Hubertz (2000; 2001); Inra Deutschland (o.J.); Melchers (1999); o.V. (2002); Zimmermann et. al. (2001)

Quelle: eigene Darstellung in teilweiser Anlehnung an Sattler (2001c), S. 156

Mit den **kompositionellen Verfahren** wird versucht, den Wert einer Marke entweder anhand eines einzelnen Indikators (isolierte Messung) oder über mehrere Indikatoren (kombinierte Messung) zu ermitteln, wobei einzelne Ansätze anschließend eine Verknüpfung von Einzelindikatoren zu übergeordneten Konstrukten vornehmen. Die Datenerfassung erfolgt hierbei zumeist mittels direkter Abfragen anhand von Ratingskalen. Die jeweils gemessenen Einzelindikatoren oder Kombinationen aus diesen bilden dabei eine kaum noch überschaubare Vielfalt. Hinsichtlich ihrer wirtschaftlichen Praktikabilität weisen kompositionelle Verfahren einige Vorteile auf. Hierzu zählen die relativ zeit- und kostengünstige Datenerhebung, eine geringe Komplexität und hohe Transparenz der Methodik sowie niedrige Anforderungen hinsichtlich der Datenanalyse. Somit haben diese Verfahren eine weite Praxisverbreitung gefunden und die ermittelten Markenwertindikatoren eine hohe Vertrautheit bei Markenmanagern erlangt. Den genannten Vorteilen stehen jedoch auch bedeutende Nachteile gegenüber.[116] Bei der isolierten Messung erscheint es fraglich, ob eine grobe Reduktion von

[116] Zur Kritik an kompositionellen nichtmonetären Verfahren siehe zusammenfassend Sattler (2001c), S. 157 f.

Markenwissensstrukturen auf nur einen einzelnen Indikator dem komplexen Phänomen der Marke gerecht werden kann, so daß ihre Eignung zur Markenwertmessung generell kritisch zu beurteilen ist. Hinsichtlich der kombinierten kompositionellen Meßverfahren fällt auf, daß bei einigen Ansätzen die Einzelindikatoren willkürlich aggregiert werden (z.B. Mittelwert aus Markenvertrautheit und subjektiver Markeneinschätzung). Weiterhin sind einzelne Konstrukte wie Markenassoziationen, -präferenz, -attraktivität oder –qualität(seinschätzung) inhaltlich mehr oder weniger eng mit dem Markenimage verbunden, so daß entsprechende Verfahren kaum hinsichtlich des zugrundeliegenden Konstrukts, sondern hauptsächlich in Methodik und Detailliertheit der Messung variieren.[117]

Beispiele für kompositionelle Verfahren stellen die frühen Modelle von Aaker (1991) und Keller (1993) dar, welche die Forschung zur nichtmonetären Markenwertmessung in besonderer Weise geprägt und in der Literatur eine hohe Verbreitung erfahren haben. Abbildung 6 gibt eine schematische Übersicht beider Verfahren. Nach **Aaker (1991)** wird der Markenwert durch die fünf Determinanten Bekanntheit des Namens, angenommene Qualität, Markenassoziationen, Markentreue und andere Markenvorzüge (z.B. juristische und institutionelle Vorteile) bestimmt, welchen eine Wertbedeutung sowohl für Konsumenten als auch für das markenführende Unternehmen zukommt. Nach **Keller (1993)** wird der Markenwert durch die Wissensstrukturen der Konsumenten gebildet, welche nach Markenbekanntheit und Markenimage differenzierbar sind und eine wesentliche Grundlage des Kaufverhaltens bilden. Der Ansatz beinhaltet zwar eine detaillierte Messung der einzelnen Konstrukte, sieht jedoch ebenso wie der von Aaker (1991) keine Verknüpfung der jeweiligen Einzelindikatoren vor. Weiterhin stellen beide Ansätze keinen Bezug zu monetären Größen her. Da es sich bei beiden Modellen um besonders renommierte Verfahren handelt, erscheint deren Verwendung als Grundlage für eine monetäre Transformation interessant. Somit werden diese beiden Verfahren neben anderen ausgewählten Ansätzen im Rahmen der empirischen Untersuchung dieser Arbeit anhand von erhobenen Daten nachgebildet und auf bestehende Zusammenhänge mit anderen Markenwertindikatoren sowie hinsichtlich ihrer Transformationseignung untersucht.

Im Gegensatz zu kompositionellen Ansätzen nehmen **dekompositionelle Verfahren** zunächst eine ganzheitliche Bewertung vor, der erst nachträglich eine Zerlegung bzw. Dekomposition der gemessenen Größe in Einzelkomponenten folgt. Ein bedeutendes dekompositionelles Verfahren stellt die **Conjoint-Analyse** dar, welche sich neben einer Vielzahl von Anwendungszwecken auch zur Markenbewertung eignet. Hierfür ist eine Modellierung der Stimuli vorzunehmen,

[117] Vgl. Sattler (2001c), S. 157.

Abb. 6: Die frühen Modelle von Aaker (1991) und Keller (1993)

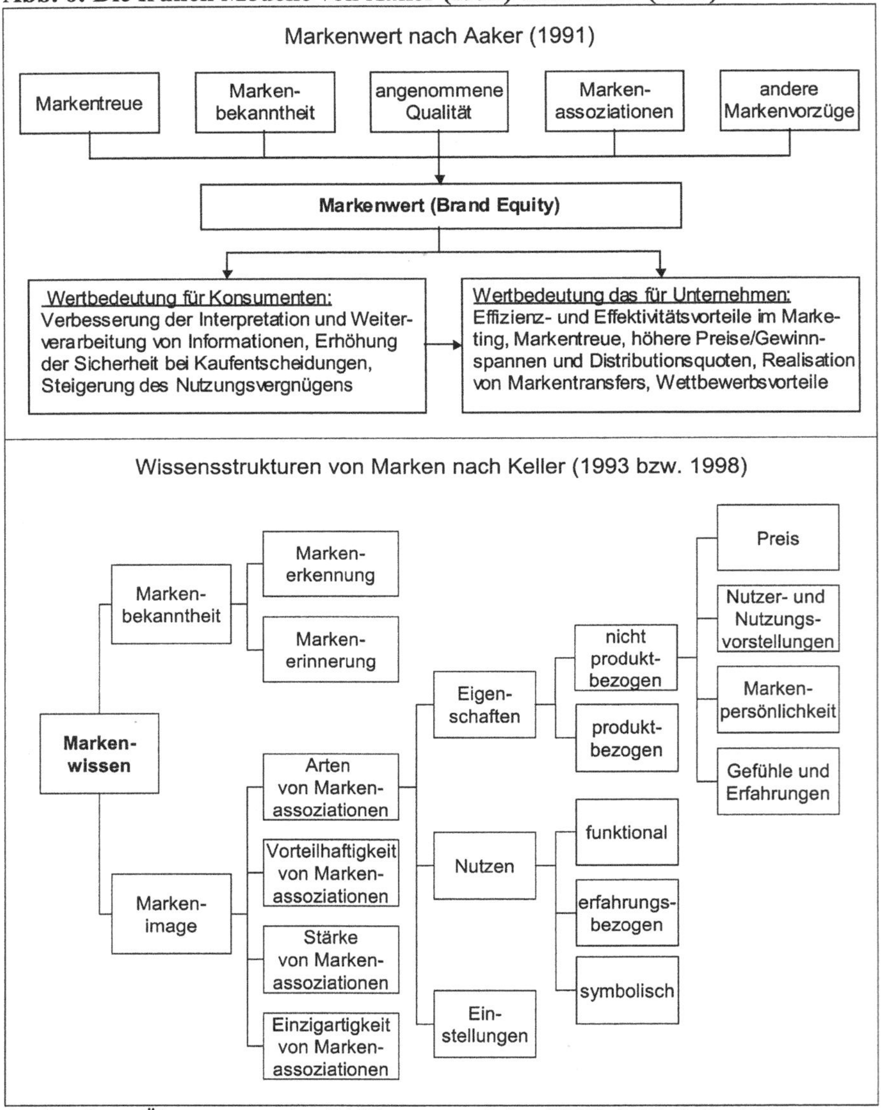

Quelle: eigene Übersetzungen der Abbildungen von Aaker (1991), S. 17; Keller (1998), S. 94.

die neben relevanten physikalisch-technischen Produkteigenschaften auch das Merkmal „Marke“ mit entsprechenden Ausprägungen (unmarkiert, markiert mit Marke A, B, C...) beinhaltet.[118] Aus einer Reihe von systematisch variierten Stimuli sind von Probanden entweder der jeweils höchstpräferierte Stimuli auszuwählen oder es sind alle Stimuli in eine Präferenzrangfolge zu bringen. Auf die Erhebung globaler Präferenz - bzw. Gesamtnutzenurteile folgt eine Dekomposition in einzelne Nutzenkomponenten (u.a. Teilnutzen der Marke), deren Beitrag zum Gesamtnutzen des Konsumenten quantifiziert werden kann. Hierauf aufbauend können auf Basis von Kaufverhaltensannahmen Marken-Wahlanteile ermittelt werden.[119] Auch diese Indikatoren werden innerhalb des empirischen Teils dieser Arbeit auf bestehende Zusammenhänge mit anderen Indikatoren und auf deren Transformationseignung untersucht.

Aus theoretischer Perspektive weisen indirekte Erhebungen mittels Conjoint-Analysen gegenüber direkten Erhebungen eine Reihe von Vorteilen auf.[120] So besteht bei Conjoint-Analysen eine höhere Ähnlichkeit zwischen der experimentellen und der bei realem Kauf gegebenen Auswahlsituation. Weiterhin können sozial erwünschte bzw. strategische Antworten leichter vermieden, tatsächliche Bedeutungsgewichte und nichtlineare Zusammenhänge von Eigenschaften besser aufgedeckt, Doppelzählungen ausgeschlossen sowie eine höhere Bandbreitensensitivität erzielt werden. Direkte Erhebungen (bzw. Self-Explicated-Ansätze) überfordern die Probanden hingegen weniger bezüglich ihrer einzubringenden kognitiven Leistung und lassen sie weniger Simplifizierungen vornehmen. Direkte Erhebungen eignen sich besser zur Abfrage einer größeren Anzahl von Eigenschaften, sind weniger aufwendig hinsichtlich der Untersuchungsdesignerstellung, Datenerhebung, Datenauswertung und sind sowohl schneller als auch kostengünstiger durchführbar. Die aus theoretischer Perspektive unterstellte Überlegenheit der Conjoint-Analyse hinsichtlich der (Prognose-) Validität der Ergebnisse konnte bislang empirisch nicht bestätigt werden.[121] Hinsichtlich der speziellen Verwendung für Markenbewertungszwecke spricht für Conjoint-Analysen, daß die hier ermittelten nichtmonetären Wertmaße relativ nahe an der eigentlichen monetären Transaktion eines Kaufakts liegen und somit als Basis für monetäre Transformationen gut geeignet erscheinen. Da jedoch conjoint-basierte Markenwertindikatoren anhand von experimentellen Auswahlentscheidungen ermittelt werden, handelt es sich hierbei jedoch nur um „weiche“ Wertmaße.

---

[118] Sofern auch das Merkmal „Preis“ mit entsprechenden Ausprägungen enthalten ist, kann ein markenspezifisches Preis-Premium ermittelt werden, so daß eine Conjoint-Analyse dann ein monetäres Bewertungsverfahren darstellt. Siehe hierzu Abschnitt 2.3.2.3.1.

[119] Vgl. Abschnitt 2.3.2.3.1.

[120] Vgl. zusammenfassend Sattler/Hensel-Börner (2000), S. 123 ff.

[121] Vgl. Hensel-Börner (2000), S. 131 ff.

Neben den zuvor behandelten quantitativen Ansätzen besteht eine Reihe verschiedener **nichtmonetärer Verfahren zur qualitativen Markenbewertung**. Diese im weitesten Sinne auch als Markenbewertungsinstrumente aufzufassenden Ansätze können in zwei Untergruppen eingeteilt werden. Die erstere bilden **räumliche Positionierungs- oder Portfolio-Modelle**, die methodisch zumeist auf Multidimensionalen Skalierungen (MDS) oder Korrespondenzanalysen beruhen. Diese beiden artverwandten multivariaten Analyseverfahren stellen ebenfalls dekompositionelle Ansätze dar, bei denen zunächst für die untersuchten Marken ganzheitliche Ähnlichkeitsurteile erhoben werden, worauf sich deren ähnlichkeitsbezogene Verortung in einem Wahrnehmungsraum anschließt. Bei Multidimensionalen Skalierungen können schließlich Idealpunkte oder Vektoren für zuvor abgefragte Eigenschaften der Marken berechnet und in den Wahrnehmungsraum gelegt werden; bei Korrespondenzanalysen hingegen werden zuvor erhobene Statements im Wahrnehmungsraum positioniert. Anhand der jeweiligen Lage der Marken in Relation zu Idealpunkten, Vektoren bzw. Statements kann eine qualitative Markenbeurteilung im Vergleich zum Wettbewerb erfolgen. Da hierbei jedoch nur räumliche Lagemaße und kein explizites Markenwertmaß berechenbar ist, sind diese Verfahren im Hinblick auf eine monetäre Transformation kaum geeignet und im folgenden nicht weiter von Interesse.

Die zweite Untergruppe der qualitativen nichtmonetären Markenbewertungsverfahren wird durch verschiedene Ansätze zur **Erhebung qualitativer Aussagen über die Marke** gebildet. Die Vielfalt der hierbei im Rahmen von Konsumentenbefragungen erhobenen Daten umfaßt beispielsweise Attribute hinsichtlich der Markenpositionierung oder emotionalen Dispositionen des Konsumenten für die Marke, auf Basis derer eine qualitative Markenbeurteilung erfolgen kann. Als Erhebungsmethoden dienen Tiefeninterviews, projektive Techniken, ungestützte oder gestützte Abfragen von Primärassoziationen bzw. allgemeinen Eindrücken hinsichtlich der Marke, ungestützte oder gestützte Abfragen von Analogien zwischen Marken und Personen sowie Zuordnungen von Bildern bzw. Moodboards zu Marken. Da die hierbei erhobenen Daten lediglich nominales und kein metrisches Skalenniveau haben, sind auch diese Verfahren im Hinblick auf eine monetäre Transformation ungeeignet und werden ebenfalls im folgenden nicht tiefergehend betrachtet.

2.3.2. Monetäre Markenbewertungsverfahren

Die monetären Markenbewertungsverfahren aus Wissenschaft und Unternehmenspraxis weisen eine vergleichsweise höhere Vielfalt an verwendeten Methoden und benötigten Daten auf als die nichtmonetären Verfahren. Infolgedessen finden sich hierzu insbesondere in der deutschsprachigen Literatur zur Markenbewertung uneinheitliche Systematisierungen, die größtenteils kaum auf die Besonderheiten einer monetären Markenbewertung eingehen.[122] Eine Ausnahme stellt die Klassifizierung von Sattler (2001c) dar, nach welcher monetäre Markenbewertungsverfahren in solche zur Ermittlung eines kurzfristigen (auf eine Periode bezogenen) bzw. langfristigen (auf mehrere Perioden bezogenen) Markenwerts differenziert werden.[123] Hierbei wird das Prognoseproblem als einer der drei zentralen Problembereiche einer monetären Markenbewertung in der Weise zum Systematisierungskriterium erhoben, als daß die Verfahren auf Basis ihrer grundsätzlichen Berücksichtigung dessen in zwei Gruppen unterteilt werden. Das Isolierungsproblem und das Bewertungsproblem markenstrategischer Optionen bleiben hierbei hingegen unberücksichtigt. Überdies ist gegen diese Systematisierung kritisch einzuwenden, daß ein kurzfristiges monetäres Wertmaß im einfachsten Falle unter Annahme konstanter Verhältnisse in eine ewige Rente überführbar und durch Diskontierung in ein langfristiges Maß transformierbar ist.[124] Hierbei würde die Fristigkeit insofern wenig differenzierenden Charakter aufweisen, als daß lediglich eine Division des kurzfristigen Wertmaßes durch den gewählten Diskontierungszinssatz zu dem langfristigen Wertmaß führt.[125] Somit wurde im Rahmen der vorliegenden Arbeit die Berücksichtigung des Prognoseproblems nicht als zentrales Klassifizierungskriterium, sondern als nur eines von mehreren Kriterien zur Verfahrensbeurteilung verwendet.

Gegenüber den vielfältigen Verfahrenssystematisierungen in der deutschsprachigen Literatur herrscht innerhalb von englischsprachigen Quellen eine höhere Einheitlichkeit vor. Hier werden monetäre Markenbewertungsverfahren zumeist in die drei (Haupt-) Gruppen der **kosten-, marktwert-** und **einkommensorientierten Ansätze** eingeteilt.[126] Diese noch am ehesten gängige Klassifizierung wird im folgenden übernommen. Da die meisten monetären Markenbewertungsverfahren zu den einkommensorientierten Ansätzen zählen, wird diese Gruppe nachfolgend weiter untergliedert und dabei eine eigene Klassifizierung angewendet, die an der jeweiligen Bewertungsgrundlage bzw. an der verwendeten Datenbasis anknüpft. Demgemäß werden sechs Untergruppen von einkommens-

[122] Vgl. z.B. Sattler (2001c), S. 158 ff.; Esch/Geus (2001), S. 1041 ff.; Hamann (2001), S. 291 ff.; Kranz (2002), S. 439 ff.; Kriegbaum (2001), S. 89 ff.; Maretzki (2001), S. 68; Schmidt (1997), S. 86 ff; Bekmeier-Feuerhahn (1996), S. 69 ff.; siehe auch Abbildung 4.

[123] Vgl. Sattler (2001c), S. 161 ff.

[124] Vgl. Abschnitt 2.2.

[125] Diese „naive Prognose“ kommt beispielsweise beim Brand Performancer von A.C. Nielsen und beim 3-Komponenten-Modell von Brand Rating zur Anwendung, welche die Ermittlung eines langfristigen monetären Wertmaßes zum Ziel haben; vgl. Abschnitt 2.4.2.1.1. und Abschnitt 2.4.2.1.2.

[126] Vgl. z.B. Keller (1998), S. 359 f.; Kapferer (1997), S. 396 ff.; Reilly/Schweihs (1998), S. 92; Smith (1997), S. 18 ff.; Trevillion/Perrier (1999), S. 31 f.; Interbrand (1998), S. 100 f.

orientierten Ansätzen gebildet; dabei handelt es sich um **konsumenten-, absatzmarkt-, unternehmens-, lizenzierungs-** und **kapitalmarktorientierte Ansätze** sowie um **kombinierte Verfahren**. Diese Untergruppen werden teils noch weiter untergliedert; Abbildung 7 zeigt den im Rahmen dieser Arbeit verwendeten Systematisierungsrahmen für monetäre Markenbewertungsverfahren.[127]

Abb. 7: Systematisierung monetärer Markenbewertungsverfahren

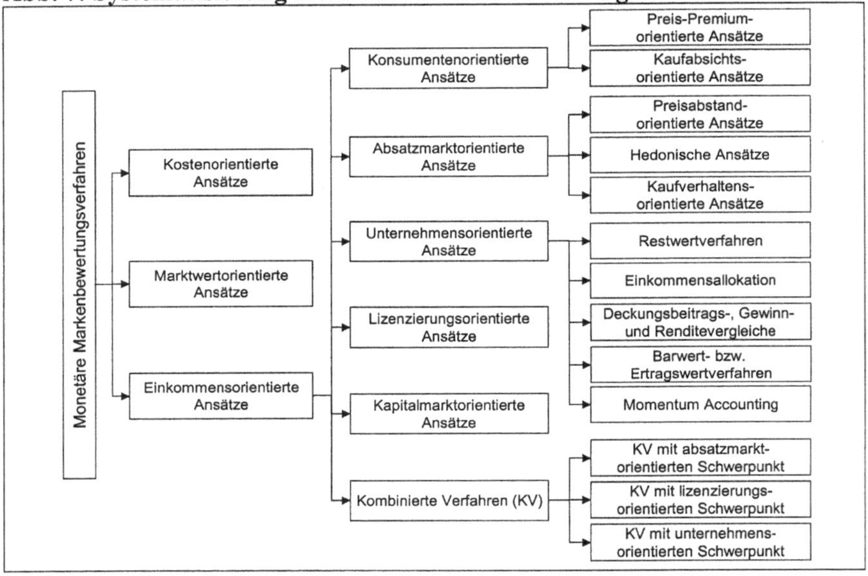

Quelle: eigene Darstellung

2.3.2.1. Kostenorientierte Ansätze

Bei den kostenorientierten Ansätzen handelt es sich um frühe Bewertungsverfahren, die durch eine investitionstheoretische Sicht des Markenwerts geprägt und an Modelle zur Bewertung materieller Vermögensgegenstände angelehnt sind.[128] So wird der Markenwert beim **Verfahren der historischen Kosten** durch die Summe der Investitionen („Produktionswert") bestimmt, die in der Ver-

[127] Da einzelne den kombinierten Verfahren zugeordnete Ansätze auch Merkmale aufweisen, die eine andere Gruppenzuordnung rechtfertigen könnten, ist die vorgenommene Klassifizierung diesbezüglich nicht gänzlich trennscharf.

[128] Zur Methodik und kritischen Würdigung der kostenbasierten Ansätze vgl. z.B. Barwise et al. (1989), S. 53 ff.; Interbrand (1998), S. 100; Kapferer (1997), S. 396 ff.; Kriegbaum (2001), S. 90 f.; Reilly/Schweihs (1998), S. 96 ff.; S. 118 ff.; Sattler (2001c), S. 161; Schmidt (1997), S. 87 f.; Smith (1997), S. 21; S. 129 ff.; Trevillion/Perrier (1999), S. 31 f.

gangenheit für den Markenaufbau getätigt wurden. Beim **Verfahren der Wiederbeschaffungskosten** wird der Markenwert hingegen durch die Summe der aktuellen Aufwendungen determiniert, die zur Kreation einer identischen Marke zu tätigen wären („Reproduktionswert"). Hierbei sind auch Abschreibungen aufgrund bisheriger Abnutzung bzw. Obsoleszenz zu berücksichtigen.[129] Eine Besonderheit stellt der Ansatz von Repenn (1998) dar, bei dem eine Komponente des Markenwerts durch die administrativ bedingten Aufwendungen zur formaljuristischen Anmeldung und Führung einer Marke gebildet wird.[130]

Obwohl die Bewertungsmethodik der kostenbasierten Ansätze unmittelbar eingängig, transparent und hinsichtlich der Modellierung wenig komplex ist, sprechen bedeutende Kritikpunkte gegen diese Verfahren bzw. gegen die Verwendung von Investitionen als Markenwertindikatoren. So erscheint der Zusammenhang zwischen historischen Kosten und Markenwert grundsätzlich fraglich, da schwache Marken trotz möglicherweise hohen Investitionen keine entsprechende Wertsteigerung erfahren haben, so daß die hier getätigten Aufwendungen den Charakter von „sunk costs" aufweisen[131] und im Resultat eine Überbewertung erfolgen würde. Weiterhin bestehen insbesondere bei langen Zeiträumen der Markenexistenz Probleme der eindeutigen Kostenzurechnung und der Abgrenzung des Zurechenbarkeitszeitraums, so daß Verzerrungen in der Bewertung auftreten können. Gegen das Verfahren der Wiederbeschaffungskosten spricht grundsätzlich die Individualität bzw. Einzigartigkeit von Marken, welche teils über lange Zeiträume gewachsen und somit keineswegs wiederbeschaffbar sind. Weiterhin basiert dieser Ansatz einseitig auf Expertenschätzungen, welche mit hohen Ermessensspielräumen behaftet sind, so daß hier insgesamt eine mangelnde Objektivität besteht. Allgemein spricht gegen die kostenbasierten Ansätze auch deren Nichtberücksichtigung von Erfolgspotentialen sowie deren einseitige Ausrichtung, welche sich u.a. in der mangelnden Einbeziehung von konsumenten- und marktgerichteten Indikatoren ausdrückt. Eine Berücksichtigung des Isolierungsproblems erfolgt hierbei in dem Maße, wie tatsächlich ausschließlich markenspezifische Investitionen in die Wertermittlung einbezogen werden. Weiterhin besteht eine fehlende Zukunftsorientierung, innerhalb derer auch Risikoaspekte und markenstrategische Optionen vernachlässigt werden; folglich eignen sich diese Ansätze nicht bei Bewertungsanlässen, innerhalb derer markenstrategische Optionen von Interesse sind. Grundsätzlich könnte jedoch eine Bewertung unterschiedlicher Arten von Marken erfolgen. Insgesamt besteht jedoch in der Literatur eine hohe Einigkeit hinsichtlich der mangelnden Eignung der kostenbasierten Ansätze zur monetären Markenwertmessung.

---

[129] Vgl. Smith (1997), S. 21; Reilly/Schweihs (1998), S. 99 f.

[130] Vgl. Repenn (1998), S. 36 f. und siehe Abschnitt 2.4.1.6.

[131] Vgl. Schmidt (1997), S. 88.

2.3.2.2. Marktwertorientierte Ansätze

Auch die marktwertorientierten Ansätze[132] sind an Modelle zur Bewertung materieller Güter angelehnt. Sie basieren auf dem Grundgedanken, daß der Wert einer Marke ihrem erzielbaren Verkaufserlös entspricht. Hierbei ist idealerweise von einem „angemessenen" bzw. „gerechten" Marktpreis auszugehen, der nicht durch Sondertatbestände verzerrt ist. Smith (1997) definiert diesen wie folgt: *"Fair market value is the amount at which a property would exchange (...) between a willing buyer and a willing seller (...) neither being under compulsion (...) each having full knowledge of all relevant facts (...) and with equity to both."*[133] Da diese Idealbedingungen in der Realität kaum gegeben sind, kann dieser Markenwert nur auf Basis von Expertenschätzungen ermittelt werden, die gerade hier einem hohen Maß an Subjektivität unterliegen.

Zur Objektivierung könnten vorhandene Referenzdaten von real getätigten Markenveräußerungen für die Wertermittlung herangezogen werden. Die Existenz geeigneter Referenzdaten setzt jedoch voraus, daß ein aktiver, öffentlicher Markt für Marken besteht, auf dem ein Austausch vergleichbarer Marken erfolgt.[134] Doch auch diese Prämisse ist in der Realität kaum erfüllt, da kein entsprechender Markt existiert und überdies die Individualität von Marken eine Vergleichbarkeit stark einschränkt. Behelfsweise könnten Veräußerungserlöse von markenmotiviertem Unternehmensakquisitionen als Referenzwerte dienen, für welche in der Praxis eine Reihe von Beispielen besteht.[135] Da diese Transaktionen jedoch ganze Unternehmen bzw. Unternehmensteile mit oftmals mehreren bedeutenden Marken umfassen, erscheint eine Isolierung des Anteils der interessierenden Referenzmarke aus der Summe aller materiellen und immateriellen Vermögensgegenstände mangels detaillierter Unternehmensdaten kaum möglich und wäre überdies sehr aufwendig. Bei älteren Akquisitionen besteht zudem das Problem mangelnder Datenaktualität. Weiterhin wird der Kaufpreis durch variierende Zielsetzungen bezüglich zukünftig zu realisierender markenstrategischer Optionen und durch die jeweiligen Verkaufsumstände (z.B. planmäßige versus erzwungene Veräußerungen)[136] beeinflußt, wodurch die Vergleichbarkeit noch weiter beschränkt wird. Somit können hier bestenfalls grobe Wertbandbreiten für Marken ermittelt werden.

---

[132] Zur Methodik und kritischen Würdigung der marktwertorientierten Markenbewertungsansätze vgl. z.B. Barwise et al. (1989), S. 55 f.; Interbrand (1998), S. 100 f.; Kapferer (1997), S. 399 f.; Reilly/Schweihs (1998), S. 101 ff.; S. 146 ff.; Schmidt (1997), S. 88; Smith (1997), S. 14 ff.; S. 139 ff.; Trevillion/Perrier (1999), S. 32; Zimmermann et al. (2002), S. 33.

[133] Smith (1997), S. 14 f.

[134] Vgl. Smith (1997), S. 19.

[135] Vgl. Sattler (2000b), S. 73 ff.

[136] Vgl. Smith (1997), S. 15 f.

Angesichts der vorgenannten Schwächen erscheint es nur stark eingeschränkt möglich, mit den marktwertorientierten Ansätzen eine spezifische Berücksichtigung aller drei Problembereiche einer monetären Markenbewertung vorzunehmen, innerhalb derer auch zahlreiche individuelle Ausprägungen von konsumenten- und marktgerichteten Indikatoren einbeziehbar sind. Die Methode ist zwar prinzipiell auf unterschiedliche Arten von Marken anwendbar, eignet sich jedoch vornehmlich nur für Veräußerungsanlässe von Marken. Aufgrund der bedeutenden Schwächen besteht in der Literatur auch hinsichtlich der marktwertorientierten Ansätze eine hohe Einigkeit über deren geringe Eignung zur monetären Markenwertmessung.

2.3.2.3. Einkommensorientierte Ansätze

Einkommensorientierte Ansätze sind die meist verbreiteten und anerkanntesten Verfahren zur monetären Markenbewertung. Sie bestehen in besonders vielfältigen Arten und Varianten, welche jeweils die Gemeinsamkeit aufweisen, das durch die Marke in der Vergangenheit erzielte bzw. zukünftig erzielbare Einkommen als Bewertungsgrundlage heranzuziehen. Hierbei werden unterschiedliche Indikatoren bzw. Daten verwendet, welche die jeweilige Grundlage der hier vorgenommenen Verfahrensuntergliederung bilden.

2.3.2.3.1. Konsumentenorientierte Ansätze

Die im folgenden behandelten Ansätze verwenden im Rahmen von Konsumentenbefragungen erhobene zusätzliche Zahlungsbereitschaften bzw. Preis-Premien („Preis-Premium-orientierte Ansätze“) oder Kaufabsichten („Kaufabsicht-orientierte Ansätze“) als Markenwertindikatoren und ermitteln auf deren Basis jeweils ein aggregiertes monetäres Markenwertmaß.

Bei den **Preis-Premium-orientierten Ansätzen** basiert die Verwendung von zusätzlichen Zahlungsbereitschaften als Markenwertindikatoren auf dem Grundgedanken, daß starke Marken die Zahlungsbereitschaft von Konsumenten erhöhen und so die Durchsetzung höherer Preise am Markt ermöglichen, wodurch letztendlich Gewinnsteigerungen realisierbar sind. Ein Preis-Premium drückt den Geldbetrag aus, welchen ein Konsument für eine bestimmte Marke mehr zu zahlen bereit ist in Bezug auf einen festgelegten Ankerpunkt.[137] Als solcher dient idealerweise ein technisch-physikalisch identisches No-Name-Produkt; sofern ein solches nicht existiert, kann behelfsweise eine fiktive Marke oder eine

[137] In einzelnen Quellen wird der Begriff des Preis-Premium in Bezug auf am Markt erzielte Preisabstände von vergleichbaren Marken verwendet. Vgl. z.B. Smith (1997), S. 144. Entsprechende Verfahren werden in dieser Arbeit als Preisabstand-orientierte Ansätze bezeichnet und innerhalb von Abschnitt 2.3.2.3.2. behandelt.

(nahezu) unbekannte bzw. schwach profilierte Handels- oder Herstellermarke verwendet werden. Preis-Premien können entweder direkt erhoben[138] oder indirekt mittels Conjoint-Analysen[139] erschlossen werden.[140]

Bei der **direkten Erhebung** kann im einfachsten Fall ein Set mit der zu bewertenden Marke und der Ankerpunktmarke vorgelegt und die zusätzliche Zahlungsbereitschaft direkt abgefragt werden. Bei ergänzender Erhebung von metrischen Präferenzurteilen für beide verglichene Marken sowie für weitere Wettbewerbsmarken können auf Basis einer einzelnen Zahlungsbereitschaftsabfrage Preis-Premien für alle paarweisen Kombinationen der betrachteten Marken berechnet werden.[141] Diese Methode zur direkten Erhebung von Preis-Premien wird innerhalb des empirischen Teils dieser Arbeit angewendet und analysiert.[142] Bei der **indirekten Ermittlung** von Preis-Premien mittels Conjoint-Analysen ist eine Modellierung der Stimuli vorzunehmen, die mindestens die Merkmale „Marke“ und „Preis“ mit entsprechenden Ausprägungen enthält;[143] überdies können relevante Produkt- bzw. Leistungsmerkmale wie z.B. Inhaltsstoffe, Geschmack, Farbe, Verpackung eingebracht werden,[144] die jedoch bestimmte Anforderungen zu erfüllen haben.[145] Von den Probanden ist hier aus einer Reihe von systematisch variierten Stimuli entweder der höchstpräferierte Stimuli auszuwählen oder es sind alle Stimuli in eine Präferenzrangfolge zu bringen.[146] Der Erhebung globaler Präferenzurteile folgt deren Dekomposition in einzelne Nutzenkomponenten (hier u.a. Teilnutzen des Preises), deren Beitrag zum Gesamtnutzen quantifiziert wird. Hierauf aufbauend können Preis-Premien in Bezug auf die gewählte Ankerpunktmarke berechnet werden.

Ein direkt oder indirekt ermitteltes Preis-Premium stellt zunächst eine stückbezogene Größe für einen einzelnen Konsumenten dar. Sofern ein repräsentatives

---

138 Für die **direkte Erhebung von Preis-Premien** vgl. z.B. Kalra/Goodstein (1998); Park/Srinivasan (1994), Sattler (2001c), S. 169 ff.

139 Für die **indirekte Erhebung von Preis-Premien** vgl. z.B. Blackstone (1990); Brockhoff/ Sattler (1996); Crimmins (1992); Kalra/Goodstein (1998); Mengen/Tacke (1995); Müller/ Kesselmann (1995); Sebastian/ Kolvenbach (1998); Swait et al. (1993).

140 Zu den Vor- und Nachteile beider Erhebungsarten wird auf Abschnitt 2.3.1. verwiesen.

141 Vgl. Sattler (2001c), S. 169 ff.

142 Siehe hierzu Abschnitt 3.3.3.1.

143 Eine solche Modellierung nimmt beispielsweise Crimmins (1992) vor.

144 In der Studie von Brockhoff/Sattler (1996) werden zur Ermittlung von Preis-Premien für Konfitüren die Merkmale Preis, Marke, (Herkunfts-) Zeichen und (Inhalts-) Aufdruck verwendet. Vgl. Brockhoff/ Sattler (1996), S. 216.

145 Hinsichtlich der Modellierungsanforderungen vgl. zusammenfassend Kriegbaum (2001), S. 97 f.

146 Vgl. Sattler (2001c), S. 159 und die dort angegebene Literatur.

Konsumentensample befragt wird, können durchschnittliche Preis-Premien für die untersuchten Marken ermittelt und bei Kenntnis von periodenbezogenen Nachfragemengen ein kurzfristiger Mehrwert gegenüber der gewählten Ankerpunktmarke berechnet werden.[147] Da hierbei keine Berücksichtigung markenspezifischer Kosten erfolgt, hat dieses monetäre Wertmaß den Charakter eines theoretisch erzielbaren markenspezifischen Mehrumsatzes gegenüber der Ankerpunktmarke, welcher jedoch nicht dem tatsächlich am Markt realisierten Mehrumsatz entspricht.

Preis-Premium-orientierte Ansätze bestehen in vielfältigen Arten bzw. Modellierungsvarianten, wobei einzelne Verfahren Besonderheiten aufweisen und teils in der Literatur eine hohe Verbreitung erlangt haben. So nehmen beispielsweise der auf direkter Erhebung basierende Ansatz von **Park/Srinivasan (1994)** und der conjoint-analytische Ansatz von **Swait et al. (1993)** eine Zerlegung des Markenwerts in verschiedene Komponenten vor und weisen hierdurch u.a. den besonderen Vorteil auf, daß sie auch eine Markenwertursachenanalyse ermöglichen.[148] Eine neuere Entwicklung stellt der conjoint-analytische Ansatz der Beratungsgesellschaft **Simon Kucher & Partner** dar, bei dem eine Differenzierung in ein „Marken-Preis-Premium“ und ein „Marken-Mengen-Premium" erfolgt und so auch die Wirkungsbeziehung zwischen Preis und Absatzmenge berücksichtigt werden kann.[149]

Eine vergleichsweise hohe Verbreitung in der Literatur hat das **TESI-Preismodell** erlangt, welches bereits Anfang der 80'er Jahre entwickelt wurde und methodische Parallelen zur indirekten Erschließung von Preis-Premien mittels Conjoint-Analysen aufweist.[150] Es stellt ein Simulations- und Prognosemodell dar, das ursprünglich zur Unterstützung der Preispolitik konzipiert wurde, jedoch auch für Markenbewertungszwecke Anwendung fand. Hierfür werden Probanden im Rahmen eines Laborexperiments nacheinander Sets verschiedener Markenprodukte mit jeweils randomisiert variierten Preisangaben vorgelegt. Auf Basis des erhobenen Marken-Wahlverhaltens erfolgt eine Berechnung probandenbezogener Preisreaktionsfunktionen, welche anhand eines multivariaten, multinominalen Logit-Modells in individuelle Kaufwahrscheinlichkeiten für die untersuchten Markenprodukte überführbar sind. Durch Gewichtung mit zuvor erhobenen individuellen Kaufintensitäten können auf aggregierter Ebene Marktanteilsveränderungen der Markenprodukte in Abhängigkeit von deren Preis ermittelt werden, welche als Berechnungsgrundlage eines markenbezogenen Wertmaßes dienen. Dieser als „Markenkraft“ bezeichnete Indikator wird als Attrakti-

[147] Vgl. Sattler (2001c), S. 169 ff. und siehe Abschnitt 3.3.2.3.

[148] Vgl. Park/Srinivasan (1994), S. 273 ff.; Swait et al. (1993), S. 31 ff.

[149] Vgl. Sebastian/Kolvenbach (1998).

[150] Vgl. z.B. Hammann (1992), S. 234 ff.; Maretzki (2001), S. 140 ff.; Müller (1997), S. 109 f.

vität des Markenartikels aus Konsumentensicht interpretiert und als Preisdifferenz zweier Markenprodukte bei gleichem Marktanteil bzw. als deren Marktanteilsdifferenz bei gleichen Preis operationalisiert. Durch Multiplikation mit der Periodenabsatzmenge bzw. dem Marktvolumen kann ein kurzfristiges monetäres Wertmaß berechnet werden, das einen Mehrumsatz gegenüber der jeweiligen Vergleichsmarke darstellt. Da das TESI-Preismodell jedoch keine Isolierung der Teilbedeutung von Produkteigenschaften ermöglicht, ist es insofern vergleichsweise weniger zur monetären Markenbewertung geeignet als die übrigen Preis-Premium-orientierten Ansätze.

Ein besonderer Vorteil von Preis-Premium-orientierten Ansätzen besteht darin, daß sie unmittelbar die Erhebung eines um nichtmarkenspezifische Komponenten bereinigten monetären Wertmaßes für alle Arten von Marken ermöglichen und insofern das Isolierungsproblem in besonderer Weise berücksichtigen. Die Eignung von Preis-Premien zur monetären Markenbewertung erscheint jedoch insofern fraglich, als daß es sich nur um „hypothetische" monetäre Maße handelt, die nicht auf realen Markttransaktionen basieren, überdies am Markt nicht vollständig abgeschöpft werden können und somit keine „harten" ökonomischen Wertmaße darstellen. Weiterhin wird mit der Erhebung von Preis-Premien nur eine Momentaufnahme und keine explizit zukunftsorientierte Bewertung vollzogen; ihre Konstanz im Zeitablauf und ihre situationsbezogene Unabhängigkeit erscheinen überdies fraglich. Das Prognoseproblem und das Bewertungsproblem markenstrategischer Optionen werden bei diesen Ansätzen gänzlich ausgegrenzt, wodurch sie für eine Reihe von Bewertungsanlässen ungeeignet sind. Preis-Premium-orientierte Ansätze setzen zwar direkt am Konsumenten und somit aus verhaltenswissenschaftlicher Perspektive an der Quelle des Markenwertes an, weisen hierbei jedoch eine einseitige Orientierung auf, bei der keine weiteren konsumentenorientierten und keine marktorientierten Indikatoren Berücksichtigung finden. Andere Kritikpunkte betreffen die Modellierbarkeit. So existieren in der Realität oftmals keine No-Name-Produkte, welche idealerweise als Ankerpunkte dienen sollten. Die behelfsweise Verwendung einer fiktiven Marke mindert die Realitätsnähe der Untersuchung; schwach profilierte Vergleichsmarken haben hingegen einen Wert größer null Geldeinheiten, so daß nur ein Mehrwert berechnet werden kann, der potentiell unterhalb des „wahren" Markenwerts liegt und auch insofern für viele Bewertungszwecke kaum hilfreich ist. Insgesamt sind auch diese Ansätze für eine monetäre Markenbewertung eher kritisch zu beurteilen.

Bei den **Kaufabsichts-orientierten Ansätzen** handelt es sich um nichtmonetäre Verfahren, deren Ergebnisgröße leicht in ein monetäres Wertmaß transformiert werden kann. Ebenfalls im Rahmen von Konsumentenbefragungen wird hier die Kaufabsicht bzw. das Marken-Wahlverhalten von Probanden („Desire") erfaßt, welches im Rahmen von Modellen zur Hierarchie der Effekte (z.B. AIDA-

Regel) sehr nahe an dem mit einer monetären Transaktion verbundenen Kaufakt („Action") liegt.[151] Auf disaggregierter Ebene kann dieser Indikator einerseits sehr einfach mittels direkter Abfrage erhoben werden; andererseits können die zur indirekten Ermittlung von Preis-Premien erhobenen Markenwahl-Entscheidungen der Probanden als Berechnungsgrundlage dienen.[152] Durch Aggregation über das erhobene Konsumenten-Sample resultieren Marken-Wahlanteile, die den Charakter von experimentellen Marktanteilen haben, jedoch nicht die jeweilige am Markt realisierte Distribution der Marken berücksichtigen. Die Multiplikation der Marken-Wahlanteile mit dem kumulierten Umsatz- bzw. Marktvolumen der untersuchten Marken führt zu einem monetären Markenwertmaß.[153]

Je nach Modellierung sind Marken-Wahlanteile inhaltlich unterschiedlich zu interpretieren. Sofern den Konsumenten bei der direkten Abfrage von Kaufabsichten Sets vorgelegt werden, die u.a. auch die Marktpreise der Markenprodukte beinhalten, werden diese von den Probanden in ihre Auswahlentscheidung mit einbezogen; im Resultat wären auf Basis dieser Modellierung ermittelte Marken-Wahlanteile nicht rein markenspezifisch. Erfolgt jedoch bei einer direkten Erhebung von Kaufabsichten eine Modellierung, welche eine Preis- und Packungsgrößengleichheit aller untersuchten Marken beinhaltet, resultieren hingegen von nichtmarkenspezifischen Einflüssen (weitgehend) bereinigte Marken-Wahlanteile. Indirekte Erhebungen weisen demgegenüber den Vorteil auf, daß hier ohne eine spezifische Modellierungsanpassung beide Preissetzungsvarianten im Rahmen von Marktsimulationen berechnet werden können. Weiteres Variationspotential bei der Ermittlung von Marken-Wahlanteilen bietet die Auswahl einer zur Berechnung von Kaufwahrscheinlichkeiten anzuwendenden Entscheidungsregel (z.B. First Choice versus BTL).[154] Aus Plausibilitätserwägungen heraus sind bei Anwendung der BTL-Regel höhere Bewertungsergebnisse für schwächere Marken und niedrigere Bewertungsergebnisse für stärkere Marken zu erwarten als bei Anwendung der First-Choice-Regel. Da keine dieser beiden Entscheidungsregeln grundsätzlich verworfen werden kann, ergibt sich ein Auswahlproblem, welches ein subjektives Bewertungselement darstellt und als solches einen erheblichen Einfluß auf die Höhe des Bewertungsergebnisses ausübt. Weitere kri-

---

[151] Vgl. Abschnitt 2.3.1.

[152] Vgl. z.B. Agarwal/Rao (1996); Francois/MacLachlan (1995); Mackay (2001).

[153] Vgl. Sattler (2001c), S. 172 f.

[154] Nach der **First Choice-Regel** wird für die vom Probanden am stärksten präferierte Marke eine Kaufwahrscheinlichkeit von 100% angenommen; alle konkurrierenden Marken haben somit eine Kaufwahrscheinlichkeit von 0%. Nach der **BTL (Bradley-Terry-Luce) Regel** wird die Kaufwahrscheinlichkeit einer Marke durch den Anteil ihres Nutzens an der Summe der Nutzen aller konkurrierenden Marken ermittelt. Hiernach haben auch andere als die höchstpräferierte Marke eine Kaufwahrscheinlichkeit größer null. Zur Modellierung und Anwendung dieser Entscheidungsregeln vgl. Green/Krieger (1988), S. 114 ff.

tische Aspekte der Kaufabsichts-orientierten Ansätze ähneln denen der Preis-Premium-orientierten Verfahren. Insbesondere die einseitige Ausrichtung und der experimentelle Charakter von Marken-Wahlanteilen als Markenwertindikatoren läßt ihre Anwendung im Hinblick auf die meisten Anlässe zur monetären Markenbewertung problematisch erscheinen. Von Vorteil ist jedoch, daß das hier ermittelte monetäre Maß keinen Mehrwert in Bezug auf eine Ankerpunktmarke darstellt. Insgesamt ist die Eignung der Kaufabsicht-orientierten Ansätze in Bezug auf eine monetäre Markenbewertung eher kritisch zu beurteilen.

2.3.2.3.2. Absatzmarktorientierte Ansätze

Absatzmarktorientierte Ansätze bestehen in unterschiedlichen Varianten, die jeweils das gemeinsame Merkmal aufweisen, eine monetäre Markenbewertung ausschließlich oder schwerpunktmäßig auf Basis von Marktdaten vorzunehmen. Da diese Daten das tatsächliche Kaufverhalten von Konsumenten wiederspiegeln, wird eine vergleichsweise „härtere" ökonomische Datenbasis als bei den konsumentenorientierten Ansätze verwendet, welche die letzte Stufe („Action") bei Modellen zur Hierarchie der Effekte (z.B. AIDA-Regel) widerspiegelt. Als Markenwertindikatoren dienen bei den absatzmarktorientierten Ansätzen insbesondere am Markt erzielte Preise oder/und Marktanteile der untersuchten Markenprodukte. Da bei der Bewertung analog zu den konsumentenorientierten Ansätzen zumeist keine Einbeziehung unternehmensinterner Daten (z.B. Kosten, Renditen) erfolgt, stellen auch hier die resultierenden monetären Wertmaße mehrheitlich umsatzbezogene Größen dar. In der Konsequenz ist auch bei diesen Ansätzen das Isolierungsproblem hinsichtlich markenspezifischer Auszahlungen ausgegrenzt. Ebenso wird auch hier zumeist nur ein kurzfristiges monetäres Wertmaß ermittelt, so daß das Prognoseproblem wie auch das Bewertungsproblem markenstrategischer Optionen keine Beachtung finden. Neben diesen übergreifenden Gemeinsamkeiten und kritischen Aspekten weisen die verschiedenen Varianten der absatzmarktorientierten Ansätze spezifische Besonderheiten auf, die eine getrennte Betrachtung erfordern.

Bei **Preisabstand-orientierten Ansätzen** dient der am Markt realisierte Preisabstand der zu bewertenden Marke bezogen auf ausgewählte Konkurrenzmarken als Markenwertindikator und kann durch Gewichtung mit der Periodenabsatzmenge in ein kurzfristiges monetäres Wertmaß überführt werden.[155] Analog zu Preis-Premium-basierten Ansätzen stellt dieses einfache Maß einen umsatzbezogenen Mehrwert gegenüber einer Ankerpunktmarke dar, beinhaltet jedoch keine

[155] Vgl. Smith (1997), S. 88 ff.; S. 144 ff.; siehe auch Kriegbaum (2001), S. 93 ff.; Trevillion/ Perrier (1999), S. 33. Unter den Spezialtools aus der Unternehmenspraxis beinhaltet das 3-Komponenten-Modell von Brand Rating eine auf Preisabständen basierte Bewertungskomponente; siehe hierzu Abschnitt 2.4.2.1.2.

Isolierung des Markeneinflusses. Da am Markt realisierte Preisabstände neben der Marke auch das Resultat anderer Produkt- bzw. Leistungsmerkmale sind (z.B. physikalisch-technische Produkteigenschaften, Preispromotions) und das Isolierungsproblem auch nicht anderweitig berücksichtigt wird, ergeben sich Anwendungsbeschränkungen. So sind diese Ansätze prinzipiell nur bei Vergleich mit Wettbewerbsmarken anwendbar, deren Marketing-Mix hinsichtlich aller übrigen Instrumente außer Marke und Preis identisch ausgestaltet ist. Weiterhin beinhaltet die Vergleichsmarkenauswahl ein subjektives bzw. willkürliches Element und führt zu variierenden Wertmaßen in Abhängigkeit vom Ankerpunkt.[156] Sofern am Markt keine Preisabstände bestehen, würden diese Ansätze als Bewertungsergebnis einen Markenwert von null ausweisen, welcher eine Unterbewertung darstellen dürfte und des weiteren für viele Bewertungszwecke nicht hilfreich ist. Durch die einseitige Ausrichtung der Bewertung auf Marktpreise werden überdies andere Markenwertindikatoren vernachlässigt.

Das Prognoseproblem kann bei diesen Ansätzen durch eine Überführung des kurzfristigen Wertmaßes in eine ewige Rente und deren Abzinsung zu einem Barwert berücksichtigt werden,[157] wobei jedoch nur eine Momentaufnahme vollzogen und keine explizit zukunftsorientierte Bewertung realisiert wird. Weiterhin findet das Bewertungsproblem markenstrategischer Optionen keinerlei Berücksichtigung. Preisabstand-orientierte Ansätze weisen zwar Vorteile hinsichtlich ihrer wenig komplexen Modellstruktur, ihrer hohen Transparenz sowie ihrer einfachen Datengrundlage auf und können prinzipiell bei verschiedenen Arten von Marken angewendet werden. Insgesamt sind sie jedoch angesichts ihrer gravierenden Nachteile kaum zur monetären Markenbewertung geeignet.

Der **hedonische Ansatz von Sander (1994a)** fußt auf dem Grundgedanken, daß Produktpreise durch die jeweiligen Ausprägungen der Produkteigenschaften (u.a. Marke) bestimmt sind und anhand eines funktionalen Zusammenhangs, der sog. hedonischen Preisfunktion, erklärt werden können.[158] Mit dieser Funktion können Preisänderungen infolge von Variationen der Produkteigenschaftsausprägungen ermittelt werden, welche den hedonischen Preisen der jeweils geänderten Merkmale entsprechen. Die Schätzung der hedonischen Preisfunktion erfolgt im Rahmen einer multiplen Regressionsanalyse mit dem am Markt beob-

---

156 Zur Abhilfe würde sich hierbei die Verwendung des gewichteten Marktdurchschnittspreises als Ankerpunkt empfehlen.

157 So erfolgt z.B. bei dem 3-Komponenten-Modell von Brand Rating die Berechnung eines monetären Markenwerts auf Basis einer ewigen Rente des ermittelten Preisabstands; vgl. hierzu Abschnitt 2.4.2.1.2.

158 Zur detaillierten Verfahrensmethodik vgl. Sander (1994a); eine zusammenfassende Übersicht geben Sander (1994b); Sander (1995); eine Bewertung verschiedener Automobilmarken anhand hedonischer Modelle nimmt Baumgartner (1997) vor.

achteten Preis als abhängiger Variable und den Produkteigenschaften als unabhängigen Variablen. Eine Markenbewertung findet hierbei mittels Preisdifferenzbetrachtungen des Produkts mit und ohne Marke statt, wobei der Regressionskoeffizient der Markenvariable zur Berechnung eines monetären Wertmaßes verwendet wird, das als markenspezifische zusätzliche Zahlungsbereitschaft interpretierbar ist. Durch Gewichtung mit der Periodenabsatzmenge und Abzug von Kostengrößen kann ein kurzfristiger monetärer Markenwert berechnet werden.[159] Als zu berücksichtigende markenspezifische Kosten werden von Sander insbesondere Entwicklungskosten für Markenzeichen und -name, Etikettierungskosten und Kosten des Markenschutzes angeführt. Unter Anwendung eines Monte-Carlo-Simulationsmodells nutzt Sander den Ansatz auch für langfristige Prognosezwecke.[160]

Im Vergleich zu den Preis-Premium-orientierten Verfahren weist der hedonische Ansatz den Vorteil auf, daß hier die Isolierung einer markenspezifischen Komponente auf der Datenbasis von realen Markttransaktionen vorgenommen wird. Des weiteren wird hier kein Mehrwert gegenüber einer Konkurrenzmarke berechnet. Das Modell ist jedoch an verschiedene in der Realität zumeist nicht gegebene Prämissen gebunden (z.B. vollständige Information der Marktteilnehmer, unendlich hohe Reaktionsgeschwindigkeiten), wodurch eine Anwendung auf einige wenige Märkte beschränkt wird, in denen diese Voraussetzungen zumindest näherungsweise erfüllt sind.[161] Hinsichtlich der bei diesem Ansatz vollzogenen Prognose mittels Verwendung von Monte-Carlo-Simulationen ist kritisch einzuwenden, daß keine explizit zukunftsorientierte Bewertung realisiert wird, bei der überdies keine markenstrategischen Optionen Berücksichtigung finden. Das Verfahren kann zwar grundsätzlich auf verschiedene Arten von Marken angewendet werden, ist jedoch aufgrund seiner vorgenannten Schwächen für eine Reihe von Bewertungsanlässen ungeeignet. Somit ist auch der hedonische Ansatz von Sander im Hinblick auf eine monetäre Markenbewertung insgesamt kritisch zu beurteilen.

Eine weitere Untergruppe der absatzmarktorientierten Ansätze wird durch **Kaufverhaltensorientierte Ansätze** gebildet, die ein kurzfristiges Markenwertmaß auf Basis von Haushalts- oder Handelspaneldaten mittels regressionsanalytischer Modelle berechnen. Diese Verfahren werden im folgenden näher betrachtet.

---

[159] Vgl. Sander (1994b), S. 239 ff.; Sander (1995), S. 78.

[160] Vgl. Sander (1994a), S. 177 ff.

[161] Vgl. Sattler (2001c), S. 160 und die dort angegebene Literatur.

Bei dem **Ansatz von Kamakura/Russel (1993)** erfolgt die Markenwertermittlung anhand eines regressionsanalytisch geschätzten Markenwahl-Modells auf der Basis von Haushaltspaneldaten. Hierbei dient der Gesamtnutzen des Markenprodukts als abhängige Variable und der intrinsische Markennutzen sowie die kurzfristigen Wirkungen von Preis und Werbung als unabhängige Variablen.[162] Nach Schätzung des Gesamtmodells erfolgt im zweiten Schritt eine Aufspaltung des intrinsischen Markennutzens in eine produkt- und eine markenspezifische Komponente. Letztere wird als markenspezifischer Marktanteil interpretiert und kann durch Gewichtung mit dem Marktvolumen in ein kurzfristiges monetäres Wertmaß transformiert werden.[163] Der Ansatz von Kamakura/Russel (1993) weist den besonderen Vorteil auf, daß Rückschlüsse auf die Entstehung des Markenwerts anhand der geschätzten Regressionskoeffizienten ermöglicht werden. Die Verwendung von Paneldaten, welche vom Marktforschungsinstituten für eine Vielzahl von kurzlebigen Konsumgütern standardmäßig erhoben werden und somit vielen Unternehmen zugänglich sind, stellt einen weiteren Vorteil dar. Jedoch ergibt sich hierdurch zugleich auch eine Anwendungsbeschränkung auf Produktbereiche, für die Paneldaten erhoben werden; für Dienstleistungsmarken und langlebige Konsumgüter dürfte der Ansatz entsprechend zumeist nicht anwendbar sein. Zusätzlich zu den am Beginn dieses Abschnitts thematisierten allgemeinen Schwächen der absatzmarktorientierten Ansätze besteht auch eine Reihe spezifischer Kritikpunkte an der Schätzmethodik dieses Ansatzes.[164] Insgesamt ist auch der Ansatz von Kamakura/Russel (1993) nur sehr eingeschränkt zur monetären Markenbewertung geeignet.

Konzeptionelle Ähnlichkeiten mit dem vorgenannten Ansatz weisen **Attraktionsmodelle** auf, welche eine Markenwertermittlung anhand von Handelspaneldaten und eines regressionsanalytischen Schätzmodells vornehmen;[165] hierbei dient der Marktanteil als abhängige Variable und verschiedene Einflüsse von Marketing-Mix-Instrumenten als unabhängige Variablen. Die ermittelte markenspezifische Zielgröße wird hier als „Markenkraft" bezeichnet und inhaltlich als Attraktivität einer Marke interpretiert, die nicht durch den kurzfristigen Marketing-Mix erklärbar ist und als solche das Ergebnis der langfristig wirkenden Markenpräferenz des Konsumenten darstellt.[166] Die relative Markenkraft in Bezug auf alle relevanten Wettbewerbsmarken wird schließlich als Basis für eine monetäre Transformation genutzt. Der bekannteste Vertreter dieser Modellkategorie ist der GfK-Markensimulator, welcher auch als kommerzielles Markenbe-

[162] Vgl. Kamakura/Russel (1993), S. 11 f.

[163] Vgl. Kamakura/Russel (1993), S. 14.

[164] Vgl. Maretzki (2001), S. 162 ff.

[165] Eine Übersicht und kritische Analyse dieser Attraktionsmodelle bietet Maretzki (2001), S. 193 ff; siehe auch Maretzki/Wildner (1994); Wildner (1991).

[166] Vgl. Maretzki (2001), S. 200.

wertungstool Anwendung findet.[167] Die Modellierung der Attraktionsmodelle kann nach Art und Anzahl der berücksichtigten nichtmarkenspezifischen Einflüsse (z.B. Preis, Promotion, Distribution) und hinsichtlich der verwendeten Schätzfunktion (z.B. lineares, multiplikatives oder exponentielles Modell) variieren.[168] Andere Ansätze wie die von Broadbent (1992) oder Maretzki (2001) gleichen dem GfK-Markensimulator hinsichtlich der ermittelten Zielgröße, beinhalten jedoch methodische Variationen durch anders modellierte Schätzfunktionen.[169] Bei der Beurteilung aller Vertreter aus dieser Modellkategorie sind im wesentlichen die gleichen positiven wie auch kritischen Einwendungen vorzubringen wie bei dem Ansatz von Kamakura/Russel (1993).

Das **RPM (relativer Preis-Marktanteils)-Modell von Maretzki (2001)** stellt eine bewußt einfach gehaltene Alternative zu den komplexen handelspaneldatengestützten Attraktionsmodellen dar.[170] Es dient ebenfalls zur Messung der „Markenkraft", verwendet jedoch lediglich am Markt realisierte Preise und Marktanteile als Markenwertindikatoren. Zur Ermittlung der Markenkraft werden hier zunächst relative Marktpreise und Marktanteile für alle relevanten Marken des betrachteten Marktes anhand der nachfolgenden Formeln berechnet. Um den Einfluß der Distribution auf den relativen Marktanteil zu eliminieren, wird dieser durch die gewichtete Distributionsquote dividiert. Hierdurch erfolgt indirekt auch die Berücksichtigung der Distribution als Markenwertindikator.[171]

Ermittlung des relativen Preises:

$$RP_m = \frac{P_m}{\sum_{m=1}^{M} MA_m * P_m}$$

Ermittlung des relativen Marktanteils:

$$RMA_m = \frac{MA_m / D_m}{1/J \sum_{m=1}^{M} (MA_m / D_m)}$$

Symbole:

RP_m: relativer Preis der Marke m
RMA_m: relativer Marktanteil der Marke m
MA_m: Marktanteil der Marke m
P_m: Marktpreis der Marke m
D_m: gewichtete Distribution der Marke m
M: Menge der betrachteten Marken
J: Anzahl der betrachteten Marken

[167] Vgl. Wildner (1991); siehe auch Abschnitt 2.4.2.5.1.

[168] Vgl. Maretzki (2001), S. 194 ff. und die dort angegebene Literatur.

[169] Vgl. Maretzki (2001), 153 ff. und S. 201 ff.

[170] Zur Verfahrensmethodik vgl. Maretzki (2001), S. 169 ff.

[171] Vgl. Maretzki (2001), S. 172.

Die untersuchten Marken werden schließlich in einem sogenannten RPM-Diagramm abgebildet, dessen Achsen die berechneten relativen Größen bilden. Auf Basis von Handelspaneldaten wird in einem nächsten Schritt eine regressionsanalytisch bestimmte Referenzgerade[172] in das Diagramm gelegt, welche inhaltlich als Preisabsatzfunktion interpretierbar ist. Die Distanzen der Marken zur Referenzgeraden dienen sodann als Maß der Markenkraft; eine hohe bzw. niedrige (relative) Markenkraft wird hierbei durch die Lage der Marke ober- bzw. unterhalb der Referenzgeraden ausgedrückt.[173] Bei der Transformation der Markenkraft in ein monetäres Wertmaß dient die schwächste der untersuchten Marken als Ankerpunkt; ihr wird ein Wert von Null Geldeinheiten zugewiesen. Anhand eines Attraktionsmodells werden für die übrigen Marken auf Basis der Markenkraftdifferenzen zur schwächsten Marke relative Markenstärken berechnet und diese durch Gewichtung mit deren anteiligen mengenmäßigen Marktvolumen sowie dem Durchschnittspreis in ein monetäres Wertmaß überführt. Die folgende Formel dokumentiert die monetäre Transformation der Markenkraft.[174]

Monetäre Transformation der Markenkraft:

$$MW_m = (MMV - J * MMV_R) * \frac{MK_m - MK_R}{\sum_{m=1, m \neq R}^{M} (MK_m - MK_R)} * \overline{P}$$

Symbole:

MW_m:	Markenwert der Marke m
MMV:	gesamtes mengenmäßiges Marktvolumen der betrachteten Marken
MMV_R:	anteiliges mengenmäßiges Marktvolumen der Referenzmarke R
MK_m; MK_R:	Markenkraft der Marke m bzw. der Referenzmarke R
$\overline{P}$:	gewichteter Durchschnittspreis der betrachteten Marken
J:	Anzahl der betrachteten Marken

172 Zur Ermittlung der Referenzgeraden werden lineare Einzelregressionen je Marke auf Basis von Zeitreihendaten durchgeführt. Als abhängige Variable dient hierbei der Marktanteil und als unabhängige Variable der relative Preis. Die markenweisen Referenzgeraden werden schließlich unter Gewichtung mit dem jeweiligen Marktanteil zu einer einzigen Referenzgeraden aggregiert, welche im Vergleich zu einer Regression über alle Marken steiler verläuft. Maretzki begründet diese Vorgehensweise inhaltlich mit sich überlagernden Wirkungen von Preis und Markenkraft auf den Marktanteil bei aggregierter Analyse sowie mit unvollständiger Marktabdeckung durch Nichtberücksichtigung von Handelsmarken, welche einen steileren Verlauf der Referenzgeraden induzieren würden. Vgl. Maretzki (2001), S. 174 ff.

173 Vgl. Maretzki (2001), S. 170.

174 Vgl. Maretzki (2001), S. 187.

Maretzki selbst merkt kritisch an, daß sein Ansatz keine Einflüsse anderer Marketing-Mix-Instrumente als Preis und Distribution sowie keine markenstrategischen Optionen und Interaktions- bzw. Reaktionseffekte zwischen den Marken berücksichtigt, überdies keine Trennung zwischen produkt- und markenspezifischen Komponenten vornimmt und weder Kostengrößen noch konsumentengerichtete Indikatoren integriert.[175] Weiterhin wird auch mit diesem Ansatz nur ein Mehrwert gegenüber einer nicht wertlosen Ankerpunktmarke berechnet. Die Verwendung von Paneldaten beschränkt auch hier die Modellanwendung auf Produktbereiche, in denen diese standardmäßig erhoben werden. Bereits diese Kritikpunkte lassen das RPM-Modell im Hinblick auf eine monetäre Markenbewertung wenig geeignet erscheinen. Darüber hinaus ist die Modellierung der Referenzgeraden kritisch zu hinterfragen, was sich an den überwiegend geringen Gütemaßen der Einzelregressionen bei einer beispielhaften Modellanwendung auf den Röstkaffeemarkt zeigt.[176] Da bereits für eine geringe Lageänderung der Referenzgeraden starke Veränderungen der Markenkraft resultieren dürften, ist das Meßkonzept in seiner Gesamtheit kritisch zu hinterfragen.

2.3.2.3.3. Unternehmensorientierte Ansätze

Während bei den zuvor behandelten einkommensorientierten Ansätzen (weitestgehend) unternehmensexterne Daten die Bewertungsgrundlage bilden, fließen bei den im folgenden betrachteten unternehmensorientierten Ansätzen insbesondere auch firmeninterne Daten in die monetäre Markenwertermittlung ein. Da hierbei Kostengrößen entweder direkt oder indirekt (anhand von Renditen) berücksichtigt werden, stellen die resultierenden monetären Wertmaße der unternehmensorientierten Ansätze stets gewinnbezogene Größen dar. Smith (1997) beschreibt eine Reihe von Markenbewertungsverfahren bzw. -techniken, die jeweils getrennt bzw. teils auch kombiniert angewendet werden können und an Modelle zur Unternehmensbewertung angelehnt sind.[177] Ausgangspunkt einer monetären Bewertung sind hierbei markeninduzierte Kostenvorteile, Renditen von Vermögensgegenständen oder der Unternehmenswert. Da diese Markenbewertungsansätze in der deutschsprachigen Marketingliteratur bislang wenig Beachtung gefunden haben, werden sie im folgenden detailliert behandelt.

---

[175] Vgl. Maretzki (2001), S. 191.

[176] Bei den hier untersuchten sechs Marken lagen die Bestimmtheitsmaße in vier Fällen unterhalb von 0,5; für eine Marke waren die Schätzergebnisse überdies nicht signifikant. Vgl. Maretzki (2001), S. 178.

[177] Vgl. Smith (1997); siehe hierzu auch Reilly/Schweiß (1998), welche sich jedoch nicht speziell auf die Bewertung von Marken, sondern allgemein auf die Bewertung immaterieller Vermögensgegenstände beziehen.

Eine der von Smith (1997) beschriebenen Bewertungstechniken stellt das **Restwertverfahren** („Valuation by Residual“) dar, welches er jedoch nur grob skizziert.[178] Hierbei werden vom Unternehmenswert die jeweiligen Einzelwerte von Anlage- und Umlaufvermögen sowie aller übrigen immateriellen Vermögensgegenstände subtrahiert, wonach sich der Wert der vorhandenen Marken als Residualgröße ergibt. Dieses eher theoretische Bewertungskonzept zeichnet sich zwar durch eine hohe Plausibilität und methodische Einfachheit aus, beinhaltet jedoch die wesentliche Schwäche der kaum exakten Quantifizierbarkeit des Unternehmenswertes und insbesondere der Einzelwerte aller vorhandenen Vermögensgegenstände, infolge dessen bei der Berechnung des Markenwerts als Residualgröße erhebliche Verzerrungen resultieren können. Sofern die Quantifizierung dennoch gelingt, stellt die Residualgröße den Gesamtwert aller vorhandenen Marken dar, wodurch sich eine Anwendbarkeitsbeschränkung auf Unternehmen mit nur einer Marke ergibt. Überdies handelt es sich um ein kurzfristiges Wertmaß, welches nur auf eine Periode bezogen ist; das Prognoseproblem wird hierbei nicht berücksichtigt. Insgesamt leistet das Restwertverfahren zu keinem der drei zentralen Problembereiche einer monetären Markenbewertung einen besonderen Beitrag. Sein methodischer Grundgedanke ist jedoch maßgeblich für die nachfolgend behandelten Ansätze.

Markenwertberechnung nach dem Restwertverfahren:[179]
$W_M = W_{Unt} - W_{UV} - W_{AV} - W_{IM}$

Symbole:

W_M:	Wert der Marken des Unternehmens
W_{Unt}:	Unternehmenswert
W_{UV}:	Wert des Umlaufvermögens
W_{AV}:	Wert des Anlagevermögens
W_{IM}:	Wert der übrigen immateriellen Vermögensgegenstände

Die **Einkommensallokation** („Valuation based on Income Allocation“) weist methodische Parallelen zum Restwertverfahren auf.[180] Zur Markenbewertung bedarf es hier der Kenntnis von Gesamtwert, Rendite und Gewinn des Unternehmens sowie der Einzelwerte und Renditen des Anlage- und Umlaufvermögens. Anhand dieser Datengrundlage können mittels Differenzberechnungen Bandbreiten für Wert, Rendite und Ertrag der Marke und der übrigen immateriellen Vermögensgegenstände ermittelt werden; die Bestimmung einer einwertigen Maßzahl für den Markenwerts erfolgt schließlich auf Basis von Plausibili-

---

[178] Vgl. Smith (1997), S. 144.

[179] Vgl. Smith (1997), S. 144.

[180] Vgl. Smith (1997), S. 154 f.

tätsüberlegungen.[181] Ein exemplarisches Bewertungsbeispiel zeigt Abbildung 8; die dort fett markierten Werte stellen die erforderliche Ausgangsdatenbasis dar.

Abb. 8: Bewertungsbeispiel einer Einkommensallokation

Vermögensgegenstände	Wert ($)	Anteil (%)	Rendite	gewichtet	Anteil (%)	Ertrag ($)
Umlaufvermögen	**50,00**	4,55	**0,07**	0,32	2,47	3,46
Materielle Vermögenswerte	**750,00**	68,18	**0,12**	8,18	63,60	89,05
Immaterielle Vermögenswerte	200,00	18,18	0,15	2,73	21,20	29,68
Marken	100,00	9,09	0,18	↖ 1,64	12,72	17,81
Gesamtunternehmenswert	**1100,00**	100,00		**12,86**	100,00	**140,00**

Quelle: in Anlehnung an Smith (1997), S. 155

Bei der Beurteilung dieses Ansatzes sind im wesentlichen die gleichen positiven und kritischen Aspekte einzubringen wie beim Restwertverfahren. Überdies begründet die subjektive Festlegung eines Markenwerts innerhalb der ermittelten Bandbreite ein erhebliches Maß an Willkür, das im Rahmen einer objektiven Markenbewertung nicht akzeptabel ist. Da auch hier zu keinem der drei zentralen Problembereiche ein besonderer Beitrag geleistet wird, ist auch dieses Verfahren kaum hilfreich.

Der **Deckungsbeitragsvergleich** („Gross Profit Comparision" bzw. „Economy of Scale Technique")[182] basiert auf dem Grundgedanken, daß eine starke Marke eine Steigerung der Absatzmenge bewirkt, die zur Senkung der variablen Stückkosten führt und somit ceteris paribus höhere Deckungsbeiträge nach sich zieht. Zu den markeninduzierten Kostenvorteilen zählen nach Smith realisierbare Mengennachlässe für Rohmaterialien, Materialbezugsmöglichkeiten zu preisgünstigeren Zeitpunkten, intensitätsoptimalere Ausnutzung von Produktionsmaschinen sowie die Durchsetzung vorteilhafterer Vertragsbedingungen gegenüber Lieferanten.[183] Da diese Effekte jeweils auch bei anderen markenführenden Unternehmen auftreten können, erfolgt die Markenbewertung in Bezug auf eine Gruppe von Vergleichsunternehmen des Wettbewerbs. Zur Objektivierung der Auswahl von Referenzunternehmen und Operationalisierung ihrer Vergleichbarkeit führt Smith (1997) eine umfangreiche Checkliste von Prüfkriterien an, welche u.a. Art, Zustand und Leistung des Vergleichsunternehmens, Einsatz der Marketing-Mix-Instrumente, Geschäftsart und -umfang, Risikoaspekte, Aspekte des bearbeiteten Markts sowie Art der vorhandenen immateriellen Vermögensgegenstände umfaßt.[184] Im Rahmen der monetären Markenbewertung werden zunächst für das betrachtete Unternehmen und für die Vergleichsunternehmen

[181] Vgl. Smith (1997), S. 99 und S. 154 f.

[182] Vgl. Smith (1997), S. 90 ff.; S. 146 f.

[183] Vgl. Smith (1997), S. 92.

[184] Vgl. Smith (1997), S. 94 ff.

die realisierten (Brutto-) Umsatzrenditen berechnet. Im nächsten Schritt wird die bestehende Renditedifferenz ermittelt und mit dem Umsatz des betrachteten Unternehmens multipliziert. Das resultierende monetäre Wertmaß ist als markenspezifischer Einkommensanteil (bzw. markeninduzierte Kostenersparnis) interpretierbar, wird in einem weiteren Schritt um anteilige Steuern gemindert und unter Berücksichtigung des gesamtunternehmensspezifischen Risikos auf den Gegenwartswert diskontiert;[185] ein exemplarisches Bewertungsbeispiel zeigt Abbildung 9. Die hier ermittelte markenspezifische Renditedifferenz von 31,51% - 24,66% = 6,85% führt zu einem steuerbereinigten Gegenwartswert der Marke von 53,06 Geldeinheiten. Hierbei handelt es sich um einen deckungsbeitragsbezogenen Mehrwert gegenüber der Gruppe von Vergleichsmarken.

Abb. 9: Bewertungsbeispiel für einen Deckungsbeitragsvergleich

Betrachtetes Unternehmen	t=1	t=2	t=3	t=4	t=5	Gesamt	Umsatzrendite
Absatzmenge	150,00	156,00	162,24	168,73	175,48		
Stückpreis	2,19	2,19	2,19	2,19	2,19		
Umsatz	328,50	341,64	355,31	369,52	384,30	1779,26	
Stückkosten	1,50	1,50	1,50	1,50	1,50		
Variable Kosten	225,00	234,00	243,36	253,09	263,22		
Deckungsbeitrag	103,50	107,64	111,95	116,42	121,08	560,59	31,51%
Vergleichsunternehmen							
Absatzmenge	750,00	780,00	811,20	843,65	877,39		
Stückpreis	2,19	2,19	2,19	2,19	2,19		
Umsatz	1642,50	1708,20	1776,53	1847,59	1921,49	8896,31	
Stückkosten	1,65	1,65	1,65	1,65	1,65		
Variable Kosten	1237,50	1287,00	1338,48	1392,02	1447,70		
Deckungsbeitrag	405,00	421,20	438,05	455,57	473,79	2193,61	24,66%
markenspezifischer Einkommensanteil:	22,50	23,40	24,34	25,31	26,32	Δ=6,85%	
anteilige Steuern	9,00	9,36	9,73	10,24	10,53		
Wert nach Steuern	13,50	14,04	14,61	15,87	15,79		
abdiskontierter Wert	12,64	11,54	10,52	9,60	8,76		

=> Gegenwartswert der Marke (bezogen auf Periode 1 bis 5): 53,06

Quelle: in Anlehnung an Smith (1997), S. 146

Im Rahmen des **Gewinnvergleichs** („Operating Profit Comparison")[186] wird eine Erweiterung des Deckungsbeitragsvergleichs vorgenommen. Diese Methode ist nach Smith (1997) anzuwenden, sofern eine Marke nicht nur Ersparnisse bei den variablen Kosten, sondern auch Fixkostenersparnisse hinsichtlich Overhead-Kosten, Distributions- und Promotionbudgets bewirkt. Die Berechnung des markenspezifischen Mehrwerts gegenüber der Gruppe von Vergleichsmarken erfolgt

[185] Vgl. Smith (1997), S. 123 ff.; S. 146.

[186] Vgl. Smith (1997), S. 92 f.; S. 147 f.

hierbei analog zu dem in Abbildung 8 aufgezeigten Beispiel, jedoch ist der Renditevergleich auf den jeweiligen Gewinn bezogen, welcher nach Subtraktion der anteiligen Fixkosten von den Deckungsbeiträgen resultiert.[187] Der **Renditevergleich von Vermögensgegenständen** („Comparable Return on Asset Technique“) weist methodische Ähnlichkeiten mit den beiden vorgenannten Ansätzen auf. Hier erfolgt der Vergleich mit ausgewählten Referenzunternehmen jedoch auf einer höher aggregierten Ebene, indem die Renditedifferenz des Netto Cash flow des Gesamtunternehmens für die Vergleichsbetrachtung zugrundegelegt wird. Auch das auf diese Weise ermittelte kurzfristigen Wertmaßes wird schließlich als markenspezifisch interpretiert.[188]

Die drei Ansätze weisen methodische Parallelen zu einzelnen der bereits zuvor behandelten Bewertungsverfahren auf. So werden wie auch bei den marktwert- und lizenzierungsorientierten Ansätzen externe Referenzdaten herangezogen,[189] für welche gleichfalls eine Datenverfügbarkeits- und Vergleichbarkeitsproblematik besteht. Die Ansätze sind implizit an die Prämisse gebunden, daß die Effizienz aller vorhandenen Werttreiber mit Ausnahme der Marke keine Unterschiede bei den jeweils verglichenen Unternehmen aufweist. In der Realität dürfte diese Prämisse kaum erfüllt sein; so räumt auch Smith ein, daß zumeist nur wenige oder keine geeigneten Referenzdaten vorliegen.[190] Analog zu den Preis-Premium- und Preisabstand-orientierten Ansätzen wird überdies ein ökonomischer Vorteil gegenüber vergleichbaren Unternehmen bzw. Marken ermittelt,[191] hinsichtlich dessen auf die vorgenannte Kritik an einer Mehrwertberechnung verwiesen wird. Der Deckungsbeitrags- und Gewinnvergleich berücksichtigen zwar jeweils insofern die Auffassung des Markenwerts als *„Kapitalwert abgezinster zukünftiger markenspezifischer Einzahlungsüberschüsse“*[192], als daß sie eine Prognose und Diskontierung zukünftiger Zahlungsströme vornehmen. Jedoch leisten alle drei Ansätze nur einen geringen Beitrag zur Lösung des Isolierungsproblems, infolge dessen die rein markenspezifische Ausprägung des ermittelten Wertmaßes fraglich erscheint. Überdies wird die bei den ersten beiden Ansätzen vollzogene Prognose methodisch nicht detailliert beschrieben. Der Renditevergleich von Vermögensgegenständen hingegen grenzt das Prognoseproblem gänzlich aus, da nur die Ermittlung eines kurzfristigen Wertmaßes erfolgt. Markenstrategische Optionen finden bei keinem der drei Ansätze Beachtung. Spezifische Ausprägungen von Markenwertindikatoren werden jeweils im-

---

[187] Vgl. Smith (1997), S. 147.

[188] Vgl. Smith (1997), S. 93 f.

[189] Siehe hierzu Abschnitt 2.3.2.2. und Abschnitt 2.3.2.3.4.

[190] Vgl. Smith (1997), S. 97.

[191] Siehe hierzu Abschnitt 2.3.2.3.1. und Abschnitt 2.3.2.3.2.

[192] Sattler (1998c), S. 192.

plizit berücksichtigt, sofern sie bei der Auswahl der Referenzunternehmen bzw. im Rahmen der Prognose herangezogen werden. Die drei Ansätze zeichnen sich insgesamt zwar durch eine einfache Handhabung sowie eine durch eine prinzipielle Anwendbarkeit auf verschiedene Marken aus, sind jedoch aufgrund ihrer erheblichen Schwächen für eine monetäre Markenbewertung wenig hilfreich.

Die von Smith (1997) beschriebene Variante der **Barwert- bzw. Ertragswertmethode** („Discounted Cash flow Technique“)[193] stellt eine Erweiterung des Gewinnvergleichs dar. Hierbei werden zusätzlich außerordentliche Rechnungsposten, Abschreibungen, Zu- bzw. Abgänge vom Nettoumlaufvermögen sowie Kapitalkosten berücksichtigt, so daß schließlich der Netto Cash flow die Bewertungsgrundlage darstellt. Überdies wird mit der „Investment Rate-of-Return-Analysis“[194] eine weitere Bewertungstechnik einbezogen. In Anlehnung an die zuvor behandelte Einkommensallokation werden bei der Investment Rate-of-Return Analysis zusätzlich marktgängige Renditen aller vorhandenen Vermögensgegenstände außer der Marke bestimmt und in Abzug gebracht; wodurch eine Isolierung des markenspezifischen Anteils aus dem Netto Cash flow intendiert wird; ein exemplarisches Bewertungsbeispiel zeigt Abbildung 10. Die Markenwertermittlung erfolgt bei diesem Ansatz nicht in Bezug auf eine Gruppe von Vergleichsunternehmen, wodurch die Problematik der Referenzdatenabhängigkeit und der Mehrwertberechnung (weitgehend) umgangen wird. Die Methode kann überdies auch hinsichtlich einer Berücksichtigung von markenstrategischen Optionen angepaßt werden.[195] In diesem Fall erfolgt auf Basis von Expertenschätzungen eine zusätzliche Prognose des Netto Cash flow der markenstrategischen Optionen, der zur Berücksichtigung der erhöhten Unsicherheit mit einem höheren Diskontierungsfaktor abgezinst wird.[196] Nach Auffassung von Smith beinhaltet dieser Ansatz alle wichtigen Elemente einer monetären Markenbewertung und vermeidet die wesentlichsten Schwächen anderer Ansätze.[197]

Gegenüber dem Deckungsbeitrags- und Gewinnvergleich leistet dieser Ansatz einen höheren Beitrag zum Isolierungsproblem, da zusätzlich der Einfluß anderer Vermögensgegenstände als der Marke auf Basis von marktgängigen Renditen berücksichtigt wird. Dieser Quantifizierung unterliegt implizit die Prämisse, daß die unternehmensindividuelle Leistungsfähigkeit der anderen Vermögensgegenstände nicht vom Marktdurchschnitt abweicht, was im konkreten Bewer-

---

[193] Vgl. Smith (1997), S. 99 f.; S. 148 ff.

[194] Vgl. Smith (1997), S. 97 ff.

[195] Vgl. Smith (1997), S. 153 f.

[196] Vgl. Smith (1997), S. 153.

[197] Vgl. Smith (1997), S. 148 f.

Abb. 10: Bewertungsbeispiel nach der Ertragswertmethode

GEWINNBERECHNUNG	t=1	...	t=5
Umsatz des Markenprodukts	373,50	...	...
abzgl. variable Kosten	195,00	...	...
=> Deckungsbeitrag	178,50	...	...
abzgl. anteilige Fixkosten	74,70	...	...
=> Operatives Ergebnis	103,80	...	...
zzgl./abzgl. andere(s) Einkommen / Kosten	32,00	...	...
=> Nettogewinn vor Steuern	71,80	...	...
abzgl. Einkommenssteuer	28,72	...	...
=> Nettogewinn vor außerordentlichen Rechnungsposten	43,08	...	...
zzgl./abzgl. außerordentliche(s) Einkommen / Kosten	5,00	...	...
=> Nettoeinkommen	38,08	...	...
KALKULATION DES NETTO CASH FLOW			
zzgl. Korrektur außerordentlicher Rechnungsposten	5,00	...	...
zzgl. Abschreibungsrate	12,00	...	...
abzgl. Zugänge zum Nettoumlaufvermögen	15,00	...	...
abzgl. Kapitalkosten	10,00	...	...
=> Netto Cash flow	30,08	...	...
ANDERE VORHANDENE VERMÖGENSWERTE			
Umlaufvermögen	90,00	...	...
Materielle Vermögenswerte	125,00	...	...
Immaterielle Vermögenswerte	35,00	...	...
Intellectual Property - Patente	10,00	...	...
Intellectual Property - geschützte Technologien	15,00	...	...
BERÜCKSICHTIGUNG MARKTGÄNGIGER RENDITEN DER ANDEREN VORHANDENEN VERMÖGENSGEGENSWERTE			
abzgl. Rendite des Umlaufvermögens (6,0%)	5,40	...	...
abzgl. Rendite der materiellen Vermögenswerte (9,0%)	11,25	...	...
abzgl. Rendite der immateriellen Vermögenswerte (14,0%)	4,90	...	...
=> zurechenbares geistiges Eigentum („Intellectual Property“)	8,53	...	...
abzgl. Rendite der Patente (14,5%)	1,45	...	...
abzgl. Rendite der geschützten Technologien (20,3%)	3,05	...	...
=> Markenwert	4,03	...	...

Quelle: in Anlehnung an Smith (1997), S. 99; S. 100; S. 151 f.

tungsfall nicht zwingend zutreffen muß. Somit wird hier eine pauschale Annahme getroffen, die ein willkürliches Bewertungselement bedingt. Positiv zu beurteilen ist, daß die Bewertung nicht auf eine Gruppe von Vergleichsunternehmen bezogen wird, wodurch die Schwächen der Referenzdatenabhängigkeit und der Markenmehrwertsberechnung vermieden werden. Das Prognoseproblem und das Bewertungsproblem markenstrategischer Optionen werden anhand von Expertenschätzungen zukünftiger markenspezifischer Cash flows berücksichtigt, die subjektive Bewertungselemente beinhalten; eine Absicherung durch ergänzende Analysen oder weiteres Datenmaterial erfolgt nicht. Spezifische Ausprägungen von Markenwertindikatoren finden nur implizit Berücksichtigung, sofern sie im Rahmen der Expertenschätzungen herangezogen werden. Der Ansatz zeichnet sich durch einfache Handhabung und Anwendbarkeit auf verschiedene Arten von Marken und Bewertungsanlässe aus. In der Gesamtbeurteilung erscheint dieses Verfahren vergleichsweise gut zur monetären Markenbewertung geeignet.

Das **Meßkonzept von Kriegbaum (2001)** stellt eine Variante der Barwertmethode dar und beruht auf theoretisch fundierten Plausibilitätsüberlegungen zur Messung des monetären Markenwerts.[198] Gegenüber dem Ansatz von Smith (1997) besteht insbesondere der Unterschied, daß Kriegbaum zur Isolierung des markenspezifischen Anteils aus den realisierten Umsätzen die Anwendung einer Conjoint-Analyse empfiehlt. Für die Modellierung der Stimuli werden hier die Merkmale „Marke“ und „Produkteigenschaften“ mit entsprechenden Ausprägungen verwendet, wobei das Merkmal „Preis“ explizit nicht enthalten ist. Statt dessen erfolgt eine separate direkte Abfrage der Zahlungsbereitschaft für jede der möglichen Merkmalskombinationen; anhand des ermittelten Teilnutzens der Marke wird sodann eine markenspezifische Preisprämie berechnet.[199] Als weitere markenspezifische Einzahlungen werden realisierte Einnahmen aus der Lizenzierung der Marke berücksichtigt.[200] Markenbezogene Ausgaben werden nach angebots-, distributions- und kommunikationspolitischen Maßnahmen differenziert, jedoch nur Ansatzpunkte zu deren Identifikation bzw. Abgrenzung aufgezeigt.[201] Eine konkrete Modellformulierung erfolgt hierbei nicht. Gleiches gilt für die Bestimmung einer Restlebensdauer der Marke, für die Prognose zukünftiger markenbezogener Rückflüsse sowie für die Einbeziehung markenspezifischer Risikoaspekte.[202] Da das Meßkonzept von Kriegbaum keine in sich geschlossene Bewertungsmethodik skizziert, in wesentlichen Teilbereichen keinen konkreten Lösungsbeitrag liefert und überdies kaum innovative Elemente beinhaltet, ist es für eine monetäre Markenbewertung insgesamt wenig hilfreich.

Das Grundprinzip der Barwertmethode unterliegt auch dem **Brand Value Contribution-Ansatz**, dessen Entwicklung Gegenstand eines Kooperationsprojekts zwischen der KPMG und dem Institut für Marketing und Handel der Universität St. Gallen ist.[203] Hier wird der Markenwert als Differenz des Unternehmenswertes mit und ohne Marke bzw. als Barwert aller markenspezifischen Cash flows verstanden, welcher zwar die theoretisch korrekte Kennzahl für eine wertorientierte Markensteuerung darstelle, jedoch aufgrund mangelnder Operationalisierbarkeit für eine Praxisanwendung ungeeignet sei.[204] Somit wurde auf die Ermittlung zukünftiger markenspezifischer Cash flows verzichtet und mit der „Brand Value Contribution“ (Markenwertbeitrag) eine Kennzahl entwickelt, die sich explizit nur auf die aktuelle Periode bezieht und wie folgt berechnet wird:

---

[198] Vgl. Kriegbaum (2001), S. 183 ff.

[199] Vgl. Kriegbaum (2001), S. 191 ff.

[200] Vgl. Kriegbaum (2001), S. 202 f.

[201] Vgl. Kriegbaum (2001), S. 205.

[202] Vgl. Kriegbaum (2001), S. 184 ff.; S. 219 ff. und S. 221 ff.

[203] Vgl. Kernstock et al. (2001), S. 29 ff.; KPMG (2001), S. 20 ff.

[204] Vgl. Kernstock et al. (2001), S. 30 und S. 32 f.

Berechnung der Brand Value Contribution:[205]

$$BVC = \Delta UMS^m - \Delta AW_{Vol}^m - \Delta AW_{StKst}^m - AfA^m - k * IK_{t-1}^m$$

Symbole:

BVC:	Brand Value Contribution
ΔUMS^m:	Differenz der Umsatzerlöse mit und ohne Marke m
ΔAW^m_{Vol}:	Aufwendungsdifferenz wg. höheren Absatzvolumens von Marke m
ΔAW^m_{StKst}:	Aufwendungsdifferenz der Stückkosten mit und ohne Marke m
AfA^m:	Abschreibungsrate der Werbeaufwendungen für Marke m
IK^m_{t-1}:	in der Vorperiode investiertes Kapital für Marke m
k:	Kapitalkostensatz

Die markenspezifischen Aufwendungen sind hierbei nach deren Fristigkeit differenziert. So wird die Aufwendungsdifferenz aufgrund eines höheren Absatzvolumens sowie die der Stückkosten mit und ohne die Marke als Periodenaufwand in voller Höhe angesetzt, während die Werbeaufwendungen der Periode aktiviert und über deren Wirkungszeitraum abgeschrieben werden. Das in die Marke investierte Kapital entspricht hierbei Aufwendungen aus der Vergangenheit, welche noch nicht vollständig abgeschrieben wurden.[206] Weiterhin ist eine Verbindung der Brand Value Contribution als finanzieller Kennzahl mit Marketingkennzahlen vorgesehen. Diese soll anhand von sogenannten „Brückenindikatoren" erfolgen, welche die ökonomischen Effekte der Marke auf der Ebene operativer Werttreiber quantifizieren und so direkt in Zahlungen überführbar machen.[207] Wie dieses jedoch konkret umzusetzen ist, wird nicht angegeben.

Eine Beurteilung des Brand Value Contribution-Ansatzes ist nur eingeschränkt möglich, da sich dieser noch in der Entwicklung befindet und bislang kaum Details veröffentlicht wurden. So ist insbesondere unklar, wie eine Isolierung markenspezifischer Ein- bzw. Auszahlungen anhand der Brückenindikatoren erfolgen soll. Der Ansatz beinhaltet überdies subjektive Elemente bei der Festlegung einer Abschreibungsrate für markenspezifische Aufwendungen. Durch die bewußte Ausgrenzung des Prognoseproblems und des Bewertungsproblems markenstrategischer Optionen werden wesentliche Teilbereiche einer monetären Markenbewertung vernachlässigt; eine explizite Zukunftsorientierung ist nicht gegeben. Es bleibt abzuwarten, inwieweit der Brand Value Contribution-Ansatz zumindest einen innovativen Beitrag zum Isolierungsproblem leisten kann.

[205] Vgl. KPMG (2001), S. 22.

[206] Vgl. KPMG (2001), S. 22; Kernstock et al. (2001), S. 34.

[207] Vgl. Kernstock et al. (2001), S. 35.

Einen Exoten unter den unternehmensbezogenen Ansätzen stellt das **Momentum-Accounting von Farquhar/Ijiri (1993)** dar. Die Autoren propagieren die Etablierung eines zusätzlichen Rechnungswesens, welches den Charakter eines Management-Informations-Systems aufweist. Es dient zur Erfassung von „Impulsen“ (z.B. Anwendung von Marketing-Mix-Instrumenten, Wettbewerbsaktivitäten, Umwelteinflüsse) und deren Wirkung auf den Grad der Umsatzgenerierung durch die Marke („Momentum“). Die jeweiligen Impulse werden hierbei in Geldeinheiten pro Monat erfaßt und können analog zum konventionellen Rechnungswesen im Zeitverlauf abgeschrieben werden.[208] Das Momentum Accounting soll als Datenbasis für vielseitige Fragestellungen dienen und durch seine spezielle Erfassungstechnik Informationsdefizite des konventionellen Rechnungswesens ausgleichen. Eine Markenbewertung erfolgt hierbei unter Berücksichtigung der Impulse, die am Bewertungsstichtag auf die Umsatzgenerierung der Marke wirken. Neue Impulse, die zukünftig auftreten könnten, sowie markenstrategische Optionen werden hierbei explizit ausgegrenzt.[209] Unter dieser Annahme konstanter Verhältnisse und Berücksichtigung von Kostengrößen erfolgt sodann die Berechnung eines langfristigen Markenwerts. Besonders kritisch erscheint hinsichtlich des Momentum-Accounting, daß dessen Etablierung und monatliche Aktualisierung einen erheblichen Aufwand bedeutet, dem ein ungewisser Nutzen gegenübersteht. Eine explizit zukunftsorientierte Markenbewertung vermag der Ansatz nicht zu leisten. Weiterhin unterliegen die Erfassung und Quantifizierung der Impulse sowie die Festlegung der Abschreibungsraten subjektiven Einflüssen. Insgesamt erscheint kaum verwunderlich, daß dieser Ansatz in Literatur und Unternehmenspraxis wenig Beachtung gefunden hat.

2.3.2.3.4. Lizenzierungsorientierte Ansätze

Lizenzierungsorientierte Ansätze bzw. Lizenzpreisanalogien fußen auf dem Grundgedanken, daß ein im Besitz einer Marke befindliches Unternehmen diese nicht extern durch eine Lizenzierung akquirieren muß und somit keine Lizenzgebühren zu entrichten braucht („Relief from Royalty“).[210] Die Höhe dieser vermiedenen Kosten wird hierbei als Äquivalent für den monetären Markenwert angesehen. Zu dessen Ermittlung werden branchenübliche Lizenzgebühren vergleichbarer Marken als Referenzwerte herangezogen, welche zumeist im Form eines Prozentsatzes vom Umsatz des Lizenzprodukts vereinbart sind. Der entsprechende Prozentsatz des mit dem eigenen Markenprodukt getätigten Peri-

---

[208] Vgl. Farquhar/Ijiri (1993), S. 84.

[209] Vgl. Farquhar/Ijiri (1993), S. 87.

[210] Zur Methodik der lizenzierungsorientierten Ansätze vgl. z.B. Barwise et al. (1989), S. 61 f.; Interbrand (1998), S. 101; Kern (1962); Kriegbaum (2001), S. 92 f.; Reilly/Schweihs (1998), S. 152 f.; Rohnke (1992); Sattler (2001c), S. 161; Smith (1997), S. 100 ff.; Trevillion/Perrier (1999), S. 32.

odenumsatzes wird als kurzfristiger monetärer Markenwert betrachtet. Üblicherweise werden für diesen Lizenzsatz konstante Verhältnisse angenommen, so daß auf dessen Basis auch eine langfristige Prognose markenspezifischer Zahlungen erfolgen kann. Sofern der Markeneigner Einnahmen aus einer Lizenzierung an andere Unternehmen erzielt, sind diese dem Markenwert hinzuzurechnen.

Lizenzierungsorientierte Ansätze leisten insbesondere einen Beitrag zum Isolierungsproblem, sind unmittelbar eingängig und ermöglichen eine einfache sowie transparente monetäre Markenbewertung. Dementsprechend finden sich auch bei einzelnen kombinierten Verfahren aus der Unternehmenspraxis lizenzierungsorientierte Bewertungskomponenten.[211] Ähnlich wie bei den marktwertorientierten Ansätzen richtet sich die wesentliche Kritik an den lizenzierungsorientierten Ansätzen gegen die Verwendung von Referenzwerten. Auch hier sind die benötigten Daten in der Regel nur schwer verfügbar, da sie das Ergebnis vertraulicher Verhandlungen zwischen den Vertragspartnern darstellen und somit oftmals nicht veröffentlicht werden. Dennoch sind zumindest grobe Bandbreiten marktüblicher Lizenzsätze für eine Reihe von Konsumgüterbranchen bekannt.[212] Sofern für einzelne Branchen mangels Üblichkeit von Lizenztransaktionen keine Referenzwerte existieren, ergibt sich für diese Methode eine Anwendungsbeschränkung. Falls jedoch Daten über branchenübliche Lizenzsätze verfügbar sind, erscheint deren Eignung als Bewertungsmaßstab grundsätzlich fraglich. So besteht auch hier die Kritik einer mangelnden Vergleichbarkeit von Marken aufgrund ihres individuellen Charakters. Weiterhin sind realisierte Lizenzsätze das Ergebnis individueller Einzeltransaktionen, die durch vielfältige nichtmarkenspezifische Einflüsse geprägt sind und oftmals im Kontext von noch umfassenderen Geschäftstransaktionen entstehen. So beinhaltet beispielsweise der Leistungsumfang beim Franchising die Marke in Verbindung mit anderen materiellen oder/und immateriellen Vermögensgegenständen, wobei der markenspezifische Anteil der Lizenzgebühr nicht unmittelbar isolierbar ist. Oftmals sind auch Lizenzgeber und Lizenznehmer nicht voneinander unabhängig, da es sich um Transaktionen zwischen Mutter- und Tochtergesellschaften oder um Transaktionen zwischen in anderer Weise voneinander abhängigen Unternehmen handelt. Überdies lassen geographische und sektorale Unterschiede von Lizenzgebühren eine Übertragbarkeit auf den Muttermarkt fraglich erscheinen; hinsichtlich älterer Referenzwerte besteht das Problem einer mangelnder Datenaktualität.

[211] Dies ist z.B. bei den Ansätzen von Consor, Cohausz und Repenn der Fall; vgl. Anson (1998), S. 44 ff.; Cohausz (1999), S. 136 ff.; Repenn (1998), S. 37; Abschnitt 2.4.2.2.1., Abschnitt 2.4.2.2.2., Abschnitt 2.4.2.4.

[212] Vgl. hierzu Binder (2001), S. 404 f; siehe auch Sattler/Hartmann/Völckner (2003).

Neben der grundsätzlichen Kritik an der verwendeten Referenzdatenbasis ist gegen die lizenzierungsorientierten Ansätze kritisch einzuwenden, daß auch hier das Prognoseproblem und das Bewertungsproblem markenstrategischer Optionen unzureichend berücksichtigt sind. Zwar ist die hier zugrundeliegende Annahme konstanter Verhältnisse bezüglich der vertraglich vereinbarten Höhe von Lizenzsätzen durchaus plausibel, jedoch erscheint diese Annahme hinsichtlich des Markenwerts überaus fraglich. Ausprägungen verschiedener konsumenten- und marktgerichteter Markenwertindikatoren können bei dieser Methode bestenfalls indirekt Berücksichtigung finden. Insgesamt sind auch die lizenzierungsorientierten Ansätze nur sehr bedingt zur monetären Markenbewertung geeignet.

2.3.2.3.5. Kapitalmarktorientierte Ansätze

Bei den kapitalmarktorientierten Ansätzen dient der Börsenwert des markenführenden Unternehmens als Bewertungsgrundlage; dieser antizipiert unter der Prämisse effizienter Kapitalmärkte alle zukünftigen Einzahlungsüberschüsse des Unternehmens,[213] so daß eine indirekte Berücksichtigung des Prognoseproblems und des Bewertungsproblems von markenstrategischen Optionen erfolgt. Die Verfahrenskategorie der kapitalmarktorientierten Ansätze wird im wesentlichen durch das **Börsenwertmodell von Simon/Sullivan (1993)** begründet, das in der wissenschaftlichen Literatur eine vergleichsweise hohe Beachtung und Verbreitung erfahren hat. Der Ansatz weist konzeptionelle Parallelen zu dem zuvor behandelten Restwertverfahren auf. Im Rahmen der Markenwertermittlung wird hier zunächst der Bilanzwertes der materiellen Vermögensgegenstände vom Börsenwert subtrahiert. Als Residualgröße verbleibt die Summe der Werte aller immateriellen Vermögensgegenstände, welche sich nach Simon/Sullivan aus den drei Komponenten Markenwert, Wert nichtmarkenspezifischer Faktoren und Wert branchenspezifischer Faktoren zusammensetzt. Der Markenwert wird inhaltlich als die nachfragesteigernde und marketingkostensenkende Wirkung der Marke aufgefaßt und mittels vier Indikatoren (Werbeausgaben, Markenalter, Reihenfolge des Markteintritts, relative Werbeausgaben) operationalisiert. Die Schätzung des Markenwerts erfolgt schließlich anhand eines linearen Regressionsmodells auf Basis eines Samples von 638 Unternehmen.[214]

Der Ansatz von Simon/Sullivan (1993) berücksichtigt mittel- oder unmittelbar alle drei zentralen Problembereiche einer monetären Markenbewertung, was gegenüber allen zuvor behandelten Verfahren einen wesentlichen Vorteil darstellt. Jedoch ist die zugrundeliegende Prämisse der strengen Effizienz von Kapitalmärkten grundsätzlich kritisch zu hinterfragen,[215] wodurch eine verzerrungsfreie

213 Vgl. Simon/Sullivan (1993), S. 31; siehe auch Hamann/von der Gathen (1994), S. 208.

214 Vgl. Simon/Sullivan (1993), S. 34 ff.

215 Vgl. Kriegbaum (2001), S. 117 und die dort angegeben Literatur.

Ermittlung des monetären Markenwerts als Residualgröße in Zweifel zu ziehen ist. Weitere Nachteile ergeben sich durch die Anwendungsbeschränkung auf börsennotierte Kapitalgesellschaften, die im wesentlichen nur eine einzelne Marke führen; für Deutschland kommt im speziellen hinzu, daß insgesamt nur relativ wenige Unternehmen börsennotiert sind.[216] Hierdurch eignet sich das Verfahren insbesondere für die Bewertung von Unternehmensmarken. Überdies erscheint die Operationalisierung des Markenwerts anhand der vier verwendeten Indikatoren fraglich. Zwar hat der Ansatz von Simon/Sullivan in der Literatur eine hohe Beachtung gefunden, die sich jedoch bislang nicht in einer nachweisbaren Praxisanwendung niedergeschlagen hat. Hierfür dürfte insbesondere die mangelnde Verfahrenspraktikabilität eine wesentliche Ursache sein. So ist auch dieser Ansatz nur sehr bedingt zur monetären Markenbewertung geeignet.

2.3.2.3.6. Kombinierte Verfahren

Mit kombinierten Verfahren[217] wird versucht, dem komplexen Phänomen der Marke durch Berücksichtigung besonders zahlreicher und verschiedenartiger Markenwertindikatoren Sorge zu tragen. Die Bandbreite der verwendeten Markenwertindikatoren umfaßt dabei konsumenten-, markt- wie auch unternehmensgerichtete Indikatoren und geht einher mit einem entsprechend breit gefächerten Dateninput. Viele kombinierte Verfahren sind an die Bewertungsmethodik einzelner der zuvor behandelten Bewertungsansätze angelehnt bzw. stellen eine Modifikation oder Erweiterung dessen dar. Weiterhin sind die meisten der kombinierten Verfahren von Seiten der Unternehmenspraxis (mit)entwickelte Spezialtools für kommerzielle Bewertungszwecke, die teils kaum Eingang in die Literatur fanden. Im folgenden wird zunächst die grundlegende Methodik von kombinierten Verfahren behandelt und ein von wissenschaftlicher Seite entwickelter Ansatz exemplarisch diskutiert. Diejenigen Verfahren, die eine praktische Anwendung innerhalb kommerzieller Markenbewertungsservices finden, werden hingegen im Rahmen der Marktübersicht im nächsten Abschnitt analysiert.

---

[216] Vgl. Sattler (2001c), S. 162.

[217] In der Literatur ist für diese Ansätze teils der Begriff „**Indikatormodelle**“ gebräuchlich. Vgl. z.B. Sattler (2001c), S. 163. Dieser wird im folgenden nicht verwendet, da fast sämtliche monetären und nichtmonetären Verfahren eine Messung des Markenwerts als latente Variable anhand von Indikatoren vornehmen und der Begriff insofern auf die meisten Markenbewertungsverfahren anwendbar ist.

Bei kombinierten Verfahren kommt zumeist eine zweistufige Vorgehensweise zum Einsatz. In der ersten Stufe erfolgt die eigentliche Markenbewertung anhand eines **Scoringmodells**, innerhalb dessen die Ausprägungen der jeweils verwendeten Markenwertindikatoren anhand von Ratingskalen bewertet, die ermittelten Einzelpunktwerte gewichtet und zu einem Gesamtscore aggregiert werden, der als Maß der **Markenstärke** interpretierbar ist. In der zweiten Stufe dient die ermittelte Markenstärke als Komponente der monetären Bewertung, wobei unterschiedliche Verwendungen gebräuchlich sind, innerhalb derer der Markenstärke jeweils eine hohe wertdeterminierende Bedeutung zukommt. So wird sie bei kombinierten Verfahren mit unternehmensorientierten Schwerpunkt zur Ermittlung eines risikoadjustierten Diskontierungsfaktors für die Abzinsung von prognostizierten markenspezifischen Einzahlungsüberschüssen genutzt[218] oder dient als Berechnungsgrundlage für einen Markenwertmultiplikator, anhand dessen ein kurzfristiges Wertmaß in einen langfristigen monetäres Markenwert transformiert wird.[219] Bei kombinierten Verfahren mit lizenzierungsorientierten Schwerpunkt wird die Markenstärke hingegen zur Auswahl bzw. Anpassung des Lizenzsatzes einer Referenzmarke verwendet.[220] Bei kombinierten Verfahren mit absatzmarktorientierten Schwerpunkt wird die Markenstärke anhand eines Attraktionsmodells in eine relative Größe transformiert und zur Umlage des Marktvolumens einer Gruppe von untersuchten Marken verwendet.[221]

Bei der Beurteilung von kombinierten Verfahren kann eine zusammenfassende kritische Analyse der Anwendung von Scoringmodellen erfolgen, wohingegen die jeweils verbleibenden Verfahrensschritte in ihrer Methodik sehr stark variieren und somit einer gesonderten Betrachtung bedürfen. Der besondere Vorteil von Scoringmodellen liegt in der Möglichkeit zur Berücksichtigung zahlreicher und verschiedenartiger Indikatoren des Markenerfolgs; weiterhin zeichnen sie sich durch ihre Anwenderfreundlichkeit und methodische Einfachheit aus. Eine zentrale Verfahrenskritik betrifft das Vorhandensein subjektiver bzw. willkür-

---

[218] Eine Verwendung der Markenstärke zur Berechnung eines risikoadjustierten Diskontierungsfaktors erfolgt z.B. beim neuen Ansatz von Interbrand sowie bei den Ansätzen von Brand-Finance, FutureBrand und GfK/ PwC/Sattler; siehe hierzu detailliert Abschnitt 2.4.2.3.1. bis Abschnitt 2.4.2.3.4.

[219] Eine Verwendung der Markenstärke zur Berechnung eines Markenwertmultiplikators erfolgt z.B. bei dem alten Interbrand-Ansatz sowie bei den Faktorenmodellen von Semion und BBDO; siehe hierzu detailliert Abschnitt 2.4.2.3.5. und Abschnitt 2.4.2.3.6.

[220] Eine Verwendung der Markenstärke zur Auswahl bzw. Anpassung eines Lizenzsatzes erfolgt z.B. bei dem Valmatrix-Ansatz von Consor und beim Cohausz-Ansatz; siehe Abschnitt 2.4.2.2.1. und Abschnitt 2.4.2.2.2.

[221] Eine Verwendung der Markenstärke zur Umlage des anteiligen Marktvolumens erfolgt z.B. beim Brand Performancer von A.C. Nielsen / Konzept und Markt; siehe hierzu detailliert Abschnitt 2.4.2.1.1.

licher Bewertungselemente.[222] So wird die Auswahl und Gewichtung der jeweils verwendeten Indikatoren wie auch die Erstellung von Verknüpfungsfunktionen zumeist auf Basis von Plausibilitätsüberlegungen bzw. Expertenschätzungen vorgenommen. Ebenso erfolgt auch die Ermittlung von Einzelscores je Indikator anhand von Expertenschätzungen, welche hier nicht unerhebliche Ermessensspielräume beinhalten. Weiterhin ist bei einer Vielzahl an verwendeten Markenwertindikatoren deren fehlende Unabhängigkeit zu vermuten, was zu Doppelerfassungen und im Resultat zu Ergebnisverzerrungen führt. Ferner können bei jungen Marken einzelne Indikatoren unpraktikabel sein, da hier Kriterienwerte teils noch nicht existent sind. Die Auswahl und Gewichtung von Markenwertindikatoren wird teils in Abhängigkeit von der jeweiligen Branche variiert, was zwar inhaltlich sinnvoll sein kann, jedoch auch weiteren Raum für subjektive Elemente bietet. Aufgrund der vorhandenen Schwächen erscheint die Validität vieler Ansätze insgesamt fraglich. Überdies werden bei vielen der kommerziellen Bewertungstools die jeweils verwendeten Indikatoren, deren Gewichtungen sowie deren Verknüpfungsfunktionen nur lückenhaft oder gänzlich nicht offengelegt. Die hierdurch begründete Bewertungsintransparenz ist nicht geeignet, bestehende Skepsis gegenüber diesen Ansätzen bzw. gegenüber Markenbewertungsverfahren im allgemeinen abzubauen. Weiterhin ist bei einzelnen Verfahren deren wissenschaftliche Fundierung fraglich und es fehlt bei den meisten Verfahren ein Nachweis ihrer empirischen Validierung.

Eine methodische Besonderheit stellt der **Ansatz von Sattler/GfK** dar,[223] bei dem die Auswahl von Markenwertindikatoren auf Basis einer explorativen, mehrstufigen Expertenbefragung erfolgte. Als Indikatoren für den langfristigen Markenerfolg wurden von den befragten Experten hierbei Marktstellung der letzten fünf Jahre, wertmäßiger Marktanteil, gewichtete Distributionsquote, Wiederkaufrate, Bekanntheitsgrad und Imagevorteil gegenüber Wettbewerbsmarken.[224] Um eine Gewichtungsstruktur für diese Indikatoren empirisch zu ermitteln, wurde im Rahmen einer weiteren Expertenbefragung eine experimentelle Bewertung von 16 Marken je Befragten mittels Conjoint-Analyse vorgenommen. Hinsichtlich ihres langfristigen Werts waren hierbei auf Karten abstrakt beschriebene Marken von den Probanden zunächst in eine Wertrangfolge zu bringen und anschließend auf einer 100-Punkte-Skala weiter zu differenzieren.[225] Diese erhobenen Daten dienten als Basis einer gepoolten regressionsanalytischen Schätzung der Parameter eines Indikatorenmodells mit den langfristigen Werturteilen als abhängiger Variable und den als Dummy-Variablen kodier-

[222] Vgl. Sattler (1999), S. 635.

[223] Zur Methodik des Sattler/GfK-Ansatzes vgl. zusammenfassend Sattler (1999), S. 636 ff.; siehe auch Sattler (1997a), S. 168 ff.; Sattler (1997b).

[224] Vgl. Sattler (1999), S. 640.

[225] Vgl. Sattler (1999), S. 640.

ten Variationen der Markenwertindikatoren als unabhängigen Variablen. Die unter Ausschluß von Ausreißern[226] ermittelten Regressionskoeffizienten der Indikatorvariablen sind als Gewichtungsfaktoren interpretierbar und können zur Berechnung des langfristigen Markennutzens für beliebige reale Marken verwendet werden. In einem letzten Schritt wurde schließlich eine Transformation des langfristigen Markennutzens in einen langfristigen monetären Markenwert anhand der nachfolgenden Funktion vorgenommen.[227] Die Ermittlung von y_0 und y_1 bedarf zweier Datenpunkte für LMW_m und erfolgt mittels einer indirekten Vorgehensweise. Als Dateninput gehen hierbei der Gewinnbeitrag der Marke m aus der Vorperiode, ein Diskontierungsfaktor und zwei Parameter auf Basis von Expertenschätzungen ein. Hierbei war von den Experten aus der Gruppe der untersuchten Marken einerseits diejenige zu identifizieren, deren zukünftiger Gewinnbeitrag am ehesten konstant ist. Andererseits war eine weitere Marke mit wachsenden Gewinnbeitrag zu identifizieren und ihr prozentualer Mehrwert gegenüber der ersten Marke zu schätzen. Durch Äquivalenzumformungen konnten schließlich y_0 und y_1 berechnet und die Funktion zur monetären Transformation für beliebige andere Marken verwendet werden.[228]

<u>Transformationsfunktion:</u>	<u>Symbole:</u>	
$LMW_m = y_0 + y_1 * LN_m$	LMW_m:	langfristiger monetärer Wert der Marke m
	LN_m	langfristiger Nutzen der Marke m
	y_0:	Konstante
	y_1:	Transformationsparameter

Bei der Beurteilung des Sattler/GfK-Ansatzes ist positiv hervorzuheben, daß subjektive bzw. willkürliche Bewertungselemente bei Auswahl, Gewichtung und Verknüpfung der Indikatoren durch die mehrstufige Befragung eines umfassenden Expertensamples reduziert werden. Weiterhin wird eine explizit zukunftsbezogene Bewertung realisiert, bei der keine ausschließliche Verwendung von historischen Daten und keine pauschale Annahme konstanter Entwicklungen erfolgt. Überdies wird eine umfassende Validitätsprüfung der Ergebnisse vorgenommen und eine innovative Befragungsform angewendet. Die Prognose eines langfristigen monetären Markenwerts ist jedoch hinsichtlich der verwendeten monetären Transformationsfunktion, der langfristigen Markennutzenbestimmung sowie der Verallgemeinerbarkeit auf andere Warengruppen mit Einschränkungen verbunden.[229] Überdies werden markenstrategischen Optionen nicht explizit mit einbezogen. Hinsichtlich seiner Praxisanwendbarkeit weist der Sattler/GfK-Ansatz bedeutende Nachteile auf. So bedingt die Einbindung von

[226] Vgl. Sattler (1997a), S. 251 ff.

[227] Vgl. Sattler (1999), S. 644.

[228] Vgl. Sattler (1999), S. 644 ff.

[229] Vgl. Sattler (1999), S. 636; S. 648 ff.

Experten innerhalb mehrerer Bewertungsstufen eine hohe Abhängigkeit von deren Kooperationsbereitschaft, welche im Rahmen eines einmaligen wissenschaftlichen Projekts vergleichsweise stärker ausgeprägt sein dürfte als bei wiederholter Durchführung, die zur Aktualisierung bzw. zur Anpassung der Gewichtungsstruktur notwendig wäre. Überdies weist der Ansatz eine vergleichsweise hohe Komplexität auf. In der Folge hat dieses aus wissenschaftlicher Sicht vorteilhafte Modell keine breite Praxisanwendung finden können. Jedoch wurde das empirisch ermittelte Indikatorenmodell später in das für kommerzielle Markenbewertungszwecke entwickelte GfK/PwC/Sattler-Modell implementiert.[230] Neben dem Sattler/GfK-Ansatz besteht eine Reihe weiterer kombinierter Verfahren, die speziell für den Einsatz in der Unternehmenspraxis entwickelt wurden. Diese Spezialtools werden im Rahmen der Marktübersicht von kommerziellen Markenbewertungsservices detailliert behandelt.

2.3.2.4. Zusammenfassung

Wie die vorangegangene Analyse gezeigt hat, besteht eine hohe Vielfalt an monetären Markenbewertungsverfahren, die sich hinsichtlich der zugrunde liegenden Bewertungsmethodik wie auch der verwendeten Indikatoren bzw. Daten erheblich unterscheiden. Auf Basis der jeweils verwendeten Datengrundlage wurde eine Verfahrensystematisierung und eine Gruppenzuordnung der einzelnen Ansätze vorgenommen; eine zusammenfassende Übersicht hierüber gibt Abbildung 11. Die Unterschiede in der Bewertungsmethodik der einzelnen Verfahren gehen teils auf ein uneinheitliches Markenwertverständnis sowie auf abweichende Konzeptualisierungen und Operationalisierungen dieses Konstrukts zurück. Infolge dessen variieren die Verfahren auch in der Berücksichtigung der drei zentralen Problembereiche einer monetären Markenbewertung.

Abb. 11: Übersicht und Klassifizierung monetärer Markenbewertungsverfahren

Verfahrensart	Datenbasis	Quellen
1) Kostenorientierte Ansätze • Bestimmung des Markenwerts auf Basis historischer Kosten für den Markenaufbau oder anhand von geschätzten Wiederbeschaffungskosten einer Marke	Firmeninterne Kostendaten bzw. Expertenurteile	Barwise et al. (1989); Interbrand (1998); Kapferer (1997); Kriegbaum (2001); Reilly/Schweihs (1998); Sattler (2001c); Schmidt (1997); Smith (1997); Trevillion/Perrier (1999)
2) Marktwertorientierte Ansätze • Bestimmung des Markenwerts unter Heranziehung des Verkaufserlöses von vergleichbaren Marken	Expertenurteile bzw. Referenzdaten von Markentransaktionen	Barwise et al. (1989); Interbrand (1998); Kapferer (1997); Reilly/Schweihs (1998); Schmidt (1997); Smith (1997); Trevillion/Perrier (1999); Zimmermann et al. (2002)

(Fortsetzung)

[230] Siehe hierzu Abschnitt 2.4.2.3.4.

Abb. 11: Übersicht und Klassifizierung monetärer Markenbewertungsverfahren

Verfahrensart	Datenbasis	Quellen
3) Einkommensorientierte Ansätze		
3a) Konsumentenorientierte Ansätze		
• Preis-Premium-orientierte Ansätze direkte Abfrage oder indirekte Ermittlung (zumeist Conjoint Analyse) einer zusätzlichen Zahlungsbereitschaft gegenüber einer Ankerpunktmarke; Gewichtung des Preis-Premiums mit der Periodenabsatzmenge führt zu einem kurzfristigen monetären Marken(mehr)wertmaß	Konsumentenbefragung	Blackstone (1990); Brockhoff/Sattler (1996); Erichson (1981); Crimmins (1992); Herp (1962); Kalra/Goodstein (1998); Kriegbaum (2001); Maretzki (2001); Mengen/ Tacke (1995); Müller (1997); Müller/ Kesselmann (1995); Park/Srinivasan (1994); Pessemier (1971); Sasserath/Schmidt (1996); Sattler (2001c); Sebastian/ Kolvenbach (1998); Swait et al.(1993)
• Kaufabsichts-orientierte Ansätze direkte Abfrage oder indirekte Ermittlung (Conjoint Analyse) von Kaufabsichten, Aggregation zu Marken-Wahlanteilen; Umlage auf das Marktvolumen führt zu einem kurzfristigen monetären Markenwertmaß	Konsumentenbefragung	Sattler (2001c)
3b) Absatzmarktorientierte Ansätze		
• Preisabstand-orientierte Ansätze Bestimmung eines kurzfristigen Marken(mehr)wertes auf Basis von am Markt realisierten Preisabständen zu Konkurrenzmarken	Marktpreise	Kriegbaum (2001); Smith (1997)
• Hedonischer Ansatz Bestimmung eines kurzfristigen Markenwertmaßes auf Basis einer hedonischen Preisfunktion	Marktpreise und Produkteigenschaften	Baumgartner (1997); Giannias (1999); Sander (1994a; 1994b; 1995)
• Kaufverhaltensorientierte Ansätze Bestimmung eines kurzfristigen Markenwertmaßes aus Paneldaten anhand regressionsanalytischer Modelle	Haushalts- oder Handels-Paneldaten	Kamakura/Russel (1993); Maretzki/Wildner (1994); Maretzki (2001); Wildner (1991)
3c) Unternehmensorientierte Ansätze		
• Restwertverfahren Aufspaltung des Unternehmenswerts in Einzelwerte des materiellen und immateriellen Anlagevermögens (u.a. Marke)	Unternehmenswert, unternehmensinterne Daten	Smith (1997)
• Einkommensallokation Isolierung der Rendite der Marke aus der Gesamtrendite des Unternehmen	Unternehmenswert, unternehmensinterne Renditedaten	Smith (1997)
• Deckungsbeitrags-, Gewinn- und Renditevergleich Berechnung einer markenbezogenen Mehrwertschöpfung gegenüber Vergleichsunternehmen	Referenzdaten vergleichbarer Unternehmen; unternehmensinterne Daten	Smith (1997)

(Fortsetzung)

Abb. 11: Übersicht und Klassifizierung monetärer Markenbewertungsverfahren

Verfahrensart	Datenbasis	Quellen
3c) Unternehmensorientierte Ansätze (Fortsetzung)		
• Bar- bzw. Ertragswertverfahren Isolierung des Markenwerts aus markenbezogenen Zahlungsströmen des Unternehmens	insbesondere unternehmensinterne Daten	Kernstock et al. (2001); Kriegbaum (2001); Smith (1997)
• Momentum Accounting-Ansatz Ableitung des Markenwerts aus Gewinnveränderungen über die Zeit, die auf markenwertbestimmende Aktivitäten zurückführbar sind	insbesondere unternehmensinterne Daten	Farquhar/Ijiri (1993)
3d) Lizenzierungsorientierte Ansätze		
• Bestimmung des Markenwerts als Prozentsatz vom Umsatz unter Heranziehung branchenüblicher Lizenzsätze von vergleichbaren Marken	Umsätze und Referenzdaten für Lizenzsätze	Barwise et al. (1989); Interbrand (1998); Kern (1962); Kriegbaum (2001); Reilly/Schweihs (1998); Rohnke (1992); Smith (1997); Trevillion/Perrier (1999)
3e) Kapitalmarktorientierte Ansätze		
• Börsenwertmodell Herauslösung des Markenwerts aus dem Börsenwert des Unternehmens durch Separierung von materiellen und immateriellen Vermögensgegenständen	insbesondere Börsenwerte und Bilanzdaten	Simon/Sullivan (1993)
3f) Kombinierte Verfahren		
• Ermittlung einer Markenstärke anhand eines Scoringmodells unter Berücksichtigung vielfältiger Markenwertindikatoren; variierende Verwendung der Markenstärke zur Berechnung eines monetären Markenwertmaßes:		
Kombinierte Verfahren mit unternehmensorientierten Schwerpunkt		
• Verwendung der Markenstärke zur Ermittlung eines risikoadjustierten Diskontierungsfaktors für die Abzinsung von prognostizierten markenspezifischen Einzahlungsüberschüssen; z.B. Ansätze von Interbrand (neu), Brand-Finance, FutureBrand, GfK/PwC/Sattler	vielfältige konsumenten-, absatzmarkt- und unternehmensbezogene Daten	Brand-Finance (2000); Haigh (1999); Högl/Hupp/Maul/Sattler (2002); Interbrand (1999); Kumar (2001); Trevillion/Perrier (1999)
• Verwendung der Markenstärke zur Ermittlung eines Markenwertmultiplikators für die Transformation eines kurzfristigen in einen langfristigen Markenwert; z.B. Ansätze von Sattler/GfK, Interbrand (alt), Semion, BBDO	dto.	BBDO Consulting (2001); Meschi (1995); Penrose (1989); Sattler (1997a; 1997b; 1999); Semion (1995); Zimmermann et al. (2001; 2002)
Kombinierte Verfahren mit absatzmarktorientierten Schwerpunkt		
• Transformation der Markenstärke in eine relative Größe, auf deren Basis eine Umlage des Marktvolumens einer Gruppe von untersuchten Marken erfolgt; z.B. Brand-Performancer von A.C. Nielsen / Konzept &Markt	dto.	A.C. Nielsen (2000a; 2000b); Franzen (1994; 2002); Franzen/Reimann (1998); Riedel (1996)
Kombinierte Verfahren mit lizenzierungsorientierten Schwerpunkt		
• Verwendung der Markenstärke zur Auswahl oder Anpassung eines Lizenzsatzes; z.B. Ansätze von Consor und Cohausz	dto. zzgl. Referenzdaten für Lizenzsätze	Anson/Drews (2000); Cohausz (1999); Lou/Anson (2000)

Quelle: eigene Darstellung

So wird das **Isolierungsproblem** systematisch ausgegrenzt bei Ansätzen, denen das Verständnis einer Marke als markiertes Produkt zugrunde liegt und die daher eine Separierung von marken- und produktspezifischen Komponenten unterlassen.[231] Überdies wird oftmals keine Trennung der Einflüsse von anderen Marketing-Mix-Instrumenten und derer von anderen immateriellen Vermögensgegenständen vorgenommen. Durch die Auswahl des verwendeten Ankerpunkts entsteht weiteres Variationspotential; so wird der Markenwert teils in Sinne der eingangs genannten Begriffsdefinition als Mehrwert gegenüber einem technisch-physikalisch gleichen, jedoch markenlosen Produkt aufgefaßt und teils als Mehrwert gegenüber einer Konkurrenzmarke, deren Wert zwar unbekannt ist, jedoch größer Null sein dürfte.[232] Hierdurch resultiert eine systematische Verzerrung des „wahren" Markenwerts, die mit einer Unterbewertung der Marke einhergeht.

Auch das **Prognoseproblem** wird sehr unterschiedlich gehandhabt; so wird es systematisch ausgegrenzt bei Ansätzen, die lediglich zur Ermittlung eines kurzfristigen (auf eine Periode bezogenen) monetären Wertmaßes dienen.[233] Sofern dieses Kernproblem doch Berücksichtigung findet, erfolgt hierbei teils keine explizit zukunftsorientierte Bewertung. Dies ist insbesondere bei Ansätzen gegeben, die ausschließlich bzw. schwerpunktmäßig historische Daten als Bewertungsgrundlage verwenden.[234] Risikoaspekte werden bei vielen Verfahren nicht explizit berücksichtigt. Sofern dies doch erfolgt, ergibt sich Variationspotential bei der Einbeziehung von Risikoaspekten; hier wird teils ein allgemeines Branchenrisiko, teils ein explizit auf die Marke bezogenes Risiko erfaßt.

Bei Markenbewertungsverfahren, die das Prognoseproblem nicht berücksichtigen, ist zwangsläufig auch das **Bewertungsproblem markenstrategischer Optionen** ausgegrenzt. Überdies wird dieses dritte Kernproblem auch bei den übrigen Ansätzen zumeist gänzlich vernachlässigt. Bei einzelnen Verfahren erfolgt jedoch zumindest eine implizite Einbeziehung markenstrategischen Optionen; so sind diese bei den marktwert- und den kapitalmarktorientierten Ansätzen jeweils

---

231 Keine Separierung von marken- und produktspezifischen Komponenten erfolgt z.B. bei Kaufabsicht- und Preisabstandorientierten Ansätzen, beim GfK-Markensimulator, beim Brand Performancer von AC Nielsen / Konzept und Markt, beim 3-Komponenten-Modell von Brand Rating sowie bei einzelnen unternehmensorientierten Ansätzen.

232 Ein Mehrwert gegenüber Konkurrenzmarken wird z.B. bei Preisabstandorientierten Ansätzen sowie bei den Deckungsbeitrags-, Gewinn- und Renditevergleichen nach Smith (1997) berechnet.

233 Ein nur kurzfristiges monetäres Wertmaß wird z.B. bei allen konsumenten- und bei den absatzmarktorientierten Ansätzen ermittelt; eine Ausnahme bildet hierbei jedoch der hedonische Ansatz von Sander (1994a).

234 Dies ist insbesondere bei dem Verfahren der historischen Kosten der Fall; prinzipiell basieren auch alle referenzdatenabhängigen Verfahren (z.B. marktwert- und lizenzierungsorientierte Ansätze) einseitig auf historischen Datenmaterial.

indirekt in der verwendeten Bewertungsgrundlage mit enthalten.[235] Eine explizite Berücksichtigung markenstrategischer Optionen erfolgt lediglich bei einzelnen Spezialtools der Unternehmenspraxis, die im Rahmen der Marktübersicht von kommerziellen Markenbewertungsservices detailliert behandelt werden.[236]

Viele monetäre Markenbewertungsverfahren sind überdies eher einseitig ausgerichtet, indem sie lediglich auf einzelne Teilaspekte des Markenwerts unter Verwendung entsprechender Inikatoren oder Daten fokussieren.[237] Eine Ausnahme bilden diesbezüglich die Kombinierten Verfahren, die eine besonders breite Basis and Indikatoren bzw. Daten einbeziehen, um dem komplexen Phänomen des Markenwerts gerecht zu werden. Jedoch ergibt sich hierbei ein Auswahl- und Gewichtungsproblem der verwendeten Indikatoren.[238] Hinsichtlich der verwendeten Datenbasis erscheinen insbesondere referenzdatenbasierte Verfahren problematisch, da hier neben der generell fragwürdigen Vergleichbarkeit der Daten auch noch deren mangelnde Erhältlichkeit hinzutritt.[239] Weiterhin fällt auf, daß über eine empirische Validierung der einzelnen Verfahren zumeist keine Angaben gemacht werden. Insgesamt kann keiner der bislang behandelten Ansätze den eingangs abgeleiteten Anforderungen an monetäre Markenbewertungsverfahren gänzlich genügen. Viele Verfahren weisen sogar derart gravierende Schwächen auf, daß sie für eine valide Messung des Markenwerts bzw. im Hinblick auf eine breite Praxisanwendung weitgehend ungeeignet erscheinen. Dies gilt insbesondere für die kosten- und marktwertorientierten Ansätze und überdies auch für die konsumenten-, absatzmarkt-, lizenzierungs- und kapitalmarktorientierten Ansätze sowie für die unternehmensorientierten Ansätze mit Ausnahme der Barwertmethode. Somit ist es kaum verwunderlich, daß seitens der Unternehmenspraxis eine Reihe von Spezialtools für den kommerziellen Einsatz entwickelt wurde, die jeweils auf einzelnen der zuvor behandelten Verfahren aufbauen, jedoch eine Vermeidung ihrer Schwächen anstreben. Diese monetären Spezialtools werden im folgenden detailliert analysiert.

---

[235] Vgl. hierzu Abschnitt 2.3.2.2. und Abschnitt 2.3.2.3.5.

[236] Zur Berücksichtigung des Bewertungsproblems markenstrategischer Optionen bei diesen Verfahren siehe insbesondere Abschnitt 2.4.2.5.

[237] So basieren z.B. die Preis-Premium-, Kaufabsicht- und Preisabstand-orientierten Ansätze lediglich auf einem einzigen Markenwertindikator. Eine einseitige Datenbasis wird hingegen insbesondere bei den kosten- und lizenzierungsorientierten Ansätzen verwendet.

[238] Vgl. hierzu Abschnitt 2.3.2.3.6.

[239] Schwerpunktmäßig auf Referenzdaten von anderen Marken basieren die marktwert- und lizenzierungsorientierten Ansätze sowie einzelne der unternehmensorientierten Ansätze (Deckungsbeitrags-, Gewinn- und Renditevergleich) und kombinierte Verfahren mit lizenzierungsorientierten Schwerpunkt.

2.4. Markenbewertungen in der Unternehmenspraxis

Hinsichtlich der Anwendung der zuvor beschriebenen Markenbewertungsmethoden in der Unternehmenspraxis besteht weitgehend Unklarheit, da bislang kaum entsprechende empirische Studien existieren. Einen explorativen Forschungsbeitrag zu diesem Themenkreis leistet die Studie von Günter/Kriegbaum (1999),[240] welche u.a. auch die Anwendung von monetären Markenbewertungsmethoden innerhalb deutscher Unternehmen dokumentiert; die Ergebnisse dieser Studie zeigt Abbildung 12. Bei deren Betrachtung fällt auf, daß sich bislang keine monetäre Markenbewertungsmethode nachhaltig durchsetzen konnte. Weiterhin zeigt sich ein sehr diffuses Bild hinsichtlich des Verständnisses von Markenwert und dessen monetärer Messung; So werden beispielsweise gleichermaßen umsatz-, gewinn- und kostenbezogene Wertmaße ermittelt; spezifische Angaben zur jeweiligen Bewertungsmethodik werden nicht gemacht, so daß u.a. auch hinsichtlich der Berücksichtigung der drei zentralen Problembereiche einer monetären Markenbewertung nur begrenzte Erkenntnisse möglich sind.

Abb. 12: Anwendung monetärer Bewertungsmethoden in Deutschland

Bewertungsmethode bzw. Verfahren	Anwendungshäufigkeit[241]
Ermittlung des markenbezogenen Umsatzes sowie der markenbezogenen Kosten pro Periode (Markenwert = Markengewinn pro Periode)	40,3 %
Ermittlung der Preisprämie der Marke sowie des Absatzes, der auf die Marke zurückzuführen ist (Markenwert = markenbezogener Umsatz pro Periode)	23,9 %
Ermittlung der für die Marke angefallenen Kosten (Markenwert = Anschaffungskosten der Marke)	20,9 %
Ermittlung der Preisprämie der Marke (Markenwert = Preisprämie)	17,9 %
Heranziehen des Marktwertes vergleichbarer Marken	17,9 %
Bewertung mit Modellen der GfK	14,9 %
Ermittlung des Markenwerts als Barwert der prognostizierten Markenumsätze	13,4 %
Ermittlung des Markenwerts als Barwert der prognostizierten Markengewinne	10,4 %
Bewertung mit dem Brand Performancer von A.C. Nielsen	10,4 %
Sonstiges	10,4 %
Ermittlung der Zusatzzahlungsbereitschaft durch die Marke auf Basis von Conjoint Measurement-Analysen	6,0 %
Ermittlung des Nutzenbeitrages der Marke auf Basis von Conjoint Measurement-Analysen	4,5 %
Bewertung auf Basis von Kapitalmarktreaktionen auf die Ankündigung markenbezogener Maßnahmen	4,5 %
Bewertung mit der Interbrand-Methode	3,0 %
Ermittlung des Wiederbeschaffungswertes für die Marke (Markenwert = Wiederbeschaffungskosten für die Marke)	3,0 %
Anwendung hedonischer Modelle	1,5 %

Quelle: Günter/Kriegbaum (1999), S. 20

[240] Zur Studie von Günter/Kriegbaum (1999) siehe auch Abschnitt 1.1.

[241] Die Befragung beruht auf einer Stichprobe von 46 Unternehmen, die bislang Markenbewertungen durchgeführt haben; Mehrfachnennungen von Methoden waren möglich.

Da die Studie von Günter/Kriegbaum (1999) nur eine generelle Anwendung von monetären Markenbewertungen behandelt, gibt sie kaum Aufschluß darüber, ob die Bewertung vom jeweiligen Unternehmen selbst durchgeführt wurde oder ob es sich um kommerzielle Markenbewertungsservices entsprechender Dienstleistungsunternehmen handelt. Als Anbieter von Markenbewertungsservices werden in der Studie von Günter/Kriegbaum (1999) lediglich GfK, AC Nielsen und Interbrand genannt, so daß hier kein Einblick in die Angebotsvielfalt kommerzieller Markenbewertungsservices erlangt werden kann. Im Gegensatz dazu zielt die innerhalb dieser Arbeit durchgeführte Erhebung u.a. auch darauf ab, eine erhöhte Transparenz über kommerzielle Marenbewertungsservices zu schaffen.

2.4.1. Marktübersicht der kommerziellen Markenbewertungsservices

Die folgende Marktübersicht der kommerziellen Markenbewertungsservices basiert auf einer umfassenden Literaturrecherche,[242] mittels derer bereits einzelne Markenbewertungstools der Unternehmenspraxis identifiziert werden konnten.[243] Um diesen Bereich noch besser abzudecken, erfolgte eine umfangreiche Internetrecherche, innerhalb derer unter Verwendung verschiedener Suchwörter und Suchmaschinen nach kommerziellen Markenbewertungstools jeder Art recherchiert wurde. Hierauf aufbauend wurden alle diejenigen Unternehmen angeschrieben und um Zusendung von Informationsmaterial über deren Markenbewertungstools gebeten, bei denen Hinweise vorlagen, daß sie Markenbewertungsservices anbieten. Um auch bislang nicht publizierte bzw. nicht anderweitig kommunizierte Verfahren der Unternehmenspraxis abzudecken, wurden zusätzlich die jeweils 30 innerhalb Deutschlands umsatzstärksten Marktforschungsinstitute, Werbeagenturen und Unternehmensberatungen angeschrieben.[244] Für die Auswahl dieser drei Unternehmensgruppen war ausschlaggebend, daß die im Rahmen der Internetrecherche identifizierten Anbieter von Marken-

---

[242] Zu Details hinsichtlich der Literaturrecherche siehe Abschnitt 2.3.

[243] Hinsichtlich einzelner Literaturquellen, in denen kommerzielle Markenbewertungsverfahren behandelt werden, ergeben sich Probleme der Datenaktualität. So beschreibt Winters (1991) eine Reihe nichtmonetärer Markenbewertungsverfahren, die schwerpunktmäßig auf dem US-amerikanischen Markt Anwendung fanden bzw. finden und bei denen einzelne der dort genannten Anbieter aufgrund von Unternehmenszusammenschlüssen inzwischen nicht mehr existieren (z.B. Total Research Corporation, Yankelovich/Clancy/Shulman, Market Facts). Überdies erscheint es wahrscheinlich, daß die von Winters beschriebenen Verfahren zwischenzeitig weiterentwickelt wurden. Eine gezielte Internetrecherche nach eben diesen Verfahren ergab keinen Aufschluß darüber, ob die skizzierte Bewertungsmethodik noch in identischer Form angewandt wird. Insofern sind die auf diese Quelle bezogenen Angaben in Abbildung 13 unter Vorbehalt zu interpretieren.

[244] An dieser Stelle sei Frau Aliaa Ali für ihre wertvolle Hilfe bei der Unternehmensbefragung herzlichst gedankt.

bewertungsservices größtenteils aus eben diesen drei Bereichen entstammten.[245] Weiterhin wird diesen drei Unternehmensgruppen von deren (potentiellen) Kunden eine besondere Kompetenz in Bezug auf Markenbewertungen zugeschrieben,[246] was als ein Hinweis auf ein potentielles Angebot dieser Services gedeutet wurde. Zur Identifikation der 30 umsatzstärksten Unternehmen je Bereich wurde für die Werbeagenturen auf das Umsatz-Ranking 2001 der Branchenzeitschrift Werben&Verkaufen (w&v) zurückgegriffen[247] und für die Unternehmensberatungen auf einen Umsatzvergleich aus dem Jahre 1999 des Branchen-Internetportals „Mergers & Acquisitions.[248] Für die Marktforschungsinstitute erfolgte eine Auswahl der 30 umsatzstärksten Unternehmen unter den Mitgliedern von ESOMAR.[249] Sofern über die Tools einzelner Anbieter bereits vorab detaillierte Informationen vorlagen, wurde auf ein erneutes Anschreiben verzichtet.

Für die empirische Bestandsaufnahme der kommerziellen Markenbewertungstools aus der Unternehmenspraxis wurden insgesamt 116 Unternehmen angeschrieben, von denen 57 antworteten (Rücklaufquote = 49%). Von 25 der antwortenden Unternehmen wurden Informationsmaterialien über deren Markenbewertungstools zugesandt; 29 Unternehmen gaben an, daß sie keine bzw. keine standardisierten Spezialtools hätten; 3 Unternehmen verweigerten teils mit Hinweis auf Geheimhaltungsgründe die Auskunft. Die folgenden beiden Abbildungen geben eine nach nichtmonetären (Abbildung 13) und monetären (Abbildung 14) Verfahren unterteilte Marktübersicht der kommerziellen Markenbewertungsservices. Hierbei werden für insgesamt 50 nichtmonetäre und 19 monetäre Markenbewertungsverfahren eine Kurzbeschreibung der Methodik gegeben und die jeweiligen Anbieter genannt, womit diese Marktübersicht kommerzieller Markenbewertungstools die bislang umfassendeste in der Marketingliteratur darstellt. Überdies fanden die meisten der im folgenden behandelten Verfahren bislang keinen Eingang in die Literatur oder wurden dort nur in Grundzügen referiert, so daß die vorliegende Arbeit diesbezüglich einen bedeutenden explorativen Beitrag leistet.

---

[245] Bei den übrigen Unternehmen handelte es sich um spezialisierte Anbieter verschiedenartiger Markenservices, die im Hinblick auf ihre Dienstleistungspalette nicht eindeutig einer dieser drei Gruppen zuordbar waren.

[246] Vgl. Drees (1999), S. 11 ff.

[247] Vgl. www.wuv-studien.de/wuv/ranking/032002/507/index.htm; zuletzt eingesehen 15.4.2002.

[248] Vgl. www.mergers-and-acquisitions.de/fakten2204.htm; zuletzt eingesehen am 15.4.2002.

[249] Die **European Society for Opinion and Marketing Research (ESOMAR)** hat als Verbandsorganisation dieser Branche über 4000 Mitglieder aus mehr als 100 Ländern, die auf deren Homepage inklusive relevanter Unternehmensdaten (u.a. Umsatz) aufgelistet sind. Vgl. www.esomar.nl/countries/directory_ger.html; zuletzt eingesehen am 15.4.2002.

Abb. 13: Marktübersicht der kommerziellen nichtmonetären Spezialtools

Anbieter	Verfahren	Quellen
&Equity	Computer Aided Psychological Observation (CAPO) Qualitative Bewertung durch eine tiefenpsychologische, computergestützte Erhebung von Markenbekanntheit, Positionierung, Markenpersönlichkeit; Ergebnis des CAPO-Programms sind numerische Datensätze, welche die Projektionsmuster und Assoziationsräume der Probanden abbilden und verdichten.	&Equity (2002a); &Equity (2002b); Krüger/Buri (2002); o.V. (2002)
&Equity	Analyse projektiver InterAktion (APIA) Qualitative Bewertung der emotionalen Bedeutung und symbolischen Funktion von Marken anhand projektiver, expressiver und kreativer Techniken.	o.V. (2002)
Allensbach/ Verlags-gruppe Milchstraße	FAME 2000/2001 Repräsentative Markt- und Mediastudie, die Imagedimensionen von mehr als 200 Marken erhebt; hierbei werden Kriterien wie zunehmende Bedeutung, Modernität, Sympathie und Einzigartigkeit quantitativ erhoben.	o.V. (2002); www.fame-images.de
Bates	Brand Wheel Qualitative Erschließung des Markenwerts anhand von Markeneigenschaften, Nutzenvorstellung, Wertvorstellung, Markenpersönlichkeit, Wesen der Marke; welche langfristig als kaufrelevant angesehen werden.	o.V. (2002)
BBDO	5-Stufen-Modell der Markenführung Unterteilung von Marken gemäß ihrer Stärke bzw. Attraktivität aus Konsumentensicht in fünf Statusklassen (Funktions-, Markt-, psychographischer, Identitäts- und Mythosstatus), zu deren quantitativer Bewertung jeweils unterschiedliche Indikatoren („Treiber") verwendet werden.	Zimmermann et al.(2002)
DDB Worldwide	Quantitative Messung des Markenwerts als multiplikative Verknüpfung der Indikatorausprägungen von Markenbekanntheit und Wertschätzung der Marke aus Konsumentensicht („Liking") und wahrgenommene Markenqualität.	Winters (1991)
Emnid / Horizont	Markenbarometer Ermittlung und Kontrolle des Markenwerts anhand der Einzelindikatoren Markenbekanntheit (gestützt, ungestützt), Werbeerinnerung (gestützt), Relevant Set (gestützt), Markenverwendung (bereits getätigter Probierkauf; regelmäßig gekaufte Hauptmarke), Markensympathie (ungestützt).	Zimmermann et. al. (2001)
Emnid / Horizont	Soziometrie-Modell Psychometrisches Positionierungsmodell zur räumlichen Anordnung von Marken in Bezug auf Konsumentenwahrnehmungen hinsichtlich Sozialität, Individualität, Pflicht und Lebensfreude der Marke.	Zimmermann et. al. (2001)
EUMARA European Marketing Alliance	Brand Vision Qualitatives projektives Verfahren zur Erforschung von Image- und Markenbildern mit mehreren unabhängigen Bausteinen (Markenerlebniswelten, Kern-/Schlüsselbotschaften der Marke, emotionaler/funktionaler Markennutzen, Akzeptanz/Gefallenswirkung der Marke), die zusammen ein „Markenpuzzle" ergeben; anschließende Validierung der Ergebnisse in einer separaten Befragung.	Eumara (o.J.); www.eumara.com

Abb. 13: Marktübersicht der kommerziellen nichtmonetären Spezialtools

Anbieter	Verfahren	Quellen
facit Marketing-Forschung	Markenführungs-Barometer Ermittlung und Kontrolle des Markenwerts anhand der Einzelindikatoren Markenaktualität, Markendifferenzierung, Markensympathie, Markenprofil, psychologisches Preis-Leistungsverhältnis, Erst-/Wiederkaufbereitschaft, Markenerinnerung (Werbe-Impact).	facit Marketing-Forschung (2000); www. facit-mafo.de
facit Marketing-Forschung	Markenstatus Qualitative Bewertung des Markenstatus anhand von vier Teiluntersuchungen: Positionierungsstudie, Imagestudie, Markenkernanalyse, Erfolgsforschung.	facit Marketing-Forschung (2000); www. facit-mafo.de
FCB Wilkens	Relationship Monitor Erfassung der Mensch-Marken-Beziehung; hierbei werden neben rationalen (Produkteigenschaften) und emotionalen (Imageeigenschaften) insbesondere relationale (Kunden-Marken-Beziehung) Merkmale der Marke erfaßt und einem Set von 13 standardisierten Beziehungstypen zugeordnet.	FCB Wilkens (2002)
GfK	Brand Potential Index (BPI) Quantitative Messung der Markenattraktivität aus Konsumentensicht anhand von 10 Einzelindikatoren (Kaufabsicht, Mehrpreisakzeptanz, Markenidentifikation; Markenvertrauen, Bereitschaft zur Weiterempfehlung, Uniqueness, Markensympathie, subjektiv eingeschätzte Markenbekanntheit, Markenloyalität, Markenqualitätseinschätzung), welche entweder rationale, emotionale oder verhaltensbezogene Komponenten des Markenwerts abdecken. Die Ergebnisse der Einzelindikatoren werden schließlich zu einer Indexzahl (BPI) zusammengeführt.	Grimm/Högl/Hupp (2000); Högl/Hupp (2001); Hupp (2001a; 2001b; 2001c; 2001d)
GfK	Target Positioning Zweidimensionaler Positionierungsansatz zur ähnlichkeitsbezogenen Anordnung von Marken und Markeneigenschaften (bzw. Statements) in einem Wahrnehmungsraum; dabei kann anhand der Lage einer Marke in Bezug auf Konkurrenzmarken und Eigenschaften eine qualitative Markenbewertung erfolgen und Schlüsse über die Markenpositionierung gezogen werden, die als Grundlage für Markenführungseinscheidungen dienen.	Grimm/Högl/Hupp (2000); Hupp (2000b)
GIM	GIM-Values Qualitative Analyse der Wertebeziehung zwischen Mensch und Marke, um so die Qualität der Markentreue zu erfassen.	o.V. (2002)
Grey Global Group	Brand Building Bausteine Qualitatives Verfahren mit 5 unabhängigen Modulen: • Die „Brand Core Analysis" dient zur Identifikation der Kernkompetenzen einer Marke. • „The Whole Brain" erfaßt rationale und emotionale Wertschöpfungsmöglichkeiten der Marke. • Mit dem „Brand Value Signal Check" wird untersucht, wie die Marke ihre Einzigartigkeit steigern kann. • „Brand Potential Stretching" betrachtet die Eignung und das Wertschöpfungspotential einer Marke als Dachmarke. • „Brand Synergy 130" behandelt Möglichkeiten zur Steigerung der Markenbudgetwirkung.	Grey Global Group (2001)

Abb. 13: Marktübersicht der kommerziellen nichtmonetären Spezialtools

Anbieter	Verfahren	Quellen
Grey GmbH, Düsseldorf	Brand Stretching Analyse Qualitative Untersuchung der Marke in vier Schritten (Identifikation nicht vollständig ausgeschöpfter Potentiale, Überprüfung der Leistungsfähigkeit der Marke, Überprüfung des Transferpotentials, Kompetenzformulierung).	Grey GmbH (2000)
Grey GmbH, Düsseldorf	Marken Potential Ausschöpfung (MPA) Qualitative Untersuchung des Markenkerns	Grey GmbH (2000)
Grey GmbH, Düsseldorf	Brand Character Qualitative Untersuchung der Markenpersönlichkeit	Grey GmbH (2000)
Grey GmbH, Düsseldorf	Brand Check und Brand Signals Qualitative Untersuchung markenprägender Schlüsselsignale	Grey GmbH (2000)
Grey GmbH, Düsseldorf	Brand Loyalty + Qualitative Untersuchung von Treibern und Barrieren der Kundentreue für die Marke	Grey GmbH (2000)
Grey GmbH, Düsseldorf	Markentreue-Barometer Qualitative Untersuchung der Markentreue anhand von Produktleistung, Preis-/Leistungsverhältnis, Unternehmenshaltung aus Konsumentensicht und Verbrauchervertrauen in die Marke, die zusammengenommen als „Added Value" aufgefaßt werden.	Grey GmbH (2000)
H,T,P, Concept	Brand E-motion Qualitative Untersuchung von inneren Marken-Bildern anhand einer non-verbalen Imagery-Analyse auf der Basis von 21 validierten Moodboards mit unterschiedlichen emotionalen Positionierungsdimensionen.	H,T,P, Concept (2001)
H,T,P, Concept	Emotionale Intelligenz Quantitative Untersuchung einer Marke durch ihre Projektion auf eine Person, die anhand einer Item-Batterie mit den Eigenschaften Empathie, Selbstbewußtsein, Ausdrucksvermögen, Offenheit, Humor und Leadership zu beurteilen ist.	H,T,P, Concept (2001)
icon brand navigation	Brand Status (bekannt als „Eisberg Modell") Quantitative Messung einer Markenstärke („Eisberg-Index"), die sich aus zwei Teilbereichen (Markenbild und Markenguthaben) zusammensetzt. • Das Markenbild drückt die kurzfristigen Wirkungen der Marketing-Mix-Instrumente auf die Marke aus und wird anhand von sechs Indikatoren (Markenbekanntheit, subjektiv empfundener Werbeeindruck, Klarheit des inneren Markenbildes, Einprägsamkeit der Werbung, Attraktivität des inneren Markenbildes) gemessen. • Das Markenguthaben drückt langfristige Veränderungen von Konsumenteneinstellungen gegenüber der Marke aus und wird anhand von drei Indikatoren (Markensympathie, Markenvertrauen, Markenloyalität) gemessen.	Andresen/Esch (2001); Esch/ Geus (2001a); icon (1999)
ifm Wirkungen + Strategien	Morphologisches Konzept der Markenpersönlichkeit Qualitatives projektives Verfahren, bei dem Marken als Persönlichkeiten betrachtet werden, deren Innenleben mit dem Konzept der Bildwirkungseinheit (BWE) anhand von sechs Dimensionen (Beeindruckung, Anspruch, Innovation, Faktizitäten, Relation, Stabilität) untersucht wird.	ifm Wirkungen + Strategien (2001); Melchers (1999)

Abb. 13: Marktübersicht der kommerziellen nichtmonetären Spezialtools

Anbieter	Verfahren	Quellen
INRA	Brand Metrics Quantitatives modulares Testverfahren zur Ermittlung der Markenpositionierung aus Konsumentensicht anhand von Verhaltens- und Einstellungsaspekten; analytische Bestimmung der Einflußstärke einzelner Imagefaktoren auf die Markensympathie; Analyse individueller Stärken und Schwächen der Marke.	Inra Deutschland (o.J.)
Ipsos / NFO WorldGroup	Implizites System (IMPSYS) Qualitatives projektives Verfahren, bei dem explizite verbalisierte Attribute und intuitiv orientierte Bilder verwendet werden, um das Denken und die Gefühle von Konsumenten zu erfassen. Hierauf erfolgt eine projektive Zuordnung von Marken zu Persönlichkeitstypen bzw. expliziten Beschreibungen, die das Unbewußte und die Markenpersönlichkeit repräsentieren bzw. das Bewußte und die „Markenidentität" wiedergeben.	Hubertz (2000; 2001); NFO World Group (2001)
Landor Associates	Landor's Image Power Quantitative Messung des Markenwerts als Durchschnitt der Indikatorausprägungen von Markenbekanntheit (share of mind) und Wertschätzung der Marke aus Konsumentensicht (esteem).	Owen (1993); Winters (1991)
Longman-Moran Analytics	Brand Equity Index Quantitative Messung von vier Einzelindikatoren (concentration of product category, repeat rate of product category, substitutability index, brand equity index), welche die Profitabilität einer Marke ausdrücken sollen. Der Substitutability Index erfaßt hierbei das Kaufverhalten anhand von zwei Indikatoren (zuletzt gekaufte Marke, Verhalten bei Nichterhältlichkeit der Wunschmarke); der Brand Equity Index erfaßt die Preiselastizität der Nachfrage für die Marke.	Winters (1991)
McCann-Erickson	Brand Footprint Qualitatives Verfahren zur Erfassung und Bewertung der drei Kern-Werte und Kern-Persönlichkeiten einer Marke in der Wahrnehmung von Konsumenten, zur Bestimmung der zukünftig anzustrebenden Markenpositionierung.	McCann-Erickson (2002)
McKinsey	„Drei P-Ansatz" Quantitativer Ansatz zur Messung der drei „Ps" einer Marke (Performance, Persönlichkeit, Präsenz), die als Indikatoren für die vier wichtigsten Markennutzenelemente (dauerhaft höherer Marktanteil, höheres Preis Premium, niedrigere Marketingkosten, höheres Markentransferpotential) angesehen werden und mit diesen in einem funktionalen Zusammenhang stehen.	Zimmermann et. al. (2001)
McKinsey	„McKinsey-Markendiamant" Qualitativer Positionierungsansatz; Erfassung der intangiblen und tangiblen Markenattribute sowie des rationalen und emotionalen Markennutzens; qualitative Bewertung dieser vier Konstrukte in Relation zu Konkurrenzmarken.	Caspar/Metzler (2002); Echterling/Fischer/Kranz (2002); Schröder/Perrey (2002)
Mercer Management Consulting	Brand Equity Analysis Identifizierung und Quantifizierung der Nachfragetreiber für die betrachtete Marke und für Konkurrenzmarken; Verdichtung der Ergebnisse in einem „Share of Choice".	Mercer Management Consulting (2000)

Abb. 13: Marktübersicht der kommerziellen nichtmonetären Spezialtools

Anbieter	Verfahren	Quellen
Millward Brown	Brand Dynamics Qualitativer Ansatz mit 4 unabhängigen Modulen: • „BrandDynamics Pyramid" dient zur Messung der Markenloyalität, die in 5 Stufen (Presence, Relevance, Performance, Advantage, Bonding) eingeteilt wird • „BrandSignature" dient zur Erfassung relativer Stärken und Schwächen der Marke aus Konsumentensicht • „BrandVoltage" dient zur Erfassung eines Markenwachstumspotentials („Voltage") als Indikator für die Wahrscheinlichkeit einer zukünftigen Absatzsteigerung • „BrandDynamics Map" stellt einen Positionierungsansatz für die Markenposition in Relation zum Wettbewerb dar.	Haigh (2000); Millward Brown (o.J.)
NPD	BrandBuilding Quantitative Messung der Markenloyalität anhand eines Sets von Loyalitätstreibern („Brand Loyalty Drivers")	Haigh (2000)
PepsiCola	Equitrack Ausschließlich für den unternehmensinternen Einsatz entwickeltes quantitatives Verfahren, das den Markenwert anhand von zwei Determinanten erfaßt: • Die Markenerkennung („Recognition") wird ermittelt anhand verschiedener Bekanntheitsmaße • Die Markeneinstellung („Regard") ergibt sich aus der qualitativen Wahrnehmung („Reputation"), der wahrgenommenen Einzigartigkeit („Differentiation") und Wertschätzung („Momentum") sowie der emotionalen Bindung („Affiliation")	Kish/Riskey/ Kerin (2001)
Rheingold	Qualitative Markenkernanalyse (QMA) Qualitativer Ansatz auf Basis der morphologischen Psychologie, der eine tiefenpsychologische Durchdringung von Markenpersönlichkeit, Markenbedeutung und Markenkompetenz aus Konsumentensicht vornimmt.	o.V (2002)
Research International	Equity Engine Messung der Markenstärke mittels Conjoint-Analyse (Brand-Equity-Trade-Off; BETO) oder mittels Chip Games (Constant Sum Preference; CSP); Operationalisierung des Markenwerts durch das Verhältnis zwischen dem wahrgenommenen Markenwert aus Konsumentensicht und dem wahrgenommenen Preis im Vergleich zu anderen Marken.	Research International (o.J.)
Roland Berger	Brand Trust Index Ermittlung des Kundenvertrauens in die Marke nach zehn Einzelkriterien; der Bewertungsdurchschnitt ergibt den „Brand Trust Index".	o.V. (2002); Roland Berger (2001a; 2001b)
Roland Berger	rb Brand Profiler Ansatz zur psychographischen Analyse und Positionierung von Marken. Basierend auf 1.600 qualitativen Aussagen und einem Panel von 15.000 Personen werden 20 Kundenbedürfnisse ermittelt und in einem Positionierungsraum abgebildet; hierauf wird die untersuchte Marke projiziert, um ihre Stärken und Schwächen bzw. den Grad der Bedürfniserfüllung abzuleiten.	Forster (2001); o.V. (2002); Roland Berger (2002a);

Abb. 13: Marktübersicht der kommerziellen nichtmonetären Spezialtools

Anbieter	Verfahren	Quellen
Roland Berger	Brand Championship Messung der Markenstärke durch Verknüpfung von „Markenkern-Energie“ („Lift“ als Maß der Aktivierung von Konsumtreibern und der Blockierung von Konsumbremsern) und tatsächlicher Markenverwendung („Drift“).	Roland Berger (2002b)
Saatchi & Saatchi	Lovemarks Qualitatives Verfahren zur Untersuchung einer Marke nach dem Grad der Liebe und dem Grad des Respekts, die ihr von Konsumenten entgegengebracht werden.	www.lovemarks.com
Semion Brand-Broker	Sigma-Modell Positionierungsmodell zur Anordnung von Markennamen in einem dreidimensionalen Raum; aus der jeweiligen Verortung können qualitative Schlüsse über Akzeptanz, Influenz und Kompetenz der Marke gezogen werden.	Nussbaum (1998); o.V. (2002); www.semion.de
T-Online	Brand Monitor Für den unternehmensinternen Einsatz entwickelter Ansatz zur Kontrolle der Markenpositionierung; hierfür werden wahrgenommene Leistungsmerkmale und Imagedimensionen für die eigene Marke und für Wettbewerbsmarken mittels Statements erhoben, verdichtet und zu einem Indexwert aggregiert; die aufgedeckten Positionierungsunterschiede dienen als Grundlage der strategischen Markenführung.	o.V. (2001c)
Tandemar	Brand Equity Tracking Erhebung von 4 Hauptindikatoren (Einzigartigkeit, Relevanz, Popularität, Vertrautheit der Marke) sowie der Markentreue (Grad der Kundenbindung an die Marke).	Haigh (2000)
TNS Emnid	Conversion Model Als zentrale Markenwertkomponente wird die Kundenbindung an die Marke angesehen, die mittels vier Indikatoren (Zufriedenheit, Involvement in die Produktkategorie, Attraktivität von Alternativen, Grad der Unsicherheit bei der Markenwahl) innerhalb von je vier Nutzersegmenten (hohe bis geringe Bindung an die Marke) und Nichtnutzersegmenten (hohe bis Nicht-Erreichbarkeit für die Marke) gemessen wird.	TNS Emnid (o.J.); Winters (1991); www.conversion model.de
Total Research Corp. (jetzt Harris Interactive)	EquiTrend Quantitative Messung der Markenqualität aus Konsumentensicht als Hauptindikator für den Markenwert; Erhebung anhand einer elfpoligen Skala.	Winters (1991)
YCS (jetzt Yankelovich)	Equity Monitor Quantitative Messung und Kontrolle des Markenwerts anhand von Markenqualität, -sympathie, -reputation.	Winters (1991)
Young & Rubicam	Brand Asset Valuator Als Hauptkomponenten des Markenwerts werden Markenkraft (Dynamik/Vitalität der Marke) und Markenstatur (Verbundenheit) angesehen. Die Markenkraft wird anhand der Indikatoren Differenzierung und Relevanz, die Markenstatur anhand der Indikatoren Ansehen und Vertrautheit quantitativ gemessen; Visualisierung der Stärken und Schwächen sowie der Entwicklungsperspektive der Marke in einer Matrix („Power-Grids“).	Richter/Werner (1998); Young & Rubicam (o.J.)

Quelle: eigene Darstellung

Bei Betrachtung der Abbildungen 13 und 14 ist festzustellen, daß nichtmonetäre Spezialtools in der Unternehmenspraxis eine bei weitem höhere Verbreitung gefunden haben als monetäre Spezialtools. Hierbei bieten klassische Werbeagenturen verstärkt qualitative nichtmonetäre Verfahren an, jedoch bislang kaum quantitative nichtmonetäre sowie keinerlei monetären Bewertungsservices, was im Hinblick auf deren Kernkompetenz plausibel erscheint. Hingegen bieten Marktforschungsinstitute schwerpunktmäßig quantitative und qualitative nichtmonetäre, vereinzelt jedoch auch monetäre Markenbewertungsservices an. Unternehmensberatungen haben bislang für beide Bereiche vergleichsweise wenige Spezialtools entwickelt; diese Aussage ist jedoch insofern mit Vorsicht zu treffen, als daß für diese Branche nur eine vergleichsweise geringe Antwortquote zu verzeichnen war. Die meisten der identifizierten monetären Spezialtools stammen von Spezialanbietern vielfältiger Markenservices, welche keiner der drei vorgenannten Branchen eindeutig zugeordnet werden konnten.

Da die Anwendungsvoraussetzungen für eine Reihe der in Abschnitt 2.3. behandelten Markenbewertungsverfahren relativ gering sind, besteht zusätzlich zu den in Abbildung 13 und 14 aufgeführten Unternehmen mit Spezialtools eine Vielzahl weiterer (potentieller) Anbieter von Markenbewertungsservices. So ist beispielsweise jedes Marktforschungsinstitut prinzipiell im Stande, Erhebungen von konsumentenorientierten Markenwertindikatoren vorzunehmen und somit als Anbieter nichtmonetärer Markenbewertungsservices aufzutreten. Weiterhin könnte grundsätzlich jedes über eine Conjoint-Software verfügende Unternehmen Preis-Premium- orientierte Markenwertmessungen durchführen.

Hinsichtlich der methodischen Verfahrenskomplexität bzw. des notwendigen Know-hows sowie der Erhältlichkeit bewertungsrelevanter Daten ergeben sich Markteintrittsbarrieren für potentielle Anbieter kommerzieller Markenbewertungsservices. Da nichtmonetäre Verfahren diesbezüglich insgesamt geringere Anforderungen stellen als monetäre Verfahren, erscheint das häufigere Angebot eben dieser Services plausibel. Entsprechend bieten Werbeagenturen insbesondere qualitative nichtmonetäre Markenbewertungen an, wofür deren besondere Kompetenz in Bezug auf Markenpositionierungen ursächlich sein dürfte. Hinsichtlich der Anwendung von quantitativen nichtmonetären Verfahren und konsumenten- und absatzmarktorientierten monetären Verfahren dürften insbesondere Marktforschungsinstitute einen potentiellen Wettbewerbsvorteil haben, welcher sich auf einer entsprechenden Methodenkompetenz und den vorhandenen Möglichkeiten der Datenbeschaffung begründet. Dieser (potentielle) Vorteil wird jedoch durch die stark eingeschränkte Eignung eben dieser Verfahren für die meisten Anwendungszwecke nivelliert. Hinsichtlich referenzdatenabhängiger monetärer Bewertungsverfahren (z.B. marktwert- und lizenzierungsorientierte Ansätze) dürften größere internationale Unternehmensberatungen am ehe-

Abb. 14: Marktübersicht der kommerziellen monetären Spezialtools

Anbieter	Verfahren	Quellen
AC Nielsen / Konzept und Markt	<u>Brand Performancer</u> Ansatz zur Berechnung eines kurzfristiges monetäres Wertmaßes, das den erzielbaren markenspezifischen Anteil am Gesamtmarktvolumen ausdrückt. Dieses Maß wird in eine ewige Rente überführt und zu einem Barwert abdiskontiert. Kernbestandteil dieser Bewertung ist ein Scoringmodell mit 10 gewichteten Markenwertindikatoren, die zur Berechnung einer relativen Markenstärke dienen.	AC Nielsen (2000a; 2000b); Franzen (2002); Franzen/ Reimann (1998); Nussbaum (1998); Riedel (1996); Trommsdorff/Franzen/Riedel (1994)
BBDO	<u>Brand Equity Evaluation System (BEES)</u> Faktorenmodell zur Berechnung von Firmenmarkenwerten; Ermittlung eines kurzfristigen monetären Markenwertes; Transformation in ein langfristiges Wertmaß anhand eines Multiplikators, der aus sieben Einzelfaktoren gebildet wird.	Göttgens/Sander/ Wirtz/Dunz (2001); Wirtz/Göttgens/Dunz (2001); Zimmermann et. al. (2001)
BBDO	<u>Brand Equity Evaluator</u> Faktorenmodell zur Berechnung von Produktmarkenwerten; Ermittlung eines kurzfristigen monetären Markenwertes; Transformation in ein langfristiges Wertmaß anhand eines Multiplikators, der aus vier Einzelfaktoren gebildet wird.	Zimmermann et al. (2002)
Boston Consulting Group	<u>Brand Value Creation (BVC)</u> Modularer Ansatz zum Markencontrolling mit vier Analyse-Bereichen (Brand Strategy, Brand Drivers, Brand Equity, Brand Value). Brand Equity wird hierbei anhand von vier Indikatoren (Awareness, Perception, Preference, Behavior) gemessen; als Indikatoren für Brand Value werden das realisierbare Preis Premium, erzielbare Absatzmengensteigerungen und das Markentransferpotential untersucht.	The Boston Consulting Group (1999a)
Brand Rating	<u>3-Komponenten-Ansatz</u> Modulares Verfahren mit drei separaten Bewertungsbereichen, welche losgelöst voneinander betrachtet werden: • Messung einer psychologischen Markenstärke anhand des Marken-Eisberg-Ansatzes von Icon • Berechnung eines langfristigen monetären Wertmaßes („Markenbonus“) als abdiskontierter Preisabstand zu Wettbewerbsmarken • Ermittlung der Entwicklungsperspektive der Marke anhand eines Scoringmodells (Brand Future Score) mit insgesamt 9 Indikatoren aus 3 Bereichen (Dehnungspotential, Entwicklungstrend, Krisenanfälligkeit der Marke)	Esch/Geus (2001b); Musiol (2001); o.V. (2000); Spannagl (2001)
Brand-Finance	<u>Brand-Finance-Ansatz</u> Modulares Verfahren aus drei Bausteinen, deren Zusammenführung einen langfristigen monetären Markenwert als diskontierten Gegenwartswert ergibt: • Economic Value Added (EVA): fünfjährige Prognose der Ein- und Auszahlungen der markierten Produkte • Brand Value Added (BVA): Isolierung des markenspezifischen Anteiles aus den Einzahlungsüberschüssen • BrandBeta Analysis: Ermittlung eines risikoadjustierten Betafaktors anhand eines Scoringmodells mit zehn markt- und markenspezifischen Einzelindikatoren	Brand Finance (2000a; 2000b); Croft (2001); Haigh (1999; 2000); Heberden (2001)

Abb. 14: Marktübersicht der kommerziellen monetären Spezialtools

Anbieter	Verfahren	Quellen
Cohausz Hannig Dawidowicz & Partner	Verwertung von Marken Ermittlung eines kurzfristigen Markenwertmaßes als Prozentsatz vom Umsatz; Anpassung des Prozentsatzes anhand von insgesamt 24 Indikatoren aus 5 Bereichen (Rechtliche Situation, Qualität der Marke, Drittrechte, Lizenzen, Kosten).	Cohausz (1999)
Consor	Valmatrix-Ansatz Ermittlung eines kurzfristigen Markenwerts auf Basis eines Lizenzsatzes unter Zuhilfenahme von Referenzwerten aus einer hausinternen Datenbank. Der Lizenzsatzes wird hierbei mittels eines Scoringmodells mit 20 Indikatoren markenindividuell angepaßt; abschließend erfolgt eine Transformation des kurzfristigen Wertmaßes in einen langfristigen Markenwert anhand eines Multiplikators.	Anson (1996, 1997; 1998; 1999); Anson/ Drews (2000); Lefton/ Anson (1996); Lou/Anson (2000)
FutureBrand	Brand Analytics-Ansatz Modulares Verfahren zur Berechnung eines langfristigen monetären Markenwerts auf Basis der aktuellen Markenverwendung innerhalb von drei Bausteinen, deren Einzelergebnisse zusammengeführt einen abdiskontierten Gegenwartswert gebeben: • Financial Analysis: fünfjährige Prognose von Ein- und Auszahlungen der markierten Produkte • Demand Analysis: Isolierung des markenspezifischen Anteiles aus den Einzahlungsüberschüssen • Brand Risk Analysis: Ermittlung eines risikoadjustierten Betafaktors anhand eines Scoringmodells mit zehn markt- und markenspezifischen Einzelindikatoren In einem zweiten Schritt werden strategische Optionen zur Steigerung des aktuellen Markenwerts (Brand Extensions, Lizenzierungen, etc.) generiert und deren Erfolgswirkung quantifiziert; weitere Optimierungen umfassen die Allokation des Marketingbudgets für die Marke.	FutureBrand (2000; 2002); Kumar (2001); www.futurebrand.com
GfK	GfK-Markensimulator Regressionsanalytisches Verfahren auf Basis von Paneldaten zur Ermittlung eines kurzfristigen Markenwertmaßes („Markenkraft"), das den zusätzlichen Marktanteil darstellt, der nicht auf kurzfristige Effekte der Marketing-Mix-Instrumente zurückführbar ist.	Maretzki (2001); Maretzki/Wildner (1994) Wildner (1991)
GfK	Brand Assessment System (BASS) Mehrdimensionales Benchmarking-System zur Erfassung des aktuellen und zukünftigen Potentials der Marke. Als Maß für die psychische Markenattraktivität (Share of Soul) dient der Brand Potential Index (BPI); als Maß des Markenerfolgs werden Käuferreichweite, First Choice Buyer, First Choice Value und wertmäßiger Marktanteil ermittelt. Das First Choice Value drückt hierbei den Anteil der Markenkäufer aus, welche die Marke an erster Stelle präferierten und kann als Basis einer monetären Transformation dienen.	GfK (2001); Högl/Hupp (2001)

Abb. 14: Marktübersicht der kommerziellen monetären Spezialtools

Anbieter	Verfahren	Quellen
GfK/PwC/ Sattler	GfK/PwC/Sattler-Modell Ganzheitlicher Ansatz mit fünf Modulen, der gleichsam die finanz- und die verhaltensorientierte Perspektive des Markenwerts berücksichtigt. • Das Markenisolierungsmodul dient zur Abspaltung der markenspezifischen Anteile aus den Erlösen und Kosten. • Im Markenprognosemodul erfolgt eine 5-Jahres-Prognose der markenspezifischen Einzahlungsüberschüsse auf Basis von historischen Daten und Expertenschätzungen. • Im Markenrisikomodul wird anhand eines Scoringmodells mit sechs Indikatoren ein risikoadjustierter Diskontierungsfaktor berechnet. • Im Markenstrategischen Optionsmodul wird auf Basis eines Scoringmodells und eines umfangreichen Referenzdatenarchivs die Erfolgswahrscheinlichkeit für ausgewählte Markentransfers berechnet. • Im Simulationsmodul wird mittels Bandbreiten für bewertungsrelevante Parameter eine Wahrscheinlichkeitsverteilung für die Höhe des monetären Markenwerts berechnet.	Högl/Hupp/Maul/ Sattler (2002); Hupp (2002a)
Interbrand	Interbrand-Ansatz („neu") Modulares Verfahren zur Berechnung eines langfristigen monetären Markenwerts auf Basis der aktuellen Markenverwendung; die Markenwertberechung erfolgt innerhalb von drei Bausteinen, deren Einzelergebnisse zusammengeführt einen abdiskontierten Gegenwartswert gebeben: • Financial Analysis: fünfjährige Prognose der Ein- und Auszahlungen der markierten Produkte • Market Analysis: Berechnung des markenspezifischen Anteiles aus den Einzahlungsüberschüssen als Prozentwert anhand des „Role of Brand Index" • Brand Analysis: Ermittlung des „Brand Strength Score" anhand eines Scoringmodells mit 80 bis 100 Einzelindikatoren; der resultierende Punktwert wird anhand einer s-kurvenförmigen Transformationsfunktion in einen risikoadjustierten Betafaktor umgewandelt.	Interbrand (1999); Trevillion/Perrier (1999)
Marketing Centrum Münster (MCM) / McKinsey	MCM/McK-Modell der Markenpotentialmessung Quantitative Bewertung des ungenutzten Markenpotentials entlang des Kaufprozesses anhand von Lücken zu Wettbewerbsmarken; hierbei erfolgt eine vierstufige Vorgehensweise: Identifikation der Lücken im Kaufprozeß, Isolierung der Markenwirkung, Ermittlung des prozentualen Anteils der Lücken, die durch eine Stärkung der Marke geschlossen werden können, Quantifizierung des durch Lückenschließung zusätzlich erzielbaren Umsatzes.	Caspar/Metzler (2002); Echterling/ Fischer/Kranz (2002); Schröder/ Perrey (2002)
McKinsey	Brand-related Premium Pool (BPP) Conjoint-analytischer Ansatz zur Ermittlung der relativen Bedeutung der Marke als Kaufentscheidungsfaktor. Der BPP drückt hierbei aus, welcher Anteil des Umsatzes durch die Marke bedingt wird; durch Multiplikation mit dem Umsatz resultiert ein kurzfristiges monetäres Markenwertmaß.	Bachem/Esser/ Riesenbeck (2001)

Abb. 14: Marktübersicht der kommerziellen monetären Spezialtools

Anbieter	Verfahren	Quellen
Reemtsma	Brand Evaluation and Steering Tool (BEST) Ausschließlich für den unternehmensinternen Einsatz entwickeltes Verfahren, das eine Ergänzung des Kausalansatzes von Riedel (1996) darstellt und aus zwei nicht kombinierten Stufen (marketing- vs. finanzorientiert) besteht. In der marketingorientierte Stufe werden analog zu Riedel (1996) acht Indikatoren (Markenbekanntheit, Image, wert- und mengenmäßiger Marktanteil, wert- und mengenmäßige Umsatzentwicklung, numerische und gewichtete Distribution) erfaßt. In der finanzorientierten Stufe wird ein monetäres Wertmaß anhand von Absatzvolumen, operativen Ergebnis und eines Diskontierungsfaktor berechnet.	Dahm/Neumann (2002)
Wolfgang Repenn	Verkehrswertmethode Der Markenwert setzt sich nach dieser Methode zusammen aus einem Grundwert (kostenorientierte Komponente) und einem Betriebswert (lizenzierungsorientierte Komponente), für welche jeweils ein monetärer Teilwert ermittelt wird. Hinsichtlich der Berechnung des Betriebswerts differenziert der Ansatz zwischen benutzten und unbenutzten Marken.	Nussbaum (1998); Repenn (1998; 1999)
Semion Brand-Broker	Brand Evaluation Faktorenmodell zur Berechnung eines kurzfristigen Markenwertmaßes (durchschnittlicher Vorsteuergewinn), das anhand eines Multiplikators aus vier Hauptfaktoren (Finanzwert, Markenschutz, Markenstärke, Markenimage) in ein langfristiges Wertmaß transformiert wird. Der Ansatz differenziert hierbei zwischen benutzten und unbenutzten Marken; bei benutzten Marken wird der Multiplikator anhand von insgesamt 94 Einzelindikatoren ermittelt.	Fischer (2000); Friedrich (2000); Kaeuffer (2001a; 2001b); Nussbaum (1989); Semion (1999; 2000); www.semion.de
Simon Kucher & Partners	Decision-Support-Modell Ansatz zur conjoint-analytischen Ermittlung eines Preis-Premiums, welcher die Besonderheit einer Aufspaltung in ein Markenpreis- und Markenmengenpremium aufweist, wodurch der Einfluß des Marken(mehr)wertes auf den Preis und die Absatzmenge erfaßt werden kann.	Kolvenbach/Krieg/ Felten (1999); Sebastian/Kolvenbach (2001)

Quelle: eigene Darstellung

sten über die notwendige Referenzdatenbasis verfügen; jedoch wird auch dieser (potentielle) Wettbewerbsvorteil durch die insgesamt eher geringe methodische Eignung dieser Ansätze eingeschränkt. Somit erscheint es plausibel, daß bislang nur vergleichsweise wenige kommerzielle Anbieter monetäre Markenbewertungen offerieren und daß Kundenaufträge für entsprechende Services (potentiell) eher an etablierte Spezialanbieter vergeben werden, die über besser geeignete Tools und ein adäquates Know-how bezüglich Markenbewertungen verfügen.

Nach Auswertung sämtlicher vorhandener Materialien über die Markenbewertungstools der Unternehmenspraxis ist zusammenfassend festzustellen, daß oftmals kaum detaillierte oder sogar teils keine Angaben hinsichtlich der zugrundeliegenden Datenerhebungs- und Bewertungsmethodik wie auch hinsichtlich der wissenschaftlichen Fundierung und der empirischen Validierung[250] der Verfahren gemacht werden. Überdies bestehen vielfach unterschiedliche Bezeichnungen bzw. Operationalisierungen von inhaltlich identischen bzw. eng verwandten Konstrukten, wodurch deren trennscharfe Unterscheidung und auch die Vergleichbarkeit der Verfahren insgesamt erschwert werden. Somit verbleibt für viele kommerzielle Markenbewertungsverfahren ein hohes Maß an Intransparenz, hinsichtlich deren Ursachen nur spekuliert werden kann. Da bei Offenlegung der Methodik eine Verfahrensadaption durch Wettbewerber oder die Aufdeckung methodischer Mängel möglich erscheint, dürften insbesondere Geheimhaltungsaspekte relevant sein. Weitere Gründe können sich aus der Vermarktungsstrategie ergeben; da Bewertungsservices bislang auf eine eher verhaltene Nachfrage stoßen, erscheint eine Markterschließungsstrategie sinnvoll, bei der schwerpunktmäßig der Nutzen und weniger die Methodik der Markenbewertungsverfahren kommuniziert wird.

Da hinsichtlich kommerzieller nichtmonetärer Markenbewertungsverfahren ein besonders hoher Grad an Intransparenz aufgrund lückenhafter Methodendokumentationen herrscht und da nichtmonetäre Verfahren nicht den Forschungsschwerpunkt der vorliegenden Arbeit darstellen, werden diese nicht tiefergreifend behandelt. Die monetären Markenbewertungstools werden im nachfolgenden Abschnitt umfassend analysiert, sofern zumindest einigermaßen detaillierte Angaben über die jeweils zugrundeliegende Bewertungsmethodik vorlagen.

2.4.2. Analyse der kommerziellen monetären Markenbewertungstools

Zur Systematisierung der kommerziellen monetären Markenbewertungstools wurde auf den zuvor erarbeiteten Klassifizierungsrahmen zurückgegriffen. Für einige Verfahrenskategorien wurden bislang keine kommerziellen monetären Spezialtools entwickelt, was in Anbetracht der Schwächen entsprechender Verfahren aus diesen Kategorien kaum erstaunlich erscheint. Wie aus Abbildung 15 ersichtlich wird, handelt es sich bei den kommerziellen Spezialtools mehrheitlich um kombinierte Verfahren, die übrigen zählen zu den konsumenten- bzw. absatzmarktorientierten Ansätzen. Eine Besonderheit stellt die Verkehrswertmethode von Repenn dar, die eine Kombination aus kosten- und lizenzierungsorientierten Ansätzen beinhaltet und somit nicht eindeutig einer Kategorie zugeordnet werden kann. Da die zweite Komponente jedoch bedeutsamer für die

[250] Diesbezüglich bilden der BPI der GfK und das Markeneisbergmodell von Icon eine Ausnahme; beide Ansätze wurden wissenschaftlich fundiert, innerhalb der Marketingliteratur umfassend dokumentiert und überdies auch empirisch validiert; vgl. Grimm/Högl/Hupp (2000); Andresen/Esch (2001).

Höhe des resultierenden Wertmaßes ist, kann der Repenn-Ansatz am ehesten unter den lizenzierungsorientierten Ansätzen eingeordnet werden.

Abb. 15: Systematisierung der kommerziellen monetären Spezialtools

1) Kostenorientierte Ansätze Verkehrswertmethode von Repenn (erste Komponente) 2) Marktwertorientierte Ansätze keine 3) Einkommensorientierte Ansätze 3a) Konsumentenorientierte Ansätze - Preis-Premium-orientierte Ansätze Brand Value Creation (BVC)-Ansatz der Boston Consulting Group, Decision-Support-Modell von Simon Kucher & Partner 3b) Absatzmarktorientierte Ansätze - Kaufverhaltensorientierte Ansätze GfK-Markensimulator, BPP-Ansatz von McKinsey, GfK-BASS-Modell MCM/McK-Modell der Markenpotentialmessung (Bei diesen vier Tools handelt es sich jeweils monetäre Verfahren im erweiterten Sinne.) 3c) Unternehmensorientierte Ansätze keine 3d) Lizenzierungsorientierte Ansätze Verkehrswertmethode von Repenn (zweite Komponente) 3e) Kapitalmarktorientierte Ansätze keine 3f) Kombinierte Verfahren Kombinierte Verfahren mit absatzmarktorientierten Schwerpunkt Brand Performancer von AC Nielsen / Konzept & Markt, 3-Komponenten-Modell von Brand Rating; BEST-Ansatz von Reemtsma - Kombinierte Verfahren mit lizenzierungsorientierten Schwerpunkt Valmatrix-Ansatz von Consor, Cohausz-Ansatz - Kombinierte Verfahren mit unternehmensorientierten Schwerpunkt Ansätze von Interbrand, Brand-Finance, FutureBrand, GfK/PwC/Sattler, Semion, BBDO

Quelle: eigene Darstellung

Im folgenden wird eine Auswahl kommerzieller monetärer Spezialtools analysiert und kritisch hinterfragt. Hierbei handelt es sich um die Ansätze von AC Nielsen / Konzept und Markt, Brand Rating, Semion, BBDO, Interbrand, Brand-Finance, FutureBrand, GfK/PwC/ Sattler, Consor, Cohausz, Repenn, GfK und MCM/McKinsey. Hingegen konnten der Brand related Premium Pool (BPP)-Ansatz von McKinsey, der Brand Value Creation (BVC)-Ansatz der Boston Consulting Group und das unternehmensinterne Brand Evaluation and Steering Tool (BEST) von Reemtsma[251] nicht umfassend analysiert werden, da die hier

[251] Da dieses Tool nicht im Rahmen kommerzieller Markenbewertungsservices vermarktet wird, ist es u.a. auch aus diesem Grund nicht Gegenstand der folgenden Marktanalyse.

zur Verfügung stehenden Materialen lediglich einen Aufschluß über gemessene Zielgrößen, nicht jedoch fundierte Erkenntnisse über die jeweilige Bewertungsmethodik zuließen. Der Preis-Premium-orientierte Ansatz von Simon Kucher & Partner wird im folgenden ebenfalls nicht behandelt, da diese Verfahrenskategorie bereits zuvor umfassend analysiert wurde und somit aus einer detaillierten Analyse dieses Ansatzes keine tiefgreifenden neuen Erkenntnisse erlangbar sind.

2.4.2.1. Kombinierte Verfahren mit absatzmarktorientierten Schwerpunkt

2.4.2.1.1. Der Brand Performancer von AC Nielsen / Konzept und Markt

Das in die Literatur als „Brand Performancer" eingegangene monetäre Markenbewertungsverfahren wird innerhalb Deutschlands in Kooperation von A.C. Nielsen[252] und der Konzept und Markt GmbH[253] vermarktet, ist eines der bekanntesten kommerziellen Tools zur monetären Markenbewertung[254] und wurde in der Literatur bereits eingehend behandelt.[255] Der Brand Performancer stellt

---

252 **A.C. Nielsen** wurde 1923 von Arthur Charles Nielsen gegründet und ist derzeit das weltweit größte Marktforschungsunternehmen. Es bietet für seine Kunden in der Konsumgüterindustrie, im Handel und im Dienstleistungsbereich Daten, Analysen und Beratung in ihren Märkten an, wies 1999 einen Umsatz von US$ 1,5 Mrd. aus und ist mit weltweit knapp 20.000 Mitarbeitern in über 100 Ländern vertreten. Die A.C. Nielsen Deutschland GmbH wurde 1954 gegründet, beschäftigt an ihren deutschen Standorten in Hamburg und Frankfurt über 800 Mitarbeiter und bietet ihren Kunden die gesamte Servicepalette der Muttergesellschaft an. Vgl. Homepage von A.C. Nielsen unter www.acnielsen.de, zuletzt eingesehen am 16.03.2002.

253 Die **Konzept & Markt GmbH** wurde im Jahre 1996 von Dr. Ottmar Franzen, zuvor Leiter der Ad Hoc Forschung bei A.C. Nielsen Deutschland, sowie von Dipl.-Kfm. Jörg Paninka gegründet. Das Unternehmen ist ein beratendes Marktforschungsinstitut ohne eigenen Interviewerstab mit Spezialisierung auf die Entwicklung und Umsetzung innovativer Konzepte in den Bereichen Marken-, Kunden- und Handelsforschung. Vgl. Homepage von Konzept & Markt unter www.konzept-und-markt.com, zuletzt eingesehen am 16.03.2002.

254 Streng genommen handelt es sich bei dem hier angebotenen Service zur Markenbewertung um ein Bündel mehrerer Leistungen, die über verschiedene Verfahrenskomponenten abgedeckt sind. Der „Brand Monitor" dient zur Ermittlung einer Markenstärke, welche innerhalb des „Brand Value Systems" in einen monetären Wert transformiert wird. Das „Brand Steering System" hingegen dient zur Markensteuerung und soll inhaltliche Assoziationen mit der Marke aufdecken, welche im Rahmen des „Brand Controll Systems" eine Ursachenanalyse für steigende bzw. sinkende Markenstärke bzw. Markenwerte ermöglichen. Im folgenden werden nur die monetären Komponenten der Markenbewertung betrachtet, die zusammengenommen auch als „Brand Performance System" bezeichnet werden. Vgl. A.C. Nielsen (2000a), S. 2 f.; Franzen (2002), S. 27.

255 Vgl. z.B. Franzen (1994); Franzen (2002); Franzen/Reimann (1998); Trommsdorff/Franzen/Riedel (1994).

eine Weiterentwicklung der Marken-Bilanz[256] von Schulz/Brandmeyer (1989a, 1989b) auf Basis der Dissertation von Riedel (1996) dar.

Riedel (1996) entwickelte das in Abbildung 16 aufgezeigte Kausalmodell zur Bestimmung einer Markenstärke, welche durch vier latente Einflußgrößen (Marktposition, Entwicklung, Kunden, Verbreitung) determiniert wird. Deren Auswahl lagen u.a. die Kriterien zugrunde, daß die verwendeten Indikatoren einerseits der Marke als Controlling-Objekt zurechenbar und andererseits vom Markenmanager beeinflußbar sein sollten; wegen deren Nichterfüllung verzichtete Riedel ausdrücklich auf die Einbeziehung einer latenten Einflußgröße „Markt".[257] Grundlage der Modellentwicklung war ein Sample von 56 Marken aus dem Körperpflegebereich;[258] die empirisch validierten Zusammenhänge und Gewichtungen aus Abbildung 16 sind somit unter entsprechender Einschränkung gültig. Das Kausalmodell wurde schließlich unter Inkaufnahme von Informationsverlust im Hinblick auf die einfache Anwendbarkeit in der Unternehmenspraxis zur periodischen Markenstärkemessung in ein Scoringmodell überführt. Die Transformation und das Scoringmodell sind jedoch mutmaßlich aus Geheimhaltungsgründen im Hinblick auf die spätere kommerzielle Anwendung

---

[256] Die **Marken-Bilanz** von Schulz und Brandmeyer war eines der ersten kommerziellen Verfahren zur monetären Markenbewertung. Sie basierte auf einem Scoringmodell mit insgesamt 19 Indikatoren über sechs Indikatorenklassen; namentlich: *Marktpotential* (Wert des Marktes, Marktentwicklung, Wertschöpfung des Marktes), *Marktanteil der Marke* (wertmäßiger Marktanteil, relativer Marktanteil, Marktanteilsentwicklung, Gewinn-Marktanteil), *Handelsperspektive* (gewichtete Distributionsquote, Handelsattraktivität der Marke), *Marketingperspektive* (Produktqualität, Preisverhalten der Marke, Share of Voice), *Konsumentenperspektive* (Markentreue, Vertrauenskapital der Marke, Share of Mind, Werbeerinnerung, Markenidentifikation), *Geltungsbereich der Marke* (Internationalität, internationaler Markenschutz). Der hiermit ermittelte Punktwert von maximal 500 Punkten diente als Operationalisierung der Markenstärke und wurde zur Berechnung eines risikoinkludierenden Diskontierungsfaktors verwendet. Die Ermittlung eines monetären Markenwertes erfolgte anhand des Ertragswertverfahrens, wobei auf Basis mehrwertiger Schätzungen versucht wurde, zukünftig mit der Marke zu erwirtschaftende Erträge innerhalb einer fiktiven Restlebensdauer zu prognostizieren. Das Verfahren wurde, mutmaßlich aus Wettbewerbsgründen, nie vollständig offengelegt. Schulz/Brandmeyer (1989b) machten zwar geltend, die Markenbilanz erfolgreich validiert zu haben, veröffentlichten jedoch auch hierzu keine Details. In der Literatur wurde das Verfahren wegen der Scoringmodellen im allgemeinen anhaftenden Schwächen weitgehend kritisch beurteilt. Der Marken-Bilanz wurde eine hohe Popularität und Verbreitung zuteil, sie wird jedoch von A.C. Nielsen seit Einführung des Brand Performancers nicht mehr vermarktet. Vgl. o.V. (1989); Schulz/Brandmeyer (1989a; 1989b), Brandmeyer/Schulz (1990); zur kritischen Würdigung der Marken-Bilanz vgl. z.B. Berndt/Sander (1994), S. 1362 f.; Sattler (1997a), S. 103 ff.

[257] Vgl. Riedel (1996), S. 120.

[258] Hierzu zählten 18 Gesichtspflege-, 29 Haarpflege- und 9 Hautpflegemarken; vgl. Riedel (1996), S. 101 f.

nur sehr lückenhaft bzw. nicht dokumentiert,[259] so daß sich die Methodik hier einer Beurteilbarkeit entzieht.

Abb. 16: Kausalmodell der Markenstärke nach Riedel (1996)

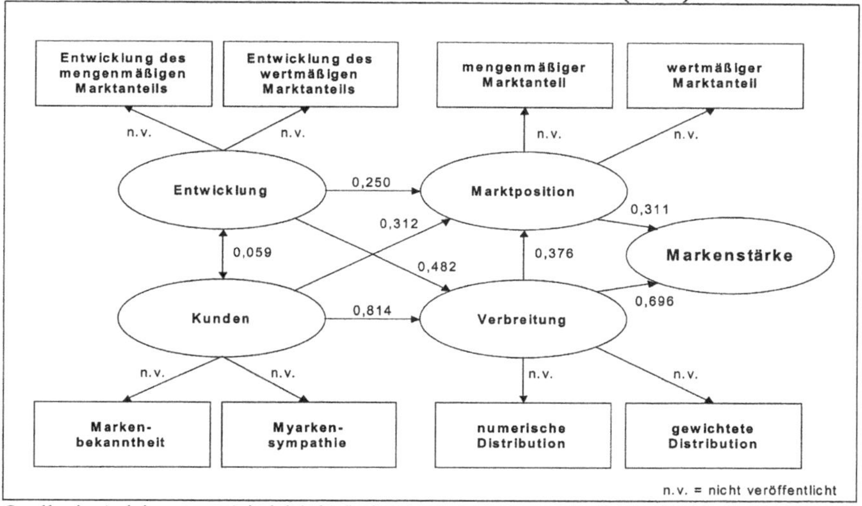

Quelle: in Anlehnung an Riedel (1996), S. 126 - 129 und S. 150

Der Kernbestandteil des Brand Performancers ist das in Abbildung 17 aufgezeigte Scoringmodell mit insgesamt zehn Indikatoren über vier Kategorien, für das eine empirische Validierung durch das Kausalmodell von Riedel (1996) reklamiert und insofern die Punktbewertungsverfahren allgemein anhaftende Kritik der Subjektivität in der Durchführung als ausgeräumt angesehen wird.[260] Als Ergebnisgröße liefert es einen kumulierten Punktwert, der auf den Wertebereich von 0 bis 100 normiert ist, als Operationalisierung der Markenstärke dient und einen Prozentwert vom Ideal darstellt. Die standardisierte Bewertung soll einen Vergleich mit Wettbewerbs- und überdies mit auf anderen Märkten plazierten Marken ermöglichen.[261]

[259] Vgl. Riedel (1996), S. 154 ff.

[260] Vgl. Franzen/Reimann (1998), S. 220 und die dort angegebene Literatur.

[261] Vgl. Franzen (2002), S. 27.

Abb. 17: Das Scoringmodell des Brand Performancers

Indikatorenkategorie	Einzelindikatoren	Gewichtung
1. Marktattraktivität	Marktvolumen, Marktwachstum	ca. 15%
2. Durchsetzungsstärke im Markt	Marktanteil (mengen- und wertmäßig), Marktanteilswachstum (mengen- und wertmäßig)	ca. 35%
3. Nachfrageakzeptanz	Markenbekanntheit, Vorhandensein der Marke im Relevant Set	ca. 40%
4. Verbreitungsgrad der Marke	Distribution (numerisch und gewichtet)	ca. 10%

Quelle: A.C. Nielsen (2000b), S. 10; Franzen (2002), S. 27

Die Methodik des Brand Performancers ist weitgehend offengelegt und wurde, wie in Abbildung 18 aufgezeigt, am Beispiel der Marke „ProSieben" exemplarisch dokumentiert. Nach Identifikation der relevanten Wettbewerbsmarken werden für diese und für die zu bewertende Marke zunächst Markenstärken anhand des o.a. Scoringmodells („Brand Monitor") ermittelt. Innerhalb des „Brand Value Systems" werden diese Punktwerte anhand eines Attraktionsmodells in relative Markenstärken umgerechnet und das kumulierte Umsatzvolumen der betrachteten Marken sowie die durchschnittliche Umsatzrendite des Marktes geschätzt. Durch Multiplikation von Umsatzvolumen und Umsatzrendite ergibt sich eine gesamtmarktbezogene Gewinngröße, welche anhand der relativen Markenstärken auf die einzelnen Marken umgelegt wird. Da keine Einbeziehung betriebsinterner Faktoren wie beispielsweise der Effizienz in der Produktion erfolgt, entspricht die resultierende Gewinngröße jedoch nicht der realen Ertragssituation in den jeweiligen markenführenden Unternehmen. Die Umrechnung dieser periodenbezogenen Größe in ein langfristiges monetäres Wertmaß erfolgt unter Anwendung des Ertragswertansatzes. Hierbei wird eine konstante Ertragssituation und eine unendliche Lebensdauer der Marke angenommen und als Diskontierungsfaktor der Kapitalmarktzins zugrundegelegt; der abgezinste Gegenwartswert wird als monetärer Markenwert bezeichnet.[262]

Das Verfahren weist verschiedene Vorteile auf. So handelt es sich bei der benötigten Datenbasis um gängige Markterfolgskennziffern, deren Beschaffung selbst für Wettbewerbsmarken problemlos erscheint. Insbesondere werden keine internen Kostendaten benötigt, so daß keine Datenbeschaffungs- sowie kostenrechnerischen Abgrenzungsprobleme auftreten. Durch die hohe Transparenz und leichte Reproduzierbarkeit der Wertermittlung wird eine einfache und kostengünstige Bewertung ermöglicht, die regelmäßig und diskret im markenführenden

[262] Vgl. Franzen (2002), S. 27 f.; Franzen/Reimann (1998), S. 220 ff.; Nussbaum (1998), S. 18 f.; siehe auch die empirische Berechnung monetärer Wertmaße in Anlehnung an den Brand Performancer in Abschnitt 3.4.1.

Abb. 18: Bewertung der Marke ProSieben mit dem Brand Performancer

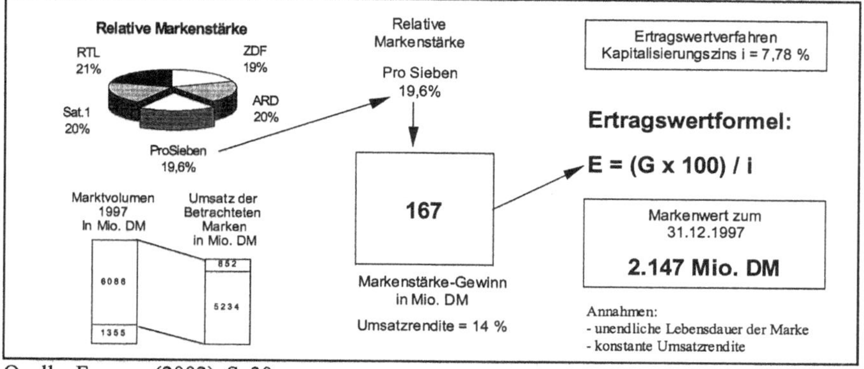

Quelle: Franzen (2002), S. 30

Unternehmen selbst durchführbar ist. Überdies werden durch die modellimmanente Bewertung aller relevanten Marken des betreffenden Marktes umfassendere Erkenntnisse als bei alleiniger Betrachtung der interessierenden Marke ermöglicht.[263] Neben den genannten Vorteilen bestehen jedoch auch nicht zu vernachlässigende Nachteile, die sich vornehmlich aus den vereinfachenden Annahmen des Verfahrens ergeben. So wird durch die Zugrundelegung konstanter Marktverhältnisse, Gewinnentwicklungen sowie unendlicher Restlebensdauern bei jeweils allen betrachteten Marken eine wenig realistische, grobe Pauschalierung vorgenommen, bei der wichtige Einflüsse unberücksichtigt bleiben können; gleiches gilt für die völlige Vernachlässigung der betriebsinternen (Produktions-) Kosten. Durch Verwendung konsumentenorientierter und ökonomischer Indikatoren wird zwar eine übergreifende Bewertung angestrebt, jedoch erscheint die verhaltenswissenschaftliche Komponente durch Vernachlässigung des Markenimage nicht ausreichend operationalisiert. Durch Zugrundelegung des kumulierten Umsatzvolumens der betrachteten Markenprodukte wird eine monetäre Erfolgsgröße berechnet, die auf dem gesamten Marketing-Mix beruht und überdies hypothetisch ist. Da keine Isolierung der markenspezifischen Einzahlungsanteile erfolgt, ist die finale Ergebnisgröße nach dem dieser Arbeit zugrundeliegenden Begriffsverständnis nicht als Markenwert in Sinne des losgelösten Wertes einer Marke, sondern vielmehr als Gewinnpotential eines markierten Produkts aufzufassen. Weiterhin sind Vorbehalte hinsichtlich der Modellvalidierung geltend zu machen. Bei Vergleich des Scoringmodells des Brand Performancers mit dem Kausalmodell von Riedel (1996) fällt auf, daß das Konstrukt „Marktattraktivität“ bzw. die Einzelindikatoren „Marktvolumen“ und „Marktwachstum“ nicht im Kausalmodell enthalten sind, da Riedel hierfür explizit reklamierte, daß diese

263 Vgl. Franzen (2002), S. 26 ff.; Franzen/Lenzen (2000), S. 36 f.

weder der Marke zurechenbar noch vom Markenmanager beeinflußbar sind.[264] Die Verwendung des Marktvolumens einerseits als Einzelindikator und andererseits als Umlagebasis für die Ermittlung eines monetären Wertmaßes kommt überdies einer Doppelerfassung gleich. Dies gilt ebenso für die Verwendung von wert- und mengenmäßigen Marktanteilen bzw. Marktanteilsentwicklungen sowie numerischer und gewichteter Distribution. Ferner wurde die latente Einflußgröße „Markensympathie" im Brand Performancer durch den inhaltlich abweichenden Indikator „Vorhandensein im Relevant Set" ersetzt. Das Kausalmodell von Riedel (1996) wurde auf Basis von 56 Körperpflegemarken empirisch validiert. Hier erscheint es allgemein fraglich, inwieweit die ermittelten Zusammenhänge und insbesondere die Gewichtungen auf andere Produktgruppen übertragbar sind. Angesichts der unterschiedlichen Indikatorenbasis beider Modelle ist es nicht einsichtig, wie die im Brand Performancer verwendeten Indikatorengewichtungen abgeleitet wurden. Somit erscheint die empirische Validierung des Brand Performancers zweifelhaft und es ist die Scoringmodellen im allgemeinen anhaftende Kritik[265] zu erheben.

2.4.2.1.2. Das 3-Komponenten-Modell von Brand Rating

Das 3-Komponenten-Modell der B. R. BrandRating GmbH[266] ist als solches erst vergleichsweise kurz am Markt etabliert und wurde in seiner Gesamtheit bislang auch kaum in der wissenschaftlichen Literatur behandelt.[267] Innerhalb der drei Verfahrensbausteine werden konsumentenorientierte, quantitative sowie ent-

[264] Vgl. Riedel (1996), S. 120.

[265] Vgl. hierzu Abschnitt 2.3.2.3.5.

[266] Die **B. R. Brand Rating GmbH** wurde im Jahr 2000 gegründet und stellt ein Joint Venture der Icon Brand Navigation Group AG und der Dr. Wieselhuber & Partner GmbH dar, welches das Know-how beider Unternehmen auf dem Gebiet der monetären Markenbewertung verbinden soll. Die **Icon Brand Navigation Group AG** wurde 1993 als Research- und Consultingunternehmen für alle Fragen der Markenführung gegründet und bietet diverse Services in den Bereichen Brand Analytics, Brand Strategy, Brand Implementation und Brand Value Management an; hierunter fällt insbesondere nichtmonetäre Markenbewertung anhand des sog. Markeneisberg-Modells, mit welchem Icon über 1000 Marken bewertet hat. Neben den Niederlassungen in Nürnberg und Hamburg bestehen eigene Vertretungen in New York, London, Paris, Madrid und Mailand und ein Netzwerk lokaler Kooperationspartner in Nordamerika, Asien, Afrika und Australien. Die **Dr. Wieselhuber & Partner GmbH** ist eine deutsche Strategie- und Marketingberatung, die sich im Rahmen von Corporate Finance-Aufgabenstellungen (z.B. M&A, Strategische Allianzen, IPO's) auch mit quantitativen Markenbewertungen beschäftigt. Vgl. die Homepages der Firmen Brand Rating, Icon und Wieselhuber unter www.brand-rating.de; www.icon-brand-navigation.com; www.wieselhuber.de; alle zuletzt eingesehen am 02.04.2002.

[267] Zur Methodik des BrandRating-Ansatzes vgl. Spannagl (2001), Musiol (2001), Esch/Geus (2001a; 2001b).

wicklungspotentialbezogene Aspekte des Markenwerts berücksichtigt; Abbildung 19 gibt einen zusammenfassenden Verfahrensüberblick.

Abb. 19: Das 3-Komponenten-Modell der B. R. Brand-Rating GmbH

Komponente 1: Markeneisberg-Modell (qualitative Markenstärke)

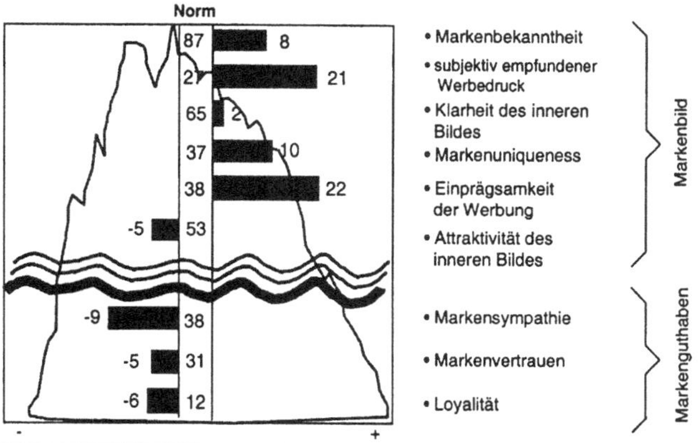

Komponente 2: abdiskontierter Preisstand (quantitativer Markenbonus)

Berechnung des Markenbonus:

$$MB_m = \frac{((P_m - P_k) * Q_m) - EA_m}{d}$$

Symbole:

MB_m: Markenbonus der Marke m
P_k: Marktpreis der günstigsten Konkurrenzmarke
P_m: Marktpreis der Marke m
Q_m: Absatzmenge der Marke m
EA_m: branchenspezifischer Erhaltungsaufwand für die Marke m
d: Diskontierungsfaktor (branchenspezifisch)

Indikatoren zur Ermittlung des branchenspezifischen Diskontierungsfaktors:

- zukünftige Preisentwicklung im Markt
- zukünftige Mengenentwicklung im Markt
- zukünftige Markenrelevanz
- Konzentrationsgrad der Hersteller
- Konzentrationsgrad der Abnehmer
- Markteintrittsbarrieren für neue Wettbewerber
- Bedrohung durch Substitute und verändertes Konsumentenverhalten
- Gefahr durch Rückwärtsintegration der Abnehmer
- gesetzlicher / politischer Rahmen

Komponente 3: Brand Future Score (Markenpotential)

Indikatorenklassen und Einzelindikatoren:

Dehnungspotential der Marke	Entwicklungstrend der Marke	Krisenanfälligkeit der Marke
• Line Extension • Regional Extension • Distribution Extension • Target Group Extension	• Preisentwicklung • Mengenentwicklung • zukünftige Bedeutung	• rechtlicher Schutz • Mißbrauchsgefahr

Quellen: Komponente 1: Esch/Geus (2001a), S. 1047; Komponente 2: in Anlehnung an Spannagl (2001), S. 40 ff.; Komponente 3: Spannagl (2001), S. 43.

Die erste Komponente beinhaltet die Ermittlung einer Markenstärke anhand des **Markeneisberg-Modells** (bzw. „Brand Status") von Icon, welches bereits detailliert in der Literatur beschrieben wurde,[268] auch innerhalb der Unternehmenspraxis einen vergleichsweise hohen Bekanntheitsgrad hat[269] und daher an dieser Stelle nur in seinen Grundzügen dargestellt wird. Es handelt sich hierbei um ein verhaltenswissenschaftliches Modell mit zwei Indikatorenklassen und insgesamt neun Einzelindikatoren. Die erste Indikatorenklasse wird als „Markenbild" bezeichnet, soll die kurzfristigen Wirkungen der Marketing-Mix-Instrumente auf die Markenwahrnehmung der Konsumenten abbilden und umfaßt die Einzelindikatoren Markenbekanntheit, subjektiv empfundener Werbedruck, Einprägsamkeit der Werbung, Markenuniqueness, Klarheit und Attraktivität des inneren Bildes. Die zweite Indikatorenklasse wird als „Markenguthaben" bezeichnet, soll die über die Marketing-Mix-Instrumente induzierten langfristigen Veränderungen von Konsumenteneinstellungen erfassen und beinhaltet die Indikatoren Markensympathie, Markenvertrauen und Markenloyalität. Das Markenbild und das Markenguthaben werden hierbei anschaulich als der oberhalb und unterhalb der Wasseroberfläche befindliche (sichtbare vs. unsichtbare) Teil eines Eisbergs visualisiert. Die Relevanz der verwendeten Indikatoren für den Markenerfolg wurde in verschiedenenr empirischen Untersuchungen validiert.[270]

Die zweite Modellkomponente ist nur in Grundzügen dokumentiert. Hier wird ein **„quantitativer Markenbonus"** berechnet, der die real mit der Marke erwirtschaftete monetäre Wertschöpfung erfassen soll. Die Grundlage dessen stellt der am Markt realisierte Preisabstand der Marke zu der preisgünstigsten Konkurrenzmarke (hier bezeichnet als Preis-Premium) dar, welcher mittels Durchschnittsbildung über die letzten drei Jahre geglättet wird und mit der Periodenabsatzmenge multipliziert einen kurzfristigen monetären Wert ergibt. Dieser wird um den „notwendigen branchenspezifischen Erhaltungsaufwand der Marke"[271] gekürzt, der Saldo im folgenden als konstant angenommen und zur Berechnung einer ewigen Rente verwendet. Die Diskontierung erfolgt anhand eines branchenspezifischen Risikofaktors, der im Rahmen einer Branchenstrukturanalyse anhand von neun Risikoindikatoren ermittelt wird; zur Methodik werden hier jedoch keine Detailangaben gemacht. Die finale Ergebnisgröße stellt einen langfristigen monetären Mehrwert gegenüber einer Vergleichsmarke dar.[272]

---

[268] Zur Methodik des Markeneisberg-Modells vgl. z.B. Andresen/Esch (2001); Esch/Geus (2001a), S. 1046 ff.

[269] Vgl. Drees (1999), S. 9 ff.

[270] Vgl. Andresen/Esch (2001), S. 1093 ff.

[271] Vgl. Spannagl (2001), S. 40.

[272] Vgl. Spannagl (2001), S. 40 ff.; Musiol (2001), S. 4 f.; Esch/Geus (2001b), S. 27.

Auch die dritte Komponente ist nur in Grundzügen dokumentiert. Hier wird das zukünftige Markenpotential anhand des „**Brand Future Score**" erfaßt, welcher auf Primärforschungsergebnissen und Analysen der Anbieter beruht. Dabei wird insbesondere das Dehnungspotential der Marke hinsichtlich Line Extensions, regionalen und distributionsorientierten Wachstumschancen sowie der Gewinnbarkeit neuer Zielgruppen beurteilt. Weiterhin wird aus historischen Daten ein Entwicklungstrend der Preise und Absatzmengen gebildet und die zukünftige Bedeutung der Marke in ihrem Markt eruiert. Darüber hinaus wird die Krisenanfälligkeit der Marke anhand der juristischen Absicherung und des Mißbrauchspotentials geprüft.[273] Die Ergebnisse der drei Modellkomponenten werden letztendlich anhand von ermittelten Indizes miteinander in Relation gesetzt,[274] jedoch ist auch dies methodisch kaum dokumentiert.

In der Würdigung des 3-Komponenten-Modells stellen dessen Anbieter bzw. Urheber insbesondere darauf ab, daß das hier eingebundene Markeneisberg-Modell eine starke verhaltenswissenschaftliche Fundierung habe und überdies empirisch exploriert und validiert wurde.[275] Diese und ebenso die zweite Modellkomponente seien zudem valide und reliabel meßbar, wohingegen in der dritten Komponente subjektive Schätzungen einfließen. Ein weiterer Vorteil wird darin gesehen, daß keine der Modellkomponenten unternehmensinterne Daten benötigt, welche aus Sicht von Icon den wahren Wert einer Marke sogar verfälschen würden.[276] Weiterhin wird eine ganzheitliche Beurteilung der Marke anhand vielfältiger Kriterien angestrebt, bei der verhaltenswissenschaftliche und quantitative Aspekte des Markenwerts integriert sind. Das Verfahren weist jedoch auch Schwächen auf. So kann für die einzelnen Indikatoren des Markeneisbergmodells wie auch für die Beziehung zwischen Markenbild und Markenguthaben angenommen werden, daß hier Interdependenzprobleme auftreten; weiterhin ist unklar, ob bzw. inwieweit unterschiedliche Ausprägungen von Markenbild und Markenguthaben kompensierbar sind.[277] Insbesondere erscheint das ermittelte monetäre Wertmaß fragwürdig. Von dem gebildeten Preisabstand werden nach Gewichtung mit der Absatzmenge branchenspezifische Kosten in Abzug gebracht,[278] was einer Doppelerfassung gleichkommt, da diese bereits indirekt über den Marktpreis der günstigsten Konkurrenzmarke einbezogen sind. Überdies stellt die Verwendung branchen- anstatt markenspezifischer Kosten eine grobe Pauschalierung dar; gleiches gilt für die Annahme konstanter Ver-

---

[273] Vgl. Spannagl (2001), S. 42 f.; Musiol (2001), S. 9 f.; Esch/Geus (2001b), S. 27.

[274] Vgl. Spannagl (2001), S. 41.

[275] Vgl. Andresen/Esch (2001), S. 1093 ff.

[276] Vgl. Musiol (2001), S. 5 und S. 10; Esch/Geus (2001b), S. 27.

[277] Vgl. BBDO Group Germany (2001), S. 63.

[278] Vgl. Spannagl (2001), S. 40 f.

hältnisse für die zukünftigen Preisabstände. Weiterhin wird keine Isolierung nichtmarkenspezifischer Komponenten vorgenommen. Die Diskontierung unter Berücksichtigung des allgemeinen Branchenrisikos läßt den Zusammenhang zur Markenbewertung vermissen. Das Modell berücksichtigt zwar mögliche markenstrategische Optionen, zukunftsbezogene Aspekte und in Ansätzen auch das spezifische Risiko der zu bewertenden Marke, jedoch gehen diese nicht explizit in die monetäre Bewertung ein. Überdies wirken die drei Komponenten willkürlich zusammengestellt; ihre methodische Verknüpfung miteinander ist uneinsichtig. Insgesamt erscheint das Modell gut geeignet als operatives Markencontrolling- und Markensteuerungsinstrument; im Hinblick auf eine langfristige monetäre Markenbewertung ist es jedoch als unzureichend anzusehen.

2.4.2.2. Kombinierte Verfahren mit lizenzierungsorientierten Schwerpunkt

2.4.2.2.1. Der Valmatrix-Ansatz von Consor

Der **Valmatrix-Ansatz von Consor**[279] dient zur Ermittlung desjenigen realen Wertes, „*den ein anderes Unternehmen für die Marke heute bezahlen würde. Sei es beim Kauf oder für eine Nutzungslizenz.*“[280] Es basiert somit auf dem Markt-Wert-Prinzip und weist eine siebenstufige Vorgehensweise auf.[281] Der erste Bewertungsschritt dient zur Erfassung einer Vorauswahl von Lizenzsätzen, welche bei realen Markttransaktionen für vergleichbare Marken realisiert wurden. Als Referenzdatenbasis dient hierbei ein hausinternes, ständig aktualisiertes Archiv mit über 13.000 Lizenz- bzw. Verkaufstransaktionen; als Vergleichskriterien werden die Produktkategorie sowie die in fünf Kategorien eingeteilte geographi-

---

[279] **Consor Intellectual Asset Management** ist eine auf immaterielle Vermögensgegenstände spezialisierte Unternehmensberatung mit Hauptsitz in La Jolla, Kalifornien/USA und Vertretungen in New York, London und Hamburg. Zu den angebotenen Services zählen u.a. die Bewertung von immateriellen Vermögensgegenständen wie Marken, Warenzeichen, Patenten, Urheberrechten, Domainnamen, Software, Technologien sowie Beratung und Strategie-Implementierung hinsichtlich Lizenzierungen, Markentransfers, Co-Branding, u.a. Der Valmatrix-Ansatz wurde von Weston Anson, Chairman und Gründer von Consor, vor rund 20 Jahren entwickelt und seitdem ständig verfeinert. Die Methode fand bereits Anwendung im Rahmen von juristischen Auseinandersetzungen infolge von Markenpiraterie vor dem US Federal Court, verschiedenen US State Courts sowie dem US Bankruptcy Court. Das Unternehmen verwendet noch zwei weitere Bewertungsverfahren („Valcalc“ und „Brand Value Equation“), welche inhaltlich jedoch nur sehr grob skizziert sind. Vgl. Consor Intellectual Asset Management (2000); Anson/Drews (2000), S. 7 ff.; Homepage der Firma Consor unter www.consor.com; zuletzt eingesehen am 18.03.2002.

[280] Lou/Anson (2000), S. 164.

[281] Zur Verfahrensmethodik vgl. Anson/Drews (2000); Lou/Anson (2000); Anson (1998); Lefton/Anson (1996).

sche Verbreitung der Marke (Mega Brands, Global Brands, International Brands, National or Transnational Brands, Regional Brands) herangezogen.[282]

Grundlage des zweiten Bewertungsschritts ist ein Scoringmodell mit 20 Indikatoren, die auf fünfpoligen Ratingskalen beurteilt werden. Der ermittelte kumulative Punktwert ist auf den Bereich von 0 bis 100 normiert und dient zur Operationalisierung der relativen Markenstärke. Zur Indikatorenauswahl merkt Consor lediglich an, daß diese zur Beurteilung von Eigenschaften dienen, welche in Verbindung mit dem immateriellen Vermögensgegenstand selbst, dessen Besitzer, der historischen Verwendung sowie geplanten bzw. potentiellen Einsatzzwecken in der Zukunft stehen, und daß die Indikatorenauswahl in Abhängigkeit vom zu bewertenden immateriellen Vermögensgegenstand sowie vom konkreten Bewertungsanlaß angepaßt wird. Die Indikatoren selbst sind nur lückenhaft dokumentiert; für die Bewertung einer Marke umfassen sie u.a. die Bereiche finanzielle Leistungsfähigkeit, gesetzlicher Schutz, Marketingaktivitäten und Wettbewerbsstellung; als Einzelindikatoren werden in verschiedenen Quellen konkret genannt: Profitmargen, Entwicklungskurve, Lebenszyklusposition der Marke, Wiedererkennung, Uniqueness, Markenverwendungsbreite, Markentransferpotential, Übertragungseignung sowie internationale Schutz und Wettbewerbsaspekte.[283] Anhand des Scoringmodells werden sowohl die untersuchte Marke als auch die im ersten Schritt identifizierten Vergleichsmarken bewertet.

Im dritten Schritt wird aus der Vorauswahl der eingangs identifizierten Referenzfälle anhand der ermittelten Markenscores eine endgültige Spannweite von vergleichbaren Lizenzsätzen gebildet;[284] Abbildung 20 gibt hierfür ein exemplarisches Beispiel. Dort wurden im ersten Verfahrensschritt Referenzfälle ermittelt, deren Lizenzsatzspannweite zunächst 0,5% bis 6% betrug. Anhand der für alle Marken ermittelten Scores wurde diese Spannweite durch fallweisen Ausschluß auf das grau markierte Quartil von 3% bis 4% eingeengt; dieser Bereich dient als Grundlage der weiteren Wertermittlung und kann inhaltlich als Spielraum im Rahmen von Lizenzierungsverhandlungen aufgefaßt werden.

Die verbleibenden Bewertungsschritte sind nur grob dokumentiert. Anhand der Indikatoren für die zukünftige Entwicklung und für das Markentransferpotential wird eine jährliche Wachstumsrate der markenspezifischen Cash flows bestimmt (4. Schritt). Weiterhin werden eine Restlebensdauer der Marke (5. Schritt), ein Diskontierungsfaktor (6. Schritt) sowie auf Basis der aktuellen sowie potentiel-

---

[282] Vgl. Anson (1998), S. 44; Homepage der Firma Consor unter www.consor.com/casehistories/index.htm; zuletzt eingesehen am 18.03.2002.

[283] Vgl. Anson/Drews (2000), S. 5 f.; Lou/Anson (2000), S. 165; Anson (1996), S. 53 f.

[284] Vgl. Anson/Drews (2000), S. 6; Anson (1998), S. 44.

len Einnahmen der Marke eine Umsatzbasis (7. Schritt) geschätzt.[285] Die ermittelten Daten dienen schließlich zur Berechnung einer Spannweite für den langfristigen monetären Markenwert. Hierfür wird das Produkt aus Markenumsätzen, Wachstumsrate, Restlebensdauer, Lizenzsatz und Diskontierungsfaktor gebildet. Als Ergebnis resultiert ein monetäres Wertmaß, welches auch realisierbare markenstrategische Optionen berücksichtigt.[286] Abbildung 21 veranschaulicht die Wertermittlung anhand eines Beispiels.

Abb. 20: Ermittlung einer Lizenzsatzspannweite beim Valmatrix-Ansatz

Comparable Rate	Frequency	Cumulative % (rounded)	Quartile
6,0 %	1	100,00 %	1 st
5,5 %	0	87,50 %	1 st
5,0 %	0	87,50 %	1 st
4,5 %	1	87,50 %	1 st
4,0 %	1	75,00 %	2 nd
3,5 %	0	62,50 %	2 nd
3,0 %	2	62,50 %	2 nd
2,5 %	0	37,50 %	3 rd
2,0 %	1	37,50 %	3 rd
1,5 %	1	25,00 %	4 th
1,0 %	0	12,50 %	4 th
0,5 %	1	12,50 %	4 th

Quelle: Anson/Drews (2000), S. 6

Abb. 21: Markenbewertungsbeispiel nach dem Valmatrix-Ansatz

1) Bandbreite vergleichbarer Lizenzgebühren	1,0 – 4,0%
2) Valmatrix-Rating	59
3) Hieraus resultierende Lizenzgebühr	1,5 – 2,0%
4) Verbleibende Lebensdauer der Marke	12 Jahre
5) Jährliche Wachstumsrate	2%
6) Diskontierungsrate des Cash flows	15%
7) Aktuelle Umsatzbasis	406 Mio. US$
8) Marken Cash flow = 1,5 - 2,0% x 12 Jahre x 2% Wachstum x 406 Mio. US$ Jahresumsatz unter Abzug der 15%igen Diskontierung p.a.	
= (NPV Net Present Value) = Aktueller Wert der Marke zwischen	35,5 – 47,5 Mio. US$

Quelle: Lou/Anson (2000), S. 166

Da die Methodik des Valmatrix-Ansatzes nur in Grundzügen und die verwendeten Indikatoren äußerst lückenhaft offengelegt wurden, ist auch dieses Verfahren nur eingeschränkt beurteilbar. Zu den allgemeinen Kritikpunkten an Indikatorenmodellen treten entsprechende für Lizenzpreisanalogien hinzu.[287] Auch wenn

[285] Vgl. Anson (1998), S. 44.

[286] Vgl. Anson (1996), S. 51.

[287] Vgl. hierzu Abschnitt 2.3.2.3.3. und 2.3.2.3.5.

die zugrundeliegende Referenzdatenbasis hier sehr umfangreich ist, so handelt es sich hierbei stets um Einzeltransaktionen, die das Ergebnis individueller Verhandlungen darstellen und als solche auch durch externe Faktoren bedingt sind, die inhaltlich nicht als Markenwertindikator interpretierbar sind. Im speziellen bleibt die Zusammensetzung der Referenzdatenbasis unbekannt; aufgrund der Firmenhistorie steht zu vermuten, daß hier im wesentlichen Transaktionen auf dem US-amerikanischen Markt enthalten sind, deren Übertragbarkeit auf andere Märkte nicht ohne weiteres möglich bzw. sinnvoll erscheint. Da das Verfahren zur Bewertung sehr verschiedener immaterieller Vermögensgegenstände eingesetzt wird, erscheint die Anpassung der verwendeten Indikatoren an die Art des Bewertungsgegenstandes grundsätzlich angemessen und sinnvoll. Kritisch kann jedoch die individuelle Indikatorenanpassung an den konkreten Bewertungsanlaß hinterfragt werden, da hiermit ein zusätzliches Potential an Subjektivität einhergeht. Positiv ist hingegen zu beurteilen, daß nicht per se die vereinfachende Annahme einer unendlichen Restlebensdauer der Marke zugrundegelegt wird, sondern eine individuelle Schätzung erfolgt. Weiterhin gehen markenstrategische Optionen explizit mit in die Bewertung ein, wenngleich deren Ermittlung nicht näher dokumentiert wird und hierdurch die Objektivität der Vorgehensweise nicht beurteilbar ist. Die Ausweisung einer monetären Ergebnisgröße als Bandbreite erscheint im Hinblick auf den Haupteinsatzzweck des Valmatrix-Ansatzes zur Ermittlung einer Lizenzgebühr grundsätzlich zweckmäßig, da hiermit ein Verhandlungsspielraum abgesteckt wird, den es individuell auszugestalten gilt. Bei anderen Bewertungsanlässen, welche die Ausweisung eines Absolutwerts erfordern, ergeben sich hingegen Probleme.

2.4.2.2.2. Der Cohausz-Ansatz

Auf Basis von historischen Umsätzen nimmt der **Ansatz von Cohausz**[288] eine vergleichsweise gröbere Schätzung des monetären Markenwerts vor, welcher nach einer Faustregel auf eine feste Wertspannweite begrenzt wird: „*Der Wert der Marke beträgt in der Regel 5 bis 20%, vorzugsweise 10% des durchschnittlichen Umsatzes der letzten 3 Jahre.*“[289] Sofern keine Gründe für eine Reduzierung bzw. Anhebung des Markenwerts vorliegen, beträgt dieser nach Cohausz

[288] **Cohausz Hannig Dawidowicz & Partner** ist eine Patent- und Rechtsanwaltskanzlei mit Büros in Düsseldorf, München, Berlin, Paris und Nantes. Die Philosophie des Unternehmens besteht darin, kleine, mittelständische und große Unternehmen in allen rechtlichen und naturwissenschaftlichen Belangen im Rahmen einer Patentierung aus einer Hand zu beraten. Zum Tätigkeitsbereich gehören Schutzrechtsanmeldung und –betreuung, Lizenzvertrags- und Prozeßtätigkeiten sowie Informations- und Innovationsmanagement, Lehr- und Vortragsveranstaltungen, Schulungen und Seminare. Im Rahmen des markenrechtlichen Tätigkeitsbereichs sind auch monetäre Markenbewertungen relevant. Vgl. Homepage der Firma Cohausz unter www.copat.de, zuletzt eingesehen am 21.06.2002.

[289] Cohausz (1999), S. 137.

ca. 10% vom Durchschnittsumsatz der letzten drei Jahre; bei Vorhandensein von Reduzierungs- bzw. Anhebungsgründen liegt dieser hingegen zwischen ca. 5% bis 9% bzw. zwischen ca. 11% bis 20% des Durchschnittsumsatzes der letzten drei Jahre.[290] Die sich hieraus ergebenden Bandbreiten für den monetären Markenwert zeigt Abbildung 22.

Abb. 22: Markenwertspannweiten nach Cohausz in Euro

Schutz / Marke	Schutz nur in DE	Schutz in DE und einigen größeren europäischen Ländern	Schutz in DE, einigen größeren europäischen Ländern, USA, Japan
unbenutzt	5.000,- bis 50.000,-	15.000,- bis 150.000,-	30.000,- bis 200.000,-
benutzt und durchschnittlicher Bekanntheitsgrad	15.000,- bis 150.000,-	5.000,- bis 50.000,-*	100.000,- bis 600.000,-*
benutzt und hoher Bekanntheitsgrad	50.000,- bis 750.000,-	100.000,- bis 2.000.000,-*	200.000,- bis 3.000.000,-*
	Berühmte Marken werden wesentlich höher bewertet.		
* Die Höhe des Betrages ist davon abhängig, ob die Marke auch in ausländischen Staaten in stärkerem Maße benutzt wird oder wurde.			

Quelle: Cohausz (1999), S. 136

Als wichtigste Determinanten des Markenwerts führt Cohausz die Qualität der Marke (Originalität, Unterscheidungskraft), Benutzung, Bekanntheitsgrad, Nähe der Rechte von Dritten sowie die Länderabdeckung der Marke an.[291] Diese werden anhand von insgesamt 24 Indikatoren aus fünf Kategorien beurteilt, wobei nicht dokumentiert ist, inwieweit eine Indikatorgewichtung bzw. eine Aggregation der Einzelindikatoren zu einem Gesamtscore erfolgt. Abbildung 23 zeigt die Grundstruktur des verwendeten Indikatorenmodells, welches im konkreten Bewertungsfall in Abhängigkeit von Waren- bzw. Dienstleistungsgebiet sowie den Zukunftsaussichten der jeweiligen Branche angepaßt wird.[292] Der Zusammenhang zwischen den Indikatorausprägungen und dem Grad der Anhebung bzw. Reduzierung des Markenwerts ist ebenfalls nicht dokumentiert.

Der Cohausz-Ansatz zeichnet sich durch seine einfache Handhabung sowie durch seine Unabhängigkeit von Referenzwerten für vergleichbare Marken aus. Weiterhin ist die erforderliche Datenbasis leicht beschaffbar, was auch dadurch begünstigt wird, daß einzelne Indikatorenausprägungen nur sehr grob (z.B. groß

[290] Vgl. Cohausz (1999), S. 137.

[291] Vgl. Cohausz (1999), S. 136.

[292] Die Information hinsichtlich der Anpassung des Indikatorenmodells entstammt dem im Rahmen der Unternehmensbefragung eingegangenen Antwortschreiben der Fa. Cohausz vom 12.09.2000.

Abb. 23: Indikatoren des Cohausz-Ansatzes

	Rechtliche Situation	
1	Seit wie vielen Jahren in DE angemeldet?	(Angabe in Jahren)
2	In DE eingetragen?	(Jahr der Eintragung)
3	Wenn noch nicht eingetragen: Wie groß ist die Chance, daß die Marke vom Patentamt abgelehnt wird?	(groß / mittel / gering)
4	Wann zum ersten mal benutzt?	(Jahr der Erstbenutzung)
5	Für welche Waren/Dienstleistungen benutzt?	(Angabe der Waren / Dienstleistungen)
6	Wann zum letzten mal benutzt?	(Jahr der Letztbenutzung)
7	Innerhalb der letzten 5 Jahre regelmäßig benutzt?	(ja / nein)
8	Wo im Ausland angemeldet?	(IR-Marke, EU-Marke, USA, Japan, weitere Länder)
	Qualität der Marke	
9	Originalität/Unterscheidungskraft der Marke?	(groß / mittel / gering)
10	Welchen Bekanntheitsgrad hat die Marke in DE?	(groß / mittel / gering)
11	Wieviel Umsatz wurde in den letzten 3 Jahren mit dem Produkt/ Verfahren/der Dienstleistung unter der Marke in DE gemacht?	(Angabe in Euro)
12	Welchen Bekanntheitsgrad hat die Marke im Ausland?	(groß / mittel / gering)
13	Wieviel Umsatz wurde in den letzten 3 Jahren mit dem Produkt/ Verfahren/ der Dienstleistung unter der Marke im Ausland gemacht?	(Angabe in Euro)
	Drittrechte	
14	Wie oft wurden aus der Marke Rechte gegen Dritte in DE geltend gemacht?	(Anzahl der Widersprüche, Verwarnungen, Klagen)
15	Bestehen nahe Marken- und Namensrechte Dritter in DE? Wenn ja, welche?	(ja / nein)
16	Bestehen nahe Marken- und Namensrechte Dritter im Ausland? Wenn ja, welche?	(ja / nein)
17	Wie oft wurden Angriffe gegen die Marke in DE abgewehrt? Wenn ja, welche?	(Anzahl der Widersprüche, Verwarnungen, Klagen)
18	Falls es zu Beschränkungen der Marke kam, für welche Waren/ Dienstleistungen darf die Marke in DE nicht mehr benutzt werden?	(Bereichsnennung)
19	Sind die verbotenen Waren der wichtigsten Ware nahe?	(ja / nein)
20	Wie oft wurden Angriffe gegen die Marke im Ausland abgewehrt? (Widersprüche, Verwarnungen wegen Verletzung, Klagen)	(Anzahl der Widersprüche, Verwarnungen, Klagen)
	Lizenzen	
21	Wurden in DE Rechte insbesondere Lizenzen an der Marke vergeben? Wenn ja an wen? Für welche Waren/Dienstleistungen?	(ja / nein)
22	Wurden im Ausland Rechte insbesondere Lizenzen an der Marke vergeben? Wenn ja an wen? Für welche Waren/Dienstleistungen?	(ja / nein)
	Kosten	
23	Welche Kosten hat die Marke bisher verursacht? (Anwaltsgebühren, amtliche Gebühren, Gebühren für Lizenz/Markenkauf)	(Angabe in Euro)
24	Welche Beträge wurde durch die Marke eingenommen? (Einnahmen durch Lizenzen, Einnahmen durch Schadenersatz)	(Angabe in Euro)

Quelle: Cohausz (1999), S. 137 - 139

/ mittel / gering) erfaßt werden. Dem steht jedoch eine Reihe bedeutender Kritikpunkte gegenüber. So beinhaltet die in Anlehnung an lizenzierungsorientierte Ansätze vorgenommene Determinierung des Markenwerts auf typischerweise 10% des Durchschnittsumsatzes der letzten drei Jahre ebenso wie dessen Anpassung anhand des Indikatorenmodells subjektive bzw. willkürliche Elemente.

Neben der Festlegung von 10% ist ebenso nicht einsichtig, daß der Markenwert nicht unterhalb von 5% bzw. oberhalb von 20% vom Umsatz liegen kann. Überdies werden keine Angaben zur Auswahl, Gewichtung wie auch Verknüpfung der Indikatoren gemacht und die verwendeten Indikatoren berücksichtigen kaum bzw. keine konsumenten- und marktorientierten Erfolgsmaße. Die ebenfalls nicht dokumentierte Anpassung des Indikatorenmodells an das Waren- bzw. Dienstleistungsgebiet und an die Zukunftsaussichten der Branche bietet Raum für weitere subjektive Einflüsse. Der hierbei angestrebten Zukunftsorientierung der Bewertung steht die einseitige Verwendung von historischem Datenmaterial, die fehlende Berücksichtigung von markenstrategischen Optionen sowie die nicht explizite Erfassung von Risikoaspekten entgegen. Der Ansatz stellt eine einfache Heuristik dar, die zur Ermittlung grober Bandbreiten für kleinere Marken geeignet erscheint. Für eine monetäre Bewertung von etablierten Marken erscheint das Modell ungeeignet, was sich auch in den in Abbildung 22 aufgezeigten maximalen Markenwertspannweiten zeigt, für welche angegeben wird, daß sie von berühmten Marken wesentlich überschritten werden können.

2.4.2.3. Kombinierte Verfahren mit unternehmensorientierten Schwerpunkt

2.4.2.3.1. Der alte und der neue Interbrand-Ansatz

Der alte Ansatz von Interbrand[293] wurde in der Literatur bereits eingehend behandelt.[294] Hiernach basierte die Ermittlung eines langfristigen monetären Markenwerts auf einer vierstufigen Vorgehensweise. In einem ersten Bewertungsschritt wurde ein auf die Markierung zurückführbarer, gewichteter Durchschnitt über den Gewinn nach Steuern der letzten drei Jahre gebildet. Im nächsten Schritt wurden die Ausprägungen für insgesamt 80 bis 100 Markenwertindikatoren über sieben Kategorien ermittelt und schließlich auf Basis des in Abbildung

[293] **Interbrand** wurde 1974 in London gegründet und ist heute eine der führenden und am längsten am Markt etablierten Unternehmensberatungen, die sich auf Marken-Services spezialisiert haben. Interbrand unterhält weltweit 26 Büros; in Deutschland bestehen Vertretungen in München, Köln und Hamburg. Zu den angebotenen Leistungen zählen u.a. Markenstrategien, Corporate Identity, Markenentwicklung, Markenforschung sowie Markenbewertung. Die von Interbrand entwickelte Methode zur monetären Markenbewertung wird von den weltweit wichtigsten Revisionsgesellschaften akzeptiert. In den vergangenen zehn Jahren hat das Unternehmen über 2000 Marken bewertet; einmal jährlich werden in der Financial World die von Interbrand ermittelten monetären Werte der weltweit wichtigsten Marken veröffentlicht. Vgl. Homepage von Interbrand unter: www.interbrand.com, zuletzt eingesehen am 18.03.2002.

[294] Zum alten Ansatz von Interbrand vgl. z.B. Berndt/Sander (1994), S. 1363 ff.; Esch/Geus (2001a), S. 1049 ff.; Hammann (1992), S. 225 ff.; Huber (1997), S. 145 ff.; Kriegbaum (2001), S. 119 ff.; Meschi (1995); o.V. (1989); Penrose (1989); Sattler (1997a), S. 103 ff.; Schmidt (1997), S. 92 f.

24 aufgezeigten Scoringmodells ein kumulierter, auf den Wertebereich von 0 bis 100 normierter Punktwert für die zu bewertende Marke berechnet, der als Operationalisierung der Markenstärke diente. Den dritten Schritt stellte die nichtlineare Transformation des Punktwertes anhand einer s-kurvenförmigen Funktion in einen Markenwertmultiplikator dar, der auf den Wertebereich von 0 bis 20 normiert war. Im letzten Schritt wurde dieser mit der ermittelten Gewinngröße multipliziert; als Ergebnis resultierte ein langfristiger monetärer Markenwert.

Abb. 24: Das Scoringmodell des alten Interbrand-Ansatzes

Indikatorenkategorien und Indikatoren	Gewichtung
1. Marktführerschaft (Marktbeeinflussungsmöglichkeiten) • Gegenwärtiger Status & Rolle (Marktanteil, Marktposition, Marktanteile der Wettbewerber, Marktsegment, regionale/nationale/internationale Aspekte, u.a.) • Wie wurde diese Position erreicht? (Marktstruktur, Breite der Konsumentenbasis, Handelsdurchsetzung, Produktvorteile, Verbraucherimage, u.a.) • Zukunftsaspekte	maximal **25** Punkte
2. Relevanter Markt • Übersicht (Wettbewerbsstruktur, Marktsegment, Kundenbindung, Wert, Volumen, u.a.) • Trend (Verbrauchernachfrage, markenunabhängige Einflüsse, Marktdynamik) • Zukunftsperspektiven	maximal **15** Punkte
3. Marketing-Unterstützung • Qualität und Kontinuität (Werbeaktivitäten, Verkaufsförderung, Handelsunterstützung, Präsenz im Geschäft) • Qualität (Entwicklung der Markenpersönlichkeit, Kongruenz von Botschaft und Image, Durchsetzung von Markenwerten) • Zukünftige Strategie	maximal **10** Punkte
4. Rechtlicher Schutz der Marke (Stärke und Umfang des rechtlichen Schutzes)	maximal **5** Punkte
5. Internationalität (Eignung, kulturelle/geographische Grenzen zu überschreiten) • Gegenwart (Vertretung auf ausländischen Märkten, Bedeutung in diesen Märkten, u.a.) • Vergangenheit (Export-Historie, Stabilität der Märkte, Werbung im Ausland, u.a.) • Zukunftsperspektive	maximal **20** Punkte
6. Stabilität (Überlebensfähigkeit) • Historie (Produkte mit Markennamen, Alter, Langlebigkeit, u.a.) • Aktuelle Position (Produktrange, visuelle Präsentation, Verbraucherakzeptanz, Abhängigkeit von Vertriebssystemen, u.a.) • Zukünftige Entwicklungen	maximal **15** Punkte
7. Trend der Marke • Entwicklung (Verkaufsvolumen, Verkaufswert, Marktanteil) • Status (Wettbewerbstrend, Gefahren) • Planung (Entwicklungspläne, zukünftige Chancen, u.a.)	maximal **10** Punkte
➔ Ergebnis: "Markenstärke" in Form des kumulativen Punktwertes	maximal **100** Punkte

Quelle: in Anlehnung an o.V. (1989), S. 52

Bei der Beurteilung des alten Interbrand-Ansatzes sind auch hier die Scoringmodellen im allgemeinen anhaftenden Kritikpunkte zu nennen.[295] Im speziellen kann die willkürliche Festlegung des s-kurvenförmigen Zusammenhangs zwischen Markenstärke und Markenwertmultiplikator, hinsichtlich dessen sich Interbrand auf eigenes Expertenwissen beruft, in Frage gestellt werden. Die weitreichende Basierung des Ansatzes auf vergangenheitsorientierten Größen wie insbesondere der Gewinnsituation der letzten drei Jahre läßt überdies eine explizit zukunftsorientierte Bewertungsperspektive vermissen. Positiv hingegen ist die hohe Anzahl verwendeter Indikatoren zu beurteilen, anhand derer eine ganzheitliche Beurteilung erfolgt, die jedoch auch ein besonders hohes Potential für Doppelerfassungen birgt. Weiterhin ist in dem Ansatz der Versuch einer Isolierung des markenspezifischen Gewinnanteils implementiert, welcher jedoch in seiner methodischen Ausgestaltung zu vage erscheint.[296]

Zwischenzeitlich hat Interbrand seine Bewertungsmethodik in wesentlichen Teilen abgewandelt und so einzelne Schwächen des alten Ansatzes behoben. Der **neue Interbrand-Ansatz** wurde in der wissenschaftlichen Marketingliteratur bislang kaum beachtet.[297] Er basiert auf dem „Economic Use Prinzip", wonach nur die tatsächliche ökonomische Verwendung der Marke Gegenstand der Bewertung ist und somit bislang nicht realisierte bzw. nicht konkret geplante Verwendungsmöglichkeiten der Marke (markenstrategische Optionen) explizit nicht einbezogen werden. Interbrand geht hierbei von dem Grundgedanken aus, daß eine Marke das Verhalten von Konsumenten derart zu beeinflussen vermag, daß deren Besitzer ein realer ökonomischer Vorteil bzw. zusätzlicher Wert erwächst, eben welchen es zu bewerten gilt.[298] Der Ansatz umfaßt drei Kernbausteine (Financial-, Market- und Brand-Analysis); eine Übersicht gibt Abbildung 25.

Im Rahmen der **Financial Analysis** erfolgt eine Identifikation der Gewinnanteile, die ausschließlich auf immaterielle Vermögensgegenstände des Unternehmens zurückzuführen sind. In einem ersten Schritt werden historische Einzahlungen für sämtliche Geschäftsfelder ermittelt, die mit der Marke in Verbindung stehen. Hierbei handelt es sich im wesentlichen um Einnahmen für markierte Produkte und um Einnahmen in Form von Lizenzgebühren; nicht- und andersmarkierte Produkte gehen nicht in die Betrachtung ein. Auf Basis dieser Datengrundlage und unter Berücksichtigung aktueller Managementbudgets und -pläne

---

[295] Vgl. hierzu Abschnitt 2.3.2.3.6.

[296] Für eine detailliertere Modellkritik vgl. z.B. Berndt/Sander (1994), S. 1368 f.; Hamann (1992), S. 229 ff.

[297] Zum neuen Interbrand-Ansatz vgl. Trevillion/Perrier (1999), S. 34 ff.; Interbrand (1999; 2001)

[298] Vgl. Interbrand (1999), S. 6; Trevillion/Perrier (1999), S. 34.

Abb. 25: Übersichtsschema des neuen Interbrand-Ansatzes

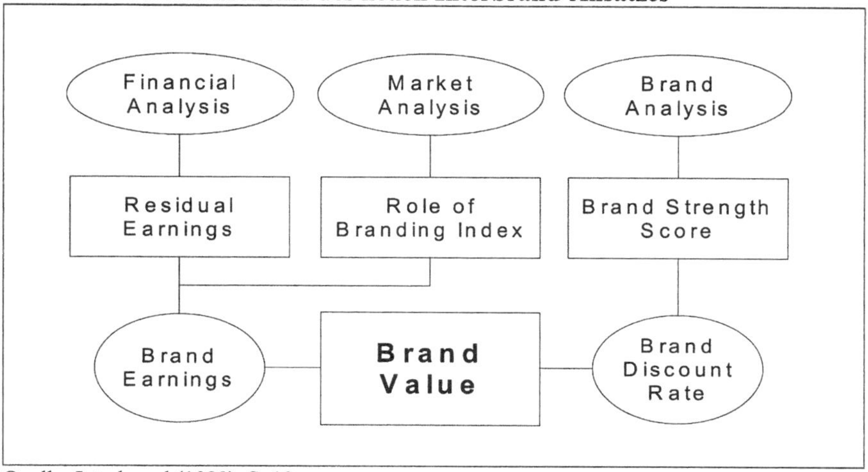

Quelle: Interbrand (1999), S. 10

wird eine 5-Jahres-Prognose der zukünftigen markeninduzierten Einzahlungen erstellt. In einem zweiten Schritt wird der Zahlungsstrom um anteilige Kosten des gebundenen Kapitals bzw. der gebundenen Mittel (z.B. Gemeinkosten) bereinigt. Hier werden die Opportunitätskosten einer anderweitigen Verwendung der gebundenen materiellen Vermögensgegenstände ermittelt und in Abzug gebracht. Weiterhin wird der Zahlungsstrom um die zu entrichtenden Steueranteile bereinigt, welche der üblichen Körperschaftssteuer des Herkunftslandes entsprechen. Die verbleibenden Einzahlungsanteile („Residual Earnings") repräsentieren die (langfristige) Wertschöpfung nach Steuern, welche durch die Gesamtheit aller vorhandenen immateriellen Vermögensgegenstände erwirtschaftet wird.[299]

Innerhalb der **Market Analysis** wird die Bedeutung der Marke als Nachfragetreiber für die angebotenen Produkte und Services ermittelt und in einem "Role of Brand Index" modelliert, anhand dessen eine Isolierung des markenspezifische Anteils aus der Gesamtwertschöpfung aller vorhandenen immateriellen Vermögensgegenstände erfolgt. Hierzu werden zunächst die nachfragetreibenden Stellhebel innerhalb der tangierten Geschäftsfelder identifiziert und branchenspezifisch gewichtet. Im nächsten Schritt wird die Bedeutung der Marke für jeden einzelnen Stellhebel im Hinblick auf dessen Erfolgswirksamkeit mit und ohne Vorhandensein der Marke ermittelt und überprüft. Schließlich werden die einzelnen Bedeutungsgewichte zu einem kumulativen Prozentwert, dem „Role

[299] Vgl. Interbrand (1999), S. 10 f.; Trevillion/Perrier (1999), S. 34 f.

of Brand Index", zusammengeführt. Weitere Details zur Methodik publiziert Interbrand nicht, weist jedoch darauf hin, daß die Ermittlung und Gewichtungen der eingehenden Größen auf einer breiten Basis an Marktforschungsdaten beruhen.[300] Abbildung 26 illustriert exemplarisch die Isolierung des Markeneinflusses und zeigt beispielhaft wesentliche Stellhebel auf. Im Beispielfall hat die Marke einen Anteil von 25% an der Gesamtwertschöpfung der immateriellen Vermögensgegenstände; entsprechend würden die im Rahmen der Financial Analysis ermittelten Einzahlungsüberschüsse um 75% reduziert. Ergebnis des Verfahrensschrittes ist die reale Netto-Wertschöpfung, welche alleine auf die Marke zurückzuführen ist.

Abb. 26: Isolierung des Markeneinflusses beim neuen Interbrand-Ansatz

Demand Drivers	Weighting	Dependence on Brand	Role of branding
Pricing	40%	0%	0%
Product quality	25%	60%	15%
Availability	15%	5%	1%
Customer service	10%	5%	1%
Awareness/familiarity	5%	100%	5%
Innovation	3%	60%	2%
Breadth of product range	2%	30%	1%
Total	100%	-	**25%**

Quelle: Trevillion/Perrier (1999), S. 35

Im Rahmen der **Brand Analysis** erfolgt eine Beurteilung der Wettbewerbssituation der zu bewertenden Marke und darauf aufbauend eine Ermittlung des Risikos zukünftiger markenspezifischer Gewinnanteile, wobei auf Elemente des alten Interbrand-Ansatzes zurückgegriffen wird. So wird anhand des bereits zuvor verwendeten Scoringmodells in analoger Vorgehensweise ein kumulierter Punktwert für die Markenstärke („Brand Strenght Score") ermittelt, der jedoch nicht in einen Markenwertmultiplikator, sondern in einen das Markenrisiko abbildenden Diskontierungsfaktor transformiert wird. Für die Modellierung wird hier eine Modifikation der s-kurvenförmigen Funktion des alten Ansatzes herangezogen; die nachfolgende Abbildung zeigt den unterstellten Zusammenhang zwischen Markenstärke und Diskontierungsfaktor (Markenrisiko). Sofern eine zu bewertende Marke den maximalen Punktwert von 100 erhalten würde, verwendet Interbrand einen Diskontierungsfaktor, der geringfügig über einer risikofreien Rate (Kapitalmarktzins) liegt. Bei einem Punktwert von 50 erfolgt eine Diskontierung mittels einer das branchenübergreifende Durchschnittsrisiko über alle Markenartikelanbieter repräsentierenden Risikorate; eine Marke mit dem Punktwert von 0 würde auf den Wert von 0 Geldeinheiten abgezinst werden und

300 Vgl. Interbrand (1999), S. 11 f.; Trevillion/Perrier (1999), S. 35.

wäre demnach wertlos.[301] In einem letzten Bewertungsschritt erfolgt die Diskontierung der markenspezifischen Gewinnanteile anhand des ermittelten Diskontierungsfaktors. Die resultierende monetäre Ergebnisgröße stellt den isolierten, langfristigen Markenwert („Brand Value") dar.

Abb. 27: Ermittlung eines Diskontierungsfaktors beim neuen Interbrand-Ansatz

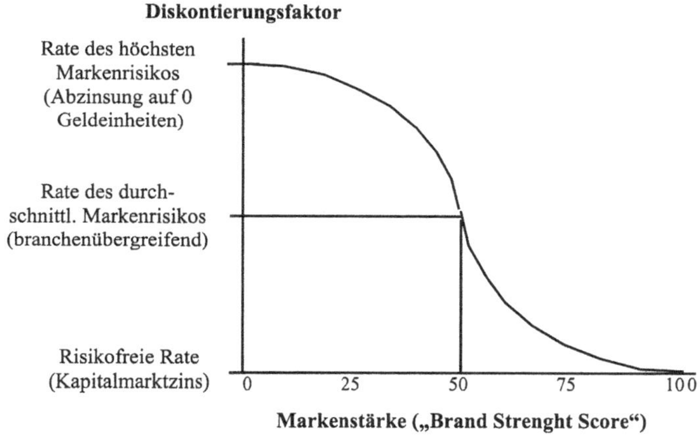

Quelle: eigene Darstellung in Anlehnung an Trevillion/Perrier (1999), S. 36 f.

Als wesentliche Veränderungen gegenüber dem alten wird beim neuen Interbrand-Ansatz eine explizit zukunftsorientierte Bewertung realisiert, indem die vorherige Wertermittlung auf Basis der historischen Gewinnsituation und eines Markenwertmultiplikators umgestellt wurde hin zu einer 5-Jahres-Prognose und Diskontierung anhand einer markenspezifischen Risikorate. Für die in identischer bzw. modifizierter Form übernommenen Elemente aus dem alten Ansatz (Scoringmodell, s-kurvenförmige Funktion) gelten die gleichen kritischen Einwendungen entsprechend weiter fort. Der neue Ansatz erscheint inhaltlich plausibel, kann jedoch mangels vollständiger Offenlegung der Methodik nicht umfassend beurteilt werden. So ist insbesondere die Ermittlung des „Role of Brand Index" nicht über die Kritik subjektiver sowie willkürlicher Elemente bei Auswahl und Gewichtung von Stellhebeln und der Quantifizierung ihrer Markenabhängigkeit erhaben. Interbrand selbst weist darauf hin, daß deren Bewertung nicht auf eigenen Erhebungen, sondern auf Basis allgemein erhältlicher Daten erfolgt, deren Güte nicht geprüft wird. Weiterhin sollen die Bewertungsergebnisse nicht als verläßliche Größe angesehen und für strategische Entscheidungen

[301] Vgl. Interbrand (1999), S. 13 f.; Trevillion/Perrier (1999), S. 36 f.

verwendet werden; eine Haftung seitens Interbrand wird ausgeschlossen.[302] Insgesamt stellt der neue Interbrand-Ansatz dennoch eine deutliche methodische Verbesserung gegenüber dem alten Ansatz dar.

2.4.2.3.2. Der Brand-Finance-Ansatz

Auch der Markenbewertungsansatz von Brand-Finance[303] wurde bislang in der wissenschaftlichen Literatur kaum behandelt. Das Verfahren weist hinsichtlich seiner Grundstruktur eine hohe Ähnlichkeit mit dem neuen Interbrand-Ansatz auf, weicht jedoch in einigen Details deutlich ab, auf welchen im folgenden ein besonderer Betrachtungsschwerpunkt liegt.[304] Der Ansatz basiert ebenfalls auf dem „Economic Use Prinzip“ und ist an Modelle zur Unternehmensbewertung angelehnt. Gegenstand der Bewertung können insofern einzelne Marken sowie Unternehmensmarken bzw. ganze Unternehmen sein; das Modell eignet sich dabei gleichermaßen für statische und dynamische Bewertungen.[305] Der Brand-Finance-Ansatz umfaßt drei Kernbausteine (Economic Value Added, Brand Value Added, Assessing Brand Risk), welche inhaltlich mit den drei Komponenten des neuen Interbrand-Ansatzes identisch sind. Eine schematische Übersicht des Brand-Finance-Ansatzes zeigt Abbildung 28.

Der eigentlichen Bewertung ist eine Abgrenzung bzw. Segmentierung des relevanten Marktes vorgeschaltet. Die hier zugrundegelegten Kriterien differenzieren nach homogenen geographischen Gruppen sowie Produkt- und Konsumentengruppen, wobei für jedes Segment relevante Wettbewerber identifiziert werden und eine Plausibilitätsprüfung der gewählten Segmentierung anhand von Marktforschungsdaten erfolgt. Brand-Finance betont ausdrücklich die hohe Bedeutung der Segmentierung als einen der kritischsten Aspekte der Bewertung.[306]

---

302 Vgl. Interbrand (2001), S. 4.

303 Die **Brand-Finance Plc** wurde 1996 von David Haigh, vormals Director of Brand Valuation bei Interbrand, gegründet und ist eine auf Marken-Services spezialisierte Unternehmensberatung mit Hauptsitz in London und Niederlassungen in New York, Sydney, Sao Paulo, Hongkong, Singapur und Barcelona. Zu den angebotenen Beratungsgebieten zählen u.a. Markenanalyse, Markenstrategien, Markentransaktionen, Markentransfers, nichtmonetäre sowie monetäre Markenbewertung; für letztere hat das Unternehmen den hier behandelten eigenen Ansatz entwickelt. Vgl. Homepage der Firma Brand-Finance unter www. brandfinance.com, zuletzt eingesehen am 18.03.2002.

304 Zur Methodik des Brand-Finance-Ansatzes vgl. Brand-Finance (2000a); Haigh (1999).

305 Vgl. Brand-Finance (2000a), S. 12 ff.

306 Vgl. Brand-Finance (2000a), S. 6; Haigh (1999), S. 105 f.

Abb. 28: Aufbau des Brand-Finance-Ansatzes

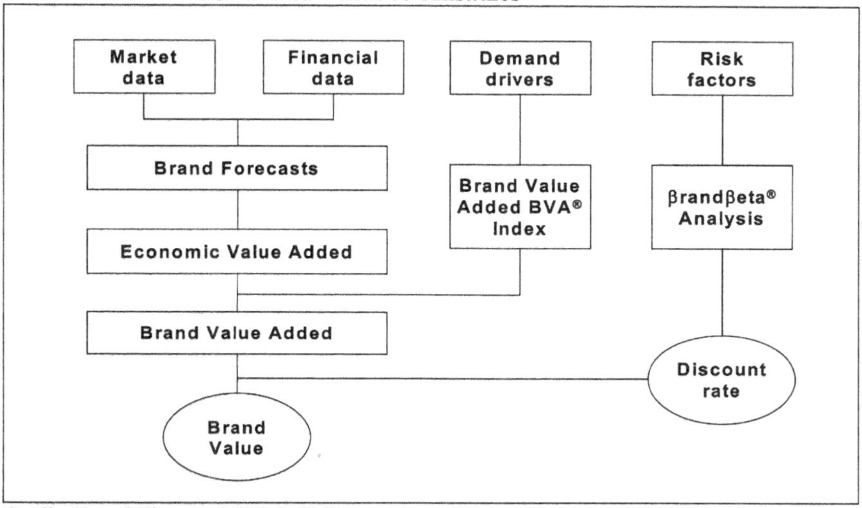

Quelle: Brand-Finance (2000a), S. 5

Innerhalb des **ersten Kernbausteins** ("Economic Value Added") erfolgen Prognosen von Ein- und Auszahlungen der mit der betreffenden Marke gekennzeichneten Produkte mit einem Planungshorizont von drei bis fünf Jahren. Bei der Prognose von Einzahlungen ("Market Data") werden einerseits makroökonomische Einflüsse auf die mengen- und wertmäßige Marktentwicklung mit Fokus auf technologische, strukturelle, gesetzgeberische, kulturelle und wettbewerbliche Determinanten berücksichtigt. Andererseits erfolgen mikroökonomische Analysen von Stellung und Einfluß der Marke im Markt; hierbei werden anhand von historischem Datenmaterial mittels Korrelationen oder Regressionen diejenigen Einflüsse untersucht, welche die markenrelevanten Einzahlungen im jeweiligen Markt determinieren. Eine besondere Bedeutung kommt hierbei der Preiselastizität der Nachfrage zu, welche später auch als Markenwertindikator in die Risikoanalyse eingeht. Bei der Prognose von Auszahlungen ("Financial Data") werden für die gebildeten Segmente spezifische variable Kosten geschätzt; im Saldo resultieren Einzahlungsüberschüsse der markierten Produkte ("Brand Forecast"). Diese werden in der Folge um Fixkostenbestandteile für Distributionssystem, Produktionsapparat und Kapitalbindung sowie um anteilige Steuern bereinigt; die letztlich resultierende Zahlungsreihe stellen die Bewertungsgrundlage für den nächsten Kernbausteins dar.[307]

[307] Vgl. Brand-Finance (2000a), S. 7 f.; Haigh (1999), S. 100 ff.

Im **zweiten Kernbaustein** („Brand Value Added (BVA) Analysis") erfolgt eine Isolierung des markenspezifischen Anteils aus den zuvor ermittelten Einzahlungsüberschüssen. Hierfür werden die Stellhebel der Nachfrage ("Demand Drivers") auf Basis von vorhandenen Marktforschungsdaten oder Managementbefragungen identifiziert und im Rahmen von Conjoint-Analysen auf Basis großzahliger Konsumentensamples quantifiziert, um so das Bedeutungsgewicht der Marke für die Nachfrage zu ermitteln. Hinsichtlich weiterer Details zur Methodik macht Brand-Finance keine Angaben.[308] Der letztlich resultierende Zahlungsstrom stellt den Anteil an der realen Netto-Wertschöpfung dar, der allein auf die Marke zurückzuführen ist.

Der **dritte Kernbaustein** („BrandBeta-Analysis") dient zur Ermittlung des markenspezifischen Risikos und ist hinsichtlich seiner Methodik vergleichsweise weitgehend offengelegt. In einem ersten Schritt wird anhand eines standardisierten Scoringmodells mit zehn gleichgewichteten Markenwertindikatoren für die zu bewertende Marke sowie für alle zuvor segmentweise identifizierten Wettbewerbsmarken ein kumulierter Punktwert ermittelt. Dieser ist auf den Wertebereich von 0 bis 100 normiert, dient als Operationalisierung der relativen Markenstärke und wird im Hinblick auf eine eingängige inhaltliche Interpretation in zehn Güteklassen unterteilt; nähere Details zeigt Abbildung 29. Zu den verwendeten Indikatoren merkt Brand-Finance an, daß diese objektiv verifizierbare Schlüsselindikatoren für die historische und aktuelle Markenleistung seien,[309] macht jedoch zu deren Auswahl keine Angaben.

Abb. 29: Das Scoringmodell des Brand-Finance-Ansatzes

BrandBeta-Scoringmodell		Klassifizierung der Markenscores	
Attributs	Score	BrandBeta Score	Klasse
Time in the Market	0 - 10	91-100	AAA
Distribution	0 - 10	81-90	AA
Market Share	0 - 10	71-80	A
Market Position	0 - 10	61-70	BBB
Sales Growth Rate	0 - 10	51-60	BB
Price Premium	0 - 10	41-50	B
Price Elasticity	0 - 10	31-40	CCC
Marketing Spend/Support	0 - 10	21-30	CC
Advertising Awareness/Effect	0 - 10	11-20	C
Brand Awareness/Loyalty	0 - 10	0-10	D
Total	0 - 100		

Quelle: Haigh (1999), S. 103

[308] Vgl. Brand-Finance (2000a), S. 8 f.; Haigh (1999), S. 102.

[309] Vgl. Brand-Finance (2000a), S. 10 f.; Haigh (1999), S. 102 f.

Im nächsten Schritt wird in methodischer Anlehnung an das Capital Asset Pricing Modell[310] ein Diskontierungsfaktor ermittelt, der das markenspezifische Risiko einbeziehen soll. Dessen Berechnung ist anhand der nachfolgenden Formeln dokumentiert:[311]

Ermittlung eines Diskontierungsfaktors:

$$d = x * k_{FK} + (1-x) * k_{EK}$$

Ermittlung des markenspezifisch angepaßten Eigenkapitalkostensatzes:

$$k_{EK} = z + \beta_1 * \beta_2 * \beta_3$$

Symbole:

d: verwendeter Diskontierungsfaktor
x prozentualer Anteil des Fremdkapitals am Gesamtkapital
k_{FK}: Fremdkapitalkostensatz
k_{EK}: markenspezifisch angepaßter Eigenkapitalkostensatz
z: risikofreier Zinssatz (langfristige Kapitalmarktanlage)
β_1: Beta-Faktor für das allgemeine ökonomische Risiko (Aktien-Risikoprämie)
β_2: Beta-Faktor für das branchenspezifische Risiko
β_3: Beta-Faktor für das markenspezifische Risiko

Der Diskontierungsfaktor (d) berücksichtigt die Anteile der Finanzierung mittels Fremdkapital (k_{FK}) und Eigenkapital (k_{EK}). Für die Kosten des Eigenkapitals wird als risikoloser Zinssatz (z) die Rendite einer zehnjährigen öffentlichen Anleihe im jeweiligen geographischen Markt zugrundegelegt. Hierauf erfolgt ein Aufschlag für das allgemeine ökonomische (β_1), das branchenspezifische (β_2) und das markenspezifische (β_3) Risiko anhand von Beta-Faktoren. Während es sich bei den ersten beiden Beta-Faktoren um allgemein erhältliche Daten handelt, wird der markenspezifische Beta-Faktor individuell berechnet, indem eine lineare Transformation des ermittelten Punktwertes für die Markenstärke auf eine Skala von null bis zwei erfolgt.

Die Transformationsfunktion sowie ein Bewertungsbeispiel zeigt Abbildung 30. Eine durchschnittliche Marke („BB“) mit einem Punktwert von 50 geht demnach mit einem markenspezifischen Betafaktor von 1 einher und würde mittels der branchenspezifischen Risikorate abgezinst werden. Eine ideale Marke („AAA“) mit einem Punktwert von 100 würde anhand der risikofreien Rate abgezinst und eine Marke mit einem Punktwert von 0 („D“) würde anhand der

[310] Zum Aufbau des Capital Asset Pricing Modells (CAPM) sowie hinsichtlich dessen Eignung zur Markenbewertung vgl. Sattler (1997a), S. 121 ff.; Högl/Hupp/Maul/Sattler (2002), S. 26 ff. und die dort jeweils angegebene Literatur.

[311] Vgl. Brand-Finance (2000a), S. 10.

doppelten branchenspezifischen Risikorate abgezinst.[312] Der letztlich resultierende Kapitalwert stellt den langfristigen monetären Wert der Marke losgelöst vom Produkt dar; dieser wird im Rahmen von Sensitivitätsanalysen für verschiedene Szenarien berechnet. Abbildung 31 zeigt exemplarisch ein Bewertungsbeispiel für den Ansatz von Brand-Finance.

Abb. 30: Ermittlung eines markenspezifischen Betafaktors beim Brand-Finance-Ansatz

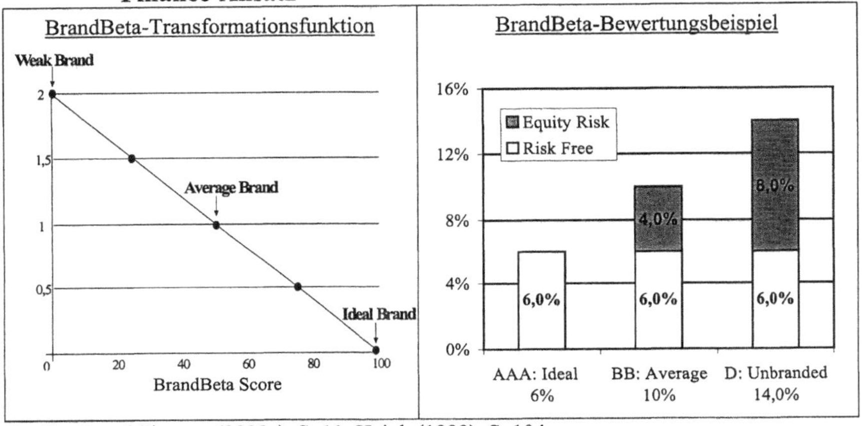

Quelle: Brand Finance (2000a), S. 11; Haigh (1999), S. 104

Abb. 31: Markenbewertungsbeispiel nach dem Brand-Finance-Ansatz

	Year 0	Year 1	Year 2	Year 3	Year 4	Year 5
Net sales	500	520	550	580	620	650
operating earnings	75	78	82,5	87	93	97,5
Tangible capital employed	250	260	275	290	310	325
Charge for capital 5%	12,5	13	13,8	14,5	15,4	16,3
Economic value added	62,5	65	68,8	72,5	77,5	81,3
Brand value added 25%	15,6	16,3	17,2	18,1	19,4	20,3
Tax rate (%)	33	33	33	33	33	33
Tax	5,2	5,4	5,7	6	6,4	6,7
Posttax BVA	10,5	10,9	11,5	12,1	13	13,6
Discount rate	15					
Discount factor	1	1,15	1,32	1,52	1,75	2,01
Discounted cash flow	10,5	9,5	8,7	8	7,4	6,8
Value to year 5	40,4					
Annuity	45,1					
Growth 0%	-					
Brand Value	85,1					

Quelle: Brand Finance (2000), S. 105

312 Vgl. Brand-Finance (2000a), S. 10 f.; Haigh (1999), S. 103 f.

Bei Beurteilung des Ansatzes von Brand-Finance sind aufgrund der hohen Ähnlichkeit der Methodik mit dem neuen Interbrand-Ansatz im wesentlichen die gleichen positiven wie auch kritischen Aspekte anzuführen. Im speziellen erscheint für das hier verwendete Scoringmodell kritisch, daß fast ausschließlich ökonomische und kaum konsumentenbezogene Indikatoren Verwendung finden. Brand-Finance merkt zwar an, daß anstatt der Markenbekanntheit der inhaltlich aussagekräftigere Indikator „wahrgenommene Markenqualität“ verwendet werden könnte, dies jedoch nur erfolgen würde, sofern diesbezüglich Daten vorliegen;[313] eine eigene Erhebung erfolgt demnach nicht. Hinsichtlich der vorgenommenen Modifikation des CAPM-Modells ist kritisch einzuwenden, daß nach empirischen Untersuchungen von Ulschmid (1994) Modelle zur Risikoerfassung mit mehreren Risikofaktoren keine besseren oder sogar schlechtere Ergebnisse liefern als Modelle mit nur einem Risikofaktor,[314] so daß diese Modellierung fraglich erscheint. Positiv ist der teils hohe Grad der Offenlegung des Ansatzes zu vermerken, der die externe Nachvollziehbarkeit der Bewertung begünstigt.

2.4.2.3.3. Der Brand Analytics-Ansatz von FutureBrand

Der Brand Analytics-Ansatz von FutureBrand[315] hat bislang noch keinen Eingang in die wissenschaftliche Marketingliteratur gefunden. Neben einer monetären Markenbewertung behandelt er entgegen anderen Verfahren zusätzlich auch Maßnahmen zur Markenwertsteigerung und die Etablierung eines Markenwertcontrollingtools. Diese Aufgaben werden in drei aufeinander aufbauenden Modulen (Valuation, Leveraging, Tracking) bearbeitet.[316]

Innerhalb des **Brand Valuation-Moduls** erfolgt eine umfassende Analyse des Status Quo der Marke, die zugleich auch die Informationsgrundlage der beiden nachgelagerten Module bildet. Ebenso wie bei dem neuen Interbrand-Ansatz und dem Brand-Finance-Ansatz wird auf Basis des „Economic Use-Prinzips“

---

313 Vgl. Brand-Finance (2000a), S. 11.

314 Vgl. Sattler (1997a), S. 128 und die dort angegebene Literatur.

315 **FutureBrand** ist ein Unternehmen der McCann Erickson Worldgroup und zählt zu den größten internationalen Markenberatungen mit 25 Büros weltweit und Headquarters in New York und London. Das Angebotsspektrum umfaßt Corporate Strategy & Design, Verpackungs-, Retail- und Industriedesign, Interactive Branding, Markenpositionierung, Markenmanagement und Markenbewertung,. Future Brand betreut weltweit Kunden aus den Branchen Nahrungsmittel & Getränke, Automotive, Luftfahrt, Telekommunikation & IT, Neue Medien und Professional Services (Handel, Finanzen und Bankwesen, Pharmazeutische Industrie); siehe auch: www.futurebrand.com. In Deutschland ist FutureBrand mit einem Büro in Hamburg vertreten, das seinen Schwerpunkt im Designbereich hat.

316 Zur Methodik des Brand Analytics-Ansatzes von FutureBrand vgl. FutureBrand (2000; 2002); Kumar (2001).

die Erfassung des langfristigen monetären Markenwerts innerhalb von drei Kernbausteinen (hier: Financial-, Demand- und Brand Risk-Analysis) vorgenommen, wobei die Vorgehensweise mit der von Interbrand bzw. Brand-Finance identisch ist. Eine Übersicht des Valuation-Moduls gibt Abbildung 32.

Abb. 32: Aufbau des Brand Valuation-Moduls beim FutureBrand-Ansatz

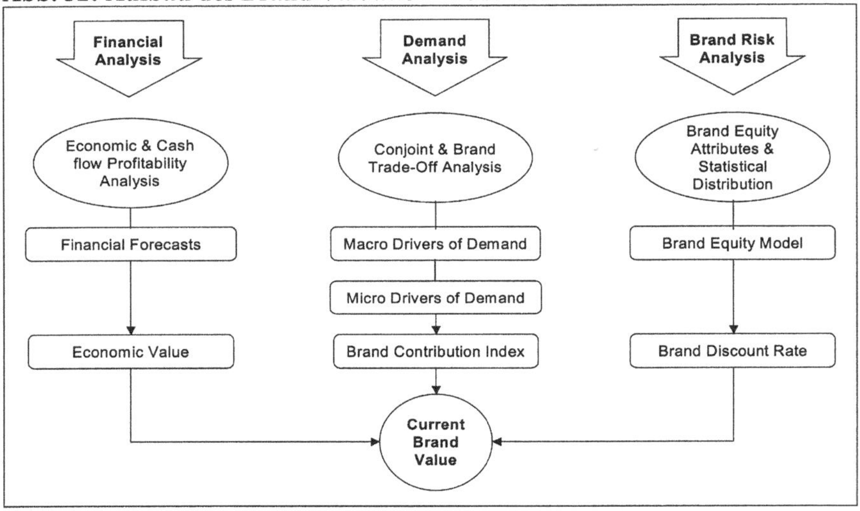

Quelle: Kumar (2001)

Der eigentlichen Bewertung der Marke ist auch hier eine **Segmentierung** der bearbeiteten Geschäftsfelder nach homogenen geographischen sowie Produkt- und Konsumentengruppen vorgeschaltet. Im Rahmen der **Financial Analysis** erfolgt je Segment eine Erfassung der aktuellen sowie prognostizierten zukünftigen Einnahmen und Kosten aller unter der Marke vertrieben Produkte. Die resultierenden Einzahlungsüberschüsse je Periode bilden die Grundlage für den finanziellen Wert aller Geschäftsfelder der untersuchten Marke („Economic Value"). In der **Demand Analysis** werden zunächst die relevanten Werttreiber der bearbeiteten Märke identifiziert und hinsichtlich ihres Markeneinflusses untersucht. Die Ergebnisse dieser Untersuchung werden schließlich analog zum Brand-Finance-Ansatz mittels Conjoint Analysen oder Trade-off-Analysen in einem Prozentsatz („Brand Contribution Index") verdichtet, welcher denjenigen wertmäßigen Anteil ausdrückt, den die Marke zu ihren bisherigen Geschäftsfeldern hinzuaddiert. Im Rahmen der **Brand Risk Analysis** wird unter Berücksichtigung von relevanten Wettbewerbern und branchenspezifischen Begebenheiten ein Diskontierungsfaktor ermittelt, der das markenspezifische Risiko erfaßt. Die hier angewandte „BrandBeta-Analyse" ist namentlich sowie in Aufbau und

Funktion des verwendeten Scoringmodells mit der des Brand-Finance-Ansatzes identisch,[317] wobei das von FutureBrand angewandte Scoringmodell eine andere, jedoch nur leicht abweichende Indikatorenzusammensetzung beinhaltet. Der ermittelte Score wird auch hier in einen Diskontierungsfaktor transformiert, wobei FutureBrand hinsichtlich der verwendeten Transformationsfunktion keine näheren Angaben macht. Durch die Zusammenführung der Teilergebnisse aus den drei Bausteinen resultiert ein langfristiger monetärer Markenwert („Current Brand Value"); hierfür werden die markenspezifischen Anteile an den prognostizierten Einzahlungsüberschüssen je Periode anhand des ermittelten Diskontierungsfaktors zu einem Barwert abdiskontiert.

Abb. 33: Das Scoringmodell des FutureBrand-Ansatzes

BrandBeta-Scoringmodell		Klassifizierung der Markenscores	
Attributs	Score	BrandBeta Score	Klasse
Time in Market	0 - 10	91-100	AAA
Distribution Channels	0 - 10	81-90	AA
Market Share	0 - 10	71-80	A
Leadership, Influence	0 - 10	61-70	BBB
Customer Satisfaction, Attrition Risk	0 - 10	51-60	BB
Marketing Spend, Share of Voice	0 - 10	41-50	B
Customer Loyalty	0 - 10	31-40	CCC
Innovation, Future Trend	0 - 10	21-30	CC
Top of Mind Awareness	0 - 10	11-20	C
Total Spontaneous Brand Awareness	0 - 10	0-10	D
Total	0 - 100		

Quelle: Kumar (2001)

Nachdem im vorangegangenen Modul eine umfassende Analyse und Bewertung der bisherigen markespezifischen Wertschöpfung erfolgte, rückt innerhalb des **Brand Leveraging-Moduls** der Fokus auf Maßnahmen zur Markenwertsteigerung. Hierfür werden die zuvor erhoben Daten speziell im Hinblick auf spezifische Stärken und Schwächen der Marke analysiert und darauf aufbauend individuelle **strategische Optionen** bestimmt, mittels derer eine nachhaltige Markenwertsteigerung im Sinne des Shareholder Value erzielbar ist. Mögliche Wachstumsstrategien für die Marke können hierbei Markentransfers, Lizenzierungen, Joint Ventures, Strategische Allianzen oder auch Co-Brands umfassen. Neben diesen auf die Generierung neuer Geschäftsfelder ausgerichteten Strategien können bei Unternehmen mit mehreren Marken auch Optimierungen des vorhandenen Marken-Portfolios relevant werden, die Markenarchitekturveränderungen, Markenumpositionierungen sowie Portfolio-Erweiterungen oder –verschlankungen beinhalten. Überdies nimmt FutureBrand bei Bedarf auch Überarbeitungen des visuellen Auftritt einer Marke vor. Ein weiterer Optimierungsbereich bein-

[317] Siehe hierzu Abbildung 29.

haltet die Allokation des Marketingbudgets, sofern die in die Marke getätigten Investitionen nicht optimal verteilt sind. Methodenspezifische Detailangaben zu diesem Modul hat FutureBrand bislang nicht veröffentlicht.

Abb. 34: Aufbau des Brand Leveraging-Moduls beim FutureBrand-Ansatz

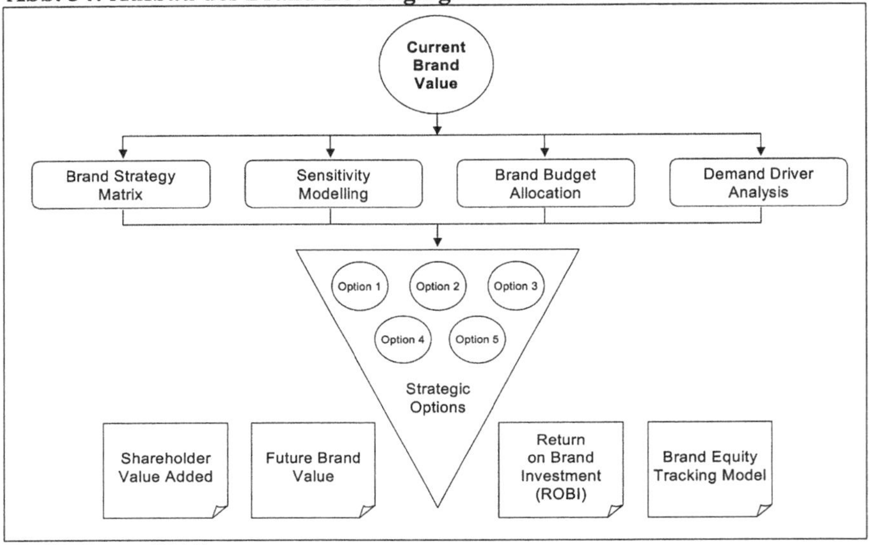

Quelle: Kumar (2001)

Nachdem innerhalb des ersten Moduls eine individuelle Ermittlung der wichtigsten Einflußgrößen bzw. Stellhebel des Markenwerts erfolgte, wird mit dem **Brand Tracking-Modul** ein Instrument zur Kontrolle dieser Größen installiert. Hierbei handelt es sich um Brand Balanced Scorecards bzw. um die von Future Brand entwickelte Software „Brand Tracker". Nähere Details zu diesem Controlling-Instrument wurden bislang ebenfalls nicht veröffentlicht.

Hinsichtlich einer kritischen Verfahrensbeurteilung des Brand Analytics-Ansatzes kann aufgrund der hohen Parallelen mit der Bewertungsmethodik des neuen Interbrand-Ansatzes und insbesondere mit der des Brand-Finance-Ansatzes auf die dort genannten Inhalte verwiesen werden.[318] Im Gegensatz zu diesen Verfahren zeigt der FutureBrand-Ansatz zwar markenstrategische Optionen auf, nimmt jedoch ebenfalls keine explizite Berechnung deren monetären Werts vor. Mangels Detailangaben ist weitgehend unklar, inwieweit der Ansatz methodisch bzw. wissenschaftlich fundiert ist.

[318] Siehe hierzu Abschnitt 2.4.2.3.1. und Abschnitt 2.4.2.3.2.

Da die Scoringmodelle der Ansätze von FutureBrand und Brand-Finance entgegen anderen methodischen Detailangaben relativ umfassend dokumentiert wurden, kann diesbezüglich ein konkreter Vergleich vorgenommen werden. Beide Scoringmodelle weisen jeweils die gleiche Struktur auf und verwenden je zehn Markenwertindikatoren, von denen sich sechs inhaltlich gleichen (Time in Market, Distribution, Market Share, Marketing Spend, Brand Awareness, Market Position bzw. Leadership/Influence). Die übrigen vier Indikatoren des Future-Brand-Ansatzes sind Customer Satisfaction, Customer Loyalty, Top of Mind Awareness und Innovation/Future Trend; statt dessen verwendet Brand-Finance Price Premium, Price Elasticity, Advertising Awareness und Sales Growth Rate. Hierdurch weist der Future Brand-Ansatz eine vergleichsweise höhere verhaltenswissenschaftliche Prägung auf. Kritisch erscheint jedoch die Integration von jeweils zwei markenbekanntheitsbezogenen Indikatoren, wodurch eine Doppelerfassung dieses Konstrukts gegeben ist. Aus Anwendersicht hat der Brand-Analytics-Ansatz den Vorteil, daß er Handlungsempfehlungen zur Steigerung des Markenwerts aufzeigt und auch ein Controlling relevanter markenspezifischer Einflußfaktoren beinhaltet. Hierdurch ist der Ansatz nicht allein auf die Funktion eines reinen Markenbewertungstools beschränkt, sondern stellt ein umfassendes Analyse- und Markenmanagementinstrument dar.

2.4.2.3.4. Der GfK/PwC/Sattler-Ansatz

Das hier vorgestellte Verfahren entstammt einem Kooperationsprojekt zwischen der GfK AG, PricewaterhouseCoopers und Prof. Dr. Henrik Sattler,[319] welches die Entwicklung eines neuen, verbesserten Ansatzes zur monetären Markenbewertung zum Ziel hat. Nachdem die Entwicklungsphase weitestgehend abgeschlossen werden konnte, ist das Verfahren nunmehr in die Markteinführungsphase übergegangen. Der Berechnung des monetären Markenwerts liegt hier sein Verständnis als Kapitalwert aller zukünftigen Einzahlungsüberschüsse, die spezifisch auf die Marke zurückzuführen sind, zugrunde. Der Ansatz soll einer-

[319] Die **GfK AG** wird innerhalb dieses Kooperationsprojekts vertreten durch Dipl.-Kfm. Siegfried Högl, welcher Sprecher der Geschäftsleitung der GfK Marktforschung, Board Member GfK Worldwide und Council Member ESOMAR ist, sowie durch Dr. Oliver Hupp, der das Team für Forschung und Entwicklung der GfK Marktforschung mit den Schwerpunkten der Instrumentenentwicklung und Durchführung von Image- und Markenbewertungsstudien leitet. **PricewaterhouseCoopers** wird hier vertreten durch Dr. Karl-Heinz Maul, der Partner in dem Bereich Corporate Finance von PwC Deutsche Revision/PricewaterhouseCoopers ist und einen seiner Tätigkeitsschwerpunkte auf dem Gebiet des Intellectual Asset Management hat. **Prof. Dr. Henrik Sattler** ist Geschäftsführender Direktor am Institut für Handel und Marketing der Universität Hamburg. Zu seinen Forschungsgebieten zählen insbesondere Fragestellungen des wertorientierten Markenmanagements; einer der Schwerpunkte liegt hierbei auf der monetären Bewertung von Marken. Der hier beschriebene Bewertungsansatz wurde von den vier beteiligten Personen entwickelt.

seits die finanz- und konsumentenorientierte Komponente des Markenwerts gleichwertig und umfassend widerspiegeln und andererseits auch den Ansprüchen der aktuellen Rechtssprechung zur Rechnungslegung und Besteuerung genügen, so daß er sich zu einem Standard für die Bilanzierung von Marken entwickeln kann. Weiterhin soll das Verfahren betriebswirtschaftlich konsistent sein und alle nach wissenschaftlicher Lehrmeinung relevanten Markenwertdeterminanten einbinden.[320] Einen Überblick des Ansatzes von GfK/PwC/Sattler gibt Abbildung 35.

Abb. 35: Aufbau des GfK/PwC/Sattler-Ansatzes

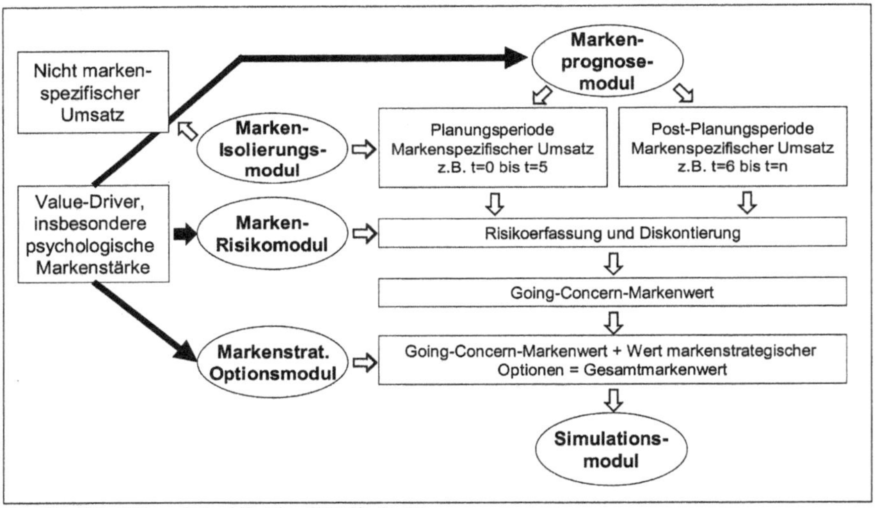

Quelle: Högl/Hupp/Maul/Sattler (2002), S. 46.

Als **Kernelemente** des GfK/PwC/Sattler-Modells werden die psychologische Markenstärke, die markenspezifischen Erlöse und Kosten, das markenspezifische Risiko, das Dehnungspotential der Marke und sonstige Einflüsse (z.B. rechtlicher Schutz) innerhalb verschiedener Module berücksichtigt. Eine zentrale Größe des Ansatzes stellt der BPI dar, der hier zur Operationalisierung der psychologischen Markenstärke dient und bereits zuvor erläutert wurde. Dieser geht in mehrere der Modellkomponenten ein, so daß über ihn verschiedene Bewertungsschritte miteinander verbunden sind.

---

[320] Vgl. Högl/Hupp/Maul/Sattler (2002), S. 37 ff.

Der erste Bewertungsschritt wird innerhalb des **Markenisolierungsmoduls** vollzogen, welches dazu dient, die Erlöse und Kosten des Markenprodukts jeweils in markenspezifische und markenfremde Bestandteile aufzuspalten.[321] Ausgangspunkt sind hier die im Bewertungszeitraum real aufgelaufenen Erlöse und Kosten, welche im individuellen Bewertungsfall zunächst gemeinsam von Bewertungsteam, Auftraggeber und Branchenexperten hinsichtlich der in die Bewertung einzubeziehenden Effekte beurteilt werden. Bezogen auf die **Erlöse** können beispielsweise Produkt-, Promotion- und Distributionseffekte berücksichtigt werden, die zusätzliche Umsätze generieren und somit nicht spezifisch der Marke, sondern dem angewandten Marketing-Mix-Instrument zuzuschreiben sind.[322] Die Isolierung ist methodisch an die vorhandene Datengrundlage angepaßt; so wird für kurz- und langlebige Konsumgüter, bei denen in aller Regel ein Rückgriff auf Paneldatenmaterial der GfK erfolgen kann, ein statistisch-mathematisches Modell verwendet, das ähnlich dem GfK-Markensimulator nichtmarkenspezifische Effekte abspaltet. Die Ermittlung eines Korrekturfaktors für die Umsätze des Markenprodukts erfolgt anhand eines Attraktionsmodells, dessen Gewichtungsparameter regressionsanalytisch geschätzt werden; den Modellaufbau zeigt die nachfolgende Gleichung.

<u>Attraktionsmodell zur Schätzung des wertmäßigen Marktanteils einer Marke:</u>[323]

$$WMA_m = \frac{e^{(a_m + b_m * DI_m + c_m * PRI_m)}}{\sum_{m=1}^{M} e^{(a_m + b_m * DI_m + c_m * PRI_m)}}$$

<u>Symbole:</u>

WMA_m: wertmäßiger Marktanteil der Marke m
DI_m: Distributionsintensität der Marke m
PRI_m: Promotionsintensität der Marke m
a,b,c: zu schätzende Parameter

---

321 Zur Methodik des Markenisolierungsmoduls vgl. Högl/Hupp/Maul/Sattler (2002), S. 46 - 53.

322 Sofern eine Preispromotion zu einer Umsatzerhöhung von 1% führt, sind diese zusätzlichen Erlöse nicht als markeninduziert anzusehen und entsprechend zu isolieren. Bei Marken, für die verglichen mit ihrem relevanten Wettbewerbsumfeld überdurchschnittlich häufig (selten) bzw. hohe (niedrige) Preispromotions getätigt werden, erfolgt somit eine Umsatzkorrektur nach unten (oben). Vgl. Högl/Hupp/Maul/ Sattler (2002), S. 48.

323 Vgl. Högl/Hupp/Maul/Sattler (2002), S. 51.

Hierauf aufbauend kann anhand der individuell angepaßten Promotions- und Distributionsintensitäten der markenspezifische Marktanteil und schließlich durch Umlage auf das Marktvolumen der markenspezifische Umsatz berechnet werden. Sofern keine regelmäßig erhobenen Paneldaten vorliegen, wie es zumeist bei Marken des Dienstleistungssektors der Fall ist, erfolgt die Isolierung anhand einer Conjoint-Analyse auf Basis einer eigens hierfür durchgeführten Konsumentenbefragung. Hierbei werden die relevanten Merkmale des Produkts bzw. der Dienstleistung auf den konkreten Bewertungsfall abgestimmt und anhand ganzheitlich erhobener Präferenzurteile Teilnutzenwerte bestimmt. Der Anteil der Marke an der Gesamtpräferenz wird schließlich für die Isolierung der markenspezifischen Umsatzkomponente herangezogen. Die Aufspaltung der **Kosten** in markenspezifische und markenfremde Bestandteile erfolgt auf Basis vorhandener Unternehmensdaten und wird von Experten von Pricewaterhouse-Coopers zusammen mit Unternehmensvertretern vorgenommen. Hierbei werden neben den variablen Kosten auch anteilige organisatorische, sachliche und personelle Gemeinkosten berücksichtigt. Als Ergebnis liefert das Markenisolierungsmodul schließlich eine anteilige Gewinngröße, die spezifisch der Marke losgelöst vom Produkt zurechenbar ist.

Das **Markenprognosemodul** dient zur Trendberechnung der zukünftigen Erlöse und Kosten des Markenprodukts sowie der zukünftigen Marktvolumina.[324] Die Prognose wird von einem Expertenteam aus Mitgliedern des Bewertungsteams, dem Management des Auftraggebers und unabhängigen Gutachtern erstellt. Als Datenbasis dienen einerseits historische Umsätze, Marktanteile und Marktvolumina und andererseits die aktuelle, anhand des BPI gemessene Markenstärke der zu bewertenden Marken und der relevanten Konkurrenzmarken. Soweit vorhanden werden Marketingbudgets, Planungsdaten, künftige strategische Markenausrichtung sowie Kaufverhaltensdaten (z.B. Wiederkaufraten) ergänzend hinzugezogen. Der Prognosezeitraum ist unterteilt in eine Planungsperiode, welche die folgenden drei bis fünf Jahre umfaßt, und eine Post-Planungsperiode für den Anschlußzeitraum, der hinsichtlich umfassender Detailplanungen realistischermaßen nicht erschließbar ist. Innerhalb der Planungsperiode werden verschiedene Szenarien inklusive deren Eintrittswahrscheinlichkeiten für die Entwicklung der Umsätze, Kosten und Marktvolumina erstellt. Für die einzelnen Postplanungsperioden wird ein trendabhängiger Durchschnittswert zugrundegelegt; Abbildung 36 zeigt ein exemplarisches Beispiel der verwendeten Schätzmethodik. Die Ergebnisse des Markenprognosemoduls werden schließlich innerhalb des Markenisolierungsmoduls wie zuvor beschrieben in ihre markeninduzierten und markenfremden Komponenten aufgespalten.

[324] Zur Methodik des Markenprognosemoduls vgl. Högl/Hupp/Maul/Sattler (2002), S. 53 - 56.

Abb. 36: Schätzung zukünftiger Marktanteile im Markenprognosemodul

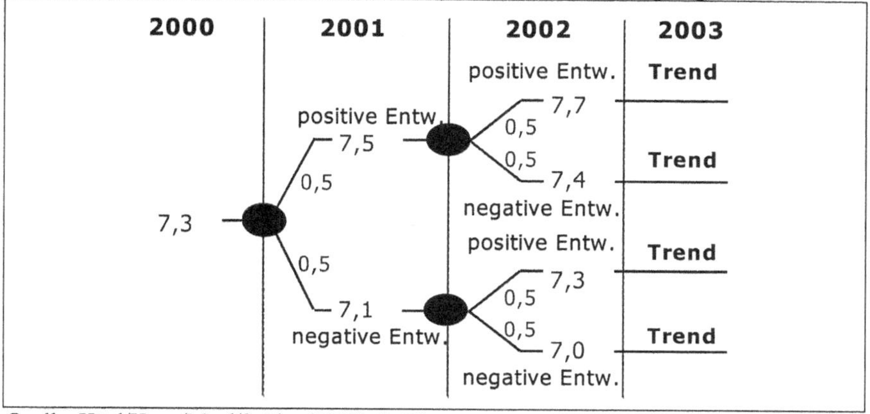

Quelle: Högl/Hupp/Maul/Sattler (2002), S. 55.

In Anlehnung an das Capital Asset Pricing-Modell[325] wird im **Markenrisikomodul** ein Diskontierungsfaktor berechnet, der das individuelle Risiko der zu bewertenden Marke abbildet und gleichermaßen kapitalmarkttheoretische und verhaltenswissenschaftliche Aspekte einbezieht.[326] Zunächst wird anhand eines Scoringmodells mit sechs Markenwertindikatoren (hier Risikoindikatoren genannt) eine Markenstärke berechnet, die auf den Wertebereich von null bis zehn normiert ist. Die verwendeten Einzelindikatoren und deren Gewichtungsfaktoren sind durch eine großzahlige Expertenbefragung von Sattler (1997a) empirisch validiert.[327] Abbildung 37 zeigt den Aufbau des verwendeten Scoringmodells.

Der ermittelte Markenscore wird schließlich auf eine Bandbreite von Diskontierungsfaktoren transformiert. Hierbei entspricht ein Punktwert von 10 dem geringsten Risiko, für welches der (quasi risikolose) langfristige Kapitalmarktzins (z) angesetzt wird. Ein Punktwert von null entspricht dem höchsten Risiko, für das gemäß nachfolgender Formel ein maximaler Diskontierungsfaktor (d) ermittelt wird, der die obere Grenze der Bandbreite begründet.

[325] Zum Aufbau des Capital Asset Pricing Modells (CAPM) sowie hinsichtlich dessen Eignung zur Markenbewertung vgl. Sattler (1997a), S. 121 ff.; Högl/Hupp/Maul/Sattler (2002), S. 61 ff. und die dort jeweils angegebene Literatur.

[326] Zur Methodik des Markenrisikomoduls vgl. Högl/Hupp/Maul/Sattler (2002), S. 56 - 64.

[327] Vgl. Sattler (1997a); S. 216 ff.; siehe auch Sattler (1999), S. 643; Sattler (1997b).

Abb. 37: Das Scoringmodell des GfK/PwC/Sattler-Ansatzes

Konsumentenbezogene Indikatoren:	Gewichtung:
• Markenbekanntheit	4,4 %
• Markenimage; operationalisiert als Markenattraktivität aus Konsumentensicht, gemessen mit dem Brand Potential Index (BPI)	44,1 %
Erlösorientierte Indikatoren:	
• wertmäßiger Marktanteil	11,5 %
• Wiederkaufrate	9,4 %
• Distributionsquote	6,5 %
• Marktstellung der letzten fünf Jahre; operationalisiert als historische Entwicklung der markenspezifischen Umsätze	24,1 %
→ Ergebnis: markenindividueller Score zwischen 0 (höchstes Risiko) und 10 (geringstes Risiko)	

Quelle: in Anlehnung an Sattler (1997a), S. 251 ff.; Högl/Hupp/Maul/Sattler (2002), S. 66.

Ermittlung des maximalen Diskontierungsfaktors:[328]

$d = z + r * \beta$

Symbole:

d: Diskontierungsfaktor

z: Kapitalmarktzins

r: Marktrisikoprämie

β: Beta-Faktor

Die Marktrisikoprämie (r) wird durch die Differenz aus der Rendite risikobehafteter Wertpapiere und dem Kapitalmarktzins gebildet und stellt das allgemeine Marktrisiko dar. Der Beta-Faktor (β) operationalisiert das unternehmensspezifische Risiko; als Referenzgröße dient hier vorzugsweise der maximale Beta-Wert aus einer Gruppe von börsennotierten Kapitalgesellschaften, die der gleichen Branche zugehörig sind. Im Einzelfall können jedoch auch Unternehmen aus anderen Branchen hinzugezogen werden, sofern diese starke Ähnlichkeiten hinsichtlich der Markenpositionierung aufweisen. Durch Interpolation innerhalb der ermittelten Bandbreite wird aus dem individuellen Markenscore der letztlich verwendete markenindividuelle Diskontierungsfaktor berechnet.[329]

Nach vollzogener Diskontierung ergibt sich der langfristige monetäre Wert der Marke losgelöst vom Produkt, der als **Fortführungswert** bezeichnet wird und das „Economic Use Prinzip“ widerspiegelt. Bislang sind im wesentlichen keine markenstrategischen Optionen berücksichtigt; deren Bewertung kann im Bedarfsfall zusätzlich erfolgen und wäre sodann Gegenstand des nächsten Moduls.

[328] Formale Darstellung in Anlehnung an Högl/Hupp/ Maul/Sattler (2002), S. 61.

[329] Vgl. Högl/Hupp/ Maul/Sattler (2002), S. 61 ff. und S. 65 ff.

Im **Markenstrategischen Optionsmodul** wird zunächst eine Auswahl von besonders erfolgversprechenden Transfermärkten vorgenommen, welche sodann anhand eines „Stretching-Scores“ beurteilt werden.[330] Dieses Scoringmodell beinhaltet eine Reihe von Erfolgsfaktoren für Markentransfers, welche sich zur Prognose der Wahrscheinlichkeit für die Erreichung eines bestimmten Marktanteils eignen und anhand umfassender Untersuchungen hergeleitet und empirisch validiert wurden.[331] Als Einzelindikatoren werden hierbei u.a. Ähnlichkeit zwischen Muttermarken- und Transferprodukt („Fit“), Erfolg und Breite vorangegangener Markentransfers, Marketingunterstützung, Wettbewerbsintensität auf dem Transfermarkt sowie der BPI verwendet. Zur Ermittlung von Bedeutungsgewichten für die einzelnen Indikatoren dient eine umfangreiche Datenbank mit Referenzdaten zur Wirkung von Erfolgsfaktoren auf den Markentransfererfolg über verschiedene Produktklassen hinweg. Weitere Einzelheiten, insbesondere zur Verknüpfung der Einzelindikatoren zu einem Gesamtscore, sind bislang nicht publiziert. Des weiteren erfolgen Expertenschätzungen der Markteinführungskosten und der Attraktivität des Transfermarkts (operationalisiert durch Marktvolumen und Umsatzrendite) und es wird das spezifische Transferrisiko anhand von Risikoindikatoren bestimmt; auch hierzu wurden bislang keine weiteren Details veröffentlicht. Für die monetäre Bewertung der ausgewählten markenstrategischen Optionen werden erneut die ersten drei Module durchlaufen; der **Gesamtmarkenwert** setzt sich schließlich aus der Summe des Fortführungswerts und des Werts der markenstrategischen Optionen zusammen.

Abb. 38: Beispiel eines Markenwert-Risikoprofils

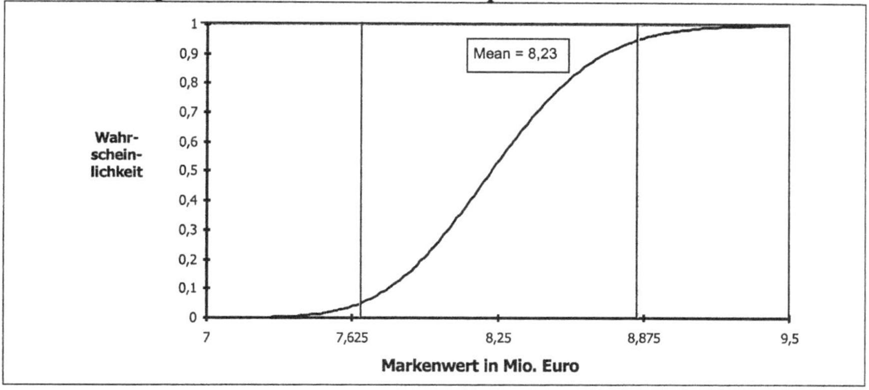

Quelle: Högl/Hupp/Maul/Sattler (2002), S. 39.

---

330 Zur Methodik des Markenstrategischen Optionsmoduls vgl. Högl/Hupp/Maul/Sattler (2002), S. 70 - 74.

331 Vgl. Zatloukal (2002), S. 17 ff.; S. 83 ff.; siehe auch Sattler (1997b; 1998a; 1998b; 2001a).

Im **Simulationsmodul** erfolgt eine Quantifizierung der Unsicherheit in der Bewertung.[332] Hierbei werden für einzelne unsichere Inputfaktoren im einfachsten Falle durch optimistische und pessimistische Schätzungen Eintrittswahrscheinlichkeiten ermittelt und anhand eines Simulationsmodells eine monetäre Wertbandbreite berechnet, welche sich beispielsweise als Verhandlungsspielraum im Rahmen von Markentransaktionen eignet. Sofern es wie bei der Bilanzierung des Markenwerts eines Einzelwertes bedarf, ist der bestmögliche Schätzwert mit der Eintrittswahrscheinlichkeit von 50% anzusetzen. Ein besonderer Nutzen des Simulationsmodells besteht darin, daß Aussagen über die Stärke des Einflusses einzelner Markenwertdeterminanten abgeleitet und als Informationsgrundlage für das Markenmanagement herangezogen werden können. Bei dem exemplarischen Beispiel in Abbildung 38 liegt der „wahre Markenwert" mit einer Wahrscheinlichkeit von 90% zwischen 7,7 und 8,8 Mio. Euro; der wahrscheinlichste Wert (50%) beträgt 8,23 Mio. Euro.

Das GfK/PwC/Sattler-Modell weist verschiedene Vorteile auf. So wird in besonderer Weise interdisziplinäres Expertenwissen integriert, welches u.a. in der gleichwertigen Einbindung von verhaltenswissenschaftlichen und finanzorientierten Komponenten des Markenwerts Ausdruck findet. Alle Bewertungsschritte sind nach aktueller wissenschaftlicher Lehrmeinung fundiert und zentrale Verfahrenskomponenten wie der BPI, das Scoringmodell im Markenrisikomodul sowie der Brand Stretching Score empirisch validiert. Eine Zukunftsorientierung wird durch explizite Prognosen erreicht; vereinfachende Pauschalierungen durch Annahme konstanter Verhältnisse werden weitgehend vermieden. Das Verfahren ermittelt einen langfristigen monetären Markenwert losgelöst vom Produkt und bereinigt von Einflüssen nichtmarkenspezifischer Komponenten. Durch Anpassung der Isolierungsmethodik an die Datengrundlage und durch die optionale Integration der Bewertung von markenstrategischen Optionen ergibt sich eine hohe Anwendungsbreite hinsichtlich unterschiedlicher Arten von Marken sowie verschiedener Bewertungsanlässe. Da die meisten Bewertungsverfahren markenstrategische Optionen bzw. deren monetäre Werterfassung völlig vernachlässigen, birgt das Modell diesbezüglich ein hohes Maß an Innovation. Weiterhin berücksichtigt das Modell im Rahmen der Diskontierung das individuelle markenspezifische Risiko anstatt des allgemeinen (Branchen-) Risikos. Die unvermeidliche Bewertungsunsicherheit wird anhand der Simulationsanalyse quantifiziert, wodurch eine realistische Sichtweise des monetären Werts begünstigt sowie ergänzende Informationen zur Bedeutung einzelner Stellhebel des Markenwerts geliefert werden. Das Verfahren beinhaltet jedoch auch subjektive Elemente. Diese treten einerseits bei der Prognose zukünftiger Umsätze, Kosten und Marktvolumina und andererseits bei der Bewertung markenstrategischer

[332] Zur Methodik des Simulationsmoduls vgl. Högl/Hupp/Maul/Sattler (2002), S. 75 - 77.

Optionen hinsichtlich der Auswahl von Transfermärkten sowie der Schätzung deren monetären Erfolgspotentials auf. Die Subjektivität erscheint in beiden Fällen jedoch weitgehend unvermeidlich, zumal die Markenwertforschung hinsichtlich dieser Bewertungsteilprobleme noch in den Anfängen steht.[333] Da das Modell in Teilbereichen bislang nur in Grundzügen offengelegt wurde, kann hier entsprechend keine eingehende Beurteilung erfolgen. Insgesamt vermeidet das GfK/PwC/Sattler-Modell zahlreiche Schwächen anderer Bewertungsverfahren, hat jedoch bislang kaum Praxiserprobung. Weiterhin hat das Modell einen hohen methodischen Komplexitätsgrad, so daß eine externe Nachvollziehbarkeit nicht uneingeschränkt möglich erscheint. Mit der Bewertung geht ein hoher Aufwand einher, der eine regelmäßige (z.B. quartalsweise) Anwendung unrealistisch erscheinen läßt. Es bleibt abzuwarten, inwieweit sich das GfK/PwC/Sattler-Modell in der Unternehmenspraxis bewähren bzw. durchsetzen wird.

2.4.2.3.5. Das Faktorenmodell von Semion

Das Faktorenmodell der semion brand-broker gmbh[334] hat in der Unternehmenspraxis infolge zahlreicher Artikel in Branchenfachzeitschriften eine hohe Bekanntheit erlangt, jedoch bislang kaum Eingang in die wissenschaftliche Marketingliteratur gefunden. Es dient zur monetären Bewertung von Firmenmarken, differenziert hierbei zwischen benutzten und unbenutzten Marken und beinhaltet eine vierstufige Vorgehensweise, die in ihrer Grundstruktur hohe Ähnlichkeiten mit dem alten Ansatz von Interbrand aufweist.[335]

Die Verfahrensmethodik für eine **benutzte Marke** wurde in ihren Grundzügen anhand der exemplarischen Bewertung der Marke „ProSieben" dokumentiert.[336] In einem ersten Bewertungsschritt wird ein Grundwert berechnet, der bei benutzten Marken dem durchschnittlichen Vorsteuergewinn der letzten drei Jahre

[333] Vgl. Sattler (2001c), S. 161 ff. und 165 ff.

[334] Die **semion brand-broker gmbh** wurde 1995 in München von Jürgen Kaeuffer gegründet und befaßt sich schwerpunktmäßig mit der Vermittlung von Markeninhabern, die eine ungenutzte Marke veräußern und Firmen, die eine registrierte, sofort einsetzbare Marke erwerben wollen. Für die Bewertung einer Marke hat das Unternehmen einen eigenen Ansatz („Semion-Markenbewertung") entwickelt, mit dem es zwischen 1995 und 1999 rund 500 Bewertungen durchgeführt hat und auf dessen Basis es regelmäßig Markenwert-Ranglisten der bedeutendsten deutschen Unternehmensmarken erstellt und veröffentlicht. Vgl. Semion (1999; 2000); Homepage der Firma Semion unter www.semion.com; zuletzt eingesehen am 18.03.2002; für Markenwert-Ranglisten auf Basis dieses Verfahrens siehe z.B.: Kaeuffer (2001a), S. 24; o.V. (2000); o.V. (2001b), S. 72; Friedrich (2000); Wermelskirchen (1999).

[335] Siehe hierzu Abschnitt 2.4.2.3.1.

[336] Vgl. Nussbaum (1998), S. 20.

und bei unbenutzten Marken den durchschnittlichen Aufwendungen einer professionellen Neumarkenkreation entspricht. Im nächsten Schritt wird eine Reihe einzelner Faktoren berechnet, deren Werte sich jeweils aus den Ausprägungen der zugrundeliegenden Markenwertindikatoren ergeben. Diese werden in einem dritten Schritt zu übergeordneten Faktoren verknüpft und schließlich additiv zu einem Gesamtmultiplikator zusammengefaßt, welcher in einem letzten Schritt mit dem Grundwert multipliziert einen langfristigen monetären Wert ergibt. Für die Bewertung einer benutzten Marke verwendet Semion vier Hauptfaktoren bzw. Indikatorenklassen, die sich aus insgesamt 96 Einzelfaktoren bzw. Markenwertindikatoren zusammensetzen und hinsichtlich der Einzelfaktoren sowie deren Verknüpfungsfunktionen nicht vollständig offengelegt sind.[337] Als Hauptfaktoren werden hierbei Finanzwert der Marke (insgesamt 10 Einzelfaktoren; u.a. Gewinnpotential, Gewinnerwartung, Vorsteuergewinn), Markenschutz (insgesamt 20 Einzelfaktoren; u.a. Waren-/Dienstleistungs-Verzeichnis, Markenumfeld, internationaler Schutzbereich), Markenstärke (insgesamt 48 Einzelfaktoren; u.a. Marktanteil, Markteinfluß, Marketingaktivitäten, Distributionsgrad, Markenauftritt, Markenpotential) und Markenimage (insgesamt 16 Einzelfaktoren; u.a. Akzeptanz, Kompetenz, Influenz, Prägnanz) verwendet. Die Herleitung der Einzelfaktoren des Markenimage erfolgt anhand des "Σ(Sigma)-Modells“[338] und ist auch hier im Detail nicht offengelegt. Aus der exemplarischen Bewertung der Marke „ProSieben“ kann gefolgert werden, daß alle Einzelfaktoren auf den einheitlichen Wertebereich von 0 bis 1 normiert sind und daß auch hinsichtlich der Einzelfaktoren vornehmlich additive Verknüpfungen bestehen.

Für die Bewertung einer **unbenutzten Marke** wird eine andere Faktorenauswahl getroffen, da hier für eine Reihe der vorgenannten Indikatoren noch keine Daten existieren. Das Verfahren ist diesbezüglich noch lückenhafter dokumentiert; als Faktoren werden hier Σ(Sigma) bzw. Markenimage, Waren-/Dienstleistungsklassen, Markenumfeld, Linguistik und Verteidigung angegeben.[339] Ab-

---

[337] Vgl. Kaeuffer (2001a), S. 26; Semion (1999), S. 6; Semion (2000), S. 11; Homepage der Firma Semion unter www.semion.com/d/wert01b.htm; zuletzt eingesehen am 18.03.2002.

[338] Das **Σ(Sigma)-Modell** („System Integrierter Gesellschaftlicher Meinungs-Analyse“) von H. J. Richter stellt ein Image-Kartogramm zur räumlichen Positionierung einer Marke im Markt dar und gibt Lage sowie Bewegungstendenzen von Firmen, Produkten, Vorstellungen und Verhalten der Bevölkerung bzw. einzelner Zielgruppen im sozialen und psychischen Meinungsumfeld wieder. In rund 3.000 Korrelationsebenen werden hierbei über 300.000 Image-Positionen integriert. Aus der im Modell ermittelten Nähe einer Marke zu Produkt und Zielgruppe sowie zum Unternehmen werden Schlüsse auf die spätere Akzeptanz und Kompetenz sowie den Einfluß der Marke in ihrem Markt gezogen. Vgl. Nußbaum (1998), S. 20; Homepage der Firma Semion unter www.semion.com/d/sig01v.htm; zuletzt eingesehen am 18.03.2002.

[339] Vgl. Homepage der Firma Semion unter www.semion.com/d/wert01b.htm; zuletzt eingesehen am 18.03.2002.

bildung 39 faßt die Methodik des Semion-Ansatzes für benutzte und unbenutzte Marken zusammen.

Abb. 39: Aufbau des Markenbewertungsmodells von Semion

Bewertung einer benutzten Marke:	Bewertung einer unbenutzten Marke:
$MW_{benutzt} = \overline{G} * (F_1 + F_2 + F_3 + F_4)$	$MW_{unbenutzt} = \overline{K} * f(F_5; F_6; F_7; F_8; F_9)$
Symbole:	Symbole:
$MW_{benutzt}$: monetärer Markenwert einer benutzten Marke	$MW_{unbenutzt}$: monetärer Markenwert einer unbenutzten Marke
$\overline{G}$: durchschnittlicher Nettogewinn der letzten drei Jahre	$\overline{K}$: durchschnittliche Kosten einer professionellen Neumarkenkreation
F_1: Faktor für Finanzwert	F_5: Faktor aus Σ(SIGMA)
F_2: Faktor für Markenschutz	F_6: Faktor aus Waren-/Dienstleistungsklassen
F_3: Faktor für Markenstärke	F_7: Faktor aus Markenumfeld
F_4: Faktor für Markenimage (bzw. Faktor aus Σ(SIGMA)	F_8: Faktor aus Linguistik
	F_9: Faktor aus Verteidigung

Zusammensetzung der Faktoren zur Bewertung einer benutzten Marke:

Faktor für Finanzwert:	Faktor für Markenschutz:	Faktor für Markenstärke:	Faktor für Markenimage:
10 Einzelfaktoren, u.a.: Gewinnentwicklung, Zukunftsperspektiven, Gewinn-Umsatz-Relation	20 Einzelfaktoren, u.a.: Waren-/Dienstleistungs-Verzeichnis, Markenumfeld, internationaler Schutzbereich	48 Einzelfaktoren, u.a.: Marktanteil, -einfluß, Marketingaktivitäten, Distributionsgrad, Markenauftritt, -potential	16 Einzelfaktoren, u.a.: Ratio, Emotio, Sozio Akzeptanz, Kompetenz, Influenz, Prägnanz

Quelle: eigene Zusammenstellung in Anlehnung an Semion (1999), S. 6; Semion (2000), S. 11; Homepage von Semion unter www.semion.com/d/wert01b.htm; zuletzt eingesehen am 18.3.02.

Aufgrund mangelnder Offenlegung hinsichtlich Auswahl und Operationalisierung der Faktoren bzw. Indikatoren, Ermittlung der Faktorwerte sowie deren Verknüpfungsfunktionen wird die Beurteilbarkeit des Semion-Ansatzes stark eingeschränkt, so daß selbst eine eingehende inhaltliche Interpretation von Faktoren teils nicht erfolgen kann. Insofern bestehen hier erneut die Indikatorenverfahren im allgemeinen anhaftenden Kritikpunkte hinsichtlich subjektiver und willkürlicher Elemente bei Auswahl, Gewichtung und Verknüpfung der Indikatoren sowie deren mangelnder Überschneidungsfreiheit; eine ausgeprägte theoretische Fundierung ist auch hier nicht erkennbar. Als modellspezifische Kritik ist einzubringen, daß auf die Verwendung explizit zukunftsorientierter Indikatoren, die auf das Entwicklungspotential und die Nachhaltigkeit einer Marke gerichtet sind, verzichtet wird. Entsprechendes gilt auch für den Grundwert, der auf der historischen Gewinnsituation basiert. Weiterhin ist ein hoher Aufwand für die Generierung der Datengrundlage zur Ableitung der Faktorwerte des Markenimages zu tätigen.[340] Schließlich wird auch bei diesem Verfahren keine Isolierung des Wertes einer Marke losgelöst vom Produkt vorgenommen, sondern eine auf dem gesamten Marketing-Mix beruhende Gewinngröße berechnet. Trotz dieser Schwächen hat der Semion-Ansatz durch die hohe Zahl an bislang vorgenommenen Bewertungen eine umfangreiche Praxiserprobung.[341]

2.4.2.3.6. Die Faktorenmodelle von BBDO

Die BBDO-Gruppe[342] hat mit dem Brand Equity Evaluation System (BEES) und mit dem Brand Equity Evaluator zwei Faktorenmodelle zur monetären Markenbewertung entwickelt, wobei ersteres zur Bewertung von Firmenmarken und letzteres zur Bewertung von Produkt- und Dienstleistungsmarken dient. Beide Verfahren sind erst relativ kurz am Markt etabliert und haben entsprechend bislang kaum Eingang in die Marketingliteratur gefunden. Sie weisen hohe methodische Parallelen miteinander wie auch mit dem Faktorenmodell von Semion bzw. dem alten Ansatz von Interbrand auf.[343]

Der **Brand Equity Evaluation System (BEES)** basiert auf acht Determinanten, die BBDO als markenwertrelevante Größen ansieht.[344] Hierzu zählen die historische **Umsatzentwicklung** der Marke als Indikator für das zukünftige Absatzpotential sowie die **Umsatzprofitabilität** der Marke, die im Mittel der letzten drei Jahre betrachtet als Indikator für die Werthaltigkeit des Umsatzes dient. Weiterhin erfolgt eine Expertenbefragung von Analysten hinsichtlich der Branchen-

---

[340] Vgl. Wirtz/Göttgens/Dunz (2001); S. 161.

[341] Vgl. z.B. Kaeuffer (2001), S. 24; o.V. (2000); o.V. (2001), S. 72.

[342] Die **BBDO Worldwide** ist ein Netzwerk von Unternehmen der Kommunikations- und Werbebranche mit 323 Niederlassungen in 76 Ländern. In Deutschland ist es über die **BBDO Group Germany** mit Sitz in Düsseldorf organisiert, welche als Management Holding für ihre operativen Tochtergesellschaften agiert und für diese Ressourcen bereitstellt. Das Leistungsspektrum der BBDO-Kerngesellschaften und Partneragenturen umfaßt alle Disziplinen der klassischen Werbung, Verkaufsförderung, Direktmarketing, Sponsoring, Public Relations, Events, Design sowie die Bereiche Markenmanagement, Customer Relationship Management, Multimedia, E-Business. Die Tochtergesellschaft **BBDO Consulting** ist mit Niederlassungen in München, Frankfurt und Düsseldorf vertreten und schwerpunktmäßig in den Bereichen Brand Management, E-Branding, E-Commerce und Customer Relationship Management (CRM) tätig. Unter anderem bietet BBDO Consulting auch monetäre Markenbewertungsservices an und hat hierfür mit dem BBDO Brand Equity Evaluation System und dem Brand Equity Evaluator eigene Ansätze entwickelt. Vgl. Homepages der BBDO unter www.bbdo.com; www.bbdo.de; www.bbdo-consulting.de; alle zuletzt eingesehen am 02.04.2002.

[343] Vgl. Abschnitt. 2.4.2.3.1. und Abschnitt 2.4.2.3.5.

[344] Zur Methodik des BEES-Ansatzes vgl. Zimmermann et al. (2001), S. 43 ff.; BBDO Consulting (2001), S. 13 ff.; Wirtz/Göttgens/Dunz (2001), S. 162 ff.

entwicklung, welche als Grundlage der **Entwicklungsperspektive** der Marke dient und deren zukünftiges Wertpotential ausdrücken soll. Die **internationale Ausrichtung** der Marke wird über den Anteil des Auslandsumsatzes am Gesamtumsatz erfaßt und ergänzt die Entwicklungsperspektive um den internationalen Aspekt. Die **werbliche Unterstützung** der Marke wird durch den Anteil der Werbeausgaben am Vorsteuergewinn und die **brancheninterne Stärke** der Marke durch den Umsatzanteil der betrachteten Marke am Umsatz des Branchenführers operationalisiert. Das **Image** der Marke wird als deren Attraktivität aus Stakeholdersicht verstanden; über eine Operationalisierung werden keine Angaben gemacht. Als letzte Determinante wird der **Vorsteuergewinn** der Marke als gewichteter Durchschnittswert der letzten drei Perioden erfaßt, welcher ihr Wertpotential ausdrücken soll.[345]

Für die Ermittlung eines monetären Wertmaßes wird analog zum Semion-Ansatz der durchschnittliche Vorsteuergewinn mit einem Gewichtungsfaktor multipliziert, dessen Berechnung hier auf Basis von sieben Determinanten erfolgt. Diese werden zunächst einzeln in Faktorwerte überführt, wobei für die beiden Faktoren „Stärke" und „werbliche Unterstützung der Marke" nach der Branche abstrahiert wird und die Ermittlung der übrigen fünf Faktoren im branchenübergreifenden Kontext erfolgt. Die einzelnen Faktoren werden schließlich gewichtet und stufenweise aggregiert; hierbei werden zunächst Umsatzentwicklung, Umsatzprofitabilität und Entwicklungspotential zu einem Unterfaktor „Markenqualität" zusammengefaßt, der mit den verbleibenden vier Faktoren kombiniert den letztlich verwendeten Gesamtmultiplikator ergibt.[346] Abbildung 40 gibt einen schematischen Verfahrensüberblick.

In der Würdigung des eigenen Ansatzes stellt BBDO insbesondere darauf ab, daß hier eine branchendifferenzierende Vorgehensweise erfolgt, umfangreiche Einflußgrößen des Markenwert berücksichtigt, explizit zukunftsbezogene Größen integriert sowie durch Verwendung des Vorsteuergewinns nichtmarkenwertrelevante Größen ausgeschlossen werden. Weiterhin integriert das Modell Expertenwissen und ist erweiterungsfähig im Hinblick auf Firmenmarken des Finanzbereichs; überdies sind die erforderlichen Daten schnell, leicht und kostengünstig beschaffbar. Hingegen werden subjektive Elemente bei Auswahl und Gewichtung der Faktoren und die nur auf Unternehmensmarken beschränkte Gewichtung der Faktoren sowie die nur auf Unternehmensmarken beschränkte Anwendbarkeit als nachteilig eingeräumt.[347] Das BEES-Modell birgt jedoch noch weitere bedeutsame Schwächen; so werden fast ausschließlich ökonomische Kennzahlen zur Wertermittlung herangezogen und konsumentenorientierte Mar-

[345] Vgl. Zimmermann et al. (2001), S. 43 f.; BBDO Consulting (2001), S. 13 f.

[346] Vgl. Zimmermann et al. (2001), S. 44; BBDO Consulting (2001), S. 14.

[347] Vgl. Zimmermann et al. (2001), S. 45.

Abb. 40: Aufbau des Brand Equity Evaluation Systems von BBDO

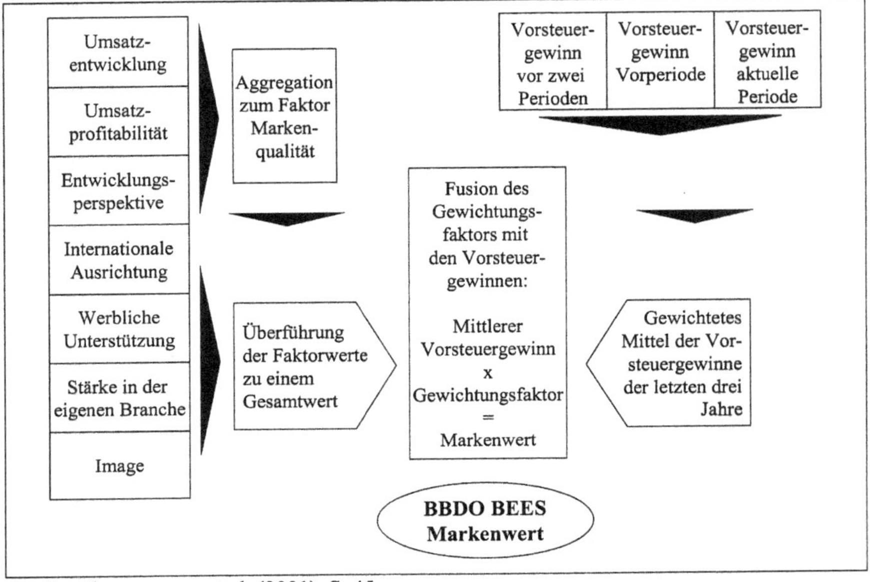

Quelle: Zimmermann et al. (2001), S. 45.

kenwertindikatoren vernachlässigt. Überdies erscheinen die verwendeten Indikatoren in besonderer Weise nicht überschneidungsfrei, was sich u.a. in der Abhängigkeit mehrerer Kennzahlen vom Markenumsatz ausdrückt. Die explizite Zukunftsorientierung der Bewertung wird durch die überwiegende Verwendung historischer Daten eingeschränkt. Eine explizite Prognose der individuellen Markenentwicklung unterbleibt; ebenso erfolgt keine Isolierung nichtmarkenspezifischer Komponenten sowie keine Berücksichtigung von markenstrategischen Optionen und Risikoaspekten. Insgesamt erscheint auch der BBDO-Ansatz zur langfristigen monetären Markenbewertung nur bedingt geeignet.

Der **Brand Equity Evaluator**[348] von BBDO stellt ebenfalls ein Faktorenmodell dar, daß sich in seiner Struktur nur unwesentlich vom BEES-Ansatz unterscheidet. Hier werden lediglich vier Determinanten zur Berechnung eines Multiplikators („Gewichtungsfaktor") herangezogen, der mit einer „anlaßspezifischen monetären Basis" verknüpft ein langfristiges monetäres Markenwertmaß ergibt. Einen schematischen Verfahrensüberblick zeigt Abbildung 41.

[348] Zur Methodik des Brand Equity Evaluators vgl. Zimmermann et al. (2002), S. 17 ff.

Abb. 41: Aufbau des Brand Equity Evaluators von BBDO

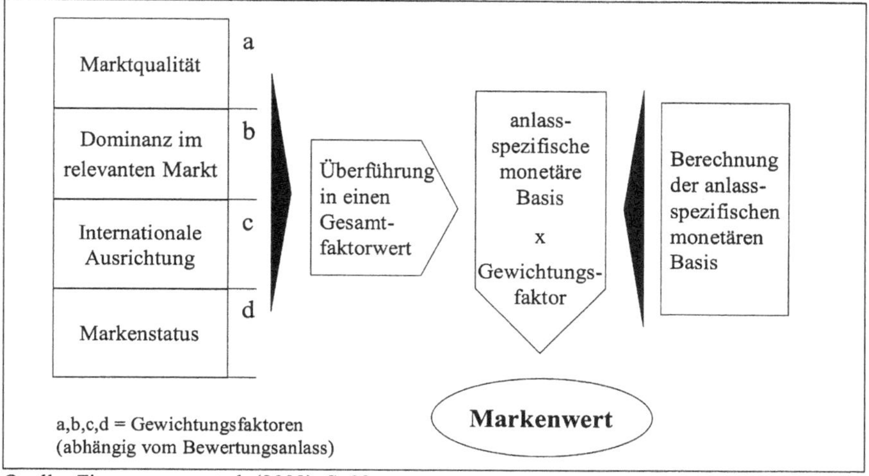

Quelle: Zimmermann et al. (2002), S. 22.

Zur Bildung des Multiplikators werden Marktqualität, Dominanz im relevanten Markt, internationale Ausrichtung und Markenstatus herangezogen, welche je nach Anlaß der Markenbewertung unterschiedlich gewichtet werden. Die **Marktqualität** beschreibt die jeweilige Branche bzw. den relevanten Markt der zu bewertenden Marke; diese wird anhand der drei Indikatoren Umsatzentwicklung der Branche (mittleres Umsatzwachstum der letzten drei Jahre), Umsatzprofitabilität der Branche (mittlere Rentabilität der letzten drei Jahre) und Markengetriebenheit der Branche (Anteil des Werbeaufwands am Branchenumsatz) beurteilt. Die **Dominanz im relevanten Markt** wird anhand der Umsatzstärke der Marke relativ zum Wettbewerb und die **internationale Ausrichtung** der Marke anhand des Anteils des Auslandsumsatzes am Gesamtumsatz der Marke beurteilt. Der **Markenstatus** wird von BBDO als wahrgenommene Stärke und Attraktivität der Marke aus Konsumentensicht operationalisiert und anhand des „BBDO 5-Stufen-Modells der Markenführung" bestimmt; Abbildung 42 gibt einen schematischen Verfahrensüberblick dieses Modells.

Das BBDO 5-Stufen-Modells der Markenführung nimmt eine Unterteilung von Marken gemäß deren Stärke bzw. Attraktivität aus Konsumentensicht in fünf Statusklassen vor, zu deren Bewertung jeweils unterschiedliche Indikatoren („Treiber") verwendet werden. Die Berechnung der anlaßspezifischen monetären Basis erfolgt in Abhängigkeit vom zugrundeliegenden Bewertungsanlaß. Bei Akquisitionen bzw. Veräußerungen von Marken sowie bei Markenlizenzierungen wird diese durch prognostizierte Brutto-Cash flows[349] über einen Planungshorizont von drei Jahren gebildet.[350] Diese werden anhand eines auf Basis des CAPM-Modells ermittelten, risikoadjustierten Diskontierungsfaktors zu einem Gegenwartswert abgezinst. Hingegen wird die Bewertungsbasis bei Schadensersatzbestimmungen infolge von Markenpiraterie als Differenz der angenommenen und tatsächlichen mittleren Vorsteuergewinne während der Schädigungszeit erfaßt.[351] In einem letzten Schritt werden die jeweilige Bewertungsbasis und der Multiplikator zu einem langfristigen monetären Wertmaß verknüpft.

Abb. 42: Das BBDO-5-Stufen-Modell zur Bestimmung des Markenstatus

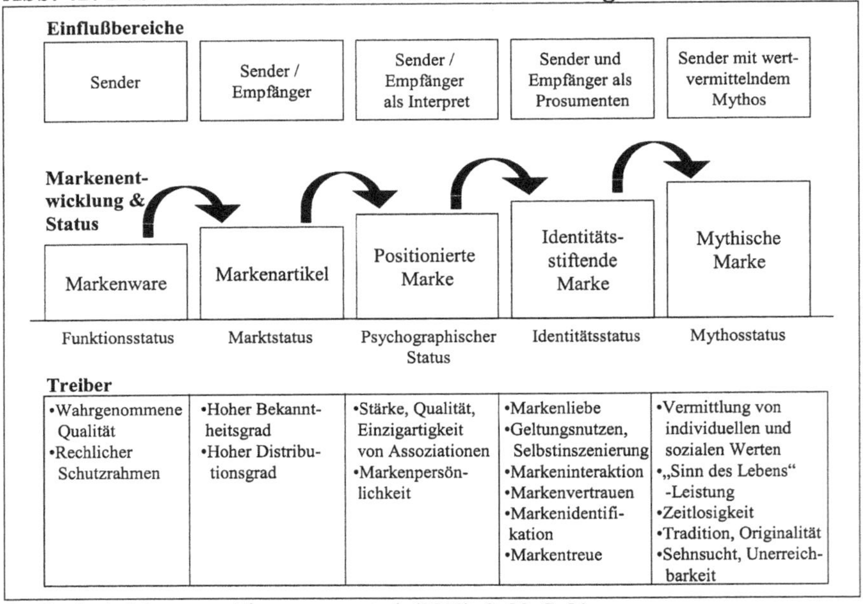

Quelle: in Anlehnung an Zimmermann et al. (2002), S. 20; S. 21

349 Zur Berechnung des Brutto Cash flow (nach Steuern / vor Zinsen) wird zunächst das operative Betriebsergebnis („Operating Profit“) alternativ aus der Management-Erfolgsrechnung oder aus der Gewinn-und-Verlust-Rechnung bestimmt. Hiervon werden anteilige Steuern abgezogen sowie anteilige Abschreibungen und Zuführungen von Pensionsrückstellungen aufgeschlagen. Vgl. Zimmermann et al. (2002), S. 23.

350 Vgl. Zimmermann et al. (2002), S. 23; S. 25.

351 Vgl. Zimmermann et al. (2002), S. 26 f.

Der Brand Equity Evaluator stellt weniger ein neuartiges Markenbewertungsverfahren dar, sondern ist vielmehr als Weiterentwicklung des BEES-Ansatzes anzusehen. Beide Modelle weisen die gleiche Grundstruktur auf und unterscheiden sich überdies kaum inhaltlich im Hinblick die Determinanten der Multiplikatorbestimmung. So wird diesbezüglich beim Brand Equity Evaluator lediglich die Entwicklungsperspektive der Marke ausgegrenzt und anstatt des Markenimage im BEES-Ansatz der anhand des 5-Stufen-Modells bewertete Markenstatus verwendet; die übrigen Komponenten weisen entsprechend keine Unterschiede auf. Hinsichtlich der Bestimmung der monetären Basis unterscheiden sich die Ansätze durch die Verwendung des mittleren Vorsteuergewinns der vergangenen drei Perioden (BEES) bzw. durch Prognose und Diskontierung von Brutto-Cash flows (Brand Equity Evaluator). Aufgrund dieser insgesamt hohen methodischen Parallelität kann hinsichtlich der Beurteilung des Brand Equity Evaluators auf die kritischen Aspekte zum BEES-Ansatz wie auch auf die zum Semion-Ansatz verwiesen werden; dies betrifft insbesondere die hohe Umsatzbestimmtheit der verwendeten Determinanten. Entgegen dem BEES-Ansatz basiert der Brand Equity Evaluator jedoch nicht einseitig auf historischen Daten, sondern nimmt durch Prognose über die nächsten drei Perioden eine explizit zukunftsgerichtete Bewertung vor. Jedoch erscheint es unverständlich, warum der hier ermittelte Barwert als Grundlage für ein multiplikatorbestimmtes langfristiges monetäres Wertmaß genutzt wird.

2.4.2.4. Kombination von kosten- und lizenzierungsorientierten Ansätzen: die Verkehrswertmethode von Repenn

Auch die Verkehrswertmethode von Wolfgang Repenn[352] wurde bislang in der wissenschaftlichen Literatur kaum beachtet.[353] Sie vereinigt Elemente von kosten- und lizenzierungsorientierten Ansätzen und differenziert dabei zwischen der Bewertung von benutzten und unbenutzten Marken. Das hier ermittelte monetäre Markenwertmaß wird als Verkehrswert bezeichnet und setzt sich aus zwei Komponenten, dem Grundwert und dem Betriebswert zusammen; Abbildung 43 gibt eine schematische Verfahrensübersicht.

[352] **Wolfgang Repenn** ist Markenprüfer beim Deutschen Patentamt in München; weiterhin ist er der bislang einzige selbständige Sachverständige für Markenbewertung innerhalb von Deutschland und Österreich. Die von ihm entwickelte Verkehrswertmethode wird auch als WoReWert-Bewertungssystem, Repenn-Ansatz bzw. Gutachterverfahren bezeichnet und hat insbesondere bei Pfändungen infolge von Zwangsvollstreckungen innerhalb Deutschlands eine hohe Verbreitung gefunden.

[353] Zur Verfahrensmethodik vgl. Repenn (1998), S. 36 ff.; Repenn (1999); S. 6 ff.; ein exemplarisches Bewertungsbeispiel findet sich bei Nussbaum (1998), S. 21.

Abb. 43: Markenbewertung nach der Verkehrswertmethode von Repenn

Verkehrswert
einer Marke mit/ohne abhängiger IR-Marke bzw. Protokoll-Marke[354]

Grundwert

- Planungskosten (Entwurf, Entwicklung, Recherche)
- Kosten für Markenanmeldung
- Erhaltungskosten einer Marke (Überwachung, Erneuerung, ohne Kosten für Werbeaufwendungen)
- bei abhängiger IR- oder Protokoll-Marke: Kosten für internationale Registrierung und nachträgliche Schutzausdehnung

\+

Betriebswert

Benutzte Marken:

- Prozentsatz des Durchschnittsumsatzes der letzten 5 Jahre (Variationen bei steigenden, konstanten, sinkenden Markenumsätzen) plus Zuschlag bei Firmen- oder Serienmarken
- zzgl. Lizenzeinnahmen und sonstigen Nutzungsentgelten von Dritten
- abzgl. prozessualer Abwehrkosten und Minderungen (Abgrenzungen, Benutzungsverbote)
- bei abhängiger IR- oder Protokoll-Marke: Zuschlag des Betriebswertes der IR- / Protokollmarke; Ermittlung analog zu benutzen Marken

Unbenutzte Marken:

- anstatt Prozentsatz des Durchschnittsumsatzes: jährlicher Pauschalbetrag in Abhängigkeit von der Benutzungsschonfrist
- zzgl. / abzgl. der gleichen Zuschlagsarten wie bei benutzten Marken
- abzgl. Minderung bei Gegenrechten

Quelle: eigene Darstellung in Anlehnung an Repenn (1998), S. 3 und S. 36 ff.

Der **Grundwert** umfaßt administrativ bedingte Aufwendungen für Anschaffung und Erhaltung einer Marke, repräsentiert den kostenorientierten Verfahrensbaustein und setzt sich im einzelnen aus Kosten für Planung (Entwurf, Entwicklung, Recherche), Anmeldung sowie formalrechtliche Führung (Überwachung, Erneuerung) der Marke zusammen. Die Höhe der einzelnen Positionen ist abhängig von der Anzahl der für die Marke angemeldeten Waren- und Dienstleistungsklassen und wird durch bestehende Amtsgebühren und Honorarforderungen von zur Anmeldung heranzuziehenden Rechts- bzw. Patentanwälten bestimmt. Besteht zusätzlich eine Registrierung als IR- bzw. Protokollmarke, so wird deren Grundwert zugerechnet. Explizit nicht berücksichtigt werden Werbe-

354 Während in Deutschland eine **nationale Marke** nur beim Deutschen Patentamt in München eingetragen ist und somit Schutz vor Markenrechtsverletzungen auf nationaler Ebene erlangt, ist eine **IR-Marke** zusätzlich nach dem Madrider Markenabkommen (MMA) bei der OMPI (Organisation Mondiale de la Propriete Intellectuelle) in Genf registriert und kann somit Schutz in allen Beitrittsländern des MMA (insges. 52 Länder, Stand: 1.1.1998) erlangen. Eine **Protokollmarke** ist national angemeldet (hinterlegt) und zusätzlich nach dem Protokoll zum Madrider Markenabkommen (Protokoll MMA) bei der OMPI registriert. Hierdurch kann separater Schutz in den Ländern erlangt werden, die dem Abkommen über die Protokollmarke beigetreten sind (insgesamt 26 Länder, Stand: 01.01.1998). Vgl. Repenn (1998), S. 3 f.

aufwendungen, da diese für Repenn eine Ungleichbehandlung der zu bewertenden Marken bedeuten, die es zu vermeiden gilt.[355]

Der **Betriebswert** fokussiert auf die Einnahmeseite und differenziert zwischen der Bewertung von benutzten und unbenutzten Marken. Bei **benutzten Marken** wird als erster „Wertfaktor" ein Prozentsatz des durchschnittlichen Jahresumsatzes der letzten fünf Jahre zugrundegelegt, welcher in seiner Höhe von der historischen Umsatzentwicklung abhängig ist und 10% nicht überschreiten darf. Sofern in der Marke auch Firmenname oder Firmenlogo enthalten sind bzw. die Marke zu einer Marken-Serie gehört, wird ein weiterer anteiliger Wertfaktor für den Umsatz des Gesamtunternehmens bzw. der übrigen Serien-Marken hinzugerechnet. Weiterhin wird für die Einnahmen aus Lizenzierung und sonstigen Nutzungsentgelten der Marke ein Durchschnittswert der letzten fünf Jahre gebildet und dieser als weiterer Wertfaktor in voller Höhe angerechnet. Besteht zusätzlich eine Registrierung als IR- bzw. Protokollmarke, so wird analog für diese ein Betriebswert ermittelt und aufgeschlagen. Weiterhin werden auch Wertminderungsposten berücksichtigt; hierzu zählen waren-, dienstleistungs- oder gebietsbezogene Widerspruchs- und Löschungsverfahren sowie Benutzungsverbote. Bei **unbenutzten Marken** wird anstatt des hier nicht existenten Umsatzanteils ein jährlicher Pauschalbetrag in Abhängigkeit von der Benutzungsschonfrist zugrundegelegt, der, wie Repenn anführt, weitgehend auf Erfahrungswerten beruht. Die übrigen Wertfaktoren werden analog zu benutzten Marken berechnet. Als zusätzlicher Wertminderungsposten finden hier Gegenrechte Anrechnung, die für entgegenstehende identische oder verwechselbare ältere Marken bestehen und maximal die Kosten einer Markenneuanmeldung annehmen.[356]

Bei Beurteilung des Repenn-Ansatzes ist zunächst positiv hervorzuheben, daß die Methodik im hohen Maße offengelegt und somit leicht nachvollziehbar ist. Überdies ist das Verfahren weitgehend objektivierbar, die benötigte Datenbasis leicht beschaffbar und die Wertberechnung wenig aufwendig. Weiterhin wird die Ermittlung des isolierten Wertes der Marke losgelöst vom Produkt angestrebt. Diese Eigenschaften sind insbesondere in dem Hauptanwendungsbereich der Markenpfändung infolge von Zwangsvollstreckungen bedeutsam. Für diesen Anlaß und bei Bewertung von nur sehr schwach etablierten Marken erscheint die Anwendung der Verkehrswertmethode gerechtfertigt und sinnvoll. Sofern jedoch andere Bewertungsanlässe und gut etablierte Marken zur Disposition stehen, weist die Methode nicht zu vernachlässigende Schwächen auf. So werden kaum bzw. keine markt- oder konsumentenbezogenen Größen berücksichtigt. Dies findet unter anderem auch seinen Niederschlag darin, daß Werbeaufwendungen, welche aus Marketingsicht als Erhaltungskosten der Marke anzusehen

355 Vgl. Repenn (1998), S. 36 f.; Repenn (1999); S. 7.

356 Vgl. Repenn (1998), S. 37 f.; Repenn (1999), S. 8 f.

sind, explizit ausgegrenzt werden. Die Begrenzung des ersten Wertfaktors bei benutzten Marken auf maximal 10% vom Umsatz erscheint willkürlich und es treten subjektive Elemente bei der Bestimmung eines Pauschalbetrags für unbenutzte Marken auf. Weiterhin sind weder Risikoaspekte noch markenstrategische Optionen implementiert und die Wertermittlung basiert ausschließlich auf historischen Daten. Somit ermittelt die Verkehrswertmethode einen im Vergleich zu anderen Bewertungsverfahren deutlich niedrigeren monetären Wert, wie auch aus dem Anwendungsbeispiel der Markenbewertung von ProSieben deutlich wird.[357] Im Hinblick auf eine zukunftsorientierte monetäre Bewertung von gut etablierten Marken ist dieses Verfahren als unzureichend zu beurteilen.

2.4.2.5. Monetäre Verfahren im erweiterten Sinne

Im folgenden werden kommerzielle Spezialtools der Unternehmenspraxis behandelt, die nur in einem erweiterten Sinne als monetäre Markenbewertungsverfahren zu betrachten sind, da sie nicht zur Berechnung eines monetären Markenwerts, sondern eines inhaltlich anderen markenbezogenen monetären Wertmaßes dienen. Hierbei handelt es sich um den GfK-Markensimulator, den GfK-BASS-Ansatz sowie um den MCM/McKinsey-Ansatz zur Markenpotentialmessung. Aufgrund der jeweils verwendeten Datenbasis und Bewertungsmethodik können diese drei Verfahren unter den absatzmarktgerichteten Ansätzen und hier in die Untergruppe der kaufverhaltensorientierten Ansätze eingeordnet werden.

2.4.2.5.1. Der GfK-Markensimulator

Bei dem Markensimulator der GfK[358] handelt es sich um ein Bewertungsverfahren, das schon relativ lange am Markt etabliert ist und in der Literatur vergleichsweise wenig behandelt wurde.[359] Das Modell zielt auf die Ermittlung einer Markenstärke ab, die abweichend von der Terminologie anderer Bewertungsverfahren hier „**Markenkraft**“ genannt und als „*Attraktivität einer Marke (...), die nicht durch das kurzfristige Marketing-Mix erklärt werden kann*“[360] aufgefaßt wird. Sie entsteht langfristig beim Konsumenten infolge erlebter Pro-

---

[357] Vgl. Nussbaum (1998), S. 21 ff.

[358] Die **GfK AG** ist Deutschlands ältestes, größtes sowie renommiertestes Marktforschungsunternehmen und bedarf als solches eigentlich keiner Vorstellung. Kerngeschäft der GfK-Gruppe ist die Ermittlung, Analyse und Interpretation von Marktinformationen für die Bereiche Marketing, Werbung und Vertrieb in nahezu allen Konsum- und Gebrauchsgütermärkten. Das Unternehmen hat rund 3900 Mitarbeiter und ist weltweit in 43 Ländern vertreten; innerhalb Europas belegt es den vierten und weltweit den achten Rang. Vgl. Homepage der GfK AG unter www.gfk.de, zuletzt eingesehen am 18.03.2002.

[359] Zur Verfahrensmethodik vgl. Maretzki/Wildner (1994); Wildner (1991) und siehe auch Abschnitt 2.3.2.3.2; eine kritische Beurteilung des Verfahrens findet sich z.B. bei Esch/Geus (2001), S. 1043 f.

[360] Maretzki/Wildner (1994), S. 102.

duktqualität, Imagebildung oder schlicht Gewohnheit, ist nicht direkt beobachtbar, äußert sich aber im Kaufverhalten, welches anhand von Panels erfaßbar ist. Jedoch wird das Kaufverhalten von Konsumenten nicht allein durch die Markenkraft bestimmt, sondern ist auch durch andere Marketing-Mix-Instrumente (z.B. Preis, Distribution, Promotions, Produktausstattung, etc.) sowie wettbewerbliche Einflüsse determiniert. Die diesem Modell zugrundeliegenden Wirkungszusammenhänge zeigt Abbildung 44.

Abb. 44: Erklärungsmodell der Markenkraft beim GfK-Markensimulator

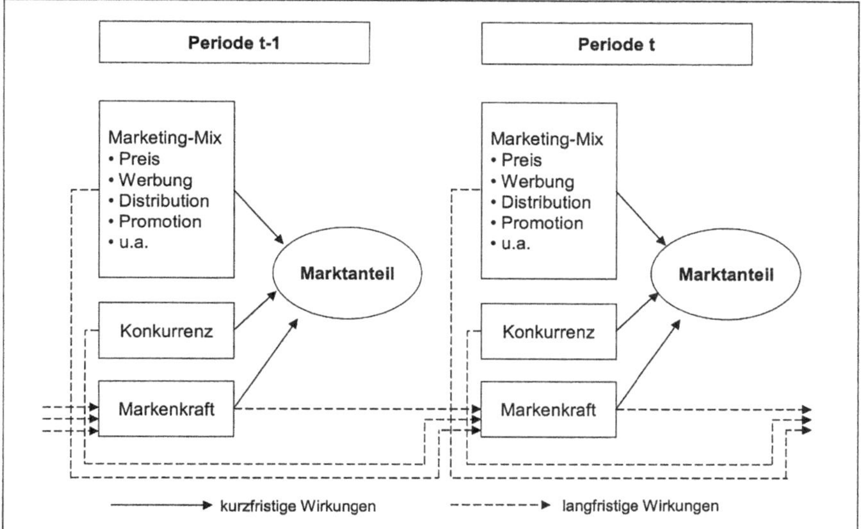

Markenkraft = Marktanteil – aus Wirkungen des kurzfristigen Marketing-Mix resultierender Anteil des Marktanteils

Quelle: Maretzki/Wildner (1994), S. 103

Die Markenkraft wird hier operationalisiert durch den zusätzliche Marktanteil, den die Marke abgesehen vom Effekt ihres Marketing-Mix erzielt. Streng genommen handelt es sich bei dem GfK-Markensimulator um ein nichtmonetäres Bewertungsverfahren. Da die Markenkraft jedoch sehr leicht durch Multiplikation mit dem Umsatzvolumen in ein monetäres Wertmaß überführt werden kann, wird der GfK-Markensimulator im Rahmen dieser Arbeit unter den monetären Bewertungsverfahren im erweiterten Sinne subsummiert.[361] Das resultierende monetäre Wertmaß drückt hierbei einen durch die Marke erzielten Anteil am

[361] So nimmt beispielsweise Sattler (2001c) eine Zuordnung des GfK-Markensimulators bei den nichtmonetären Markenbewertungsverfahren vor. Vgl. Sattler (2001c), S. 156.

Umsatz aus. Bei der Ermittlung der Markenkraft wird auf das IRI/GfK-Handelspanel zurückgegriffen, bei dem die zugrundeliegende Datenbasis sehr fein in 20 bis 30 homogene Subsegmente aufgegliedert ist. Die in Abbildung 44 aufgezeigten Zusammenhänge werden anhand eines multiplen Regressionsmodells modelliert.[362] Abhängige Variable ist hierbei der Marktanteil, unabhängige Variablen sind die Marketing-Mix-Instrumente. Je in das Modell einbezogener Marke wird weiterhin eine Dummy-Variable eingeführt, die bei Datenpunkten dieser Marke den Wert „1" und ansonsten „0" annimmt. Zur Schätzung der Marktanteile werden die ermittelten Modellparameter und die Ausgangsdaten herangezogen. Die Koeffizienten der die Marke modellierenden Variablen können inhaltlich als deren Markenkraft interpretiert werden. Eine Untersuchung von elf Marken aus der Produktkategorie Fruchtsäfte/Fruchtnektare über einen Zeitraum von acht Monaten hat gezeigt, daß die Markenkraft hier eine hohe zeitliche Stabilität aufweist, was deren langfristigen Charakter untermauert.[363]

Bei der Beurteilung ihres eigenen Ansatzes heben Maretzki/Wildner dessen Wirtschaftlichkeit hervor, da die Bewertung auf einem umfassenden Datenmaterial basiert, welches ohnehin im Rahmen der Marktbeobachtung erhoben wird. Weiterhin erfolgt die Ermittlung von Gewichtungen anhand eines anerkannten, nachprüfbaren Verfahrens, bei dem auch Aussagen über die Qualität der Schätzung getroffen werden können.[364] Darüber hinaus ist positiv hervorzuheben, daß eine (Teil-) Isolierung verschiedener nichtmarkenspezifischer Komponenten erfolgt. Jedoch weist das Verfahren auch Schwächen auf; so handelt es sich bei der transformierten monetären Ergebnisgröße um einen markenproduktbezogenen Umsatzanteil, welcher um produktspezifische Komponenten sowie um Kostengrößen zu bereinigen wäre, um einen Markenwert losgelöst vom Produkt zu erhalten. Weiterhin dient der Ansatz lediglich zur Ermittlung eines kurzfristigen monetären Wertmaßes; entsprechend werden das Prognoseproblem sowie das Bewertungsproblem markenstrategischer Optionen ausgegrenzt. Die Verwendung von Paneldaten beschränkt die Verfahrensanwendung auf Güter, für welche diese Daten typischerweise erhoben werden. Insgesamt erscheint das Verfahren zur Anwendung für ein periodisches Markencontrollings gut geeignet, im Hinblick auf die langfristige monetäre Bewertung einer Marke losgelöst vom Produkt ist es jedoch wenig hilfreich.

---

[362] Vgl. Wildner (1991), S. 121 f. und siehe auch Abschnitt 3.3.1.2.

[363] Vgl. Maretzki/Wildner (1994), S. 103 f.

[364] Vgl. Maretzki/Wildner (1994), S. 103.

2.4.2.5.2. Das Brand Assessment System der GfK

Bei dem Brand Assessment System (kurz: BASS) handelt es sich um ein weiteres Markenbewertungsinstrument der GfK, welches erst relativ kurz am Markt etabliert ist und als solches in der wissenschaftlichen Literatur ebenfalls bislang kaum referiert wurde.[365] Der BASS-Ansatz stellt ein mehrdimensionales Benchmarking-System für das aktuelle und zukünftige Marktpotential einer Marke dar und wurde als Instrument für die operative Markenführung konzipiert, das die Ursachen von Markenwertveränderungen aufdecken und die Auswahl von Therapiemaßnahmen unterstützen soll.[366] In einer übergreifenden Betrachtung werden konsumenten- und marktbezogene Markenwertindikatoren einbezogen; deren Verknüpfung zu einer übergeordneten Gesamtgröße jedoch nicht erfolgt.

Abb. 45: Indikatoren des Brand Assessment Systems (BASS) der GfK

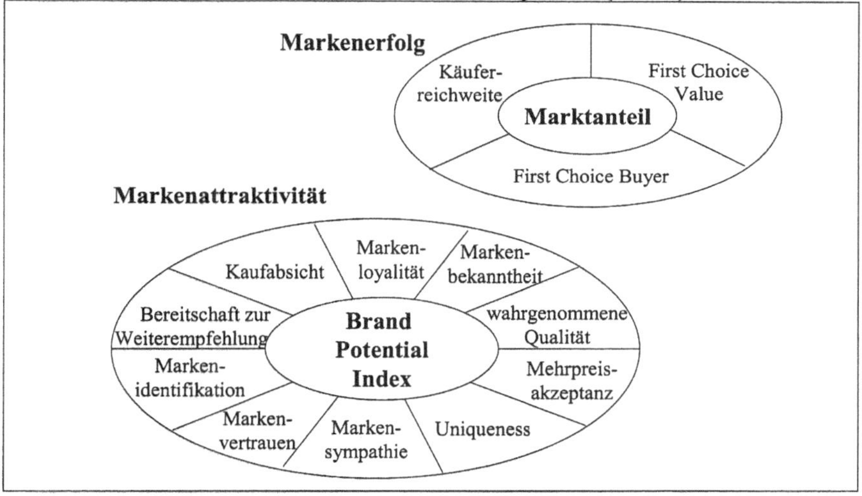

Quelle: Högl/Hupp (2001), S. 24

Als Kennzahl für die psychische Markenstärke („Share of Soul") dient der **Brand Potential Index (BPI)**, der als etabliertes Bewertungsinstrument zur nichtmonetären Markenbewertung bereits umfassend in der Literatur behandelt wurde.[367] Er mißt die Markenattraktivität aus Konsumentensicht anhand von zehn literaturgängigen Einzelindikatoren, welche rationale, gefühlsmäßige und

[365] Zur Methodik des Brand Assessment System vgl. Högl/Hupp (2001).

[366] Vgl. Högl/Hupp (2001), S. 22.

[367] Zur Methodik des BPI sowie hinsichtlich seiner Anwendungseignung vgl. Hupp (2000; 2001a, 2001b, 2001c 2001d); Hupp/Schuster (2000); siehe auch die empirische Erhebung des BPI innerhalb von Abschnitt 3.3.2.2.

verhaltensbezogene Facetten des Markenwerts abdecken. Die Erhebung dieser Indikatoren erfolgt im Rahmen von Konsumentenbefragungen mittels standardisierter Statements und anhand von Ratingskalen. Die Ergebnisse der zehn Einzelindikatoren werden schließlich zu einer einzigen Kennzahl, dem BPI, zusammengeführt. Die Validitäts- und Reliabilitätseigenschaften des BPI wurden durch Gütetests geprüft;[368] weiterhin gibt die GfK an, daß im Rahmen von Regressionsanalysen ein enger branchenunabhängiger Zusammenhang zwischen dem BPI und erlösorientierten Größen wie dem Marktanteil und anderer ökonomischen Kennzahlen vielfach bestätigt werden konnte.[369]

Die verwendeten marktbezogenen Indikatoren sollen Aufschluß über das **Erlöspotential der Marke** liefern; im einzelnen werden hier Käuferreichweite, First Choice Buyer (FCB), First Choice Value (FCV) sowie der wertmäßige Marktanteil anhand des GfK-Verbraucherpanels erhoben.[370] Während es sich bei Käuferreichweite und wertmäßigem Marktanteil um gängige Indikatoren handelt, stellen First Choice Buyer und First Choice Value von der GfK Panel Services neu entwickelte Kennzahlen dar, die den Grad der Käuferbindung an das Markenprodukt und somit die Stabilität des Erlöspotentials abbilden.[371]

Da das First Choice Value des BASS-Ansatzes analog zur Markenkraft des GfK-Markensimulators durch Umlage auf das Umsatzvolumen leicht in ein monetäres Wertmaß überführt werden kann, wird der Ansatz innerhalb dieser Arbeit als ein monetäres Markenbewertungsverfahren im erweiterten Sinne klassifiziert.[372] Das monetäre Wertmaß auf Basis des First Choice Value ist auf eine Periode bezogen und quantifiziert den Umsatzanteil, der von Konsumenten mit hoher Markentreue (real) getätigt wird. Eine Trennung von marken- und produktspezifischen Komponenten erfolgt nicht; ebenso wie zum Isolierungsproblem wird auch zum Prognoseproblem und zum Bewertungsproblem markenstrategischer Optionen kein Beitrag geleistet, so daß das resultierende monetäre Wertmaß für eine monetäre Markenbewertung kaum geeignet ist. Jedoch ist positiv hervorzuheben, daß der BPI im Rahmen vielfältiger Analysen von Marken aus den Bereichen Fast Moving Consumer Goods, Industriegüter sowie Dienst-

368 Vgl. Grimm/Högl/Hupp (2000), S. 7 ff.

369 Vgl. Högl/Hupp (2001), S. 24 f.

370 Die **Käuferreichweite** stellt den Anteil der Konsumenten dar, welche die Marke zumindest einmal erworben haben. **First Choice Buyer** sind diejenigen Käufer, welche die Marke an erster Stelle präferieren und kaufen; ihren Anteil am Marktanteil stellt das **First Choice Value** dar. Der **wertmäßige Marktanteil** ist das Resultat der vorgenannten Indikatoren. Vgl. Högl/Hupp (2001), S. 22 f.; Twardawa/Hupp (2000), S. 32 f.

371 Vgl. Högl/Hupp (2001), S. 22.

372 Eine Zuordnung des BASS-Ansatzes bei den nichtmonetären Verfahren wäre jedoch ebenfalls plausibel.

leistungen empirisch validiert wurde,[373] wenngleich die GfK hierzu keine detaillierten Angaben veröffentlicht hat. Überdies nimmt der BASS-Ansatz eine Markenbewertung auf einer aktuellen Datenbasis vor, wobei markt- und konsumentenbezogene Indikatoren auf Basis von Panel- bzw. Befragungsdaten berücksichtigt werden. Weiterhin beinhaltet das Verfahren innovative Elemente durch Einbindung neuer Kennzahlen zur Beurteilung des Bindungsgrades von Konsumenten an eine Marke.[374] Insgesamt erscheint der BASS-Ansatz gut geeignet als Markencontrollinginstrument; zur monetären Markenbewertung ist er jedoch nur insofern einsetzbar, als daß die hier verwendeten Indikatoren zur Prognose von zukünftigen markenspezifischen Einzahlungen herangezogen werden können.

2.4.2.5.3. Das MCM/McK-Modell der Markenpotentialmessung

Bei dem ebenfalls noch sehr neuen Ansatz zur Markenpotentialmessung von Marketing Centrum Münster (MCM) und McKinsey handelt es sich um ein Analyse- und Steuerungsinstrument, welches dazu dient, das bislang ungenutzte Potential einer Marke zu erfassen und nutzbar zu machen, um so eine Umsatzsteigerung zu erzielen.[375] Da hierbei auch die Berechnung eines markenbezogenen monetären Wertmaßes erfolgt, wird dieser Ansatz den monetären Markenbewertungsverfahren im erweiterten Sinne zugeordnet.

Das MCM/McK-Modell weist eine vierstufige Vorgehensweise auf. In einem **ersten Schritt** werden Lücken in den Kundentransferraten im Kaufentscheidungsprozeß im Vergleich zu einem ausgewählten Benchmark identifiziert. Hierbei wird ein als „Markenfilter" bezeichnetes Hierarchie der Effekte-Modell[376] verwendet, anhand dessen eine Erfassung der Markenstärke über die Phasen eines idealtypischen Kaufentscheidungsprozesses erfolgt. Die einzelnen Stufen des Modells werden durch gängige konsumentenorientierte Markenwertindikatoren gebildet; einen Modellüberblick gibt Abbildung 46. Als zentrale Größen für die Markenpotentialmessung dienen hier Prozeßstufenwerte und Transferraten.[377] In dem Beispiel aus Abbildung 46 kennen alle Konsumenten die

---

[373] Vgl. Hupp (2000), S. 46.

[374] Vgl. Högl/Hupp (2001), S. 27.

[375] Zur Methodik des MCM/McK-Ansatzes vgl. Caspar/Metzler (2002), S. 12 ff.; Echterling/Fischer/Kranz (2002), S. 23 ff.; Schröder/Perrey (2002), S. 13 ff.

[376] Zu Hierarchie der Effekte Modellen siehe Abschnitt 2.3.1.

[377] Die **Prozeßstufenwerte** geben den prozentualen Anteil der Zielgruppe an, welche die jeweilige Prozeßstufe bislang erreicht hat; die hierfür benötigten Daten werden innerhalb von Konsumentenbefragungen erhoben. Die **Transferraten** hingegen geben den prozentualen Anteil der Zielgruppe an, welche von einer Prozeßstufe in die nächste überführt wird; die hierfür benötigten Daten werden auf Basis der Prozeßstufenwerte berechnet. Vgl. Schröder/Perrey (2002), S. 12.

Marke 1 (Prozeßstufenwert: 100%), jedoch erreichen hiervon nur rund die Hälfte die nächste Prozeßstufe der Markenvertrautheit (Transferrate: 52%). Zur Bewertung des Markenfilters von Marke 1 ist ein Vergleichsmaßstab anzulegen, wofür mehrere Alternativen in Betracht kommen.[378] Im Beispielfall wird eine Konkurrenzmarke (Marke 2) gewählt, anhand derer ein Transferratenvergleich erfolgt. Die Transferraten zwischen den Prozeßstufen „engere Auswahl/Kauf" und „Kauf/Loyalität" sind dabei von besonderer Bedeutung, da sie unmittelbar auf den realisierten Umsatz wirken und somit monetäre Konsequenzen nach sich ziehen. Im Beispielfall ist hier die Leistung der Marke 1 gegenüber der von Marke 2 um 20 bzw. 24 Prozentpunkte geringer; diese „Lücken" stellen ein Steigerungspotential für die Leistung der Marke 1 dar.

Abb. 46: Bestimmung von Lücken im Kaufentscheidungsprozeß beim MCM/McK-Modell

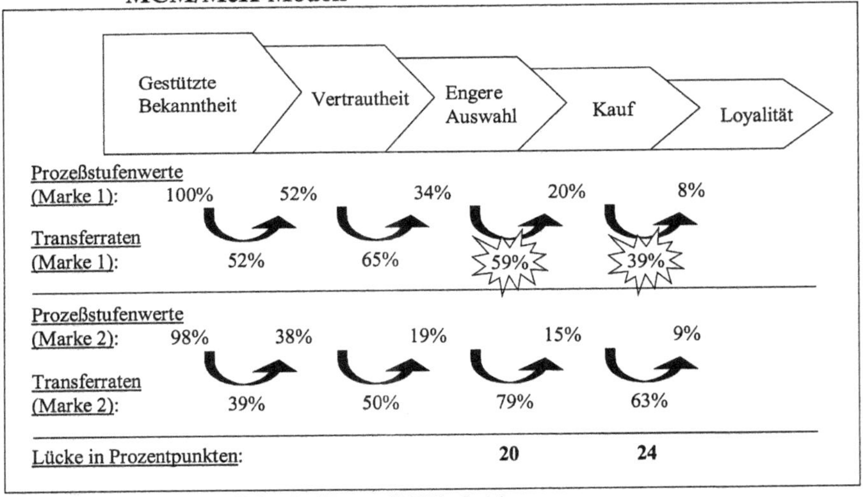

Quelle: in Anlehnung an Schröder/Perrey (2002), S. 14

Der **zweite Schritt** beinhaltet eine Isolierung der Markenwirkung aus der Wirkung aller auf den Kaufprozeß einflußnehmenden Faktoren. Diese Quantifizierung der allein durch die Marke schließbaren Lücke erfolgt anhand eines linearen Regressionsmodells mit den Transferraten als abhängiger Variable, welche für jede Stufe und Marke als Dummy-Variable codiert sind. Als unabhängige Variablen dienen einerseits nichtmarkenspezifische Faktoren (andere Marketing-

[378] Zur Bestimmung von Lücken in den Transferraten stehen vier **Benchmarkalternativen** zur Verfügung: 1) hypothetischer Markteffizienz-Markenfilter, 2) Best-in-Class-Markenfilter, 3) Markenfilter eines strategischen Wettbewerbers, 4) Branchendurchschnitt-Markenfilter. Vgl. Echterling/Fischer/Kranz (2002), S. 30.

Mix-Instrumente; z.B. Preis, Distribution, Kommunikation) und andererseits ein Indexwert für die „Einstellungsstärke der Marke". Diese wird nach MCM/Mc Kinsey durch drei Dimensionen (Präsenz, Differenzierung, Richtung) gebildet, welchen jeweils spezielle konsumentenorientierte Markenwertindikatoren zugeordnet sind. So wird die Dimension „Präsenz" durch die Indikatoren Markenbekanntheit, Markenvertautheit und Zugriffsfähigkeit von Assoziationen bestimmt. Für die Dimension „Differenzierung" steht der Indikator Einzigartigkeit der Markenassoziationen und für die Dimension „Richtung" stehen die Indikatoren Vorteilhaftigkeit (Markennutzen), Markensympathie und Markenreputation.[379]

Im **dritten Schritt** wird bestimmt, welcher Anteil der Lücken in den Transferraten durch die Marke geschlossen werden kann. Hierfür wird auf Basis des in der Regressionsanalyse isolierten und quantifizierten „Markenhebels" eine neue Transferrate berechnet und die Differenz zur vorherigen Transferrate gebildet. Diese durch Stärkung der Marke schließbare Lücke wird im **vierten Schritt** quantifiziert, indem die mit der Gewinnung zusätzlicher Kunden verbundene langfristige Umsatzsteigerung anhand eines Kundenwertmodells ermittelt wird. Die Berechnung dieser monetären Ergebnisgröße erfolgt dabei anhand der nachfolgenden Formel.[380] Die Ergebnisse des MCM/McK-Modells dienen im weiteren Verlauf als Basis einer Generierung von strategischen Maßnahmen zur Steigerung der Markenleistung.

Monetarisierung der schließbaren Lücken:

$$DUT = \frac{UT}{(1+i-r)(1+i\mu)}$$

Symbole:

DUT: diskontierter Umsatzwert zukünftiger Transaktionen
UT: Umsatz pro Transaktion
r: Kundenbindungsrate
μ: durchschnittlicher Ersatzbeschaffungszeitraum
i: stetige Kapitalverzinsung

In der kritischen Würdigung des eigenen Ansatzes stellen die Autoren insbesondere darauf ab, daß dieser lediglich auf die Erfassung der Mengenkomponente gerichtet ist und hierbei die Wertkomponente (z.B. Preis, Preis-Premium) außer acht läßt; überdies ist der Ansatz statisch und vernachlässigt Kostengrößen.[381]

---

[379] Vgl. Caspar/Metzler (2002), S.14 f.; Echterling/Fischer/Kranz (2002), S. 27 ff.

[380] Vgl. Caspar/Metzler (2002), S.17 und die dort angegebene Literatur.

[381] Vgl. Echterling/Fischer/Kranz (2002), S. 36.

Da der Ansatz zur Ermittlung eines erschließbaren monetären Markenpotentials dient, ist er hinsichtlich der Ergebnisgröße nicht mit Verfahren zur Berechnung des monetären Markenwerts vergleichbar. Dennoch leistet er einen Beitrag zum Bewertungsproblem markenstrategischer Optionen, indem er den durch eine Umpositionierung erzielbaren Wertzuwachs monetär quantifiziert. Ebenso leistet er auch einen Beitrag zum Isolierungsproblem, indem er eine Separierung von markenspezifischen Umsatzanteilen vornimmt. Hinsichtlich des Prognoseproblem wird hingegen kein Beitrag geleistet. Der Ansatz weist eine starke verhaltenswissenschaftliche Prägung auf und berücksichtigt hierbei eine Vielfalt an konsumentenorientierten Markenwertindikatoren; hingegen werden marktgerichtete Indikatoren weitgehend vernachlässigt. Insgesamt erscheint das MCM/ McK-Modell zur Markenpotentialmessung ebenso wie der GfK-Markensimulator und der GfK-BASS-Ansatz gut geeignet als Markencontrolling- und Markensteuerungsinstrument, ist jedoch im Hinblick auf eine monetäre Markenbewertung ebenso wenig geeignet wie diese Verfahren.

2.4.2.6. Vergleichende Verfahrensbetrachtungen

Aufbauend auf den vorherigen isolierten Betrachtungen werden nunmehr Vergleichsbetrachtungen für die kommerziellen monetären Spezialtools angestellt, wobei auf die eingangs erarbeiteten Beurteilungskriterien für monetäre Markenbewertungsverfahren[382] zurückgegriffen wird. In diese Vergleichsbetrachtungen wurden die in den Abschnitten 2.4.2.1 bis 2.4.2.4. behandelten Verfahren einbezogenen; hingegen wurden die im Abschnitt 2.4.2.5. behandelten Ansätze ausgegrenzt, da diese aufgrund ihrer jeweiligen Ergebnisgröße mit den übrigen Verfahren kaum vergleichbar und daher auch nur in einem erweiterten Sinne unter den monetären Markenbewertungsverfahren subsummierbar sind. Überdies wurde auch der alte Ansatz von Interbrand nicht einbezogen, da dieser zwischenzeitig durch ein neues Tool ersetzt wurde und nicht mehr als kommerzielles monetäres Spezialtool von Interbrand angewendet wird.

In Anlehnung an die eingangs referierten Beurteilungskriterien gibt Abbildung 47 einen vergleichenden Überblick der monetären Bewertungstools. Die hier behandelten zwölf Ansätze unterscheiden sich bereits hinsichtlich des zugrundeliegenden **Markenwertverständnisses** zum Teil erheblich. So wird die Marke bei den Ansätzen von AC Nielsen / Konzept und Markt; Brand Rating, Semion und BBDO nicht als Kennzeichen, sondern als markiertes Produkt bzw. als Firmenwert aufgefaßt, wohingegen die übrigen Ansätze eine Marke als Kennzeichen definieren. Das uneinheitliche Markenwertverständnis zieht in der Folge Unterschiede in der Bewertungsmethodik nach sich, die sich insbesondere in der

[382] Siehe hierzu Abschnitt 2.2.

Berücksichtigung der drei zentralen Problembereiche einer monetären Markenbewertung niederschlagen.

So wird das **Isolierungsproblem** bei den Ansätzen von AC Nielsen / Konzept und Markt, Brand Rating, Semion und BBDO systematisch ausgegrenzt. Die Ansätze von Interbrand, Brand-Finance, FutureBrand und GfK/PwC/Sattler nehmen hingegen eine methodisch aufwendige Separierung von markenspezifischen Einzahlungsüberschüssen aus den aktuellen Zahlungsströmen der Marke vor; gleiches gilt auch für den Valmatrix-Ansatz von Consor, der jedoch diesbezüglich auf ein Referenzdatenarchiv mit Lizenzierungstransaktionen und auf eine indikatorbasierte Markenstärkemaße zurückgreift. Zu einer willkürlichen Festlegung der markenspezifischen Einzahlungsanteile kommt es bei den Verfahren von Repenn und Cohausz; diese setzen den Markenwert pauschal als einen Prozentsatz vom Umsatz innerhalb einer festgelegten Bandbreite an.

Auch das **Prognoseproblem** wird unterschiedlich gehandhabt. Die Ansätze von Cohausz und Repenn grenzen es systematisch aus, da sie nur auf die Erfassung eines kurzfristigen monetären Wertmaßes abzielen. Die übrigen Ansätze dienen hingegen zur Ermittlung eines langfristigen Wertmaßes. Eine aufwendige Prognose unter Einbeziehung von Expertenwissen und vielfältigen Datenmaterials wird bei den Ansätzen von Interbrand, Brand-Finance, Future Brand und GfK/PwC/Sattler vorgenommen. Unter der pauschalen Annahme konstanter Verhältnisse wird bei den Ansätzen von AC Nielsen / Konzept und Markt, Brand Rating, Semion und BBDO zwar ein langfristiges monetäres Wertmaß berechnet, jedoch stellt diese Modellierung keine explizit zukunftsorientierte Bewertung dar. Der Ansatz von Consor beinhaltet zwar die Ermittlung einer jährlichen Umsatzwachstumsrate, jedoch geht auch diese eher pauschale Vorgehensweise nicht mit einer explizit zukunftsorientierten Bewertung einher.

Die Verfahren zur Berechnung eines langfristigen Wertmaßes variieren auch hinsichtsichtlich der Beachtung von **Risikoaspekten**. Bei den Ansätzen von Interbrand, Brand-Finance, Future Brand und GfK/PwC/Sattler wird hierfür jeweils ein Betafaktor ermittelt, der auf einer Reihe von Markenwertindikatoren basiert. Der Ansatz von Brand-Rating und der Brand Equity Evaluator hingegen berücksichtigen statt einem markenspezifischen lediglich das branchenbezogene Risiko; der BEES-Ansatz von BBDO sowie die Ansätze von Semion und AC Nielsen / Konzept und Markt berücksichtigen hingegen keine Risikoaspekte.

Abb. 47: Vergleich von kommerziellen monetären Bewertungstools

Verfahren / Kriterien	**Brand Performancer (AC Nielsen)**	**3-Komponenten Ansatz (Brand Rating)**	**Valmatrix-Ansatz (Consor)**	**Cohausz-Ansatz**
Verfahrens-kategorie	Kombiniertes Verfahren mit absatzmarktorientierten Schwerpunkt	Kombiniertes Verfahren mit absatzmarktorientierten Schwerpunkt	Kombiniertes Verfahren mit lizenzierungsorientierten Schwerpunkt	Kombiniertes Verfahren mit lizenzierungsorientierten Schwerpunkt
Markenwert-verständnis	Markenwert = potentieller Anteil des Markenprodukts am Gesamtmarktvolumens	Markenwert = Wissensstrukturen (nichtmonetär) + realisierter Preisabstand (monetär) + Transferpotential	Markenwert = Lizenzierungs-kostenersparnis	Markenwert = Lizenzierungs-kostenersparnis
Berücksichtigung des Isolierungs-problems	nein	ja, jedoch unzureichend (Preisabstand)	ja, anhand von Referenzwerten und Indikatoren	ja, jedoch nur pauschale Festlegung eines Prozentsatzes vom Umsatz
Berücksichtigung des Prognose-problems	ja (langfristiges Wertmaß), jedoch Annahme konstanter Verhältnisse	ja (langfristiges Wertmaß), jedoch Annahme konstanter Verhältnisse	ja (langfristiges Wertmaß), Schätzung einer jährlichen Umsatz-wachstumsrate	nein (kurzfristiges Wertmaß)
Berücksichtigung des Bewertungs-problems von markenstrategischen Optionen	nein	ja, jedoch keine Monetarisierung; Punktwert aus Dehnungspotential, Entwicklungstrend, Krisenanfälligkeit der Marke	nein	nein
Berücksichtigung von Risiko-aspekten	nein	Erfassung des Branchenrisikos, jedoch keine Markenstärke-berücksichtigung	unbekannt	nein
verwendete Markenwert-indikatoren	insges. 10 Indikatoren: Bekanntheit, Relevant Set, Marktanteil, Marktanteilswachstum (beide mengen- und wertmäßig), Distribution (numerisch und gewichtet), Marktvolumen, Marktwachstum	insges. 9 Indikatoren: Bekanntheit, empfundener Werbeeindruck, Klarheit und Attraktivität des inneren Bildes, Einprägsamkeit der Werbung, Markensympathie, -vertrauen, -loyalität	insges. 20 Indikatoren, u.a.: Wiedererkennung, Uniqueness, Verwendungsbreite, Entwicklung, Lebenszyklusposition, Transferpotential, internat. Schutz, Wettbewerbsaspekte, Profitmarge	insges. 24 Indikatoren: Markenqualität (Uniqueness, Bekanntheit In-/Ausland, Umsatz In-/Ausland), rechtliche Situation (8), Drittrechte (7), Lizenzen (2), Kosten (2)
Berücksichtigung der Bewertungs-unsicherheit	nein	nein	ja, anhand einer Wertspannweite	nein
Verfahrens-komplexität	gering	gering	mittel bis gering	gering
Wissenschaft-liche Fundierung	ja	ja	unbekannt	fraglich
Praxiserprobung	hoch	eher gering (neuer Ansatz)	hoch	unbekannt

(Fortsetzung)

Abb. 47: Vergleich von kommerziellen monetären Bewertungstools

Verfahren / Kriterien	Interbrand Ansatz (neu)	Brand-Finance Ansatz	FutureBrand Ansatz	GfK/PwC/Sattler Ansatz
Verfahrens-kategorie	Kombiniertes Verfahren mit unternehmens-orientierten Schwerpunkt	Kombiniertes Verfahren mit unternehmens-orientierten Schwerpunkt	Kombiniertes Verfahren mit unternehmens-orientierten Schwerpunkt	Kombiniertes Verfahren mit unternehmens-orientierten Schwerpunkt
Markenwert-verständnis	Markenwert = allein durch die Marke geschaffener Mehrwert	Markenwert = allein durch die Marke geschaffener Mehrwert	Markenwert = allein durch die Marke geschaffener Mehrwert	Markenwert = allein durch die Marke geschaffener Mehrwert
Berücksichtigung des Isolierungs-problems	ja, explizite Berücksichtigung	ja, explizite Berücksichtigung	ja, explizite Berücksichtigung	ja, explizite Berücksichtigung
Berücksichtigung des Prognose-problems	ja (langfristiges Wertmaß); explizite Prognose	ja (langfristiges Wertmaß); explizite Prognose	ja (langfristiges Wertmaß); explizite Prognose	ja (langfristiges Wertmaß); explizite Prognose
Berücksichtigung des Bewertungs-problems von markenstrategi-schen Optionen	nein, systematisch ausgegrenzt (Economic Use Prinzip)	nein, systematisch ausgegrenzt (Economic Use Prinzip)	ja, jedoch keine explizite Monetarisierung	ja, incl. Monetarisierung ausgewählter Optionen
Berücksichtigung von Risiko-aspekten	ja, Erfassung des marken- und branchenspezifischen Risikos	ja, Erfassung des marken- und branchenspezifischen Risikos	ja, Erfassung des marken- und branchenspezifischen Risikos	ja, Erfassung des marken- und branchenspezifischen Risikos
verwendete Markenwert-indikatoren	insges. 80 bis 100 konsumenten- und marktgerichtete Indikatoren aus den Bereichen: Marktführerschaft, Markt, Marketing-Unterstützung, rechtlicher Schutz, Internationalität, Markenstabilität, Trend der Marke	insges. 10 Indikatoren: Markenhistorie, Distribution, Marktanteil, Marktposition, Umsatzwachstum, Preis-Premium, Preiselastizität, Marketing-Unterstützung, Werbebekanntheit, Markenbekanntheit	insges. 10 Indikatoren: Markenhistorie, Distribution, Marktanteil, Marktführerschaft, Kundenzufriedenheit, Marketing-Unterstützung, Kundentreue, Innovation/Trend, Top-of-Mind-Bekanntheit, ungestützte Bekanntheit	insges. 6 Indikatoren: Bekanntheit, Image, Marktanteil, Distributionsquote, Wiederkaufrate, Marktstellung der letzten 5 Jahre
Berücksichtigung der Bewertungs-unsicherheit	nein	nein	nein	ja, umfassende Sensitivitäts-analyse
Verfahrens-komplexität	hoch	hoch	hoch	hoch
Wissenschaft-liche Fundierung	unbekannt	unbekannt	unbekannt	ja
Praxiserprobung	unbekannt	unbekannt	unbekannt	eher gering (neuer Ansatz)

(Fortsetzung)

Abb. 47: Vergleich von kommerziellen monetären Bewertungstools

Verfahren / Kriterien	**Semion Ansatz**	**BEES-Ansatz (BBDO)**	**Brand Equity Evaluator (BBDO)**	**Verkehrswert-methode (Repenn)**
Verfahrens-kategorie	Kombiniertes Verfahren mit unternehmens-orientierten Schwerpunkt (Faktorenmodell)	Kombiniertes Verfahren mit unternehmens-orientierten Schwerpunkt (Faktorenmodell)	Kombiniertes Verfahren mit unternehmens-orientierten Schwerpunkt (Faktorenmodell)	Kombination aus kosten- und lizenzierungs-orientierten Ansätzen
Markenwert-verständnis	Markenwert = Firmenwert	Markenwert = Firmenwert	Markenwert = Marken-produktwert	Markenwert = administrative Kosten zzgl. Lizenzierungs-einnahmen zzgl. Umsatzanteil
Berücksichtigung des Isolierungs-problems	nein	nein	nein	ja, jedoch nur pau-schale Festlegung eines Prozentsatzes vom Umsatz
Berücksichtigung des Prognose-problems	ja (langfristiges Wertmaß), jedoch Annahme konstan-ter Verhältnisse	ja (langfristiges Wertmaß), jedoch Annahme konstan-ter Verhältnisse	ja (langfristiges Wertmaß), jedoch Annahme konstan-ter Verhältnisse	nein (kurzfristiges Wertmaß)
Berücksichtigung des Bewertungs-problems von markenstrategi-schen Optionen	nein	nein	nein	nein
Berücksichtigung von Risiko-aspekten	nein	nein	ja, mittels CAPM-Modell	nein
verwendete Markenwert-indikatoren	insges. 96 Indika-toren aus 4 Grup-pen: 1) Finanzwert (u.a. Gewinnent-wicklung), 2) Markenschutz, 3) Markenstärke (u.a. Marktanteil, Markteinfluß, Distribution, Markenpotential), 4) Markenimage	insges. 7 Indika-toren: Umsatzent-wicklung, Umsatz-profitabilität, Entwicklungsper-spektive, interna-tionale Ausrich-tung, werbliche Unterstützung, brancheninterne Stärke, Image	analog zu BEES-Ansatz; jedoch anstatt Image Bestimmung des Markenstatus mit spezifischen kon-sumentengerichte-ten Indikatoren je Statusstufe	keine Verwendung von Markenwert-indikatoren
Berücksichtigung der Bewertungs-unsicherheit	nein	nein	nein	nein
Verfahrens-komplexität	mittel bis hoch	mittel bis gering	mittel bis gering	gering
Wissenschaft-liche Fundierung	unbekannt	unbekannt	unbekannt	fraglich
Praxiserprobung	hoch	unbekannt	eher gering (neuer Ansatz)	hoch

Quelle: eigene Darstellung

Das **Bewertungsproblem markenstrategischer Optionen** wird zumeist ausgegrenzt; lediglich der Ansatz von GfK/PwC/Sattler nimmt eine Erfassung und Monetarisierung von ausgewählten strategischen Optionen vor. Der Ansatz von Brand Rating erfaßt hingegen ein Markentransferpotential anhand eines aggregierten Punktwerts („Brand Future Score"), der aus insgesamt neun Indikatoren gebildet wird. Der FutureBrand-Ansatz zeigt zwar strategische Optionen zur Markenwertsteigerung auf, versäumt jedoch deren explizite monetäre Bewertung. Einzelne Verfahren nehmen bestenfalls eine implizite Berücksichtigung von markenstrategischen Optionen vor, indem sie entsprechende Indikatoren wie „Entwicklungsperspektive der Marke" (z.B. BBDO), „Markenpotential" (z.B. Semion) oder „Transferpotential" (z.B. Consor) bei der Ermittlung einer Markenstärke integrieren.

Die **verwendeten Markenwertindikatoren** variieren nach Anzahl und Art. So verursachen der Interbrand-Ansatz mit 80 bis 100 Indikatoren und der Semion-Ansatz mit 96 Indikatoren einen deutlich höheren Erhebungsaufwand als die übrigen Verfahren mit 6 bis 24 Indikatoren; der Repenn-Ansatz verwendet hingegen keine Markenwertindikatoren, sondern nimmt eine ausschließlich kosten- und umsatzbezogene Bewertung vor. In den meisten Ansätzen werden sowohl markt- als auch konsumentenorientierte Markenwertindikatoren verwendet; jedoch erfolgt eine schwerpunktmäßige Berücksichtigung von marktorientierten Indikatoren bei den Ansätzen von Brand-Finance und BBDO, während der Brand-Rating-Ansatz einen Schwerpunkt auf konsumentenorientierte Indikatoren legt. Zu den insgesamt am häufigsten Indikatoren zählen Markenbekanntheit, Marktanteil und Distribution.

Der Ansatz von GfK/PwC/Sattler weist die Besonderheit auf, daß er anhand einer umfassenden Sensitivitätsanalyse des ermittelten monetären Wertmaßes eine Wahrscheinlichkeitsverteilung für den „wahren" Markenwert angibt, wodurch die **Bewertungsunsicherheit** quantifiziert wird. Einen ähnlichen Grundgedanken verfolgt der Valmatrix-Ansatz von Consor, dessen Ergebnisgröße eine Spannweite für den monetären Markenwert darstellt. Bei den übrigen Verfahren wird die Bewertungsunsicherheit hingegen nicht explizit beachtet. Auch die **Verfahrenskomplexität** variiert erheblich; methodisch sehr komplex sind die Ansätze von Interbrand, Brand-Finance, Future Brand und GfK/PwC/ Sattler; eine weniger komplexe Methodik unterliegt insbesondere den Ansätzen von AC Nielsen / Konzept und Markt, Brand Rating, Cohausz, Repenn sowie dem BEES-Ansatz von BBDO. Zur **wissenschaftlicher Fundierung** der Verfahren werden lediglich Angaben bei den Ansätzen von GfK/PwC/Sattler und AC Nielsen / Konzept und Markt sowie teils auch bei dem von Brand Rating gemacht.[383]

[383] Siehe hierzu Abschnitt 2.4.2.3.4., Abschnitt 2.4.2.4.4. und Abschnitt 2.4.2.1.2.

Eine hohe **Praxiserprobung** haben die Modelle von Semion,[384] Repenn,[385] AC Nielsen / Konzept und Markt sowie der GfK-Markensimulator.[386] Die Verfahren von GfK/PwC/Sattler, Brand Rating, BBDO und McKinsey sind hingegen erst vergleichsweise kurz am Markt etabliert, so daß deren Praxiserprobung entsprechend schwach ausgeprägt sein dürfte; zu den übrigen Verfahren kann diesbezüglich keine Aussage getroffen werden.

In der Gesamtbeurteilung erscheinen insbesondere das GfK/PwC/Sattler-Modell und ferner auch die Ansätze von Interbrand, Brand Rating und FutureBrand für eine monetäre Markenbewertung am besten geeignet, da diese die zuvor abgeleiteten Beurteilungskriterien für monetäre Markenbewertungsverfahren insgesamt noch am besten erfüllen.

---

[384] Bei dem Semion-Ansatz ist von einer hohen Praxiserprobung auszugehen, da die Semion Brand Broker GmbH diesen seit einigen Jahren als Grundlage für Markenwertberechnungen der 50 wertvollsten deutschen Marken verwendet, welche regelmäßig in von Fachzeitschriften publiziert werden. Vgl. www.semion.com; zuletzt eingesehen am 18.03.2003

[385] Bei dem Repenn-Ansatz ist von einer hohen Praxiserprobung auszugehen, da Wolfgang Repenn seit Jahren als einziger gerichtlich anerkannter Markensachverständiger im deutschen Sprachraum tätig ist somit auf Basis seiner Bewertungsmethode entsprechend zahlreiche gerichtliche Gutachtertätigkeiten erfolgten. Vgl. hierzu Abschnitt 2.4.2.4.

[386] Bei dem Ansatz von AC Nielsen / Konzept und Markt sowie beim GfK-Markensimulator wird jeweils von einer hohen Praxiserprobung ausgegangen, da diese unter den betrachteten Ansätzen insgesamt am längsten am Markt etabliert sind.

3. Empirischer Vergleich von Markenwertindikatoren

Dieser Abschnitt widmet sich der zweiten Zielsetzung der Arbeit, welche eine umfassende Untersuchung von Zusammenhängen zwischen Markenwertindikatoren sowie ihrer Eignung hinsichtlich monetärer Transformationen zum Inhalt hat.[387] Bevor Aufbau und Ergebnisse der im Rahmen dieser Arbeit vorgenommenen empirischen Untersuchung behandelt werden, wird zunächst ein Überblick der Studien von Francois/MacLachlan (1995), Agarwal/Rao (1996) und Mackay (2001) gegeben, welche den aktuellen Forschungsstand hinsichtlich der Zusammenhänge von Markenwertindikatoren widerspiegeln.

3.1. Bisherige Vergleichsstudien von Markenwertindikatoren

Die explorative Studie von **Francois/MacLachlan (1995)** basiert auf einer Befragung von zufällig während eines Einkaufs in einem belgischen Supermarkt ausgewählten Konsumenten.[388] Sie umfaßt insgesamt 27 Marken aus den Produktbereichen Milch, Weichspüler, Mineralwasser und Toilettenpapier; pro Produktbereich wurden je 100 Probanden befragt. Insgesamt werden elf Wertmaße betrachtet, welche zusammenfassend in Abbildung 48 aufgelistet sind. Diese setzen sich zusammen aus neun konsumentenbezogenen Markenwertindikatoren aus den Bereichen Markenbekanntheit (M2, M3), Markeneinstellung (M1, M5), Markenpräferenz (M7, M8) und Marken-Wahlverhalten (M4, M6, M9), wovon sechs in direkter Abfrage und drei mittels indirekter Abfrage im Rahmen einer Conjoint-Analyse erhoben wurden. Als ökonomische Indikatoren dienten die Summe der Werbeausgaben je Marke zwischen 1980 und 1992 (M10) auf Basis externer Daten sowie der Marktpreis (M11), welcher zum Zeitpunkt der Erhebung in der Supermarktfiliale erfaßt wurde.[389] Für diese elf Markenwertindikatoren wurden paarweise zweiseitige Korrelationen auf aggregierter Ebene (markenweise; N=27) berechnet; die Ergebnisse dieser Studie zeigt Abbildung 48. Im wesentlichen ist zu konstatieren, daß zwischen fast allen der hier untersuchten Indikatoren hochsignifikante, stark positive Zusammenhänge bestehen. Die einzige Ausnahme stellt der Marktpreis dar, welcher nur mit der Markenqualitätseinschätzung und dem Teilnutzen der Marke hochsignifikant positiv korreliert, was inhaltlich unmittelbar plausibel erscheint. Zwar favorisieren Francois/MacLachlan (1995) die conjoint-basierte Messung von konsumentenbezogenen Markenwertmaßen, wenden jedoch ein, daß anhand der paarweisen Korrelationen keine wesentlichen Unterschiede zwischen den in direkter bzw. indirekter Abfrage erhobenen Indikatoren erkennbar sind.[390] Bei der Beurteilung der Studie von Francois/MacLachlan (1995) ist festzustellen, daß diese hinsichtlich

---

[387] Vgl. Abschnitt 1.1.

[388] Zum Untersuchungsdesign der Studie vgl. Francois/MacLachlan (1995), S. 322 ff.

[389] Vgl. Francois/MacLachlan (1995), S. 327.

[390] Vgl. Francois/MacLachlan (1995), S. 331.

Auswahl („convenient sample“), Repräsentativität und Umfang der zugrundeliegenden Stichprobe (N = 100 je Produktgruppe) Beschränkungen in ihrer externen Validität aufweist. Weiterhin ist die Erhebung des Marktpreises durch eine stichtagsbezogene Regalablesung kritisch zu hinterfragen; überdies könnte die Befragung von Supermarktbesuchern während ihres Einkaufs mit einer Probandenüberforderung einher gehen.

Abb. 48: Zentrale Ergebnisse der Studie von Francois/MacLachlan (1995)

Korrelationen von Markenwertindikatoren:

Abk.	M1	M2	M3	M4	M5	M6	M7	M8	M9	M10	M11
M1	-										
M2	**0,64**	-									
M3	**0,84**	**0,63**	-								
M4	**0,81**	**0,82**	**0,91**	-							
M5	**0,94**	**0,69**	**0,88**	**0,88**	-						
M6	**0,68**	**0,94**	**0,70**	**0,89**	**0,75**	-					
M7	**0,92**	**0,56**	**0,76**	**0,74**	**0,82**	**0,58**	-				
M8	**0,87**	**0,64**	**0,77**	**0,81**	**0,79**	**0,68**	**0,93**	-			
M9	**0,67**	**0,63**	**0,66**	**0,76**	**0,68**	**0,71**	**0,66**	**0,74**	-		
M10	**0,75**	**0,72**	**0,70**	**0,75**	**0,71**	**0,76**	**0,67**	**0,67**	**0,68**	-	
M11	**0,58**	n.s.	*0,41*	n.s.	*0,48*	n.s.	**0,57**	*0,42*	n.s.	n.s.	-

Erläuterungen:

- sämtliche Korrelationen wurden nur auf aggregierter Ebene berechnet (N=27).
- die **fett** markierten Korrelationen sind signifikant auf dem Niveau von 0,01
- die *kursiv* markierten Korrelationen sind signifikant auf dem Niveau von 0,05
- n.s.: die Korrelationen sind nicht signifikant auf dem Niveau von 0,05

Untersuchte Markenwertindikatoren:		Abfrage
M1:	Markenqualitätseinschätzung	direkt
M2:	ungestützte Markenbekanntheit (Top of Mind-Nennungen)	direkt
M3:	gestützte Markenbekanntheit	direkt
M4:	Käuferreichweite (Marke wurde bereits zuvor verwendet)	direkt
M5:	Marken-Kaufabsicht	direkt
M6:	Markentreue (häufigste Verwendung in der Vergangenheit)	direkt
M7:	Teilnutzen der Marke	indirekt (Conjoint)
M8:	Preis-Premium (Preisabstand für Gesamtnutzenindifferenz)	indirekt (Conjoint)
M9:	Marken-Wahlanteil (First Choice)	indirekt (Conjoint)
M10:	Summe der Werbeausgaben je Marke zwischen 1980 und 1992	externe Daten
M11:	Marktpreis im Erhebungszeitraum	Stichtagerhebung

Quelle: eigene Darstellung in Anlehnung an Francois/MacLachlan (1995), S. 324 ff.; S. 330

Die empirische Studie von **Agarwal/Rao (1996)** basiert auf einer Befragung von 114 Marketingstudenten einer US-amerikanischen Universität und bezieht sich auf 13 nationale Schokoriegelmarken. Hierbei wurden insgesamt elf konsumentenbezogene Markenwertindikatoren untersucht, welche zusammenfassend in Abbildung 49 dargestellt sind und aus den Bereichen Markenbekanntheit (M1, M2), Markenwahrnehmung und -einstellung (M3, M4, M5, M6), Markenpräferenz (M7, M8), Marken-Wahlabsicht (M9, M10) und getätigte Markenwahl (M11) stammen; acht Indikatoren wurden jeweils in direkter Abfrage und drei

Indikatoren im Rahmen einer Conjoint-Analyse erhoben.[391] Für die Markenwertindikatoren erfolgte eine Berechnung paarweiser zweiseitiger Korrelationen sowohl auf aggregierter Ebene (markenweise; N=13) als auch auf disaggregierter Ebene (probandenweise; N=114); eine Zusammenfassung der wichtigsten Ergebnisse zeigt Abbildung 49. Weiterhin wurden die untersuchten Marken im Rahmen eines Laborexperiments in zwei Sets unterteilt, innerhalb derer eine Erhebung experimenteller Marktanteile für die Gruppe der befragten Probanden und eine Berechnung von Korrelationen mit den übrigen konsumentenbezogenen Markenwertindikatoren auf aggregierter Ebene erfolgte.[392]

Auch bei dieser Studie kamen die Autoren zu dem Ergebnis, daß die untersuchten konsumentenbezogenen Indikatoren auf aggregierter Ebene hochsignifikant positiv miteinander korrelieren und somit weitgehend konsistent sind. Im Vergleich zu Francois/MacLachlan (1995) konnten hier sogar noch stärkere positive Zusammenhänge festgestellt werden. Eine Ausnahme stellt die ungestützte Markenbekanntheit (M1) dar, für welche Agarwal/Rao jedoch auch einschränkend reklamieren, daß nicht für alle untersuchten Marken gleichermaßen die Produktgruppe "Schokoriegel" primär assoziiert wird.[393] Auf disaggregierter Ebene wurden im wesentlichen die gleichen Ergebnisse festgestellt, jedoch ist dort die Stärke der positiven Zusammenhänge sowie das Signifikanzniveau geringer. Da auch hier keine Überlegenheit der indirekten Abfrage ersichtlich wurde, empfehlen die Autoren, zwecks Aufwandsbegrenzung der einfacheren direkten Erhebung den Vorzug zu geben.[394] Hinsichtlich der Zusammenhänge zwischen konsumentenorientierten Markenwertindikatoren und den experimentellen Marktanteilen aus der Laborstichprobe zeigte sich, daß die Ergebnisse innerhalb beider Sets stark variieren, was auf den Einfluß der jeweils enthaltenen Marken zurückzuführen war. Tendenziell wiesen hier die indirekt erhobenen Indikatoren eine höhere Prognosevalidität auf,[395] jedoch erscheinen diese Ergebnisse aufgrund des experimentellen Charakters der Marktanteile sowie wegen der bestehenden Ergebnisinkonsistenzen nicht vorbehaltlos verallgemeinerbar. Da auch die Studie von Agarwal/Rao Beschränkungen in ihrer externen Validität hinsichtlich Probandenauswahl („convenient sample“), Stichprobenumfang auf aggregierter Ebene (N = 114) und Repräsentativität der zugrundeliegenden Stichprobe aufweist, können auch hier keine umfassenden Erkenntnisse hinsichtlich bestehender Interdependenzen zwischen Markenwertindikatoren gewonnen werden.

---

[391] Für weitere Details zum Untersuchungsdesign dieser Studie vgl. Agarwal/Rao (1996), S. 239 ff.

[392] Für weitere Details zum Untersuchungsdesign dieses Laborexperiments vgl. Agarwal/Rao (1996), S. 241 ff.

[393] Vgl. Agarwal/Rao (1996), S. 246.

[394] Vgl. Agarwal/Rao (1996), S. 246.

[395] Vgl. Agarwal/Rao (1996), S. 243 ff.

Abb. 49: Zentrale Ergebnisse der Studie von Agarwal/Rao (1996)

Korrelationen von Markenwertindikatoren:

Abk.	M1	M2	M3	M4	M5	M6	M7	M8	M9	M10	M11
M1	-	*0,21*	*0,13*	*0,12*	*0,22*	*0,17*	-	*0,16*	*0,16*	*0,12*	*0,15*
M2	*0,28*	-	*0,53*	*0,48*	*0,58*	*0,70*	-	*0,65*	*0,65*	*0,60*	*0,59*
M3	*0,15*	**0,75**	-	*0,53*	*0,51*	*0,69*	-	*0,65*	*0,67*	*0,57*	*0,47*
M4	*0,31*	**0,87**	**0,86**	-		*0,62*	-	*0,62*	*0,61*	*0,57*	*0,49*
M5	*0,33*	**0,91**	**0,78**	**0,82**	-	*0,29*	-	*0,30*	*0,29*	*0,28*	*0,20*
M6	*0,14*	**0,94**	**0,83**	**0,93**	**0,89**	-	-	*0,79*	*0,80*	*0,70*	*0,56*
M7	*0,18*	**0,90**	**0,87**	**0,96**	**0,82**	**0,97**	-	-	-	-	-
M8	*0,22*	**0,91**	**0,87**	**0,94**	**0,82**	**0,95**	**0,99**	-	*0,79*	*0,76*	*0,53*
M9	*0,11*	**0,88**	**0,87**	**0,95**	**0,83**	**0,98**	**0,98**	**0,96**	-	*0,71*	*0,52*
M10	*0,13*	**0,83**	**0,87**	**0,90**	**0,76**	**0,93**	**0,98**	**0,96**	**0,96**	-	*0,45*
M11	*0,12*	**0,85**	**0,78**	**0,76**	**0,85**	**0,89**	**0,85**	**0,82**	**0,87**	**0,86**	-

Erläuterungen:

- obere / untere Matrixhälfte: Korrelationen auf disaggregierter (N=114) / aggregierter (N=11) Ebene
- die **fett** markierten Korrelationen sind signifikant auf dem Niveau von 0,01
- für die *kursiv* markierten Korrelationen wurde kein Signifikanzniveau angegeben
- M7 konnte nur auf aggregierter Ebene berechnet werden

Untersuchte Markenwertindikatoren:

M1: ungestützte Markenbekanntheit
M2: Markenverwendung
M3: Markeneinstellung, operationalisiert als kompositioneller, multiattributiver, gewichteter Punktwert aus zehn abgefragten Produkteigenschaften
M4: wahrgenommenes Preis-Leistungsverhältnis der Marke
M5: Markenqualitätseinschätzung
M6: allgemeine Markeneinschätzung (explizite Markenpräferenz)
M7: Teilnutzen der Marke innerhalb der Conjoint-Analyse (implizite Markenpräferenz)
M8: Markenwechsel infolge simulierter Preisvariationen (indirekt abgefragtes Preis-Premium)
M9: Marken-Wahlanteil/Kaufabsicht (direkt abgefragt)
M10: Marken-Wahlanteil/Kaufabsicht (indirekt abgefragt)
M11: Markenverwendung in der Vergangenheit

Quelle: eigene Darstellung in Anlehnung an Agarwal/Rao (1996), S. 238 f. und S. 242

Die empirische Untersuchung von **Mackay (2001)** versteht sich als weiterführende Replikationsstudie von Agarwal/Rao (1996); dementsprechend sind das Untersuchungsdesign sowie die betrachteten Markenwertindikatoren weitgehend identisch.[396] Die Studie basiert auf einer Befragung von 383 Mitgliedern eines ehemaligen Verbraucherpanels in Neuseeland und bezieht sich auf vier Tankstellenmarken, die zusammen 99% des dortigen Marktes abdecken. Da innerhalb des Erhebungszeitraums von elf Wochen auch das Wiederkaufverhalten (wiederholte Tankstellennutzung) erhoben wurde, lagen neben zehn konsumentenorientierten Markenwertindikatoren auch Marktanteile bezogen auf die Panelteilnehmer vor. Die Verwendung realer statt experimenteller Marktanteile sieht Mackay als eine Verbesserung gegenüber der Studie von Agarwal/Rao (1996)

[396] Für weitere Details zum Untersuchungsdesign dieser Studie vgl. Mackay (2001), S. 39 ff.

an.[397] Für die erhobenen Indikatoren wurden ebenfalls Korrelationen auf aggregierter Ebene (markenweise; N=4) und disaggregierter Ebene (probandenweise; N=383) berechnet; die zentralen Ergebnisse der Studie zeigt Abbildung 50.

Abb. 50: Zentrale Ergebnisse der Studie von Mackay (2001)

Korrelationen von Markenwertindikatoren:

Abk.	M1	M2	M3	M4	M5	M6	M7	M8	M9	M10
M1	-	*0,09*	n.s.	*0,06*	*0,07*	n.s.	-	n.s.	*0,12*	n.s.
M2	-0,90	-	*0,39*	*0,34*	*0,47*	*0,20*	-	*0,06*	*0,67*	n.s.
M3	-0,86	n.s.	-	*0,53*	*0,59*	*0,33*	-	n.s.	*0,42*	n.s.
M4	n.s.	n.s.	n.s.	-	*0,67*	*0,26*	-	n.s.	*0,38*	0,04
M5	n.s.	n.s.	n.s.	n.s.	-		-	n.s.	*0,49*	n.s.
M6	n.s.	n.s.	0,88	0,89		-	-	*0,06*	*0,20*	*0,06*
M7	n.s.	0,92	n.s.	n.s.	0,98	n.s.	-	-	-	-
M8	n.s.	n.s.	n.s.	n.s.	0,95	n.s.	0,94	-	n.s.	n.s.
M9	-0,92	0,94	0,91	n.s.	0,92	0,86	0,95	-	-	n.s.
M10	n.s.	n.s.	n.s.	n.s.	n.s.	0,94	n.s.	0,90	n.s.	-

Erläuterungen:
- obere / untere Matrixhälfte: Korrelationen auf disaggregierter (N=383) / aggregierter (N=4) Ebene
- die *kursiv* markierten Korrelationen sind signifikant auf dem Niveau von 0,05
- die nicht markierten Korrelationen sind signifikant auf dem Niveau von 0,15
- n.s.: die Korrelationen sind nicht signifikant auf dem Niveau von 0,15
- M7 konnte nur auf aggregierter Ebene berechnet werden
- das von Agarwal/Rao (1996) erhobene Maß M11 wurde hier nicht abgefragt

Untersuchte Markenwertindikatoren:

M1: ungestützte Markenbekanntheit
M2: allgemeine Markensympathie
M3: Markeneinstellung, operationalisiert als kompositioneller, multiattributiver, gewichteter Punktwert aus zehn abgefragten Produkteigenschaften
M4: wahrgenommenes Preis-Leistungsverhältnis der Marke
M5: Markenqualitätseinschätzung
M6: allgemeine Markeneinschätzung (explizite Markenpräferenz)
M7: Regressionskoeffizient der Marke innerhalb der Conjoint-Analyse (implizite Markenpräferenz)
M8: Markenwechsel infolge simulierter Preisvariationen (indirekt abgefragtes Preis-Premium)
M9: Marken-Wahlanteil/Kaufabsicht (direkt abgefragt)
M10: Marken-Wahlanteil/Kaufabsicht (indirekt abgefragt)

Quelle: eigene Darstellung in Anlehnung an Mackay (2001), S. 41 und S. 44

Hinsichtlich der Zusammenhänge von Markenwertindikatoren auf disaggregierter Ebene ergaben sich überwiegend nur schwach positive Korrelationen (< 0,5) sowie nichtsignifikante Zusammenhänge, so daß die Studie von Mackay (2001) hier die Ergebnisse von Agarwal/Rao (1996) im wesentlichen nicht bestätigen konnte. Auf aggregierter Ebene konnte Mackay (2001) nur wenige positive Zusammenhänge auf dem relativ geringen Signifikanzniveau von 0,15 nachweisen; überwiegend bestanden hier sogar nichtsignifikante Zusammenhänge. Für die

---

[397] Vgl. Mackay (2001), S. 39 f.

Korrelationen zwischen den konsumentenorientierten Markenwertindikatoren und den Marktanteilen ergaben sich durchgängig positive Korrelationskoeffizienten im Bereich von 0,51 bis 0,70, welche mit Ausnahme von M8 und M10 auf dem Niveau von 0,05 signifikant waren.[398] Einschränkend ist hier jedoch festzustellen, daß die von Mackay (2001) erhobenen Marktanteile zwar einen weniger experimentellen Charakter als die von Agarwal/Rao (1996) haben, jedoch ebenso nicht als „harte" ökonomische Kennziffer interpretierbar sind, da sie nur die befragten 383 Panelteilnehmer und einen relativ kurzen Erhebungszeitraum von elf Wochen wiederspiegeln. Da den Korrelationen auf aggregierter Ebene bei Mackay (2001) ein Stichprobenumfang von N = 4 zugrunde lag, ist deren Aussagegehalt insgesamt als gering anzusehen. Insgesamt fanden die Ergebnisse von Agarwal/Rao (1996) auch auf aggregierter Ebene im wesentlichen keine Bestätigung. Hinsichtlich der Vergleichbarkeit der beiden Studien ist jedoch einschränkend anzumerken, daß die Markenbedeutung innerhalb des von Mackay (2001) betrachteten Tankstellenmarktes anders sein dürfte als die innerhalb des von Agarwal/Rao (1996) betrachteten Marktes für Schokoriegel. Aufgrund ihrer spezifischen Begrenzungen liefert auch die Studie von Mackay (2001) insgesamt keinen umfassenden Erkenntnisbeitrag zu dem hier interessierenden Forschungsgebiet.

Weitere Untersuchungen hinsichtlich bestehender Zusammenhänge von Markenwertindikatoren konnten nicht identifiziert werden. Obwohl die Studien von Francois/MacLachlan (1995), Agarwal/Rao (1996) und Mackay (2001) einen bedeutenden Grundlagenbeitrag liefern, ist der aktuelle Forschungsstand zu diesem Themenkreis aus eingangs genannten Gründen[399] und insbesondere auch aufgrund der Beschränkungen in der externen Validität dieser Studien als unbefriedigend anzusehen. Hinzu kommt, daß die drei bisherigen Untersuchungen ihren Schwerpunkt auf konsumentenbezogene Markenwertindikatoren legen und hierbei marktgerichtete Indikatoren vernachlässigen. Gerade dies erscheint insofern unbefriedigend, als daß viele monetäre Markenbewertungstools der Unternehmenspraxis eine Vielzahl von marktgerichteten Markenwertindikatoren verwenden,[400] deren Eignung bislang kaum umfassend wissenschaftlich untersucht wurde. Die vorliegende Arbeit ist dahingehend angelegt, einen Beitrag zur Schließung eben dieser Forschungslücke zu leisten.

---

398 Vgl. Mackay (2001), S. 45.

399 Vgl. Abschnitt 1.2.

400 Vgl. Abschnitt 2.4.2.6.

3.2. Untersuchungsdesign

3.2.1. Untersuchte Indikatoren

Der Auswahl an untersuchten Markenwertindikatoren unterlag die Intention, möglichst viele und verschiedenartige Indikatoren einzubeziehen, um so eine große Brandbreite der innerhalb von monetären Markenbewertungsverfahren verwendeten Indikatoren abzudecken. Zugleich sollte ein explorativer Beitrag geleistet werden, indem zusätzlich auch weitere als nur die bislang auf Zusammenhänge untersuchten konsumentengerichteten Indikatoren integriert wurden. Ein besonders breit angelegter empirischer Vergleich von verschiedenartigsten Markenwertindikatoren erschien gerade darum von Interesse, um Erkenntnisse über bislang möglicherweise unentdeckte Zusammenhänge zu erlangen. Somit wurde bewußt in Kauf genommen, daß die betrachteten Indikatoren teils auf unterschiedlichen Markenwertverständnissen beruhen oder teils verschiedene markenrelevante Aspekte kennzeichnen, die inhaltlich nicht (unmittelbar) vergleichbar sind. Ferner wurde die Auswahl von Indikatoren sowie die konkrete Umsetzung ihrer Erhebung auch durch Kostengründe, Datenerhältlichkeit und andere praktische Gesichtspunkten mitbestimmt.

Innerhalb der vorliegenden Untersuchung werden inklusive aller Varianten insgesamt 35 Markenwertindikatoren bzw. Indikatorkombinationen betrachtet. Von den jeweils elf von Francois/MacLachlan (1995) bzw. Agarwal/ Rao (1996) untersuchten Konstrukten gehen jeweils neun Indikatoren in identischer oder ähnlicher Form in die Analyse ein. Hinsichtlich Anzahl und Vielfalt der betrachteten Markenwertindikatoren stellt die vorliegende empirische Untersuchung somit die bislang umfangreichste Studie im Rahmen der Markenwertforschung dar. Eine Übersicht der untersuchten Indikatoren gibt Abbildung 51.

Als **marktgerichtete Markenwertindikatoren** gingen wertmäßiger Marktanteil, Marktpreis, gewichtete Distributionsquote, Wiederkaufrate, Käuferreichweite sowie mengen- und wertmäßige Bedarfsdeckungsraten in die Untersuchung ein. Als weiterer Indikator ging die Markenkraft des GfK-Markensimulators[401] in die Untersuchung ein. Da diese den markeninduzierten Anteil des Marktanteils darstellt, ist sie ebenfalls als ein marktgerichteter Markenwertindikator interpretierbar. Mit marktgerichteten Markenwertindikatoren kann der ökonomische Erfolg von Markenprodukten ex post gemessen werden, welcher nicht jedoch allein auf der Marke, sondern auf dem gesamten Marketing-Mix beruht. Da die Marke in vielen Märkten einen dominierenden Einfluß auf die Kaufentscheidungen von Konsumenten ausübt, kann von einer hohen Relevanz der Marke für eben diese Indikatoren und von deren Eignung als Markenwertindikatoren ausgegangen werden. Während wertmäßiger Marktanteil, gewichtete

[401] Vgl. Maretzki/Wildner (1994); Wildner (1991) und siehe auch Abschnitt 2.4.2.5.1.

Distributionsquote sowie Wiederkaufrate Eingang in verschiedene Modelle zur Markenwertmessung fanden,[402] handelt es sich bei den übrigen drei Indikatoren um diesbezüglich weniger gängige Größen. Statistische Zusammenhänge zwischen Marktanteil, Käuferreichweite sowie Marktpreis und anderen Markenwertindikatoren wurden bereits zuvor in den Studien von Francois/MacLachlan (1995), Agarwal/Rao (1996) bzw. Mackay (2001) untersucht. Die übrigen marktgerichteten Indikatoren finden in der vorliegenden Arbeit erstmalig Eingang in vergleichende Studien, wodurch ein exploratives Element dieser Untersuchung begründet wird.

Als **konsumentengerichtete Markenwertindikatoren** wurden die gestützte Markenbekanntheit, Vorhandensein der Marke im Relevant Set, regelmäßige Markenverwendung und die zuletzt gekaufte Marke betrachtet, welche im Rahmen von Kaufentscheidungsprozessen frühe ("Awareness"), mittlere ("Interest", "Desire") und späte ("Action") Stufen kennzeichnen. Sie stellen literaturgängige[403] sowie einfach abzufragende Markenwertindikatoren dar, welche von Marktforschungsinstituten wie der GfK AG für eine breite Masse an Produkten regelmäßig erhoben werden. Weiterhin wird als ein kommerzielles Markenbewertungsverfahren der Brand Potential Index (BPI) der GfK AG erhoben.[404] Der BPI drückt die Markenattraktivität aus Konsumentensicht aus und stellt eine Verdichtung von zehn Markenwertindikatoren zu einer einzigen Maßzahl dar.[405] Bei den hier verwendeten Einzelindikatoren handelt es sich um Kaufabsicht, Mehrpreisakzeptanz, Markenidentifikation; Markenvertrauen, Bereitschaft zur Weiterempfehlung, Uniqueness, subjektiv eingeschätzte Markenbekanntheit, Markensympathie, Markenloyalität und Markenqualitätseinschätzung. Überdies wurden Preis-Premien und Marken-Wahlanteile jeweils direkt abgefragt und zusätzlich auch indirekt mittels Choice Based Conjoint Analyse (CBC) ermittelt. Hierdurch sollten Erkenntnisse darüber erlangt werden, inwiefern die Erhebungsmethode die Bewertungsergebnisse der betrachteten Marken beeinflußt. Neben den zwei Erhebungsvarianten von Preis-Premien wurden insgesamt vier Varianten für von Marken-Wahlanteilen auf Basis verschiedener Entscheidungsregeln ermittelt. Da Preis-Premien und Marken-Wahlanteile auf experimentellen

---

[402] Vgl. z.B. Franzen/Reimann (1998); Haigh (1999); Riedel (1996); Sattler (1997a); Semion (1995).

[403] Vgl. z.B. Aaker (1991); Agarwal/Rao (1996); Francois/MacLachlan (1995); Keller (1998); Riedel (1996).

[404] Für eine detaillierte Betrachtung des BPI vgl. Hupp (2001d); siehe auch Abschnitt 2.4.2.5.2. und 3.3.2.2.

[405] Aus diesem Grunde wird der BPI als Maß der Markenattraktivität im Rahmen der vorliegenden Arbeit als Einzelindikator behandelt, obwohl er streng genommen eine Indikatorkombination darstellt.

Abb. 51: Untersuchte Indikatoren und Indikatorkombinationen

Indikatoren / Indikatorkombinationen	Literaturquelle	Datenquelle
Marktgerichtete Markenwertindikatoren • Marktanteil (wertmäßig) • Marktpreis • gewichtete Distributionsquote • Wiederkaufrate • Käuferreichweite • Bedarfsdeckung (mengen- und wertmäßig) • Markenkraft des GfK-Markensimulators	Francois/MacLachlan (1995); Franzen/Reimann (1998); Haigh (1999); Maretzki/ Wildner (1994); Riedel (1996); Sattler (1997a); Semion (1995); Schulz/ Brandmeyer (1989a)	GfK-Paneldaten
Konsumentengerichtete Markenwertindikatoren • Markenbekanntheit (gestützt) • Vorhandensein im Relevant Set • regelmäßige Markenverwendung (Markentreue) • zuletzt gekaufte Marke • Brand Potential Index (BPI) der GfK als Maß der Markenattraktivität aus Konsumentensicht (gebildet aus Kaufabsicht, Mehrpreisakzeptanz, Markenidentifikation, Markenvertrauen, Bereitschaft zur Weiterempfehlung, Uniqueness, Markensympathie, subjektiv eingeschätzte Markenbekanntheit, Markenloyalität, Markenqualitätseinschätzung) • Preis-Premien (zwei Erhebungsvarianten: direkte und indirekte Abfrage mittels Conjoint Analyse) • Marken-Wahlanteile (zwei Erhebungsvarianten: direkte und indirekte Abfrage mittels Conjoint Analyse; überdies Variantenberechungen auf Basis verschiedener Entscheidungsregeln (First Choice, BTL) • Durchschnittliche Markenpräferenz (direkte Abfrage) • Teilnutzen der Marke (indirekte Abfrage mittels Conjoint-Analyse)	Aaker (1991); Agarwal/ Rao (1996); Brockhoff/ Sattler (1996); Francois/MacLachlan (1995); Hupp (2000a); Keller (1998); Mackay (2001); Park/Srinivasan (1994); Riedel (1996); Sattler (1997a); Sattler (2001c)	eigene Konsumentenbefragung
Konsumentengerichtete Markenwertindikatoren für Markentransfers: • Qualität des Transferprodukts • Fit des Transferprodukts mit der Muttermarke	Sattler (2001a); Zatloukal (2002)	eigene Konsumentenbefragung
Kombinationen von Markenwertindikatoren: • K1: Ansatz von Keller (1993, 1998); zwei Gewichtungsvarianten • K2: Ansatz von Aaker (1991) • K3: Landor's Image Power • K4: Ansatz von DDB Worldwide • K5: Brand Asset Valuator von Young & Rubicam • K6: Brand Performancer von A.C. Nielsen; zwei Gewichtungsvarianten • K7: GfK/PwC/Sattler-Modell; zwei Gewichtungsvarianten	Aaker (1991); Aaker (1996); A.C. Nielsen (2000); Högl/Hupp/ Maul/Sattler (2002); Keller (1993; 1998); Owen (1993); Richter/ Werner (1998); Riedel (1996); Sattler (1997a); Winters (1991)	Ermittlung aus den erhobenen Daten

Quelle: eigene Erstellung[406]

[406] Es wird darauf hingewiesen, daß alle Abbildungen innerhalb von Abschnitt 3, sofern diese nicht anders markiert sind, vom Verfasser erstellt wurden und in der Folge nicht mehr entsprechend gekennzeichnet werden.

Auswahlentscheidungen und nicht auf realen Markttransaktionen basieren, stellen sie in ökonomischer Hinsicht lediglich „weiche" Wertmaße dar. Im Rahmen von Kaufentscheidungsprozessen spiegeln diese beiden Indikatoren mittlere ("Desire") bzw. späte ("Action") Stufen wieder. Überdies werden zwei Markenpräferenzmaße betrachtet; hierbei handelt es sich einerseits um direkt anhand von Ratingskalen abgefragte Markenpräferenzen und andererseits in Anlehnung an Francois/MacLachlan (1995) und Agarwal/Rao (1996) um den Markenteilnutzen, welcher jedoch im Gegensatz zu diesen beiden Studie nicht mittels einer Adaptive Conjoint Analyse (ACA) sondern mittels einer auswahlbasierten Conjoint-Analyse (CBC) erhoben wurde. Auch diesbezüglich beinhaltet die vorliegende Untersuchung ein exploratives Element.

Für je zwei fiktive Markentransfers wurden die (vom Probanden eingeschätzte) Qualität des Transferprodukts und das (vom Probanden eingeschätzte) Zusammenpassen des Transferprodukts mit dem Muttermarkenprodukt („Fit") erhoben. Bei ersterem Maß handelt es sich formal um eine Operationalisierung des Markentransfererfolgs [407] (abhängige Variable) und bei letzterem um einen Erfolgsfaktor für Markentransfers[408] (unabhängige Variable). Da der Wert einer Marke auch dadurch determiniert ist, daß diese auf andere Produkte transferiert werden

[407] Vgl. Zatloukal (2002), S. 81 ff.

[408] Durch die Berücksichtigung von Erfolgsfaktoren für Markentransfers ist das Flop-Risiko von Neuprodukteinführungen erheblich reduzierbar; ihre diesbezügliche Relevanz wurde in mehreren aufeinander aufbauenden Studien nachgewiesen. So leitete Sattler (1997a) in einer Meta-Analyse von 35 empirischen Studien mit insgesamt 121 überprüften Hypothesen eine Reihe von Erfolgsfaktoren ab, aus denen zunächst für die Anwendung in der Unternehmenspraxis eine Checkliste zur Beurteilung von Markentransfers erstellt wurde. Vgl. Sattler (1998a); Sattler (1998d); Sattler (1997b). In einer weiterführenden Untersuchung erfolgte eine simultane Analyse dieser Erfolgsfaktoren hinsichtlich ihres Bedeutungsgewichts für den Markentransfererfolg bei insgesamt 48 Muttermarken und 95 Transferprodukten führender Hersteller von kurzlebigen Konsumgütern. Hier zeigte sich, daß weitgehend unabhängig von Muttermarke und Transferprodukt als dominierende Faktoren der Fit und die Qualitätseinschätzung der Muttermarke für den Erfolg von Markentransfers ausschlaggebend sind und den übrigen untersuchten Indikatoren eine nur untergeordnete Bedeutung zukommt. Vgl. Zatloukal (2002). Demnach ist das Risiko zukünftiger Markentransfers hinsichtlich deren Nachfrageakzeptanz entscheidend gemindert, wenn aus Konsumentensicht ein starker Fit zwischen Muttermarken- und Transferprodukt bei gleichzeitig hoher Qualitätseinschätzung der Muttermarke besteht. Es liegt somit nahe, diese Maße im Vorwege der Umsetzung von geplanten Markentransfers zu erheben. Darüber hinaus sind jedoch auch als marktgerichtete Erfolgsfaktoren von Markentransfers die Wettbewerbssituation sowie die Handelsakzeptanz relevant. Vgl. Sattler (2001a), S. 147. Jedoch bestehen auch Studien mit konträren Ergebnissen hinsichtlich der Relevanz einzelner Erfolgsfaktoren. So konnte die hohe Bedeutung des Fit für den Markentransfererfolg von Hupp (2001a; 2001b) nicht bestätigt werden; hier wurde nachgewiesen, daß Markenattraktivität (BPI) sowie Herstellerkompetenz und Qualitätswahrnehmung des Transferprodukts eine hohe Bedeutung für den Erfolg eines Markentransfers haben. Vgl. Hupp (2001a; 2001b).

kann, sind diese Indikatoren auch als direkte bzw. indirekte **konsumentengerichtete Markenwertindikatoren für Markentransfers** interpretierbar. Die Untersuchung dieser Wertmaße auf Zusammenhänge mit anderen Markenwertindikatoren stellt ein weiteres exploratives Element der vorliegenden Arbeit dar.

Auf Basis der erhobenen Einzelindikatoren wurde eine exemplarische Auswahl von sieben **Kombinationen von Markenwertindikatoren** (im folgenden abgekürzt mit K1 bis K7) nachgebildet, die innerhalb von nichtmonetären und monetären Markenbewertungsverfahren aus Wissenschaft und Unternehmenspraxis zur Anwendung kommen und hier jeweils eine zentrale Bedeutung bei der Wertmessung haben. Der getroffenen Auswahl ging eine umfassende Recherche nach Markenbewertungsverfahren voraus,[409] die auch eine Erfassung der je Verfahren verwendeten Markenwertindikatoren beinhaltete. Die im Rahmen dieser Arbeit nachgebildeten Indikatorkombinationen sollten sowohl wissenschaftliche und praxisgängige als auch nichtmonetäre und monetäre Markenbewertungsverfahren abdecken; für ihre Auswahl war ausschlaggebend, daß entsprechende Daten zu den je Verfahren verwendeten Markenwertindikatoren vorhanden waren; einzelne Indikatoren, deren Erhebung bzw. Operationalisierung nicht synonym zu den jeweils zugrundeliegenden Verfahren erfolgte, wurden bei der Kombinationsbildung durch inhaltlich weitestgehend gleichartige Indikatoren ersetzt.

Aufgrund ihrer inhaltlichen Verschiedenartigkeit sowie ihrer unterschiedlichen Funktion im Rahmen des jeweiligen Bewertungsverfahrens sind die untersuchten Indikatorkombinationen nicht unmittelbar vergleichbar. **K1** und **K2** sind an die verhaltenswissenschaftlich orientierten Modelle von Keller (1993; 1998) und Aaker (1991) angelehnt, welche jeweils in der Literatur eine hohe Verbreitung und Anerkennung gefunden haben.[410] Innerhalb beider Verfahren wird u.a. eine Imagegröße gemessen (Keller: Markenimage; Aaker: Markenassoziationen), welche in der vorliegenden Untersuchung nicht analog erhoben wurde. Somit wurde zur Nachbildung dieser Ansätze hier jeweils ersatzweise der BPI verwendet, der diesen Konstrukten inhaltlich sehr nahe kommt.[411] Die Indikatorkombinationen K3 bis K5 wurden in Anlehnung an die kommerziellen nichtmonetären Markenbewertungstools „Landor's Image Power" (**K3**), „DDB Worldwide-Ansatz" (**K4**) und „Brand Asset Valuator" von Young & Rubican (**K5**) nachgebildet,[412]

[409] Siehe hierzu Abschnitt 2.3. und Abschnitt 2.4.1.

[410] Zu den Ansätzen von Keller (1993; 1998) und Aaker (1991) siehe auch Abschnitt 2.3.1.

[411] Die mit dem BPI gemessene Markenattraktivität aus Konsumentensicht ist als inhaltlich eng mit dem Markenimage verwandtes Konstrukt anzusehen, so daß die hier vorgenommene ersatzweise Verwendung des BPI weitestgehend unbedenklich erscheint. Vgl. hierzu allgemein Sattler (2001c), S. 157.

[412] Vgl. Aaker/Jacobsen (1994); Owen (1993); Werner/Richter (1998); Winters (1991).

wobei ebenfalls teils ersatzweise Indikatoren verwendet werden mußten.[413] Die Indikatorkombinationen K6 und K7 sind an kommerzielle monetäre Markenbewertungstools angelehnt. Mit **K6** wird das Scoringmodell des Brand Performancers von A.C. Nielsen bzw. Konzept und Markt nachgebildet,[414] das im Rahmen einer markenspezifischen Aufspaltung des Marktvolumens zur Anwendung kommt. Es beinhaltet u.a. eine Indikatorenkategorie („Marktattraktivität") mit zwei Einzelindikatoren, die eine marktübergreifende Vergleichbarkeit der Ergebnisse des Brand Performancers gewährleisten soll. Da hierfür keine entsprechenden Daten vorlagen, keine marktübergreifende Betrachtung angestrebt wurde und eine Marktattraktivität explizit nicht in dem Ansatz von Riedel (1996) enthalten ist,[415] auf dessen Basis die Entwicklung des Brand Performancers erfolgte, wurden diese beiden Indikatoren bei der Kombinationsbildung ersatzlos ausgeschlossen. Schließlich wurde noch mit **K7** das Scoringmodell des GfK/PwC/Sattler-Ansatzes nachgebildet,[416] welches bei der Risikoberücksichtigung von zukünftigen markenspezifischen Einzahlungen zur Anwendung kommt.[417]

Die Verknüpfung der jeweiligen Einzelindikatoren zu einem Gesamtwert erfolgte anhand eines eigenerstellten Scoringmodells, das methodisch an kombinierte Verfahren aus der Unternehmenspraxis angelehnt ist. Da Indikatorgewichtungen für die meisten Markenbewertungsverfahren nicht offengelegt sind und die Eigenerstellung einer subjektiven, empirisch nicht validierten Gewichtung kaum sinnvoll erschien, wurde für alle betrachteten Indikatorkombinationen zunächst eine Variante berechnet, innerhalb derer sämtliche Einzelindikatoren gleichgewichtet waren. Sofern für einzelne Bewertungsverfahren doch Indikatorgewichtungen bekannt waren, wurde jeweils eine zusätzliche Variante unter Anwendung dieser Gewichtung berechnet. Insgesamt gingen zusätzlich zu den sieben Indikatorkombinationen drei Gewichtungsvarianten in die Betrachtung ein. Für hier vorgenommene Untersuchung von Indikatorkombinationen findet sich in der Marketingliteratur bislang kein Referenzfall, wodurch ein weiteres exploratives Element der vorliegenden Arbeit begründet wird.

---

413 Für Details zur Kombinationsbildung siehe Abschnitt 3.3.4.; eine Übersicht der nachgebildeten Indikatorkombinationen und der hierfür jeweils verwendeten Einzelindikatoren und Gewichtungen gibt Abbildung 79.

414 Hinsichtlich der Methodik des Brand Performancers siehe Abschnitt 2.4.2.1.1.; das Scoringmodell des Brand Performancers zeigt Abbildung 17.

415 Vgl. Riedel (1996), S. 150.

416 Hinsichtlich der Methodik des GfK/PwC/ Sattler-Ansatzes siehe Abschnitt 2.4.2.3.4.; das Scoringmodell des GfK/PwC/ Sattler-Ansatzes zeigt Abbildung 37.

417 Vgl. Högl/Hupp/Maul/Sattler (2002), S. 56 ff.

3.2.2. Untersuchungsobjekte

Gegenstand der empirischen Untersuchung sollten reale Marken aus zwei Produktkategorien sein, welche von einer hohen Anzahl potentieller Nachfrager beurteilt werden können. Dies setzte voraus, daß die untersuchten Markenprodukte jeweils von einer breiten Bevölkerungsschicht gekauft und verwendet werden und daß die innerhalb beider Produktkategorien betrachtenden Marken einen hohen Bekanntheitsgrad haben. Weiterhin erschien eine möglichst hohe Homogenität hinsichtlich der technisch-physikalischen Produkteigenschaften sinnvoll, um produktspezifische Einflüsse auf die Beurteilung der Marken durch die Probanden auszuschließen. Vor diesem Hintergrund wurden die Märkte für **Röstkaffee** und **Tafelschokolade** innerhalb Deutschlands als Untersuchungsobjekte ausgewählt. Bei beiden Produktbereichen handelt es sich um typische kurzlebige Konsumgüter, die eine kurze Verbrauchsdauer aufweisen und von regelmäßigen Verwendern in kurzen Intervallen verbraucht bzw. wiederbeschafft werden ("Fast Moving Consumer Goods"). Sie sind weder erklärungsbedürftig noch (technisch) komplex und stellen somit für Konsumenten leicht beurteilbare Produkte dar. In beiden Produktgruppen bestehen relativ geringe absolute Marktpreise pro Stück,[418] so daß alle Marken für Käufer aller Einkommensklassen grundsätzlich erschwinglich sind. Trotz hoher Produkthomogenität auftretende Preisspannweiten können hierbei als Indiz für die Bedeutung der Marke als Marketing-Instrument interpretiert werden. Auch hinsichtlich der handelsüblichen Verpackungsgrößen sind beide Märkte durch eine hohe Homogenität gekennzeichnet. Obwohl im Handel jeweils verschiedene Packungsgrößen erhältlich sind, kann im Röstkaffeemarkt die 500gr-Packung und im Tafelschokoladenmarkt die 100gr-Packung als dominierend angesehen werden,[419] so daß sich die folgenden Betrachtungen auf diese Packungsgrößen beschränken.

Abb. 52: Untersuchte Produktkategorien und Marken

Röstkaffeemarkt		Tafelschokoladenmarkt	
1. Dallmayr	5. Kaffee Hag	1. Alpia	7. Sarotti
2. Eduscho	6. Melitta	2. Kinderschokolade	8. Sprengel
3. Idee Kaffee	7. Onko	3. Lindt	9. Toblerone
4. Jacobs	8. Tchibo	4. Merci	10.Trumpf
		5. Milka	11.Yogurette
		6. Ritter Sport	
=> jeweils 500gr-Packung		=> jeweils 100gr-Packung	

418 Siehe Abbildung 59.

419 Diese Annahme wurde durch die Ergebnisse der repräsentativen Erhebung von Packungsgrößen bei letztvorgenommenen Produktkauf nachträglich untermauert; siehe hierzu Abbildung 54.

Die Auswahl der betrachteten **Marken** erfolgte unter der Maßgabe, beide Märkte hinsichtlich der relevantesten Herstellermarken abzudecken. Gemäß ihres wertmäßigen Marktanteils stellen die untersuchten Marken die jeweils erfolgreichsten Herstellermarken dar und bilden in der Summe einen Anteil am wertmäßigen Gesamtmarktvolumen von rund 77% im Röstkaffeemarkt bzw. 71% im Tafelschokoladenmarkt bezogen auf das Jahr 1999.[420] Handelsmarken gingen nicht in die Betrachtung ein, da diese zumeist eine geringere Marketingunterstützung erfahren,[421] so daß hier eine eingeschränkte Vergleichbarkeit mit den betrachteten Herstellermarken gegeben ist. In beiden Märkten hat die Aldi GmbH & Co. KG mit ihren Handelsmarken einen wertmäßigen Marktanteil von jeweils rund 10% bezogen auf das Jahr 1999.[422] Die zum jeweiligen Gesamtmarktvolumen verbleibenden Marktanteilsdifferenzen von rund 12% des Röstkaffeemarkts und 19% des Tafelschokoladenmarkts kommen kleineren Hersteller- und Handelsmarken zu, die vergleichsweise weniger bedeutend sind. So kann insgesamt davon ausgegangen werden, daß die je Markt getroffene Markenauswahl keine wichtigen Herstellermarken vernachlässigt. Ein weiteres Kriterium für die Auswahl der Produktkategorien und Marken stellte die Erhältlichkeit von Paneldaten dar, auf denen die Bewertungsergebnisse des GfK-Markensimulators basieren. Auch hierin bestand ein weiterer Grund für die Ausgrenzung von Handelsmarken aus der Betrachtung, da diesbezüglich keine geeigneten Daten vorlagen bzw. unter angemessenem Aufwand beschaffbar waren.

3.2.3. Stichproben

Die vorliegende empirische Untersuchung basiert insbesondere auf zwei unabhängigen Stichproben von Kaffee- und Schokoladenkonsumenten, deren Erhebung jeweils im Juli/August 2000 stattfand. Hierbei wurden innerhalb des **"GfK-Omnibus"**[423] eine Stichprobe von 1233 Probanden für den Röstkaffee-

[420] Diese Angaben basieren auf Verbraucherpanelzahlen der GfK für das Gesamtjahr 1999; siehe Abbildung 59.

[421] Vgl. Sattler (2001c), S. 41.

[422] Die Marktanteile der Aldi-Handelsgruppe basieren auf einer Schätzung der GfK AG für das Jahr 1999.

[423] Der **GfK-Omnibus** stellt eine in regelmäßigen Abständen durchgeführte Mehrthemenbefragung der GfK AG dar, bei der individuelle Fragebögen von verschiedenen Auftraggebern zu einer Gesamtstudie kombiniert werden. Auf diese Weise wird eine Degression der Fixkosten erreicht, welche einen hohen Anteil an den Gesamtkosten der Befragung darstellen, und die erhobenen Daten in ad hoc Qualität, exklusiv sowie kostengünstig bereitgestellt. Da die Probandenauswahl für jeden Omnibus neu erfolgt, treten keine Paneleffekte auf. Aufgrund der hohen Durchführungsfrequenz (ein- bis zweiwöchentlich), schnellen Ergebnislieferung (ca. drei Wochen nach Redaktionsschluß) und der Konstanthaltung des Untersuchungsdesigns eignet sich der GfK-Omnibus für kurzfristig auftretende Probleme und für Zeitreihenanalysen. Vgl. GfK AG (2000), S. 1.

markt sowie eine von 1223 Probanden für den Tafelschokoladenmarkt gezogen und im Rahmen von PC-gestützen, persönlichen Interviews befragt.[424] Die Probandenauswahl basierte hierbei auf der amtlichen Statistik und erfolgte nach einem Quotenverfahren in zwei Stufen. Die erste Stufe wurde von der GfK hinsichtlich der Merkmale Bundesland und Ortsgröße zentral gesteuert. Innerhalb der zweiten Stufe erhielten die Interviewer vor Ort einzuhaltende Quoten für die Merkmale Geschlecht, Alter, Haushaltsgröße und Beruf des Haushaltsvorstandes. Durch diese Vorgehensweise wird laut GfK für den GfK-Omnibus näherungsweise eine bundesweite **Bevölkerungsrepräsentativität** hinsichtlich der vorgenannten Merkmale erzielt.[425] Innerhalb des hier interessierenden Forschungsgebietes stellt die vorliegende Arbeit die bislang einzige wissenschaftliche Studie hinsichtlich eines Vergleichs von Markenwertindikatoren dar, die eine nationale Bevölkerungsrepräsentativität der zugrundeliegenden Stichproben beinhaltet.

Neben den bevölkerungsrepräsentativen Quotenmerkmalen wurde eine Reihe weiterer soziodemographischer Merkmale abgefragt, welche standardmäßig im GfK-Omnibus erhoben werden; Abbildung 53 zeigt eine Auswahl dieser soziodemographischen Merkmale. Sofern einzelne Probanden im Rahmen der Erhebung keine Angaben zu diesen Merkmalen gemacht haben, sind diese als "missing values" aufgeführt. Ein weiterer Bestandteil innerhalb der Omnibus-Stichproben war die Abfrage grundlegender Merkmale des Konsumverhaltens. So wurde im Hinblick auf eine spätere Filterführung für alle Probanden erhoben, ob sie zumindest gelegentlich Kaffee bzw. Schokolade kaufen bzw. verzehren. Um Daten für eine Probandengewichtung anhand des individuellen Konsums zu erlangen, wurden bei Produktkäufern individuelle monatliche Kaufmengen erhoben. Überdies erfolgte eine ungestützte Abfrage des beim letzten Kauf gezahlten Preises sowie der zuletzt erworbenen Packungsgröße, um Aufschluß über die Markt- bzw. Produktkenntnisse der Probanden zu erlagen. Die Ergebnisse dieser Erhebungen zeigt Abbildung 54.

Bei der Datenanalyse zeigte sich, daß die Probanden jeweils größtenteils Produktkäufer waren (Kaffee: 69,5%, Schokolade: 74,0%), so daß aus einer Filterung, die Nichtkäufer von der weiteren Auswertung ausschließt, zwei noch immer ausreichend große Teilstichproben resultieren. Die Produktkäufer erwarben durchschnittlich 2,6 Pfund Kaffee bzw. 5,2 Tafeln Schokolade pro Monat. Eine Betrachtung des Zusammenhangs zwischen der gekauften Menge und der Haus-

---

[424] An dieser Stelle sei der GfK AG, namentlich Herrn Siegfried Högl, Herrn Dr. Oliver Hupp und Herrn Harald Schuster für die umfangreiche Unterstützung dieses Projekts, die Durchführung der Datenerhebungen und die außerordentlich gute Zusammenarbeit nochmals herzlichst gedankt.

[425] Vgl. GfK AG (2000), S. 2.

Abb. 53: Soziodemographische Merkmale der Omnibus-Stichproben

Produktkategorie Merkmale	Röstkaffee absolut	 Anteil	Tafelschokolade absolut	 Anteil
Geschlecht:				
männlich	588	47,7%	583	47,7%
weiblich	645	52,3%	640	52,3%
Alter:				
14-20 Jahre	102	8,3%	112	9,2%
21-30 Jahre	187	15,1%	164	13,4%
31-40 Jahre	231	18,8%	229	18,7%
41-50 Jahre	209	17,0%	178	14,6%
51-60 Jahre	192	15,6%	220	18,0%
≥ 60 Jahre	311	25,2%	318	26,0%
Bundesland:				
Schleswig-Holstein	55	4,5%	33	2,7%
Hamburg	17	1,4%	27	2,2%
Bremen	12	0,9%	8	0,7%
Berlin	51	4,1%	48	3,9%
Niedersachsen	92	7,4%	146	12,0%
Nordrhein-Westfalen	261	21,2%	274	22,4%
Hessen	99	8,0%	71	5,8%
Rheinland-Pfalz	48	3,9%	72	5,9%
Saarland	23	1,9%	11	0,9%
Baden-Württemberg	142	11,5%	148	12,1%
Bayern	199	16,1%	155	12,6%
Mecklenburg-Vorpommern	30	2,4%	27	2,2%
Sachsen-Anhalt	44	3,6%	44	3,6%
Brandenburg	41	3,4%	47	3,8%
Thüringen	36	3,0%	40	3,2%
Sachsen	82	6,7%	72	5,9%
Bildung:				
Volks-/Hauptschule	662	53,7%	625	51,1%
Höhere Schule ohne Abitur	381	30,9%	397	32,5%
Abitur/Hochschulreife	98	8,0%	107	8,7%
Universität	57	4,6%	68	5,6%
missing values	35	2,8%	26	2,1%
Familienstand:				
ledig	240	19,5%	241	19,7%
zusammenlebend ohne Trauschein	127	10,3%	105	8,6%
verheiratet	681	55,2%	644	52,6%
verwitwet/geschieden/getrennt lebend	185	15,0%	233	19,1%
Haushaltsgröße:				
1 Person	231	18,8%	243	19,9%
2 Personen	454	36,8%	426	34,8%
3 Personen	241	19,6%	257	21,0%
4 Personen	221	17,9%	213	17,5%
5 und mehr Personen	86	7,0%	84	6,9%
Monatl. Haushaltsnettoeinkommen:				
bis 1999,- DM	109	8,9%	133	10,9%
2000 – 2999,- DM	203	16,5%	210	17,2%
3000 – 3999,- DM	193	15,7%	178	14,5%
4000 – 4999,- DM	167	13,5%	150	12,2%
5000 – 5999,- DM	106	8,6%	121	9,9%
≥ 6000,- DM	75	6,1%	102	8,3%
missing values	378	30,6%	329	26,9%

Erhebung: direkte Abfrage, außer bei Alter jeweils geschlossene Fragestellung; N (Kaffee) = 1233; N (Schokolade) = 1223

Abb. 54: Konsumverhaltensmerkmale der Omnibus-Stichproben

1) Kauf- und Verzehr von Röstkaffee und Tafelschokolade

Röstkaffeemarkt		Trinken Sie, wenn auch nur gelegentlich Kaffee? ja	nein	gesamt
Kaufen Sie, wenn auch nur gelegentlich Kaffee?	ja	67,8%	1,7%	69,5%
	nein	14,8%	15,7%	30,5%
	gesamt	82,6%	17,4%	100,0%

Tafelschokoladenmarkt		Essen Sie, wenn auch nur gelegentlich Schokolade? ja	nein	gesamt
Kaufen Sie, wenn auch nur gelegentlich Schokolade?	ja	70,0%	4,0%	74,0%
	nein	8,2%	17,8%	26,0%
	gesamt	78,2%	21,8%	100,0%

Erhebung: direkte Abfrage, geschlossene Fragestellung; Basis: alle Probanden; N (Kaffee) = 1233; N (Schokolade) = 1223

2) Monatlicher Verbrauch an Röstkaffee und Tafelschokolade

Röstkaffeemarkt: monatliche Kaufmengen	Anteil	Tafelschokoladenmarkt: monatliche Kaufmengen	Anteil
0 Pfund	2,2%	0 Tafeln	1,6%
1 Pfund	29,3%	1 Tafel	7,1%
2 Pfund	33,0%	2 Tafeln	20,5%
3 Pfund	13,8%	3 Tafeln	12,9%
4 Pfund	12,6%	4 Tafeln	14,1%
5 Pfund	5,2%	5 Tafeln	15,6%
6 Pfund	2,1%	6 Tafeln	9,5%
7 oder mehr Pfund	2,0%	7 oder mehr Tafeln	18,6%

Erhebung: direkte Abfrage, offene Fragestellung; Basis: nur Produktkäufer; N(Kaffee) = 857; N(Schokolade) = 905

3) Preis und Packungsgröße beim letztvorgenommenen Kauf

Röstkaffeemarkt

Preis / Packungsgröße	250gr	500gr	1000gr	andere	gesamt
bis zu 5,99 DM	0,3%	9,1%	0,5%	-	9,9%
6,00 bis 6,99 DM	0,5%	25,8%	-	-	26,3%
7,00 bis 7,99 DM	-	31,0%	0,1%	0,1%	31,2%
8,00 bis 8,99 DM	-	21,4%	0,9%	0,9%	23,1%
9,00 bis 9,99 DM	0,1%	7,0%	-	-	7,1%
mehr als 10,- DM	-	2,1%	0,3%	-	2,4%
Gesamt	0,9%	96,3%	1,8%	1,0%	100,0%

Tafelschokoladenmarkt

Preis / Packungsgröße	100gr	150gr	200gr	andere	gesamt
bis zu 0,79 DM	4,5%	0,1%	-	0,1%	4,8%
0,80 bis 0,99 DM	24,9%	0,2%	0,1%	0,5%	25,8%
1,00 bis 1,19 DM	24,1%	0,7%	0,1%	0,7%	25,7%
1,20 bis 1,39 DM	13,3%	0,5%	0,5%	0,4%	14,7%
1,40 bis 1,59 DM	8,2%	0,1%	0,4%	0,1%	8,8%
1,60 bis 1,79 DM	2,6%	0,4%	0,2%	-	3,2%
1,80 bis 1,99 DM	2,8%	0,2%	0,2%	0,2%	3,5%
2,00 bis 2,99 DM	4,3%	1,5%	1,6%	1,5%	8,8%
3,00 bis 3,99 DM	1,1%	0,6%	1,0%	1,1%	3,8%
4,00 bis 4,99 DM	0,2%	0,1%	-	0,6%	1,0%
Gesamt	86,1%	4,5%	4,2%	5,2%	100,0%

Erhebung: direkte Abfrage, offene Fragestellung; Basis: nur Produktkäufer; N (Kaffee) = 857; N (Schokolade) = 905

haltsgröße lieferte plausible Ergebnisse. Somit wurde die grundsätzliche Eignung der individuellen Kaufmengen für eine Verwendung zur Probandengewichtung innerhalb beider Omnibus-Stichproben als gegeben angesehen. Hinsichtlich der Marktkenntnisse der Produktkäufer konnte festgestellt werden, daß 63% bzw. 96% der ungestützt genannten Kaffee- bzw. Schokoladenpreise innerhalb der Bandbreite der tatsächlichen Marktpreise der betrachteten Marken lagen, was zumindest als grobes Indiz für vorhandene Preiskenntnisse der Probanden interpretiert werden kann. Weiterhin gaben 96% bzw. 86% der jeweiligen Produktkäufer ungestützt an, daß sie zuletzt eine 500gr-Packung Kaffee bzw. 100gr-Packung Schokolade erwarben, wodurch die Fokussierung dieser Studie auf eben diese Packungsgrößen nachträglich gerechtfertigt wurde. In beiden Omnibus-Stichproben wurden zur weiteren Beurteilung der Datengüte Plausibilitätstests hinsichtlich aller in offener Fragestellung erhobenen Merkmale[426] durchgeführt. Hierbei zeigte sich, daß kaum unplausible Werte vorlagen (< 0,1% der Fälle) und daß diese zumeist als Eingabefehler zu deuten waren. Um eine Ergebnisverzerrung auszuschließen, wurden diese unplausiblen Daten in missing values überführt.

Um eine indirekte Erhebung von Zahlungsbereitschaften mittels Conjoint-Analyse vorzunehmen, wurde zeitgleich mit der Omnibus-Erhebung eine weitere Stichprobe von 105 Konsumenten gezogen. Die Probanden dieser **„Labor-Stichprobe“** wurden jeweils getrennt für beide Produktbereiche im Rahmen von PC-gestützten Studio-Interviews in den Städten Hamburg, München und Essen befragt. Die separate Erhebung von indirekt abgefragten Zahlungsbereitschaften hatte einerseits die Intention, eine Ergebnisverzerrung durch Reihenfolge- und Lerneffekte sowie eine Überforderung der Auskunftsbereitschaft der Probanden zu vermeiden. Andererseits sprachen auch Kostengründe sowie programmierungstechnische Aspekte gegen eine Integration dieser Teilerhebung in die Omnibus-Erhebung. Für die Rekrutierung der Probanden galt als Minimalanforderung, daß diese zumindest gelegentlich sowohl Kaffee als auch Schokolade kaufen. Als demographische Merkmale wurden Alter und Geschlecht abgefragt. Analog zur Omnibus-Erhebung erfolgte eine Erhebung des Verzehrverhaltens; hier gaben 104 bzw.105 Probanden an, zumindest gelegentlich Kaffee bzw. Schokolade zu verzehren. Weitere Merkmale des Konsumverhaltens wurden nicht abgefragt. Ein Anspruch auf Bevölkerungsrepräsentativität kann hinsichtlich der Labor-Stichprobe nicht erfüllt werden.

[426] Hierbei handelte es sich um direkt abgefragte Zahlungsbereitschaften bei zwei Paarvergleichen, individuelle Kaufmengen, beim letzten Kauf gezahlter Preis und beim letzten Kauf erworbene Packungsgröße.

Abb. 55: Demographische Merkmale innerhalb der Labor-Stichprobe

Merkmal, Ausprägung	Geschlecht männlich	weiblich	Alter (Jahre) 18-20	21-30	31-40	41-50	51-60	60-65
absolut (N=105)	41	64	20	25	16	24	14	6
Anteil (N=100%)	39,0%	61,0%	19,0%	23,8%	15,2%	22,9%	13,3%	5,7%
=> jeweils identische Merkmalsausprägungen für die Produktbereiche Röstkaffee und Tafelschokolade								

Weiterhin wurden von der GfK auch für jeweils alle betrachteten Marken Daten zu marktgerichteten Markenwertindikatoren sowie Bewertungsergebnisse des GfK-Markensimulators zur Verfügung gestellt.[427] Die marktgerichteten Markenwertindikatoren basierten hierbei auf einer Stichprobe aus dem **GfK-Verbraucherpanel**[428] für das Gesamtjahr 1999. Eine Ausnahme stellen die gewichteten Distributionsquoten dar, welche aus einer Stichprobe des **IRI/GfK-Handelpanels**[429] für das Jahr 1999 stammen. Die Bewertungsergebnisse des GfK-Markensimulators beruhen ebenfalls auf Daten des IRI/GfK-Handelspanels, welche jedoch nur die ersten 24 Wochen des Jahres 2000 umfassen. Bei diesen Stichproben handelte es sich um die zum Untersuchungszeitpunkt jeweils aktuellsten verfügbaren Daten.

---

[427] An dieser Stelle sei der GfK AG auch für die Bereitstellung dieser Daten nochmals herzlichst gedankt, hier namentlich Herrn Dr. Raimund Wildner, Leiter der Abteilung Zentrale Methodenforschung sowie Herrn Wolfgang Twardawa, Devision Manager des Bereichs Consumer Scope.

[428] Das **GfK-Verbraucherpanel** stellt mit bis zu 17.000 teilnehmenden Haushalten das größte und bedeutendste Verbraucherpanel in Deutschland dar. Die Datenerhebung für alle getätigten Einkäufe des jeweiligen Haushalts an Nahrungsmitteln und Gütern des täglichen Bedarfs erfolgt mittels schriftlicher Befragungen, bei denen die Panelhaushalte ihre Einkäufe in Berichtsbögen eintragen und wöchentlich an die GfK zurücksenden. Hierbei werden Datum des Einkaufs, Einkaufsstätte (Name, Art des Geschäfts) und eingekaufte Produkte (Art, Marke, Packungsgröße, Menge, Preis) erfaßt. Die Auswahl der Panelhaushalte erfolgt anhand eines Quotenverfahrens auf Basis der amtlichen Statistik nach den Merkmalen Ortsgröße, Haushaltsgröße, Alter der haushaltsführenden Person, Haushaltsnettoeinkommen und Zahl der Kinder unter 15 Jahren. Vgl. Berekoven et al. (1999), S. 127 f.; Böhler (1992), S. 60 f.; Hammann/Erichson (2000), S. 164 f.; Hüttner (1999), S. 183 ff.

[429] Das **IRI/GfK-Handelspanel** wird betrieben von der IRI/GfK Retail Services, einem Gemeinschaftsunternehmen der GfK und von Information Resources, Inc. (IRI), Chicago, das als Pionier der scannergestützten Marktforschung heute einer der weltweit führenden Anbieter von Business Solutions auf Basis EAN-genauer Marktinformationen ist. Die Datenbasis des IRI/GfK-Handelspanels stellt eine Kombination von teils vor Ort erfaßten Daten, von auf Basis von Wareneingangsdaten und Bestandszählungen ermittelten Abverkäufen und von Scannerdaten des Handel dar. Vgl. Homepage der Firmen IRI/GfK Retail Services und Information Resources, Inc. (IRI) unter www.iri-gfk.de und www.infores.com.

Da die Erhebung der untersuchten Markenwertindikatoren auf mehreren unabhängigen Stichproben (GfK-Omnibus, Laborbefragung, GfK-Verbraucherpanel, IRI/GfK-Handelspanel) beruht, ist deren **Strukturgleichheit** zu prüfen. Hierfür wird zunächst die Vergleichbarkeit der Omnibus-Stichproben mit den Labor-Stichproben betrachtet. Innerhalb beider Labor-Stichproben wurden analog zu den Omnibus-Stichproben jeweils die vier Indikatoren Markenbekanntheit, Vorhandensein der Marke im Relevant Set, regelmäßige Verwendung (Markentreue) sowie der BPI und überdies die Merkmale „Geschlecht", „Alter" und „Kaffee- bzw. Schokoladenverzehr" erhoben.[430] Beide Omnibus-Stichproben enthielten jeweils Käufer und Nichtkäufer von Kaffee bzw. Schokolade, wohingegen die Labor-Stichproben nur Produktkäufer umfaßten, da hier die Rekrutierung der Probanden bezüglich der Erfüllung dieses Merkmals stattfand. Somit erfolgte in beiden Omnibus-Stichproben eine Filterung, die den Ausschluß aller Nichtkäufer bewirkte.[431] Diese Vorgehensweise steht auch im Einklang mit der Vergleichbarkeit hinsichtlich der Panel-Stichproben, deren Daten jeweils auf realen Markttransaktionen beruhen und somit ebenfalls nur Produktkäufer umfassen.

Innerhalb der Omnibus-Stichproben betrugen die Altersspannweiten 14 bis 89 Jahre (Kaffee) bzw. 14 bis 94 Jahre (Schokolade), wohingegen diese in den Labor-Stichproben bei 18 bis 65 Jahren lagen. Somit wurden die Omnibus-Stichproben auch in Bezug auf dieses Merkmal durch eine Filterführung angepaßt, die alle nicht zwischen 18 und 65 Jahre alten Probanden ausschloß. Der Teilstichprobenumfang lag hiernach bei 701 (Kaffee) bzw. 714 (Schokolade). Weitere Anpassungen wurden nicht vorgenommen, so daß alle weiteren Berechnungen jeweils unter Anwendung beider Filterführungen erfolgten. Die Omnibus-Teilstichproben konnten nunmehr als bundesweit repräsentativ für Käufer von Kaffee bzw. Schokolade innerhalb der Altersspannweite von 18 bis 65 Jahren angesehen werden. Der Eingriff durch diese Filterführung erschien im Hinblick auf die Vergleichbarkeit aller hier relevanten Stichproben geboten wie auch unbedenklich, da die verbleibenden Teilstichprobenumfänge noch als ausreichend groß anzusehen sind.

Zur Überprüfung der Strukturgleichheit der gefilterten Omnibus-Teilstichproben und der Labor-Stichproben wurden insgesamt 34 paarweise Chi-Quadrat-Anpassungstests bezüglich der nominalskalierten Merkmale Geschlecht, Produktverzehr, gestützte Markenbekanntheit, Vorhandensein der Marke im Relevant Set und regelmäßige Verwendung (Markentreue) sowie insgesamt 12 t-Tests hinsichtlich der metrisch skalierten Merkmale Alter und BPI durchgeführt. Da die Labor-Stichproben zum Zwecke der indirekten Abfrage von Preis-Premien mittels Conjoint Analyse für jeweils fünf Marken je Produktbereich erhoben

[430] Zu weiteren Details dieser Erhebung vgl. Abschnitt 3.2.4.

[431] Der Teilstichprobenumfang lag danach bei 857 (Kaffee) bzw. 905 (Schokolade).

wurden,[432] erfolgten hier Paarvergleiche aller Markenwertindikatoren jeweils nur für diese Marken.

Im Ergebnis traten für die Stichproben des Röstkaffeemarkts signifikante Unterschiede bei den Merkmalen Alter, Markenbekanntheit von Idee Kaffee, Vorhandensein von Eduscho und Idee Kaffee im Relevant Set, regelmäßige Verwendung von Eduscho und Idee Kaffee sowie für den BPI von Idee Kaffee auf. Für die Stichproben des Tafelschokoladenmarkts wurden signifikante Unterschiede für die Merkmale Alter, Vorhandensein von Trumpf im Relevant Set sowie regelmäßige Verwendung von Kinderschokolade und Ritter Sport festgestellt. In der Beurteilung dieser Abweichungen wurde davon ausgegangen, daß die bestehenden Unterschiede hinsichtlich des Alters für den Untersuchungszweck als weniger relevant anzusehen sind als die vorhandenen Abweichungen bei den Markenwertindikatoren. Weiterhin wurde davon ausgegangen, daß die aus den gefilterten Omnibus-Stichproben gewonnenen Daten zu den Markenwertindikatoren im Vergleich zu den Labor-Stichproben die zuverlässigeren Werte darstellen. Somit erfolgte eine Anpassung der Labor-Stichproben durch stufenweisen Ausschluß von Probanden, welche ein extremes Antwortverhalten in Bezug auf diese Merkmale aufwiesen. Nach Ausschluß von 11 bzw. 17 Probanden aus der Labor-Stichprobe für den Röstkaffee- bzw. Tafelschokoladenmarkt bestanden weiterhin signifikante Unterschiede hinsichtlich des Merkmals Alter; alle übrigen Unterschiede waren hingegen nicht signifikant. Abbildung 56 zeigt die Ergebnisse der Signifikanztests für die Ausprägungen der Markenwertindikatoren nach Anpassung der Labor-Stichproben.

Es kann angenommen werden, daß die beiden angepaßten Stichprobenpaare nunmehr strukturgleich bezüglich der Markeneinstellung der Probanden sind. Bei Vergleich der Markenwertindikatoren, die innerhalb der Omnibus-Stichproben in direkter Abfrage und innerhalb der Labor-Stichproben mittels indirekter Abfrage erhobenen wurden, kann folglich davon ausgegangen werden, daß eventuelle Abweichungen nicht auf unterschiedliches Antwortverhalten hinsichtlich der Markenbeurteilung zurückzuführen sind.

[432] Zur Begründung der Beschränkung auf jeweils nur fünf zu untersuchende Marken sowie zur Auswahl und Erläuterung der Auswahlkriterien siehe Abschnitt 3.2.4.

Abb. 56: Signifikanztests nach Anpassung der Labor-Stichprobe

Marken / Kriterien	Edu-scho	Idee Kaffee	Jacobs	Melitta	Onko	Kinder-schoko.	Milka	Ritter Sport	Spren-gel	Trumpf
	Röstkaffeemarkt					Tafelschokoladenmarkt				
1) Chi-Quadrat-Tests der Markenbekanntheiten										
$b_{Omnibus}$	90,2%	76,4%	94,8%	89,1%	83,1%	89,3%	96,8%	90,9%	75,4%	66,5%
b_{Labor}	89	87	91	91	89	82	86	87	78	67
e_{Labor}	85	72	89	84	78	79	85	80	66	59
χ^2	**0,209**	**3,210**	**0,040**	**0,627**	**1,517**	**0,148**	**0,008**	**0,614**	**2,045**	**1,229**
Ergebnis	n.s. $\alpha \geq 0{,}05$	n.s. $\alpha = 0{,}05$	n.s. $\alpha \geq 0{,}05$	n.s. $\alpha \geq 0{,}05$	n.s. $\alpha \geq 0{,}05$	n.s. $\alpha \geq 0{,}05$	n.s. $\alpha \geq 0{,}05$	n.s. $\alpha \geq 0{,}05$	n.s. $\alpha \geq 0{,}05$	n.s. $\alpha \geq 0{,}05$
2) Chi-Quadrat-Tests des Vorhandenseins der Marken im Relevant Set										
$b_{Omnibus}$	45,1%	10,8%	64,1%	41,6%	24,9%	48,3%	81,7%	66,6%	24,5%	15,1%
b_{Labor}	54	14	64	41	18	53	73	69	19	7
e_{Labor}	42	10	60	39	23	43	72	59	22	13
χ^2	**3,177**	**1,459**	**0,233**	**0,092**	**1,249**	**2,592**	**0,017**	**1,843**	**0,304**	**2,976**
Ergebnis	n.s. $\alpha = 0{,}05$	n.s. $\alpha \geq 0{,}05$	n.s. $\alpha \geq 0{,}05$	n.s. $\alpha \geq 0{,}05$	n.s. $\alpha \geq 0{,}05$	n.s. $\alpha \geq 0{,}05$	n.s. $\alpha \geq 0{,}05$	n.s. $\alpha \geq 0{,}05$	n.s. $\alpha \geq 0{,}05$	n.s. $\alpha \geq 0{,}05$
3) Chi-Quadrat-Tests der regelmäßigen Markenverwendung (Markentreue)										
$b_{Omnibus}$	13,2%	1,6%	35,5%	14,5%	4,2%	27,6%	53,1%	36,7%	3,2%	2,6%
b_{Labor}	18	3	32	15	1	33	46	43	3	2
e_{Labor}	12	2	33	14	4	24	47	32	3	2
χ^2	**2,520**	**1,488**	**0,056**	**0,138**	**2,201**	**3,125**	**0,011**	**3,548**	**0,012**	**0,036**
Ergebnis	n.s. $\alpha \geq 0{,}05$	n.s. $\alpha \geq 0{,}05$	n.s. $\alpha \geq 0{,}05$	n.s. $\alpha \geq 0{,}05$	n.s. $\alpha \geq 0{,}05$	n.s. $\alpha = 0{,}05$	n.s. $\alpha \geq 0{,}05$	n.s. $\alpha = 0{,}05$	n.s. $\alpha \geq 0{,}05$	n.s. $\alpha \geq 0{,}05$
4) t-Tests der BPI-Scores										
N1	268	185	299	276	247	215	275	218	145	145
N2	34	42	30	37	32	27	29	25	23	19
MW1	2,99	1,83	3,51	2,86	2,22	3,28	3,91	3,55	2,40	2,21
MW2	3,07	1,98	3,35	2,84	2,13	3,27	3,92	3,62	2,40	2,32
VAR1	1,26	0,89	1,28	1,54	0,96	1,35	1,02	1,17	1,12	1,04
VAR2	1,41	0,98	1,45	1,52	0,93	1,58	0,85	1,17	1,17	1,13
t_{emp}	**0,396**	**0,903**	**0,714**	**0,113**	**0,509**	**0,042**	**0,051**	**0,323**	**0,018**	**0,421**
Ergebnis	n.s. $\alpha \geq 0{,}1$	n.s. $\alpha \geq 0{,}1$	n.s. $\alpha \geq 0{,}1$	n.s. $\alpha \geq 0{,}1$	n.s. $\alpha \geq 0{,}1$	n.s. $\alpha \geq 0{,}1$	n.s. $\alpha \geq 0{,}1$	n.s. $\alpha \geq 0{,}1$	n.s. $\alpha \geq 0{,}1$	n.s. $\alpha \geq 0{,}1$

Erläuterungen / Legende zu den Chi-Quadrat-Tests:

$\chi^2 = (b_{Labor} - e_{Labor})^2 / e_{Labor}$

Freiheitsgrade = 1
kritischer χ^2-Wert bei $w_\alpha = 0{,}05 = 3{,}84$
kritischer χ^2-Wert bei $w_\alpha = 0{,}10 = 2{,}71$

$b_{Omnibus}$ beobachtete relative Häufigkeit in der Omnibus-Stichprobe
b_{Labor} beobachtete absolute Häufigkeit in der Labor-Stichprobe
e_{Labor} erwartete absolute Häufigkeit in der Labor-Stichprobe
n.s. die Unterschiede sind nicht signifikant

Erläuterungen / Legende zu den t-Tests:

H0: Die Mittelwerte der Stichproben sind gleich
H1: Die Mittelwerte der Stichproben sind nicht gleich
=> H0 nicht verwerfen, wenn $t_{emp} < t_{krit}$

$$t_{emp.} = \frac{|MW1 - MW2|}{\sqrt{\dfrac{(Var1 * N1 + Var2 * N2)(N1 + N2)}{N1 * N2(N1 + N2 - 2)}}}$$

MW1 Mittelwert in der Omnibus-Stichprobe
MW2 Mittelwert in der Labor-Stichprobe
VAR1 Varianz in der Omnibus-Stichprobe
VAR2 Varianz in der Labor-Stichprobe
N1 Umfang der Teilgesamtheit in der Omnibus-Stichprobe
N2 Umfang der Teilgesamtheit in der Labor-Stichprobe
α Signifikanzniveau
t_{emp} empirischer t-Wert
t_{krit} kritischer t-Wert; bei $\alpha = 0{,}1$ (0,05) = 1,28 (0,67)
n.s. die Unterschiede sind nicht signifikant

N(Labor, Kaffee, vor Stichprobenanpassung) = 105; N(Labor, Kaffee, nach Stichprobenanpassung) = 94
N(Labor, Schokolade, vor Stichprobenanpassung) = 105; N(Labor, Schokolade, nach Stichprobenanpassung) = 88

Des weiteren ist die Vergleichbarkeit der Omnibus- und Laborstichproben mit den GfK-Verbraucherpanel- sowie IRI/GfK-Handelspanel-Stichproben zu prüfen. Da das Ausgangsdatenmaterial der Panel-Stichproben nicht vorlag, konnten hier nur Plausibilitätsüberlegungen angestellt werden. Im allgemeinen sind Panels mit verschiedenen Problemen (insbesondere Repräsentativität, Rekrutierung von Panelteilnehmern, Panelsterblichkeit, Paneleffekte) behaftet,[433] welche bei den Omnibus-Stichproben in dieser Form nicht bestehen. In ihrer Intention sind Panels ebenfalls dahingehend angelegt, eine repräsentative Abbildung der relevanten Grundgesamtheit zu liefern, welche jedoch andere Untersuchungseinheiten (hier: Haushalte bzw. Einzelhandelsgeschäfte) umfaßt. Es kann angenommen werden, daß sowohl innerhalb des GfK-Verbraucherpanels als auch innerhalb des IRI/GfK-Handelspanels zumindest näherungsweise eine repräsentative Abbildung des Gesamtmarkts von Röstkaffee bzw. Schokolade erfolgt und somit diesbezüglich eine Vergleichbarkeit mit den Omnibus-Stichproben gegeben ist. In den abweichenden Erhebungszeiträumen der hier verwendeten Stichproben[434] ist eine Einschränkung der Untersuchung zu sehen. Diese ist hier jedoch im Hinblick auf die bei reifen Märkten typischerweise geringfügigen Veränderungen der Marktverhältnisse im Zeitablauf als nicht gravierend zu beurteilen. In der Gesamtbeurteilung kann von einer Vergleichbarkeit der in die Untersuchung eingehenden Stichproben ausgegangen werden.

3.2.4. Fragebogenstrukturen und EDV-Implementierung

Die Konsumentenbefragungen erfolgten im Rahmen PC-gestützter Interviews[435] und waren hinsichtlich der verwendeten Fragen und Fragebogenstrukturen für beide Produktbereiche identisch ausgestaltet. Somit wird im folgenden nur das Interview für den Röstkaffeemarkt exemplarisch dokumentiert; ausgewählte Screenshots aus dem Interviewablauf können im Anhang 1 eingesehen werden.

---

433 Vgl. hierzu u.a. Böhler (1992), S. 60 ff.; Hammann/Erichson (2000), S. 167 ff.; Hüttner (1999), S. 191 f.

434 Die Omnibus- und Labor-Stichproben wurden im Juli/August 2000 erhoben; die ökonomischen Markenwertmaße aus dem GfK-Verbraucherpanel bzw. IRI/GfK-Handelspanel beziehen sich jeweils auf das Gesamtjahr 1999; die Ergebnisse des GfK-Markensimulators basieren auf den ersten 24 Wochen des Jahres 2000.

435 Die Befragungen erfolgten unter Anwendung des **CAM*QUEST**-Verfahrens (**C**omputer **A**ssisted **M**ultimedia **Quest**ioning), bei dem es sich um eine standardisierte Erhebungsmethode der GfK für PC-gestützte Interviews handelt. Hierbei wurden IBM-Thinkpads der neuesten Generation als CAPI-Geräte verwendet, welche über ein hochauflösendes Farbdisplay und eine Pen-Technologie verfügen, so daß eingescannte Logos der untersuchten Marken in den Interview-Ablauf integriert und die Antworten der Probanden mittels Light-Pen direkt am Bildschirm eingegeben werden konnten.

Die **Omnibus-Erhebungen** begannen mit einer Abfrage des **Verzehr- und Kaufverhaltens** (Frage 1a/b), auf der eine Filterführung zum Ausschluß von Nichtkäufern für die Fragenkomplexe hinsichtlich Preis-Premien, Konsumangaben und Erfolgsfaktoren von Markentransfers basierte. Diese Filterführung wurde etabliert, da eine Befragung von Nichtkäufern hier aufgrund mangelnder Betroffenheit nicht sinnvoll erschien und einen unnötigen, kostenintensiven Mehraufwand verursacht hätte. Im weiteren Verlauf erfolgte eine Abfrage der **Markenbekanntheit** (Frage 2), welche durch die Einblendung von Logos der untersuchten Marken gestützt war. Sofern ein Proband einzelne Marken nicht kannte, wurden diese im weiteren Interviewverlauf automatisch ausgeschlossen, da die Bekanntheit einer Marke als wichtige Voraussetzung für die nachfolgend erhobenen Indikatoren angesehen wurde. Es folgte eine Abfrage des **Vorhandenseins der Marken im Relevant Set** (Frage 3); die hier jeweils nicht ausgewählten Marken stellten die Basis für die Erhebung des Reject Sets (Frage 4) dar.

Innerhalb des Fragenkomplexes zur **direkten Abfrage von Preis-Premien** wurde zunächst erhoben, welche Marke vom Probanden an erster bzw. letzter Stelle gekauft würde, sofern alle Marken den gleichen Preis und die gleiche Packungsgröße hätten (Frage 5a/b). Die Abfrage der an erster Stelle gekauften Marke stellte zugleich die Grundlage für die spätere Ermittlung von Marken-Wahlanteilen dar. Im nächsten Schritt wurden Markenratings auf einer Skala von 1 (gefällt mir am schlechtesten) bis 10 (gefällt mir am besten) für die übrigen Marken erhoben (Frage 6), wobei für die individuell jeweils beste bzw. schlechteste Marke automatisch ein Ratingwert von 10 bzw. 1 vorgegeben war. Es folgten zwei Paarvergleiche, bei denen eine zusätzliche Zahlungsbereitschaft pro Stück für die höchstpräferierte Marke im Vergleich zu der an vorletzter (Frage 7) bzw. mittlerer Stelle (Frage 8) präferierten Marke erhoben wurden. Sofern bei den zuvor abgefragten Ratings mehrere Marken an vorletzter bzw. mittlerer Stelle positioniert waren, erfolgte eine randomisierte Auswahl zwischen diesen.

Im Fragenkomplex der **Angaben zum Konsum** erfolgten eine ungestützte Abfrage der individuellen Kaufmengen pro Monat (Frage 9), eine durch Logo-Einblendung gestützte Abfrage der zuletzt gekauften Marke (Frage 10) sowie ungestützte Abfragen des zuletzt gezahlten Preises pro Stück und der zuletzt erworbenen Packungsgröße (Frage 11). Als **Markenwertindikatoren für Markentransfers** wurden in Anlehnung an Zatloukal (2002) für je zwei fiktive Markentransfers die Qualität des imaginären Transferprodukts sowie dessen Fit mit dem Muttermarkenprodukt erhoben (Frage 12a/b, 13a/b). Um eine Probandenüberforderung zu vermeiden, erfolgte diese Abfrage jeweils nur für drei randomisiert ausgewählte, zuvor als bekannt angegebene Marken.

Abb. 57: Fragebogenstruktur innerhalb der Omnibus-Erhebungen

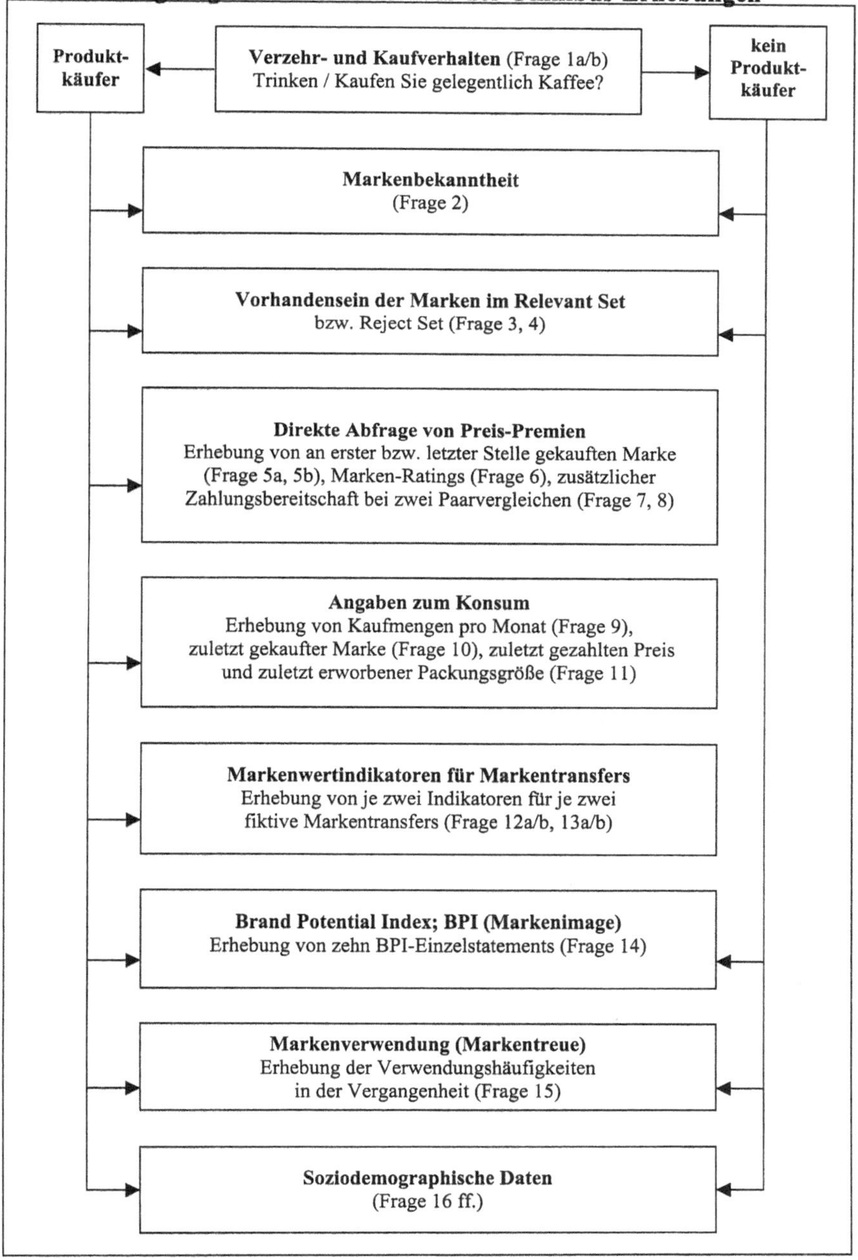

Die Erhebung des **Brand Potential Index** der GfK (Frage 14) umfaßte eine Abfrage von zehn Einzelstatements[436] auf Ratingskalen von 1 (trifft überhaupt nicht zu) bis 5 (trifft voll und ganz zu). Auch hier fand eine Erhebung für nur drei Marken statt, bei denen es sich jeweils um die selben wie bei Frage 12a/b und 13a/b handelte. Die **Markenverwendung** (Frage 15) wurde nominalskaliert erhoben; hier waren als Antwortoptionen „regelmäßig", „ab und zu", „früher, aber heute nicht mehr" und „noch nie" vorgegeben. Die regelmäßige Markenverwendung diente hierbei als Operationalisierung von **Markentreue**. Den Interviewabschluß bildete eine Erhebung umfangreicher **soziodemographischer Daten** (Fragen 16 ff.) gemäß der standardisierten Vorgehensweise im GfK-Omnibus.[437] Eine Übersicht der Fragebogenstruktur innerhalb der Omnibus-Erhebungen gibt Abbildung 57.

In den programmierten Fragebögen waren neben den vorgenannten automatischen Filterführungen auch Rotationen und Randomisierungen von Antwortvorgaben sowie Plausibilitätskontrollen zwecks Ausschluß logisch falscher Antworten implementiert, wodurch laut Angaben der GfK eine höhere Datenqualität als bei paper-and-pencil-Befragungen realisierbar ist.[438] So wurden die Abfolge der untersuchten Marken innerhalb der einzelnen Fragen automatisch variiert, um das Auftreten von Reihenfolgeeffekten auszuschließen. Mit Ausnahme der Erhebung von einzelnen soziodemographischen Daten wurden bei allen übrigen Fragen „missing values" ausgeschlossen, indem sich der Interviewablauf jeweils erst nach vollständiger Beantwortung einer Frage fortsetzte. Weiterhin war bei Abfragen anhand von Ratings keine Eingabe von Werten außerhalb des vorgegebenen Wertebereichs akzeptiert; unplausible Zahlenangaben wurden zudem bei den Fragen 7, 8, 9 und 11 durch eine Limitierung des akzeptierten Wertebereichs eingegrenzt. Bei den verwendeten Ratings der Fragen 6 und 12a/b waren zudem auch abgestufte Antworten (z.B. 3,7) möglich.

In den **Labor-Erhebungen** wurden unter Verwendung jeweils identischer Fragestellungen und Programmierungen Abfragen von Markenbekanntheit, Vorhandensein der Marke im Relevant bzw. Reject Set, BPI und Markenverwendung vorgenommen. Im Unterschied zu den Omnibus-Erhebungen wurde hier nur das Verzehrverhalten und als demographische Merkmale nur Alter und Geschlecht erhoben. Weiterhin war anstelle der direkten eine **indirekte Abfrage von Preis-Premien** mittels Conjoint-Analyse integriert. Eine Übersicht der Fragebogenstruktur innerhalb der Labor-Erhebungen gibt Abbildung 58.

---

[436] Vgl. hierzu ausführlich Abschnitt 3.3.2.2.

[437] Vgl. hierzu GfK AG (2000), S. 2 ff. sowie Abschnitt 3.2.4.

[438] Vgl. GfK AG (2000), S. 2.

Abb. 58: Fragebogenstruktur innerhalb der Labor-Erhebungen

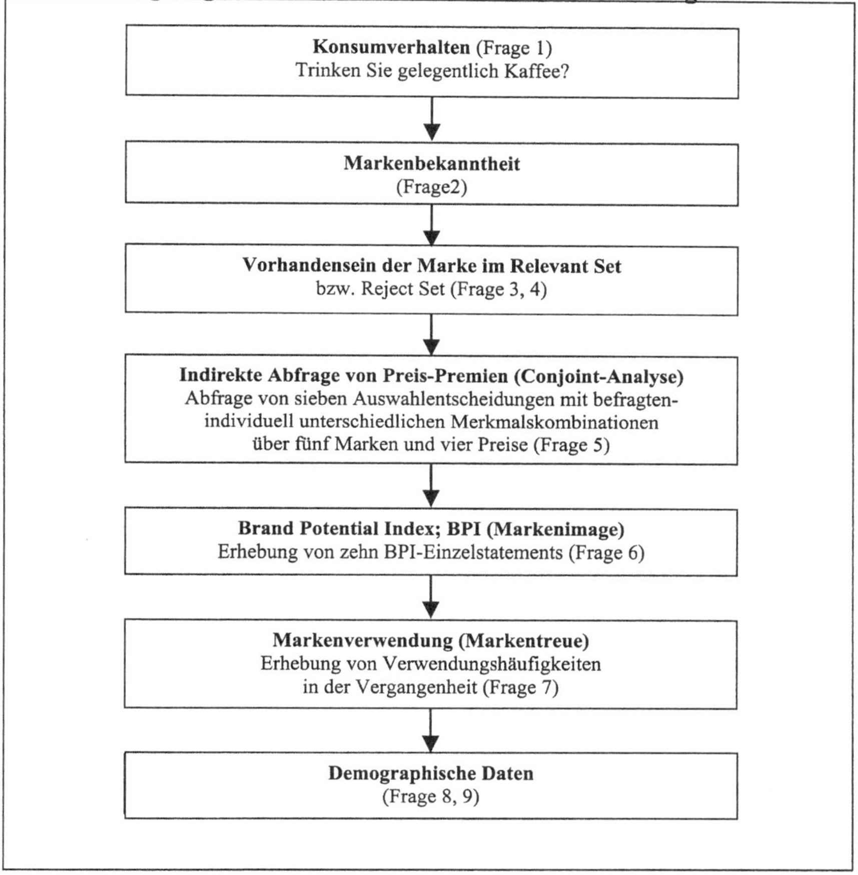

Das für die **auswahlbasierte Conjoint Analyse (CBC)** gewählte Untersuchungsdesign stellte einen Kompromiß aus der kostenbedingten Limitierung der Probandenanzahl, der Vermeidung einer Probandenüberforderung durch zu viele Auswahlentscheidungen und aus der Erzielung einer ausreichenden Menge von Datenpunkten je zu schätzendem Parameter dar. Zur Durchführung der auswahlbasierten Conjoint-Analyse wurde das Programmpaket CBC, Version 2.0 der Sawtooth Software Inc. in Sequim, WA, verwendet. Als Merkmale wurden „Marke“ und „Preis“ festgelegt, welche als die wichtigsten Kaufentscheidungsfaktoren für die hier untersuchen Produktbereiche angesehen wurden. Alle Abfragen bezogen sich auf einheitliche Packungsgrößen von 500gr (Kaffee) bzw. 100gr (Schokolade). Als Ausprägungen des Merkmals „Marke“ wurden jeweils die fünf Marken gewählt, welche nach dem Kriterium des wertmäßigen Marktanteils die Rangplätze 1, 3, 5, 6 und 7 (Kaffee) bzw. 1, 2, 5, 7 und 11 (Schokolade) belegten.[439] Hierdurch wurde gewährleistet, daß jeweils die erfolgreichsten Marken sowie mittlere und weniger erfolgreiche Marken integriert waren. Weiterhin wurden jeweils vier Ausprägungen des Merkmals „Preis“ gewählt, die untereinander gleiche absolute Abstände aufwiesen und in ihrer Spannweite das Preisspektrum des jeweiligen Marktes abdeckten.[440] Angesichts des Stichprobenumfangs von 105 bestand keine Nichtwahloption, da diese zu einer weiteren Reduktion der auswertbaren Daten geführt hätte. Insgesamt waren je Proband sieben Auswahlentscheidungen zwischen je drei Stimuli zu treffen. Hierbei wurde die Auswahl der Merkmalsausprägungen je Stimuli auf Basis der herstellerseitig empfohlenen Programmeinstellungen für die CBC-Software vorgenommen. Somit war sichergestellt, daß je Auswahlentscheidung keine Merkmalsausprägungen mehrfach verwendet wurden. Ausgewählte Screenshots aus dem Interviewablauf können im Anhang 2 eingesehen werden.

3.3. Erhebungsergebnisse

Im folgenden werden die Erhebungsergebnisse der Markenwertindikatoren und Indikatorkombinationen getrennt nach Produktgruppen ausführlich dokumentiert. Hinsichtlich sämtlicher Daten wurde stets der Versuch einer Prüfung der **Face-Validität**[441] unternommen. Da es sich hierbei jedoch nur um eine subjektiv-intuitive Begutachtung der Daten handelt und keine „härteren“ Validitätsprüfungen möglich waren, kann die Validität der erhobenen Daten nicht mit letzter Sicherheit gewährleistet werden. Jedoch wird mit einer sorgsamen Prüfung der Face-Validität zumindest ein Reduktion der Fehlerwahrscheinlichkeit bewirkt. Sofern bei einzelnen Markenwertindikatoren eine Berechnung mehrerer Varianten erfolgte (z.B. Preis-Premien), wurden die Varianten verglichen, hinsichtlich ihrer Plausibilität geprüft, und in der Folge stets nur eine Variante weiterverwendet. Eine inhaltliche Dateninterpretation in bezug auf den Markenerfolg wird höchstens in Ansätzen vorgenommen, da diese keinen Gegenstand der Untersuchung darstellt. Für die **Datenauswertungen** wurden die Programmpakete SPSS - Release 10.0.7 der SPSS Inc., CBC - Version 2.0 und Latent Class der Sawtooth Software Inc. sowie Excel 2000 der Microsoft Corporation verwendet.

---

[439] Für den Röstkaffeemarkt wurden hierbei die Marken Eduscho, Idee Kaffee, Jacobs, Melitta und Onko ausgewählt; für den Tafelschokolademarkt die Marken Kinderschokolade, Milka, Ritter Sport, Sprengel, Trumpf.

[440] Für den Röstkaffeemarkt wurden hierbei die Preise 5,99; 6,89; 7,79 und 8,69 DM ausgewählt; für den Tafelschokolademarkt die Preise 0,69; 0,99; 1,29 und 1,59 DM.

[441] Siehe hierzu Abschnitt 2.2.

3.3.1. Marktgerichtete Markenwertindikatoren

3.3.1.1. Marktgerichtete Einzelindikatoren

Als marktgerichtete (bzw. ökonomische) Markenwertindikatoren wurden wertmäßige Marktanteile, durchschnittliche Marktpreise, gewichtete Distributionsquoten, Käuferreichweiten Wiederkaufraten, sowie mengen- und wertmäßige Bedarfsdeckungsraten[442] betrachtet, welche jeweils bereitgestellten auf Paneldaten der GfK beruhen. Die Ergebnisse dieser Indikatoren sind in der nachfolgenden Abbildung zusammengefaßt. Die dort ausgewiesenen Marktpreise stellen den Durchschnittswert aller von den Panelteilnehmern gezahlten Endverbraucherpreise für das jeweilige Markenprodukt innerhalb des Erhebungszeitraums dar und umfassen somit sowohl Aktionspreise als auch „normale" Preise. Durch diese Operationalisierung ist eine höhere Repräsentativität gegeben als bei Francois/MacLachlan (1995), die in ihrer Studie den Marktpreis am Erhebungsstichtag im Regal einer einzelnen Supermarktfiliale abgelesen haben.[443]

Abb. 59: Marktgerichtete Markenwertindikatoren

	Röstkaffeemarkt							
Marke / Indikator	Dallmayr	Eduscho	Idee Kaffee	Jacobs	Kaffee Hag	Melitta	Onko	Tchibo
Marktanteil (wertmäßig)	10,0%	9,9%	2,1%	20,3%	1,7%	12,0%	4,0%	17,2%
Marktpreis (Ø, DM)	7,41	7,20	7,14	6,79	7,66	6,22	6,11	8,31
Distribution (gewichtet)	98%	65%	86%	98%	95%	86%	87%	72%
Käufer-reichweite	26,0%	28,8%	8,2%	43,6%	6,7%	32,0%	17,3%	35,0%
Wieder-kaufrate	59,0%	57,9%	43,1%	67,4%	42,2%	64,8%	52,2%	66,9%
Bedarfs-deckung (m)	27,9%	26,1%	18,0%	38,4%	17,8%	32,2%	19,4%	36,8%
Bedarfs-deckung (w)	29,5%	26,7%	18,4%	38,6%	19,3%	30,2%	17,9%	41,7%
Gesamt-marktdaten	wertmäßiges Gesamtmarktvolumen: 4,464 Mrd. DM wertmäßiges Marktvolumen der betrachteten Kaffee-Marken: 3,446 Mrd. DM (77,2%) mengenmäßiges Marktvolumen der betrachteten Kaffee-Marken: 485,861 Mio. ME gewichteter Durchschnittspreis der betrachteten Kaffee-Marken: 7,17 DM							

(Fortsetzung)

[442] Die mengen- bzw. wertmäßige Bedarfsdeckungsrate sagt aus, wieviel Prozent des mengen- bzw. wertmäßigen Konsums in der betreffenden Produktkategorie von Konsumenten mit der betreffenden Marke durchschnittlichgedeckt wird.

[443] Vgl. Francois/MacLachlan (1995), S. 327.

Abb. 59: Marktgerichtete Markenwertindikatoren

Marke / Indikator	Alpia	Kinder-schoko.	Lindt	Merci	Milka	Ritter Sport	Sarotti	Spren-gel	Toble-rone	Trumpf	Yogu-rette
	Tafelschokoladenmarkt										
Marktanteil (wertmäßig)	2,5%	5,0%	5,0%	5,9%	24,0%	18,0%	2,6%	0,5%	1,4%	2,8%	2,9%
Marktpreis (Ø, DM)	0,70	1,31	2,85	3,79	1,20	1,12	0,80	0,92	1,56	0,73	1,24
Distribution (gewichtet)	54%	83%	58%	89%	79%	99%	56%	27%	65%	73%	81%
Käufer-reichweite	17,5%	16,7%	8,0%	3,0%	45,0%	43,1%	16,2%	3,0%	5,7%	16,6%	11,5%
Wieder-kaufrate	51,5%	44,0%	38,3%	22,2%	67,9%	66,8%	50,3%	37,8%	28,2%	49,4%	41,9%
Bedarfs-deckung (m)	15,7%	10,5%	10,0%	8,3%	30,5%	25,2%	13,7%	8,3%	6,6%	13,8%	8,3%
Bedarfs-deckung (w)	11,7%	12,4%	20,6%	11,2%	32,2%	26,3%	11,3%	7,6%	8,1%	10,3%	9,8%
Gesamt-marktdaten	wertmäßiges Gesamtmarktvolumen: 2,454 Mrd. DM wertmäßiges Marktvolumen der betrachteten Schokoladen-Marken: 1,733 Mrd. DM (70,6%) mengenmäßiges Marktvolumen der betrachteten Schokoladen-Marken: 1,414 Mrd. ME gewichteter Durchschnittspreis der betrachteten Schokoladen-Marken: 1,48 DM										

Quelle: Paneldaten der GfK AG

Im Röstkaffeemarkt nehmen die Marken Jacobs und Tchibo zumeist den ersten und zweiten Platz ein und bilden zusammen ein „Spitzenfeld". Hinsichtlich Tchibo und Eduscho fällt auf, daß diese in der gewichteten Distribution jeweils deutlich zurückfallen, was jedoch durch die Besonderheit des herstellereigenen Filialsystems erklärbar ist. Melitta, Dallmayr und Eduscho erzielen zumeist mittlere Werte und können daher als „Mittelfeldmarken" charakterisiert werden. Onko, Kaffee Hag und Idee Kaffee haben jeweils den geringsten Erfolg zu verzeichnen, wobei Kaffee Hag bzw. Idee Kaffee zumeist auf dem jeweils letzten bzw. vorletzten Platz liegen. Diese drei Marken können demnach als „Schlußfeldmarken" aufgefaßt werden. Auch im Tafelschokoladenmarkt kann ein Spitzenfeld identifiziert werden, das hier von der zumeist erstplazierten Marke Milka und der zumeist zweitplazierten Marke Ritter Sport gebildet wird. Es fällt auf, daß Ritter Sport die mit Abstand höchste Distribution aufweist, was durch deren zusätzlichen Absatz über Discounter wie Aldi begründet sein dürfte. Für die übrigen Marken ergibt sich ein diffuses Bild; hier schwanken die Plazierungen teils beträchtlich, so daß kein eindeutig abgegrenztes Mittel- und Schlußfeld identifiziert werden kann.

3.3.1.2. Die Markenkraft des GfK-Markensimulators

Der GfK-Markensimulator wurde bereits zuvor hinsichtlich seiner Funktionsweise und des gemessenen Markenwertmaßes erläutert und kritisch analysiert,[444] so daß der Schwerpunkt der folgenden Betrachtungen lediglich auf der Dokumentation der spezifischen Verfahrensmodellierung und der Bewertungsergebnisse für die Markenkraft liegt.[445] Bei dem hier verwendeten Marktanteilsmodell handelt es sich um ein logistisches Regressionsmodell mit verzögerter endogener Variable. Es greift auf einen Datenpool von über 4800 Meßpunkten und 40 Variablen aus dem IRI/GfK-Scannerpanel zu, die nach Geschäftstypen und Organisationsformen segmentiert sind. Die Markenkraft wird hierbei als Differenz aus dem geschätzten Marktanteil mit und ohne Berücksichtigung des Markeneinflusses operationalisiert. Als unabhängige Variablen („facts") gehen Regalpreise, Promotionpreise, Promotiondistribution, Artikelbreite (EAN-Anzahl), Warengruppenpreise, Warengruppenpromotion und der Marktanteil je Marke in der Vorperiode ein. Um den Markeneinfluß auf den Marktanteil zu modellieren, wird pro Marke eine Dummy-Variable als unabhängige Variable einbezogen, die bei Datenpunkten dieser Marke den Wert „1" und ansonsten den Wert „0" einnimmt. Kommunikationspolitische Instrumente sowie ein Markentransferpotential hinsichtlich weiterer Märkte und Länder sind im Modell nicht berücksichtigt. Zur Schätzung der Marktanteile werden die ermittelten Modellparameter und die Ausgangsdaten herangezogen, wobei zuvor für die in das Modell eingehenden unabhängigen Variablen Durchschnittswerte über den Beobachtungszeitraum ermittelt und anschließend transformiert werden. Die hier verwendeten Transformationsfunktionen und das Schätzmodell der Markenkraft sind wie folgt spezifiziert:

<u>Transformationsfunktion der Marktanteile in der Vorperiode:</u>

$$MA_{m,(t-1)} = \ln\left(\frac{(100 * (MA_{m,(t-1)} + 1))}{(100 - (MA_{m,(t-1)} + 1))}\right)$$

<u>Transformationsfunktion der übrigen unabhängigen Variablen i:</u>

$$X_{m,i,t} = \ln\left(\frac{(X_{m,i,t} + 1)^{1+b_1}}{(X_{m,i,(t-1)} + 1)^{b_1}}\right)$$

---

444 Vgl. Abschnitt 2.4.2.5.1.

445 Sämtliche der folgenden Detailangaben hinsichtlich der zugrundeliegenden Modellierung basieren auf einer nicht veröffentlichten schriftlichen Dokumentation der GfK, welche zusammen mit den Bewertungsergebnissen des GfK-Markensimulators für diese Untersuchung bereitgestellt wurde.

Schätzmodell der Markenkraft:

$$MK_m = \left[\frac{100 * \left(\left(e^{b_0 + \sum (b_i * X_i)} \right) - \left(e^{b_0 + \sum (b_i * X_i) - b_m} \right) \right)}{100 + \left(\left(e^{b_0 + \sum (b_i * X_i)} \right) - \left(e^{b_0 + \sum (b_i * X_i) - b_m} \right) \right)} \right] - 1$$

Symbole:

$MA_{m,(t-1)}$: Marktanteil der Marke m in Vorperiode

MK_m: Markenkraft der Marke m

$X_{m,i,t}$: Durchschnittswert der Variable i für Marke m in Periode t

b_o, b_1, b_i, b_m: zu schätzende Parameter

Die Werte der hierbei verwendeten Parameter zeigt Abbildung 60. Hinsichtlich der Güte des Gesamtmodells ist für beide Märkte festzustellen, daß jeweils eine zufriedenstellende Marktanteilsschätzung realisiert wurde (Röstkaffeemarkt: R^2 = 86,2%, Adj. R^2 = 86,2%, F-Wert = 1677,9564; Tafelschokoladenmarkt: R^2 = 93,8%, Adj. R^2 = 93,8%, F-Wert = 4191,7216). Weiterhin werden für alle modellrelevanten Parameter solide Schätzungen erzielt, wie aus den durchgängig geringen Standardfehlern (beta) und den hohen t-Werten hervorgeht; sämtliche Vorzeichen erscheinen überdies plausibel.

Die Bewertungsergebnisse des GfK-Markensimulators sind in Abbildung 61 zusammengefaßt. Hier wird zunächst ersichtlich, daß die Markenkraft (schwarzer Balken) jeweils einen hohen Anteil am Gesamtmarktanteil (weißer Balken) hat, was als Indiz für die hohe Bedeutung der Marke als Marketing Mix-Instrument in beiden Märkten gedeutet werden kann. Für die Vergleichbarkeit dieser Daten mit den übrigen ist einschränkend anzumerken, daß der Erhebungszeitraum nicht identisch mit dem der übrigen Daten ist.[446] Da davon ausgegangen werden kann, daß die Markenkraft im Zeitablauf eine relative Konstanz aufweist,[447] dürfte dies jedoch nur begrenzt bedeutsam sein. Überdies beinhaltet die Markenkraft im Gegensatz zu den übrigen marktgerichteten Markenwertindikatoren eine (Teil-) Isolierung des Markeneinflusses, indem sie u.a. die Wirkungen von Preisen und Promotions separiert.[448] Somit ist sie inhaltlich nur bedingt mit den übrigen Indikatoren vergleichbar, wird jedoch trotzdem mit in die späteren Vergleichsbetrachtungen einbezogen.

---

[446] Siehe hierzu Abschnitt 3.1.3.

[447] So konnten Maretzki/Wildner u.a. für den Produktbereich „Fruchtsäfte/Fruchtnektare" nachweisen, daß die Markenkraft im Zeitablauf hier nur relativ geringfügigen Schwankungen unterliegt. Vgl. Maretzki/ Wildner (1994), S. 103 f. Dieser Produktbereich weist im Vergleich mit den beiden hier betrachteten die Gemeinsamkeit auf, daß es sich jeweils um kurzlebige Konsumgüter („Fast Moving Comsumer Goods; FMCG") aus dem Nahrungsmittelbereich handelt.

[448] Vgl. Abschnitt 2.4.2.5.1.

Abb. 60: Einflußgrößen und Modellparameter des GfK-Markensimulators

Röstkaffeemarkt

Güte des Gesamtmodells: $R^2 = 0{,}86239$ Adj. $R^2 = 0{,}86188$ F-Wert = 1677,9564

Unabhängige Variablen („facts")	b_i	beta	t-Wert	p-Wert
Konstante	3,54591	0	6,179049	0
$MA_{(t-1)}$ (Marktanteil in der Vorperiode)	0,349872	0,349946	26,92431	0
EANZ (Anzahl der EAN-Codes)	0,837483	0,242295	23,073967	0
PN (Normalpreis)	-1,374069	-0,167006	-11,934313	0
WGPREIS (Warengruppenpreis)	1,141093	0,042413	6,906124	0
WGPROM (Warengruppenpromotiondistribution)*	-0,170036	-0,094739	-14,806381	0
Prompreise (Promotionpreise)	-0,973819	-0,147929	-9,348904	0
Promdistr (Promotiondistribution)*	0,350055	0,285737	28,445974	0
Markeneinfluß (Dummy-Variable)	b_i	beta	t-Wert	p-Wert
Dallmayr	1,626203	0,24247	13,835496	0
Eduscho	0,468351	0,069832	5,219191	0
Idee Kaffee	0,62531	0,093235	5,685643	0
Jacobs	1,805091	0,269142	16,800709	0
Kaffee Hag	0,969702	0,144584	7,424491	0
Melitta	1,226374	0,182855	15,271625	0
Onko	0,171561	0,02558	2,207424	0,027338
Tchibo	1,24702	0,185933	8,769884	0

Aufbau der Metavariablen Prompreise und Promdistr**

Prompreise	PP	PD	PF	PDF	PDP	PPF	PPDF
Gewicht	0,03	0,095	0,16	0,165	0,17	0,18	0,20
Promdistr	GP	GD	GF	GDF	GDP	GPF	GPDF
Gewicht	0,02781	0,0127	0,10220	0,10220	0,12304	0,23863	0,39344

Tafelschokoladenmarkt

Güte des Gesamtmodells: $R^2 = 0{,}93845$ Adj. $R^2 = 0{,}93822$ F-Wert = 4191,7216

Unabhängige Variablen („facts")	b_i	beta	t-Wert	p-Wert
Konstante	1,065306	0	5,218344	0
$MA_{(t-1)}$ (Marktanteil in der Vorperiode)	0,660012	0,660402	56,442253	0
EANZ (Anzahl der EAN-Codes)	0,301083	0,115604	16,238835	0
PN (Normalpreis)	-0,19183	-0,05259	-3,691791	0,000225
WGPROM (Warengruppenpromotiondistribution)*	-0,044679	-0,022544	-5,192446	0
Prompreise (Promotionpreise)	-0,22043	-0,056854	-2,215897	0,026747
Promdistr (Promotiondistribution)*	0,035772	0,027396	4,824799	0,000001
Markeneinfluß (Dummy-Variable)	b_i	beta	t-Wert	p-Wert
Alpia	0,561996	0,089531	13,585836	0
Kinderschokolade	0,865112	0,13782	12,110864	0
Lindt	0,566072	0,09018	4,79935	0,000002
Merci	0,787502	0,125456	7,90585	0
Milka	1,342537	0,213878	17,905622	0
Ritter Sport	1,084709	0,172804	16,134975	0
Sarotti	0,322076	0,051309	7,990759	0
Sprengel	0,319006	0,05082	2,613097	0,009002
Toblerone	0,302328	0,048163	4,160628	0,000032
Trumpf	0,260298	0,041468	6,93634	0
Yogurette	0,696506	0,110959	10,802009	0

Aufbau der Metavariablen Prompreise und Promdistr**

Prompreise	PP	PD	PF	PDF	PDP	PPF	PPDF
Gewicht	0,013	0,114	0,017	0,115	0,114	0,216	0,411
Promdistr	GP	GD	GF	GDF	GDP	GPF	GPDF
Gewicht	0,105	0,125	0,095	0,153	0,156	0,166	0,2

*Durchschnittswerte über Wochen und Segmente; **Die Metavariablen Prompreise und Promdistr werden als Linearkombination aus den Werten der einzelnen Instrumente Preis (P), Display (D) und „Flyer" (F), d.h. dem Anteil der Marke an den Handelsinserationen gem. IMP, gebildet.

Quelle: von der GfK AG bereitgestellte Daten

Abb. 61: Bewertungsergebnisse des GfK-Markensimulators

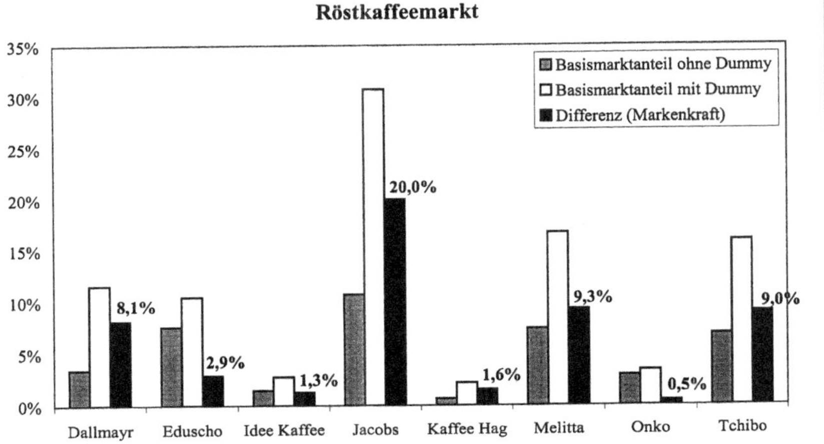

Prozentualer Anteil der Markenkraft am wertmäßigen Marktanteil

Marke	Dallmayr	Eduscho	Idee Kaffee	Jacobs	Kaffee Hag	Melitta	Onko	Tchibo
Anteil	70,2%	27,8%	46,4%	65,1%	70,1%	55,6%	14,1%	56,7%

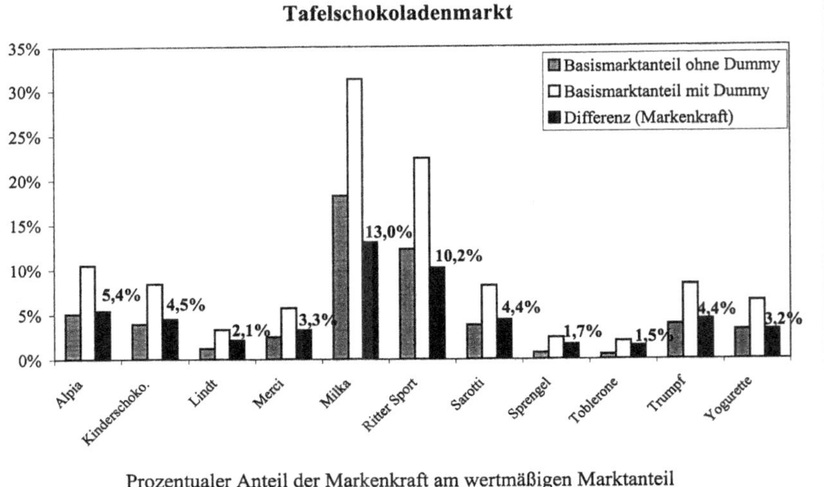

Prozentualer Anteil der Markenkraft am wertmäßigen Marktanteil

Marke	Alpia	Kinder-schoko.	Lindt	Merci	Milka	Ritter Sport	Sarotti	Spren-gel	Toble-rone	Trumpf	Yogu-rette
Anteil	51,4%	53,2%	63,6%	56,7%	41,7%	45,3%	53,4%	69,3%	73,0%	53,2%	50,0%

Quelle: von der GfK AG bereitgestellte Daten

3.3.2. Konsumentengerichtete Markenwertindikatoren

In diesem Abschnitt werden die Ergebnisse der direkt abgefragten Einzelindikatoren Markenbekanntheit, Vorhandensein der Marke im Relevant Set, regelmäßige Markenverwendung (Markentreue), zuletzt gekaufte Marke sowie die des Brand Potential Index dokumentiert. Weiterhin wird die Ermittlung von Preis-Premien und Marken-Wahlanteilen auf Basis direkter und indirekter Abfragen sowie die bei diesen Erhebungen als „Nebenprodukt" anfallenden Ergebnisse hinsichtlich allgemeiner Markenpräferenzen und Marken-Teilnutzen aufgezeigt.

3.3.2.1. Bekanntheit, Relevant Set, Markentreue und zuletzt gekaufte Marke

Die Ergebnisse der gestützten Erhebung von **Markenbekanntheiten** sind in Abbildung 62 zusammengefaßt. Bei deren Betrachtung kann allgemein festgestellt werden, daß alle untersuchten Marken relativ hohe Bekanntheitsgrade erzielen, was sich auch in einer hohen durchschnittlichen Markenbekanntheit von 87,2% (Röstkaffeemarkt) bzw. 82,9% (Tafelschokoladenmarkt) niederschlägt. Die erhobenen Markenbekanntheiten zeigen auch, daß keine der in die Untersuchung einbezogenen Marken als unbedeutend angesehen werden kann.

Die Erhebungsergebnisse für das **Vorhandensein der Marke im Relevant Set** zeigt Abbildung 63. Neben den Relevant Sets wurden auch individuelle Reject Sets abgefragt, bei denen es sich nicht um einen Markenwertindikator handelt, da sie eine negative Markenpräferenz ausdrücken. Relevant und Reject Sets ergänzen sich markenweise nicht zu 100%, da die Probanden jeweils nur mindestens eine Marke je Bereich auswählen mußten. Die jeweils verbleibende Differenz („Foggy Set") drückt eine weitgehend neutrale Markenpräferenz aus. Lediglich die Daten für die Relevant Sets gingen in die späteren Vergleichsbetrachtungen mit ein; die Reject Sets sind dennoch aus Gründen der Vollständigkeit und da sie eine qualitative Beurteilung der Markenpräferenzen ermöglichen mit ausgewiesen.

Die Erhebungsergebnisse der **Markenverwendung** sind in Abbildung 64 dokumentiert. Hier wurde nominalskaliert abgefragt, ob die Marken in der Vergangenheit entweder „regelmäßig", „ab und zu", „früher, aber heute nicht mehr" oder „noch nie" verwendet wurden. Die Anteile der vier Kategorien ergänzen sich jeweils markenweise zu 100%, da die Probanden sich für genau eine der vier Aussagen entscheiden mußten. Die Antwortoptionen der **regelmäßigen Markenverwendung** diente als Operationalisierung für Markentreue und wurde als entsprechender Markenwertindikator mit in die späteren Vergleichsbetrachtungen einbezogen. Die Antwortoption „ab und zu" drückt zwar auch eine getätigte Markenverwendung aus, läßt jedoch nicht auf eine hohe Präferenz schließen und wurde entsprechend nicht als Markenwertindikator verwendet. Die Optionen „früher, aber heute nicht mehr" und „noch nie" drücken negative Präferenzen aus, wobei erstere als noch negativer gedeutet werden kann, da hier eine vorherige Markenverwendung infolge Präferenzrückgangs wieder eingestellt wurde.

Abb. 62: Erhebungsergebnisse der gestützten Markenbekanntheiten

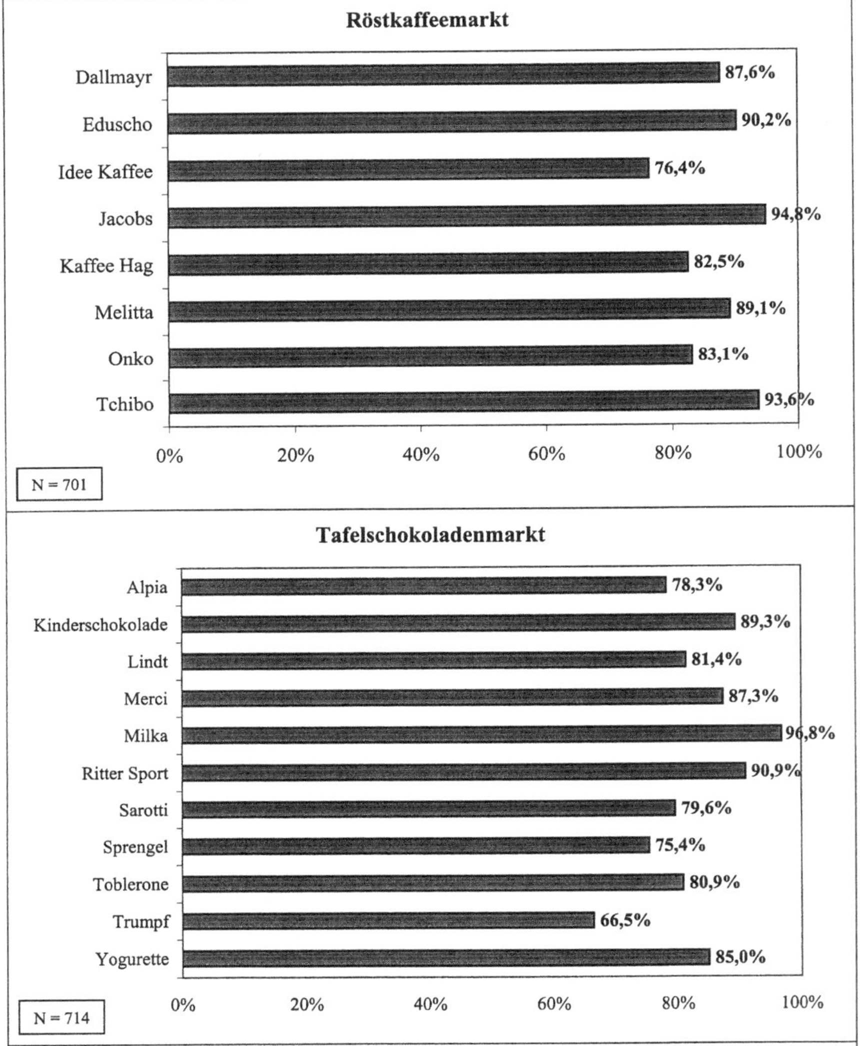

Erhebung: Vorlage eines Sets mit allen Markenlogos und direkte Abfrage, welche dieser Marken zumindest dem Namen nach bekannt sind.
Erhebungsbasis: Omnibus-Befragungen; jeweils nur Produktkäufer zwischen 18 und 65 Jahren.

Abb. 63: Erhebungsergebnisse der Relevant Sets und Reject Sets

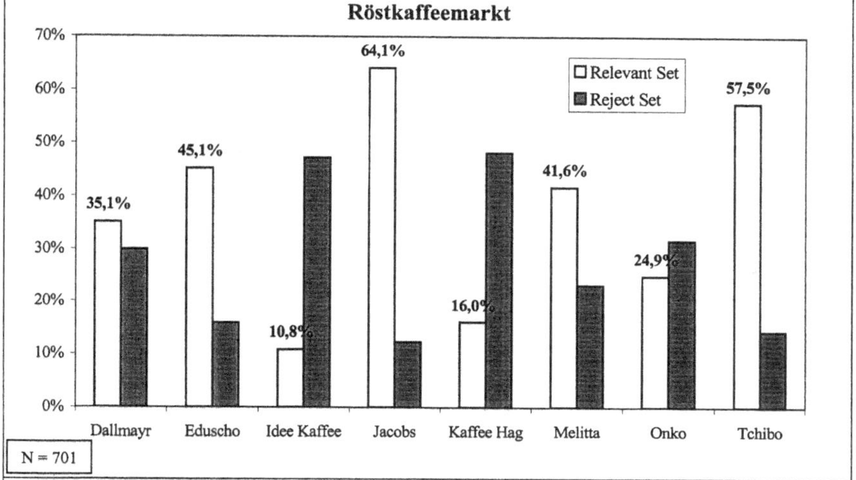

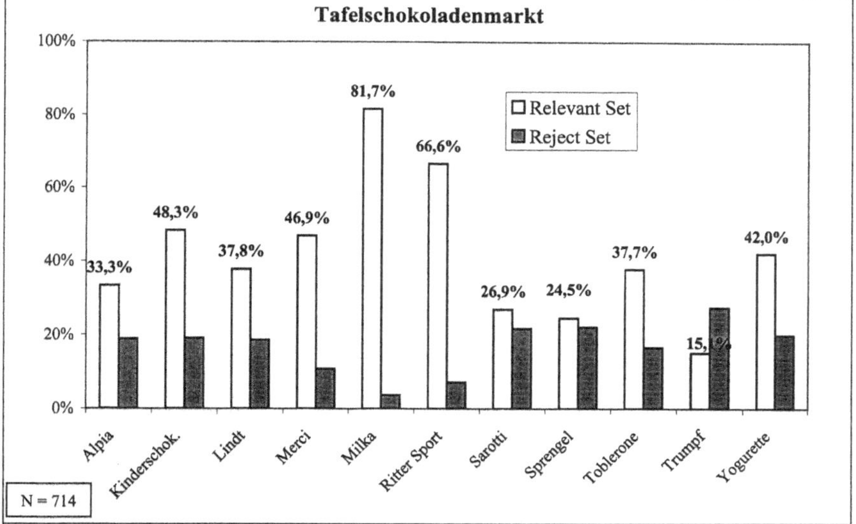

<u>Erhebung des Vorhandenseins der Marken im Relevant Set:</u> Vorlage eines Sets mit den Logos aller jeweils individuell bekannten Marken; direkte Abfrage, welche dieser Marken beim Kauf in Frage kommen; es mußte mindestens eine Marke ausgewählt werden. Die Relevant Sets gingen als Markenwertindikator in die späteren Vergleichsbetrachtungen ein.

<u>Erhebung des Vorhandenseins der Marken im Reject Set:</u> Vorlage eines Sets mit den Logos aller jeweils individuell bekannten Marken, welche nicht zuvor ins Relevant Set Eingang fanden; direkte Abfrage, welche dieser Marken beim Kauf nicht in Frage kommen; es mußte mindestens eine Marke ausgewählt werden. Die Reject Sets wurden für alle nachfolgenden Betrachtungen ausgeschlossen.

<u>Erhebungsbasis:</u> Omnibus-Befragungen; jeweils nur Produktkäufer zwischen 18 und 65 Jahren.

Abb. 64: Erhebungsergebnisse der Markenverwendung

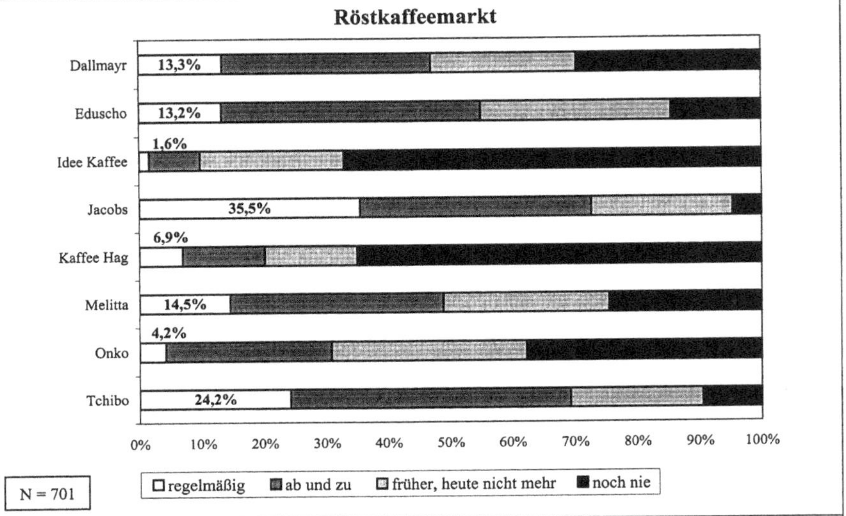

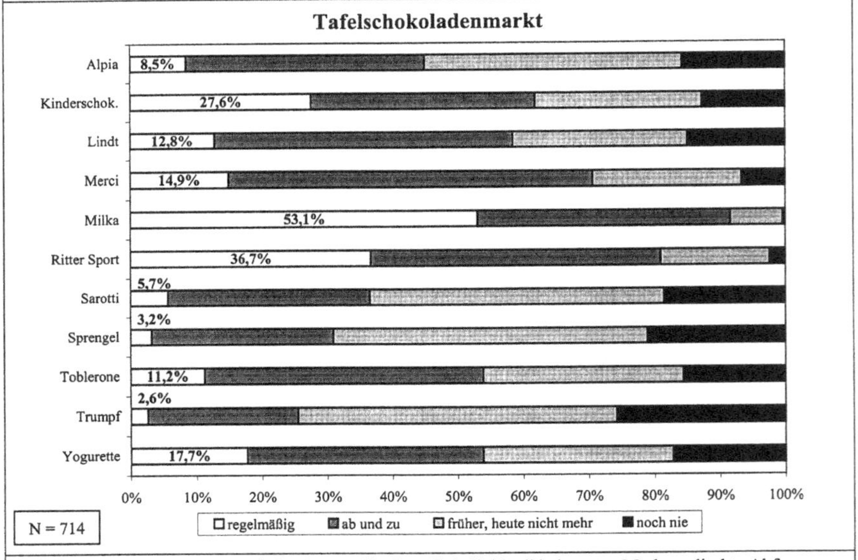

Erhebung: Vorlage eines Sets mit den Logos aller jeweils individuell bekannten Marken; direkte Abfrage, welche dieser Marken in der Vergangenheit entweder „regelmäßig", „ab und zu", „früher, aber heute nicht mehr" oder „noch nie" verwendet wurde. Die regelmäßige Markenverwendung wurde inhaltlich als Markentreue interpretiert und ging als entsprechender Markenwertindikator in die späteren Vergleichsbetrachtungen ein; die übrigen Daten wurden von den weiteren Betrachtungen ausgeschlossen.
Erhebungsbasis: Omnibus-Befragungen; jeweils nur Produktkäufer zwischen 18 und 65 Jahren.

Die Erhebungsergebnisse für die **zuletzt gekaufte Marke** zeigt Abbildung 65. Dieser einfache Indikator bezieht sich auf nur eine einzige Wahlentscheidung, bei der möglicherweise situative Begebenheiten (z.B. Nutzung eines Sonderangebots oder vorübergehende Nichterhältlichkeit stärker präferierter Marken) dominant waren, so daß seine Eignung als Markenwertindikator kritisch zu hinterfragen ist. Da dieser Indikator jedoch reales Kaufverhalten in aktuellster Form ausdrückt und innerhalb vergleichbarer Studien bislang nicht untersucht wurde, erschien sein Einbezug in die Indikatorvergleichsbetrachtungen interessant.

Abb. 65: Erhebungsergebnisse der zuletzt gekauften Marke

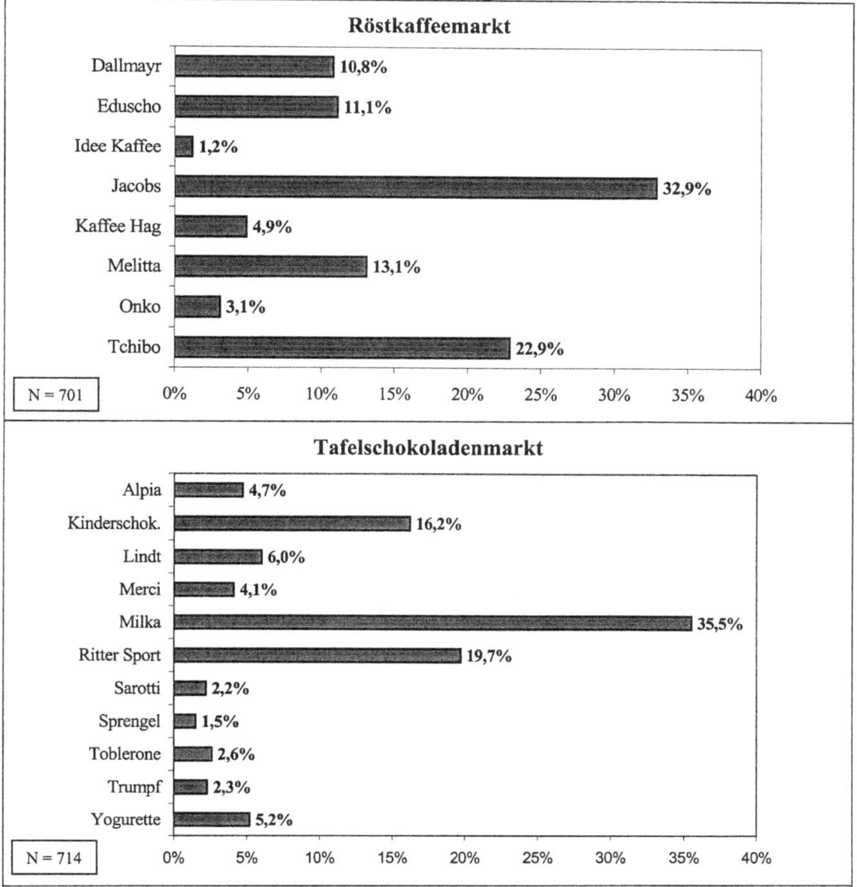

Erhebung: Vorlage eines Sets mit den Logos aller jeweils individuell bekannten Marken; direkte Abfrage, welche dieser Marken zuletzt gekauft wurde.
Erhebungsbasis: Omnibus-Befragungen; nur Produktkäufer zwischen 18 und 65 Jahren.

Bei Betrachtung der Erhebungsergebnisse für Markenbekanntheiten, Relevant Sets, regelmäßig verwendete Marken und zuletzt gekaufte Marke zeigt sich für beide Märkte ein recht konsistentes Gesamtbild. So kann im Röstkaffeemarkt über alle vier Indikatoren hinweg eine Unterteilung in ein Spitzenfeld (Jacobs, Tchibo), ein Mittelfeld (Dallmayr, Eduscho, Melitta) und ein Schlußfeld (Onko, Kaffee Hag, Idee Kaffee) beobachtet werden, wobei stets Jacobs den ersten, Tchibo den zweiten und Idee Kaffee den letzten Platz einnimmt. Ein ähnlich konsistentes Gesamtbild ergibt sich für den Tafelschokoladenmarkt; hier wird ebenso über alle vier Indikatoren hinweg eine Unterteilung in ein Spitzenfeld (Milka, Ritter Sport, Kinderschokolade), ein Mittelfeld (Merci, Lindt, Yogurette, Toblerone) und ein Schlußfeld (Sarotti, Alpia, Sprengel, Trumpf) ersichtlich. Die Abgrenzung von Mittel- und Schlußfeld ist hier jedoch vergleichsweise weniger eindeutig. Milka erzielt durchgängig die deutlich höchsten Werte, Ritter Sport stets die zweit- und Kinderschokolade stets die dritthöchsten Werte; bei den übrigen Marken ergeben sich teils leicht abweichende Plazierungen. Diese Ergebnisse erscheinen insgesamt insofern überraschend, als daß die vier hier betrachteten Indikatoren inhaltlich sehr verschiedene Aspekte beschreiben.

3.3.2.2. Der Brand Potential Index (BPI) der GfK

Der Brand Potential Index wurde bereits zuvor inhaltlich behandelt,[449] so daß der Schwerpunkt der folgenden Betrachtungen lediglich auf seiner Erhebungsmethodik und auf den Erhebungsergebnissen liegt. Die zehn den BPI bildenden Einzelindikatoren wurden im Rahmen dieser Arbeit anhand einer standardisierten Statementbatterie auf fünfpoligen Ratingskalen von 1 (trifft überhaupt nicht zu) bis 5 (trifft voll und ganz zu) erhoben;[450] die hierbei verwendeten Statements zeigt Abbildung 66. Die Erhebungsergebnisse der BPI-Einzelstatements und die aggregierten BPI-Gesamtscores zeigen die Abbildungen 67 und 68.

Bei Betrachtung der Ergebnisse fällt auf, daß die Rangfolgen der Marken sowie deren relative Abstände voneinander über alle Statements erstaunlich geringen Schwankungen unterliegen, was aus den wenigen Überschneidungen der Polaritätsprofile sowie deren weitgehend parallelen Verläufen ersichtlich wird. Bei Vergleich der markenweisen Ergebnisse der BPI-Statements fällt auf, daß je

---

[449] Vgl. Abschnitt 2.4.1. und Abschnitt 2.4.2.4.3.

[450] Zur Ermittlung des BPI wurden ursprünglich nur acht Indikatoren verwendet, welche später im Rahmen der Weiterentwicklung des Instruments auf zehn Indikatoren aufgestockt wurden. Deren Erhebung anhand von Statements erfolgte anfangs auf fünfpoligen Ratingskalen; später ist die GfK zur Verwendung von siebenpoligen Ratingskalen übergegangen. Die im Rahmen dieser Arbeit erhobenen BPI-Gesamtscores basieren auf zehn Statements, die auf fünfpoligen Ratingskalen erhoben wurden. Diese Modellierung spiegelt den zum Erhebungszeitpunkt aktuellen Modellentwicklungsstand wider. Vgl. Grimm/Högl/Hupp (2000), S. 8; Hupp (2001a), S. 21.

Marke zumeist S2 (Mehrpreisakzeptanz) die geringste Zustimmung erzielte, was unmittelbar plausibel erscheint. Das Statement S8 (Markenbekanntheit) erreichte je Marke zumeist die höchste Zustimmung, was ebenfalls plausibel erscheint, da dieses Statement einen vergleichsweise stark objektivierbaren Aspekt anspricht und somit eine Zustimmung dem einzelnen Probanden auch bei nur geringer Markenpräferenz leichter fallen dürfte als bei den übrigen Statements.[451] Weiterhin fällt hinsichtlich der Marke Lindt auf, daß diese einen vergleichsweise höheren Wert bei S2 (Mehrpreisakzeptanz) und bei S10 (Markenqualitätseinschätzung) erzielt. Dies erscheint insofern plausibel, als daß Lindt als Premiummarke positioniert ist und Konsumenten für deren höhere (angenommene) Qualität auch einen höheren Preis zu akzeptieren bereit sind. Ferner tritt in beiden Märkten die jeweils gleiche Gruppierung in ein Spitzen-, Mittel- und Schlußfeld auf wie bei den vier im vorangegangenen Abschnitt betrachteten Indikatoren. Für die Marken des Schlußfeldes fällt hierbei auf, daß sie stets deutlich unterhalb des Mittelwertes je BPI-Statement über alle Marken liegen.

Abb. 66: Aufbau und Erhebung des Brand Potential Index (BPI)

Einzelindikator	Abk.*	Ermittlung / BPI-Statements**
Kaufabsicht	S1	Marke X ist eine Marke, die ich zukünftig kaufen werde.
Mehrpreisakzeptanz	S2	Marke X ist eine Marke, für die ich gerne bereit bin mehr auszugeben als für andere Marken.
Markenidentifikation	S3	Marke X ist eine Marke, mit der ich mich mehr identifizieren kann als mit anderen Marken.
Markenvertrauen	S4	Marke X ist eine Marke, der ich mehr vertrauen kann als anderen Marken.
Bereitschaft zur Weiterempfehlung	S5	Marke X ist eine Marke, die ich eher weiterempfehlen kann als andere Marken.
Uniqueness	S6	Marke X hebt sich positiv von anderen Marken ab.
Markensympathie	S7	Marke X ist mir sympathischer als andere Marken.
Markenbekanntheit	S8	Marke X ist bekannter als andere Marken.
Markenloyalität	S9	Marke X ist eine Marke, bei der ich es mehr als bei anderen bedaure, wenn sie nicht erhältlich ist.
Markenqualitäts-einschätzung	S10	Marke X ist qualitativ hochwertiger als andere Marken.
Brand Potential Index	BPI	Aggregation zu einer Maßzahl (BPI-Gesamtscore) durch Bildung des arithmetischen Mittels der Einzelwerte der BPI-Statements.

*Die vorgenommene Numerierung der Statements entspricht deren Erhebungsreihenfolge innerhalb dieser Untersuchung; **Erhebung der BPI-Statements mittels Ratingskalen von 1 (trifft überhaupt nicht zu) bis 5 (trifft voll und ganz zu).

---

[451] So entsprach auch die Rangfolge der Marken nach diesem Statement weitestgehend der Rangfolge gemäß den zuvor erhobenen Markenbekanntheiten. Im Röstkaffeemarkt ergab sich für die untersuchten Marken hierbei nur ein Rangplatztausch (Rang 6 und 7) und im Tafelschokoladenmarkt zwei Rangplatzaustauschungen (Rang 2 und 3; Rang 5 und 6).

Abb. 67: Ergebnisse der Erhebung des BPI im Röstkaffeemarkt

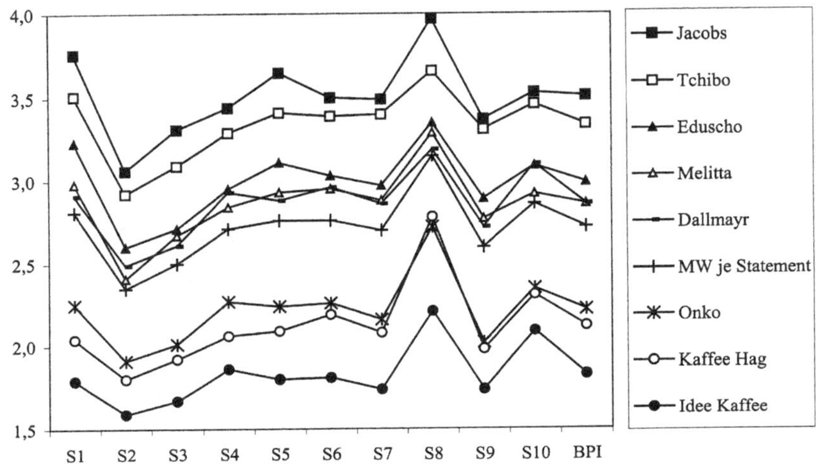

Marke / Kriterium		Dallmayr	Eduscho	Idee Kaffee	Jacobs	Kaffee Hag	Melitta	Onko	Tchibo
N		239	268	185	299	219	276	247	278
S1	MW	2,91	3,23	1,79	3,76	2,04	2,98	2,25	3,51
	SA	1,50	1,33	1,13	1,35	1,37	1,49	1,18	1,31
S2	MW	2,49	2,60	1,59	3,06	1,80	2,41	1,91	2,92
	SA	1,41	1,38	0,96	1,37	1,20	1,38	1,10	1,39
S3	MW	2,61	2,71	1,67	3,31	1,92	2,67	2,01	3,09
	SA	1,51	1,37	1,08	1,42	1,26	1,40	1,15	1,36
S4	MW	2,93	2,95	1,86	3,44	2,06	2,84	2,27	3,29
	SA	1,52	1,34	1,13	1,37	1,27	1,42	1,20	1,33
S5	MW	2,88	3,11	1,80	3,65	2,09	2,93	2,24	3,41
	SA	1,56	1,36	1,09	1,34	1,33	1,44	1,13	1,27
S6	MW	2,96	3,03	1,81	3,50	2,19	2,95	2,26	3,39
	SA	1,46	1,27	1,11	1,29	1,27	1,37	1,17	1,24
S7	MW	2,86	2,97	1,74	3,49	2,08	2,88	2,16	3,40
	SA	1,54	1,33	1,08	1,38	1,30	1,42	1,16	1,28
S8	MW	3,19	3,35	2,21	3,97	2,78	3,29	2,72	3,66
	SA	1,32	1,20	1,15	1,19	1,21	1,29	1,10	1,14
S9	MW	2,72	2,89	1,74	3,37	1,98	2,77	2,02	3,31
	SA	1,54	1,39	1,14	1,43	1,31	1,46	1,15	1,34
S10	MW	3,10	3,09	2,09	3,53	2,31	2,92	2,35	3,46
	SA	1,39	1,25	1,17	1,21	1,26	1,29	1,14	1,14
BPI	MW	2,86	2,99	1,83	3,51	2,12	2,86	2,22	3,34
	SA	1,29	1,12	0,94	1,13	1,12	1,24	0,98	1,08
Spannweite		0,70	0,75	0,62	0,91	0,98	0,88	0,81	0,74

Erhebung der Statements: Vorlage eines Sets mit den Logos von drei randomisiert ausgewählten, jeweils individuell bekannten Marken; direkte Abfrage der BPI-Statements anhand einer Ratingskala von 1 (trifft überhaupt nicht zu) bis 5 (trifft voll und ganz zu).
Ermittlung der BPI-Gesamtscores: Bildung des arithmetisches Mittels aus den Werten der 10 BPI-Statements.
Erhebungsbasis: Omnibus-Befragungen; nur Produktkäufer zwischen 18 und 65 Jahren (Nges= 701).
Legende: MW = Mittelwert; SA = Standardabweichung; S1 bis S10: BPI-Statements gem. Abb. 66.

Abb. 68: Ergebnisse der Erhebung des BPI im Tafelschokoladenmarkt

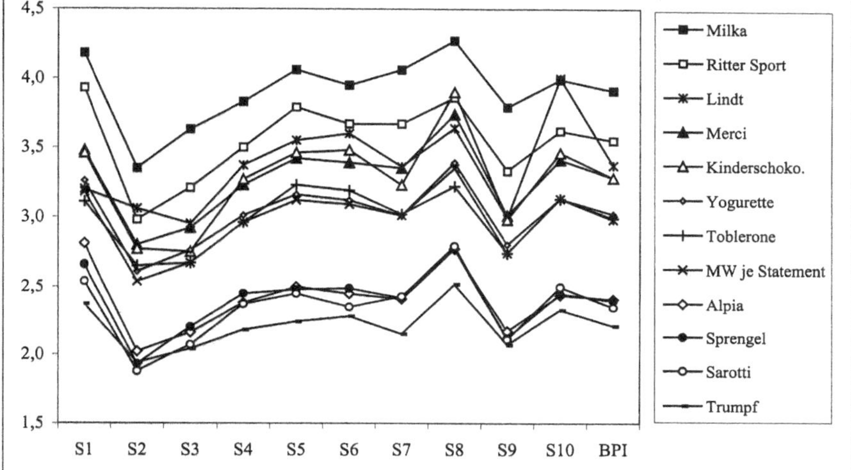

Marke / Kriterium		Alpia	Kinderschoko.	Lindt	Merci	Milka	Ritter Sport	Sarotti	Sprengel	Toblerone	Trumpf	Yogurette
	N	152	215	184	207	275	218	149	145	191	145	196
S1	MW	2,81	3,46	3,20	3,48	4,18	3,93	2,54	2,66	3,11	2,37	3,26
	SA	1,39	1,55	1,49	1,32	1,15	1,23	1,25	1,22	1,43	1,22	1,55
S2	MW	2,02	2,77	3,06	2,80	3,35	2,98	1,88	1,93	2,65	1,94	2,61
	SA	1,31	1,47	1,60	1,42	1,47	1,38	1,11	1,15	1,47	1,11	1,52
S3	MW	2,16	2,75	2,95	2,92	3,63	3,21	2,07	2,20	2,67	2,04	2,76
	SA	1,36	1,51	1,46	1,45	1,36	1,42	1,15	1,24	1,43	1,20	1,55
S4	MW	2,38	3,27	3,37	3,23	3,83	3,50	2,37	2,45	2,96	2,18	3,01
	SA	1,34	1,45	1,46	1,29	1,25	1,36	1,19	1,27	1,40	1,20	1,42
S5	MW	2,50	3,46	3,55	3,42	4,06	3,79	2,45	2,48	3,23	2,24	3,16
	SA	1,40	1,43	1,47	1,29	1,16	1,24	1,18	1,35	1,44	1,22	1,49
S6	MW	2,45	3,48	3,60	3,39	3,95	3,67	2,35	2,49	3,19	2,28	3,12
	SA	1,29	1,29	1,46	1,28	1,17	1,19	1,10	1,23	1,32	1,15	1,43
S7	MW	2,41	3,23	3,36	3,35	4,06	3,67	2,43	2,42	3,02	2,15	3,01
	SA	1,25	1,39	1,48	1,31	1,17	1,31	1,18	1,24	1,41	1,18	1,47
S8	MW	2,77	3,90	3,64	3,74	4,27	3,86	2,79	2,77	3,22	2,52	3,39
	SA	1,26	1,24	1,27	1,17	1,13	1,20	1,22	1,25	1,28	1,18	1,32
S9	MW	2,17	2,98	2,99	3,01	3,79	3,33	2,11	2,12	2,74	2,07	2,80
	SA	1,30	1,57	1,57	1,48	1,35	1,46	1,21	1,31	1,45	1,23	1,49
S10	MW	2,44	3,46	4,00	3,41	3,99	3,62	2,50	2,45	3,13	2,33	3,13
	SA	1,26	1,27	1,25	1,25	1,12	1,15	1,23	1,26	1,26	1,18	1,32
BPI	MW	2,41	3,28	3,37	3,28	3,91	3,55	2,35	2,40	2,99	2,21	3,02
	SA	1,13	1,16	1,24	1,13	1,01	1,08	0,94	1,06	1,17	1,02	1,27
Spannweite		0,79	1,15	1,05	0,94	0,92	0,95	0,91	0,84	0,58	0,58	0,78

Erhebung der Statements: Vorlage eines Sets mit den Logos von drei randomisiert ausgewählten, jeweils individuell bekannten Marken; direkte Abfrage der BPI-Statements anhand einer Ratingskala von 1 (trifft überhaupt nicht zu) bis 5 (trifft voll und ganz zu).
Ermittlung der BPI-Gesamtscores: Bildung des arithmetisches Mittels aus den Werten der 10 BPI-Statements.
Erhebungsbasis: Omnibus-Befragungen; nur Produktkäufer zwischen 18 und 65 Jahren (Nges= 714).
Legende: MW = Mittelwert; SA = Standardabweichung; S1 bis S10: BPI-Statements gem. Abb. 66.

Bei einer Sichtung der Datensätze zeigte sich, daß eine Reihe von Probanden relativ uniforme Bewertungen über alle Statements vorgenommen hatten, wobei die Ursache hierfür nachträglich nicht verifizierbar war. Da die zehn BPI-Statements hintereinander für jeweils drei Marken in stets gleicher Reihenfolge mit bildschirmweise identischem Layout abgefragt wurden und da die Erhebung des BPI überdies als vorletzter Fragenkomplex kurz vor Interviewende erfolgte, könnten Ermüdungseffekte aufgetreten sein, welche sich in einem undifferenzierten Antwortverhalten niederschlugen. Da die Beurteilungen je Statement jedoch deutlich variierten, wie auch aus den relativ hohen Spannweiten ersichtlich wird, konnte insgesamt dennoch von einer differenzierten Beurteilung der Marken durch die Probanden ausgegangen werden, so daß kein Anlaß gesehen wurde, die Erhebungsergebnisse grundsätzlich in Zweifel zu ziehen. Die relativ hohen Standardabweichungen je Statement, die durchgängig bei allen Marken auftraten, deuten auf individuell verschiedene Markenpräferenzen bei der Gesamtheit der Probanden hin und wurden somit als plausibel angesehen.

Im Hinblick auf die späteren Vergleichsbetrachtungen von Markenwertindikatoren stellte sich die Frage, ob hier nur der BPI-Gesamtscore oder darüber hinaus auch noch die zehn Einzelindikatoren einzubeziehen sind. Die zusätzliche Einbeziehung der Einzelindikatoren wurde nur dann für sinnvoll erachtet, sofern diese voneinander unabhängig sind. Um dies zu prüfen, wurden je Marke auf disaggregierter und aggregierter Ebene paarweise zweiseitige Korrelationen zwischen den zehn BPI-Statements berechnet. Im Ergebnis zeigte sich für alle 19 Marken, daß die BPI-Statements sowohl auf disaggregierter als auch auf aggregierter Ebene stets hochsignifikante ($\alpha = 0{,}01$) stark positive Zusammenhänge aufweisen.[452] Überdies wurden über die zehn BPI-Statements auf disaggregierter Ebene 19 markenweise Faktorenanalysen und auf aggregierter Ebene eine Faktorenanalyse über alle 19 Marken durchgeführt. Hierbei wurde zur Faktorextraktion stets die Hauptkomponentenmethode angewendet und die Anzahl der extrahierten Faktoren nach dem Kaiser-Kriteriums bestimmt.[453] Alle 20 Faktorenanalysen kamen zu dem Ergebnis, daß genau ein Faktor extrahiert wurde, der jeweils zwischen 63% und 78% der Gesamtvarianz erklärte. Somit wurden lediglich die BPI-Gesamtscores und nicht die zehn BPI-Einzelindikatoren in die späteren Indikatorvergleichsbetrachtungen einbezogen.

---

[452] Die Korrelationskoeffizienten lagen auf disaggregierter Ebene zwischen 0,4 und 0,9; auf aggregierter Ebene lagen alle Korrelationskoeffizienten oberhalb von 0,9.

[453] Vgl. Backhaus (2000), S. 270 ff.; S. 288 ff.; Litfin/Teichmann/Clement (2000), S. 284.

3.3.2.3. Direkte Abfrage von Preis-Premien, Wahlanteilen und Präferenzen

Die Ermittlung von Preis-Premien auf Basis direkter Abfragen erfolgte in Anlehnung an Park/ Srinivasan (1994).[454] Hierbei wurde den Probanden zunächst ein Set mit allen Markenlogos vorgelegt und getrennt abgefragt, welche Marke am besten (schlechtesten) gefalle bzw. an erster (letzter) Stelle gekauft würde, sofern alle Marken den gleichen Preis und die gleiche Packungsgröße hätten. Diese Frageformulierung hatte zum Ziel, eine Ausgrenzung von nichtmarkenspezifischen Aspekten aus der Beurteilung der Probanden zu bewirken. Nach Angabe der am besten und schlechtesten gefallenden Marken wurden je Marke zehnpolige Ratingskalen von 1 (gefällt mir am schlechtesten) bis 10 (gefällt mir am besten) vorgelegt, wobei für die individuell am besten bzw. schlechtesten beurteilte Marke automatisch ein Wert von 10 bzw. 1 vorgegeben war.[455] Bei Beurteilung der restlichen Marken konnten die Antworten abgestuft (z.B. 6,5) werden, wovon jedoch nur wenige Probanden (< 2%) Gebrauch machten.

Die aggregierten Daten zur individuell am höchsten präferierten Marke sind als **Marken-Wahlanteile** bei Preis- und Packungsgrößengleichheit unter Anwendung der Entscheidungsregel **first choice** interpretierbar. Als eine weitere Variante wurden Marken-Wahlanteile unter Anwendung der Entscheidungsregel von **Bradley/Terry/Luce (BTL)**[456] berechnet. Die Ergebnisse beider Varianten weichen erwartungsgemäß jeweils in ihrer Höhe voneinander ab, wohingegen die Rangfolgen der Marken weniger Unterschiede aufzeigen. Beide Ermittlungsvarianten für Marken-Wahlanteile gingen in die späteren Indikatorvergleichsbetrachtungen ein. Für die erhobenen Scores je Marke wurden auf aggregierter Ebene Mittelwerte berechnet, welche eine inhaltliche Interpretation als durchschnittliche **Markenpräferenz** zulassen und somit auch als ein Markenwertindikator angesehen werden können. Die hierbei ebenfalls ermittelten Standardabweichungen waren vergleichsweise gering und ließen eine Verwendung dieses Wertmaßes weitgehend unkritisch erscheinen, so daß es ebenfalls in die Indikatorvergleichsbetrachtungen einging. Die Ergebnisse dieser drei Indikatoren zeigt Abbildung 69.

In der Folge wurden zwei **zusätzliche Zahlungsbereitschaften** direkt abgefragt, welche sich jeweils auf den Paarvergleich der individuell höchst mit der an vorletzter bzw. mittlerer Stelle präferierten Marke bezogen. Hierbei wurde der erste Paarvergleich aufgrund des höheren Ab standes der Vergleichsmarken als Grund-

---

[454] Vgl. Park/Srinivasan (1994), S. 274 ff.

[455] Auf eine Einschränkung der Abfrage auf individuell bekannte Marken wurde hier im Unterschied zu den übrigen Erhebungen verzichtet, da ansonsten stark unterschiedliche Beurteilungssituationen je Proband bestanden hätten, wodurch eine geringere Vergleichbarkeit der hier erhobenen Indikatoren mit den übrigen bewirkt worden wäre.

[456] Siehe hierzu Abschnitt 2.3.2.3.1.

Abb. 69: Ergebnisse der direkten Abfrage von Marken-Wahlanteilen

Röstkaffeemarkt

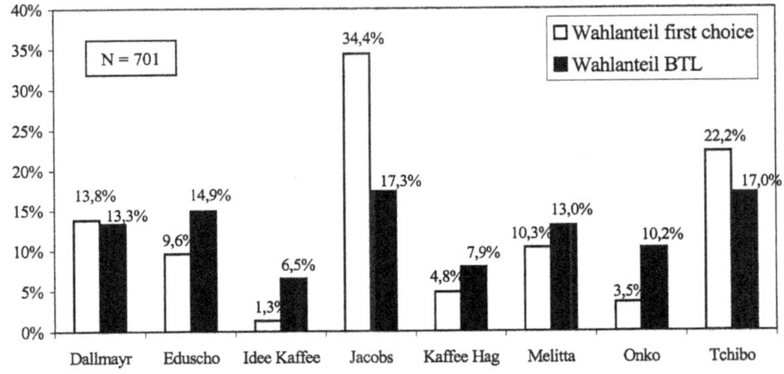

Durchschnittliche Markenscores bei vergleichender Beurteilung aller Kaffeemarken

Marke / Kriterium	Dallmayr	Eduscho	Idee Kaffee	Jacobs	Kaffee Hag	Melitta	Onko	Tchibo
MW	5,66	6,28	2,80	7,22	3,35	5,46	4,39	7,06
SA	3,12	2,59	2,23	2,89	2,70	2,88	2,64	2,69

Tafelschokoladenmarkt

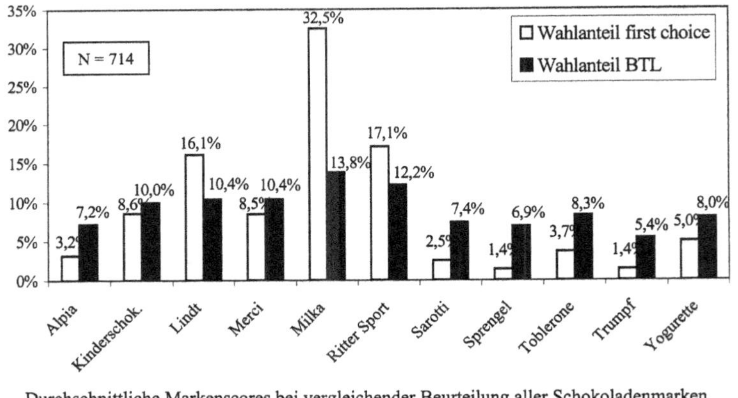

Durchschnittliche Markenscores bei vergleichender Beurteilung aller Schokoladenmarken

Marke / Kriterium	Alpia	Kinder-schoko.	Lindt	Merci	Milka	Ritter Sport	Sarotti	Spren-gel	Toble-rone	Trumpf	Yogu-rette
MW	4,29	5,98	6,27	6,26	8,03	7,21	4,53	4,24	5,06	3,31	4,88
SA	2,67	3,03	3,03	2,65	2,41	2,65	2,56	2,50	2,88	2,50	3,05

Erhebung des Kaufs an erster (letzter) Stelle: Vorlage eines Sets mit allen Marken; direkte Abfrage, welche Marke bei angenommener Preis- und Packungsgrößengleichheit am besten (schlechtesten) gefalle bzw. am ehesten (an letzter Stelle) gekauft würde.
Erhebung von Markenscores: Vorlage einer Ratingskala je Marke von 1 (an letzter Stelle gekaufte Marke) bis 10 (an erster Stelle gekaufte Marke); automatisierte Setzung der individuell an letzter Stelle gekauften Marke auf 1 und der individuell an erster Stelle gekauften Marke auf 10, Aufforderung zur Beurteilung der verbleibenden Marken.
Erhebungsbasis: Omnibus-Befragungen; nur Produktkäufer zwischen 18 und 65 Jahren.

lage zur Errechnung von Preis-Premien erhoben und der zweite zur Validierung des ersteren. Eine nicht nach Marken differenzierte Betrachtung der zusätzlichen Zahlungsbereitschaften für den ersten Paarvergleich zeigt Abbildung 70.

Abb. 70: Ergebnisse der direkten Abfrage von zusätzlichen Zahlungsbereitschaften bei Paarvergleich der an höchster und an vorletzter Stelle präferierten Marke

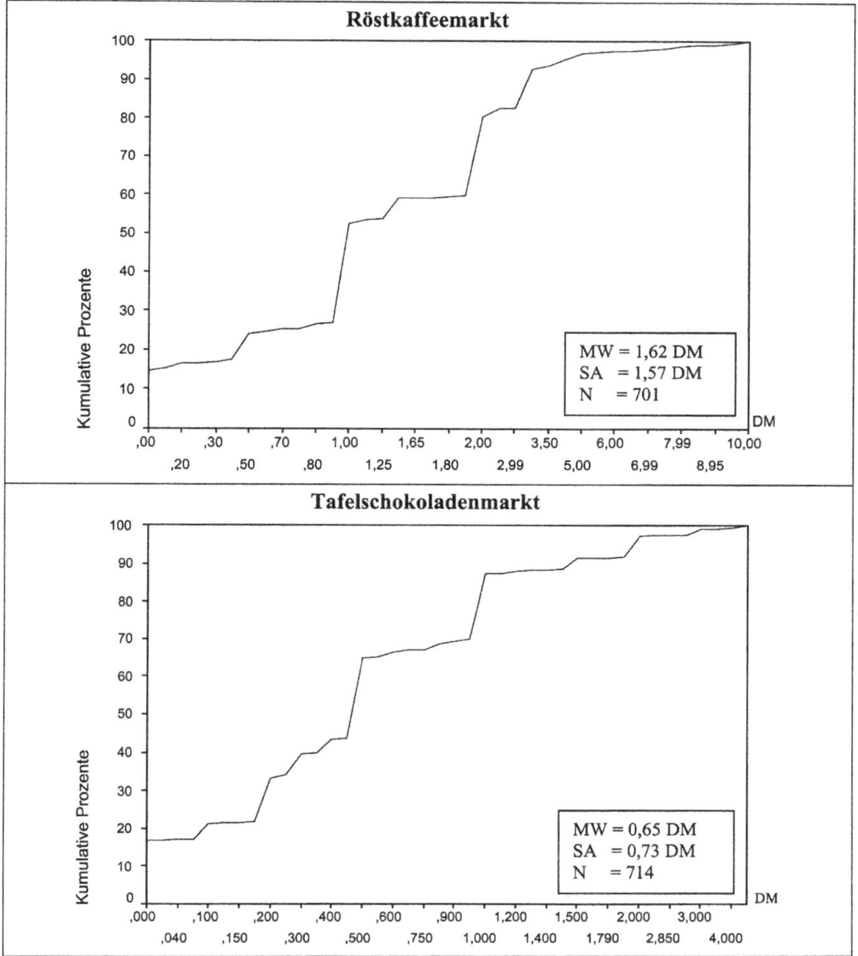

Erhebung: Vorlage eines Sets mit den individuell jeweils an erster und vorletzter Stelle gekauften Marken und direkte Abfrage, welchen Betrag in DM der Proband pro 500gr-Packung Kaffee bzw. 100gr-Packung Schokolade für die von ihm an erster Stelle gekaufte Marke zusätzlich mehr zahlen würde als für die andere Marke. Erhebungsbasis: Omnibus-Befragungen; nur Produktkäufer zwischen 18 und 65 Jahren.

Im Röstkaffeemarkt (Tafelschokoladenmarkt) gaben 14% (18%) der Probanden eine zusätzliche Zahlungsbereitschaft von 0,- DM an, wohingegen rund 40% (30%) mindestens 2,- DM (1,- DM) für ihre höchst präferierte Marke zusätzlich mehr zu zahlen bereit waren. Das Vorhandensein einer Bereitschaft zur Entrichtung zusätzlicher Geldmittel ermöglichte in beiden Märkten die Berechnung individueller **Preis-Premien**, wobei die Marken Idee Kaffee und Trumpf als Ankerpunkte dienten. Hierfür wurden zunächst probandenweise DM-pro-Ratingpunkt-Werte ermittelt, indem die zusätzliche Zahlungsbereitschaft linear auf die Differenz an individuell vergebenen Ratingpunkten für die beim Paarvergleich verwendeten Marken umgelegt wurde. In der Folge wurden die Differenzen an Ratingpunkten zwischen Ankerpunktmarken und allen übrigen Marken berechnet; bei Multiplikation dieser mit den probandenweisen DM-pro-Ratingpunkt-Werten resultieren Preis-Premien je Marke.

Die Mittelwerte der berechneten individuellen Preis-Premien gegenüber den Ankerpunktmarken Idee Kaffee bzw. Trumpf sind in Abbildung 71 ausgewiesen. Deren Eignung als Markenwertindikator erscheint aufgrund der hohen Standardabweichungen fraglich. Bei inhaltlicher Beurteilung der Ergebnisse hinsichtlich Face-Validität erscheinen die Relationen der Marken zueinander unkritisch; auch hier tritt im wesentlichen die bereits bekannte Gruppenbildung auf. Die geringe absolute Höhe der Preis-Premien ist insofern plausibel, als daß auf disaggregierter Ebene teils negative individuelle Preis-Premien für einzelne Marken resultieren, welche bei Aggregation die Mittelwerte verringern. Sie beruhen auf der Setzung eines jeweils einheitlichen Ankerpunkts und sind zu interpretieren als (positive) zusätzliche Zahlungsbereitschaft bei Umkehr des Paarvergleichs.

Zur weiteren Überprüfung der Ergebnisqualität wurden die DM-pro-Ratingpunkt-Werte von beiden Paarvergleichen auf disaggregierter Ebene miteinander verglichen und weiterhin probandenweise eine Differenzvariable berechnet; eine vergleichende Übersicht der ermittelten Werte zeigt Abbildung 72. Bei konsistentem Antwortverhalten der Probanden ist zu erwarten, daß die DM-pro-Ratingpunkt-Werte aus beiden Paarvergleichen einander entsprechen und die Differenzvariable einen Wert von Null annimmt. Zur Überprüfung dessen wurde jeweils ein t-Test bei gepaarten Stichproben auf disaggregierter Ebene hinsichtlich der Gleichheit der DM-pro-Ratingpunkt-Werte durchgeführt mit dem Ergebnis, daß bei einem Signifikanzniveau von 99% die DM-pro-Ratingpunkt-Werte nicht gleich sind (t-Werte bei Röstkaffee bzw. Tafelschokolade: -6,27 bzw. -10,26). Ebenso zeigten t-Tests für eine Stichprobe mit einem Testwert von Null hinsichtlich der Differenzvariable, daß bei einem Signifikanzniveau von 99% Null nicht der Mittelwert der Verteilung ist (t-Werte identisch). Um Unsicherheiten hinsichtlich der vorliegenden Verteilung auszuschließen, wurden überdies Kolmogorov-Smirnov-Anpassungstests durchgeführt, welche die vor-

Abb. 71: Ergebnisse der direkten Abfrage von Preis-Premien

Preis-Premien im Röstkaffeemarkt bei Paarvergleich mit Idee Kaffee

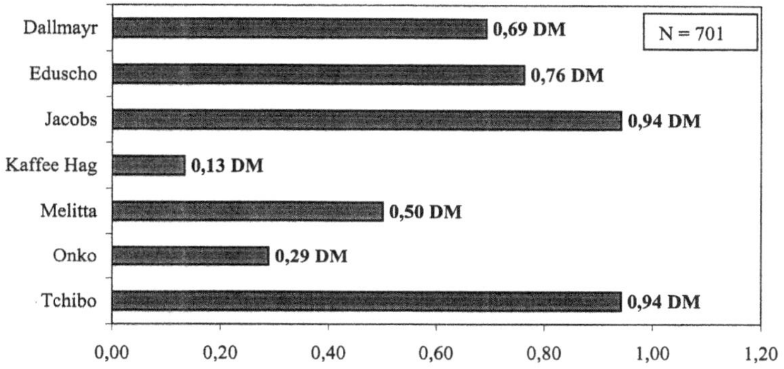

Standardabweichungen (SA) der Preis-Premien

Marke	Dallmayr	Eduscho	Idee Kaffee	Jacobs	Kaffee Hag	Melitta	Onko	Tchibo
SA (DM)	1,36	1,22	-	1,48	1,14	1,12	0,92	1,30

Preis-Premien im Tafelschokoladenmarkt bei Paarvergleich mit Trumpf

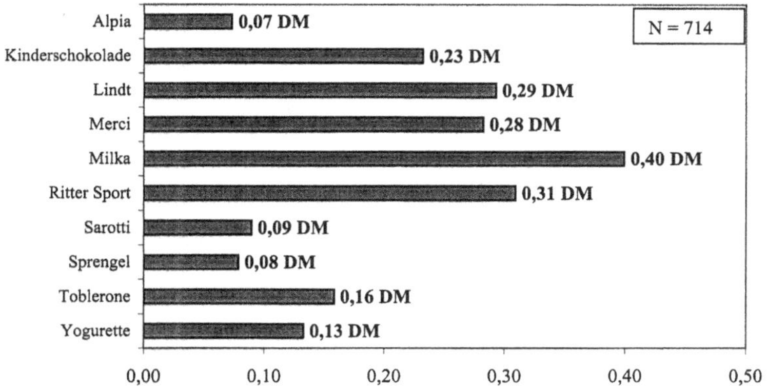

Standardabweichungen (SA) der Preis-Premien

Marke	Alpia	Kinder-schoko.	Lindt	Merci	Milka	Ritter Sport	Sarotti	Spren-gel	Toble-rone	Trumpf	Yogu-rette
SA (DM)	0,54	0,54	0,58	0,54	0,60	0,53	0,41	0,36	0,45	-	0,50

Basis: Omnibus-Befragungen; nur Produktkäufer zwischen 18 und 65 Jahren; N (Kaffee) = 701; N (Schokolade) = 714.

herigen Ergebnisse bestätigten. Die somit nachgewiesene Ungleichheit der DM-pro-Ratingpunkt-Werte, welche ceteris paribus zu unterschiedlichen Markenbewertungsergebnissen in Abhängigkeit des zugrundeliegenden Paarvergleichs führt, zeigt eine gravierende Schwäche dieser Methode auf. Die zugrunde liegende Annahme eines (linearen) Zusammenhangs zwischen der zusätzlichen Zahlungsbereitschaft und den anhand von Ratingskalen abgefragten Markenpräferenzen trifft zumindest im Rahmen dieser Untersuchung nicht zu.

Abb. 72: Vergleich der DM-pro-Ratingpunkt-Werte auf disaggregierter Ebene

Röstkaffeemarkt	Mittelwert	Standard-abweichung	Median	Modus	Spannweite
Paarvergleich 1 (beste/vorletzte Marke)	0,23	0,22	0,17	0,00	1,60
Paarvergleich 2 (beste/mittlere Marke)	0,28	0,27	0,25	0,00	2,67
Differenzvariable*	-0,06	0,23	-0,04	0,00	3,28
Tafelschokoladenmarkt	**Mittelwert**	**Standard-abweichung**	**Median**	**Modus**	**Spannweite**
Paarvergleich 1 (beste/vorletzte Marke)	0,09	0,10	0,06	0,00	0,71
Paarvergleich 2 (beste/mittlere Marke)	0,13	0,17	0,08	0,00	1,50
Differenzvariable*	-0,05	0,12	-0,02	0,00	1,59

*Differenz der DM-pro-Ratingpunkt-Werte aus den beiden Paarvergleichen auf disaggregierter Ebene
Basis: Omnibus-Befragungen; nur Produktkäufer zwischen 18 und 65 Jahren; N (Kaffee) = 701; N (Schokolade) = 714

Weitere Analysen des Datenmaterials zeigten, daß 52,6% bzw. 50,7% der Probanden im Röstkaffee- bzw. Tafelschokoladenmarkt bei beiden Paarvergleichen jeweils die gleiche Zahlungsbereitschaft angaben, worin die Ursache für die Ungleichheit der DM-pro-Ratingpunkt-Werte begründet liegt. Eine Interpretation läßt hier entweder den Schluß zu, daß diese Probanden möglicherweise überforderungsbedingt inkonsistent geantwortet haben oder aber, daß deren zusätzliche Zahlungsbereitschaft für die höchst präferierte Marke (weitgehend) konstant und (annähernd) unabhängig von Vergleichsmarken ist. Angesichts der geringen absoluten Höhe der erhobenen zusätzlichen Zahlungsbereitschaften erscheint das Vorhandensein einer grundsätzlichen Bereitschaft, zum Erwerb der höchst präferierten Marke einen bestimmten zusätzlichen Geldbetrag auszugeben, nicht unplausibel. Demnach würden sich berechnete Preis-Premien nicht mehr auf die zuvor verwendeten Ankerpunktmarken Idee Kaffee bzw. Trumpf beziehen, sondern auf beliebige Vergleichsmarken. Diese Unabhängigkeitsannahme kann jedoch nicht für diejenigen Probanden getroffen werden, welche unterschiedliche Zahlungsbereitschaften bei beiden Paarvergleichen angaben. Weiterhin könnte das vorliegende Antwortverhalten auch dadurch begründet sein, daß den Probanden der Preis der Vergleichsmarke, welcher in der Fragestellung nicht vorgegeben wurde, unbekannt war und sie infolge dessen einen imaginären (Durchschnitts-) Preis zugrundelegten. Hierbei wäre von einem Mangel in der Fragestellung auszugehen, was nicht grundsätzlich verworfen werden kann. Insgesamt ist festzustellen, daß die Wahl der Vergleichsmarke innerhalb des Interviews einen erheblichen Einfluß auf die Höhe der berechneten Preis-Premien hat, welches eine gravierende Schwäche dieser Methode nach Park/Srinivasan (1994) darstellt. Da die Ursache des vorliegenden Antwortverhaltens im nachhinein nicht zweifelsfrei zu klären ist, sind die ermittelten Ergebnisse nicht vorbehaltlos interpretierbar. Ein Ansatz zur Verbesserung dieser Methode könnte sein, zusätzliche Zahlungsbereitschaften nur für Paarvergleiche zwischen hoch präferierten Marken zu erheben sowie nichtlineare Zusammenhänge zwischen Zahlungsbereitschaften und Präferenzen zu untersuchen; hier besteht weiterer Forschungsbedarf. Trotz bestehender Kritikpunkte gingen die Preis-Premien unter Vorbehalt in die Indikatorvergleichsbetrachtungen ein.

Auf Basis der DM-pro-Ratingpunkt-Werte des ersten Paarvergleichs erfolgte des weiteren eine Ermittlung von **Marken-Wahlanteilen bei Vorlage von Marktpreisen**. Hierbei wurden die zuvor behandelten Marktpreise der Marken[457] zugrundegelegt und deren Differenz zum gewichteten Durchschnittspreis des Marktes berechnet. Auf disaggregierter Ebene führt eine Verknüpfung dieser Werte mit den probandenweisen DM-pro-Ratingpunkt-Werten zu Markenscores unter Berücksichtigung von Marktpreisen, mittels derer unter Anwendung beider zuvor angewandten Entscheidungsregeln Marken-Wahlanteile auf aggregierter Ebene berechnet wurden. Die resultierenden Ergebnisse wurden im folgenden jedoch nicht weiter verwendet, da sie zu extreme Wahlanteilsverschiebungen beinhalteten, teils sogar negative oder betragsmäßig oberhalb von 100% liegende Werte annahmen und somit nicht brauchbar waren. Dies lag darin begründet, daß die erhobenen zusätzlichen Zahlungsbereitschaften zu relativ kleinen DM-pro-Ratingpunkt-Werten führen, durch welche die Markenscores bei hoher Abweichung des Marktpreises vom Durchschnittspreis extrem stark beeinflußt werden. Hiermit wird eine weitere Schwäche der Verwendung der DM-pro-Ratingpunkt-Werten deutlich.

[457] Vgl. Abbildung 59.

3.3.2.4. Indirekte Abfrage von Preis-Premien, Wahlanteilen und Teilnutzen

Das Untersuchungsdesign der auswahlbasierten Conjoint-Analyse (CBC) wurde bereits zuvor behandelt,[458] so daß der Schwerpunkt der folgenden Betrachtungen lediglich auf der Dokumentation und Analyse der Erhebungsergebnisse liegt. Im Rahmen der Ermittlung von indirekt erhobenen Preis-Premien wurde bei der Datenauswertung anhand der CBC Software zunächst eine Berechnung von Teilnutzen für die gewählten Ausprägungen der Attribute Marke und Preis vorgenommen; deren Ergebnisse zeigt Abbildung 73.

Abb. 73: Teilnutzen der Attributausprägungen von Marke und Preis

		Röstkaffeemarkt		
Attribut	Ausprägung	Teilnutzen	Standardfehler	t-Wert
Marke	Jacobs	0,72703	0,08866	8,19975
	Eduscho	0,58059	0,09000	6,45106
	Melitta	0,15951	0,09193	1,73503
	Onko	-0,64329	0,11258	-5,71434
	Idee	-0,82383	0,11698	-7,04233
Preis	5,99	0,70744	0,07576	9,33753
	6,89	0,13769	0,07840	1,75620
	7,79	-0,26932	0,08489	-3,17264
	8,69	-0,57581	0,09130	-6,30692
		Tafelschokoladenmarkt		
Attribut	Ausprägung	Teilnutzen	Standardfehler	t-Wert
Marke	Ritter Sport	0,91164	0,09519	9,57672
	Milka	0,79402	0,09399	8,44820
	Kinderschoko.	0,02844	0,10051	0,28299
	Sprengel	-0,53889	0,11375	-4,73766
	Trumpf	-1,19522	0,14362	-8,32188
Preis	0,69	0,59891	0,08215	7,29005
	0,99	0,28277	0,08230	3,43593
	1,29	-0,27241	0,09026	-3,01806
	1,59	-0,60926	0,09659	-6,30748
Berechnungsbasis: N(Kaffee) = 93; N(Schokolade) = 87				

Der innerhalb einer Conjoint-Analyse ermittelte **Teilnutzen der Marke** wurde bereits zuvor von anderen Autoren als Markenwertindikator interpretiert und untersucht.[459] Das bei diesen Studien verwendete Maß wurde jedoch im Rahmen einer Adaptiven Conjoint Analyse (ACA) ermittelt, während innerhalb der vorliegenden Untersuchung eine auswahlbasierte Conjoint Analyse (Choice Based Conjoint Analysis; CBC) zur Anwendung kam. Hinsichtlich beider Verfahren bestehen auch insofern Unterschiede, als daß der Markennutzen bei ACA mittels

---

458 Vgl. Abschnitt 3.2.4.

459 Vgl. z.B. Francois/MacLachlan (1995); Agarwal/Rao (1996); Mackay (2001) und siehe Abschnitt 3.1.

linearer und bei CBC mittels logistischer Regression berechnet wird. Bei einer linearen Regression ist ein Regressionskoeffizient inhaltlich interpretierbar als die absolute Änderung der abhängigen Variable (hier: Gesamtnutzen) bei Erhöhung der unabhängigen Variable um eine Einheit. Bei der logistischen Regression hingegen repräsentieren die Koeffizienten die Änderung des Logit der abhängigen Variable bei Erhöhung der unabhängigen Variablen um eine Einheit; so daß eine inhaltliche Interpretation nicht unmittelbar möglich ist.[460] Dennoch ist bei CBC der Teilnutzen der Marke intervallskaliert[461] und kann ebenfalls als ein Markenwertmaß aufgefaßt werden, das als solches Gegenstand der weiteren Untersuchung ist.

Bei Betrachtung der t-Werte ist zu erkennen, daß die Teilnutzen der Marken Melitta und Kinderschokolade sowie der Teilnutzen des Preises von 6,89 DM nicht signifikant sind, während für alle anderen Teilnutzen solide Schätzungen realisiert wurden. Bei den drei nicht signifikanten Attributsausprägungen nehmen die Teilnutzen jeweils einen Wert nahe Null an, so daß hier eine Prüfung, ob diese Werte signifikant von Null verschieden sind, vergleichsweise schwieriger ist. Betrachtet man im Rahmen einer inhaltlichen Ergebnisinterpretation die Rangfolgen der Markenteilnutzen, so entsprechen diese mit Ausnahme des Rangplatztauschs von Milka und Ritter Sport den vorherigen Ergebnissen. Dieser Rangplatztausch ist jedoch überraschend, da Milka bei allen anderen in dieser Arbeit betrachteten Einzelindikatoren mit Ausnahme der Distributionsquote höhere Werte erzielt als Ritter Sport. Als Interpretation liegt nahe, daß sich die Laborstichprobe für den Tafelschokoladenmarkt hinsichtlich der Markenpräferenz für Ritter Sport strukturell von den anderen Stichproben unterscheidet. Dies steht jedoch im Widerspruch dazu, daß die Strukturgleichheit der Labor- und Omnibus-Stichproben für den Tafelschokoladenmarkt im Hinblick auf die Markeneinstellung mittels vier konsumentenorientierten Einzelindikatoren untersucht und bestätigt wurde.[462] Einschränkend ist jedoch festzustellen, daß diese vier Indikatoren inhaltlich nicht unmittelbar mit dem Konstrukt des Markennutzens vergleichbar sind. Da die Labor-Stichprobe für den Tafelschokoladenmarkt im Vergleich zur Omnibus-Stichprobe ein jüngeres Durchschnittsalter aufweist und die Probanden nur im urbanen Umfeld rekrutiert wurden, erschien es möglich, daß aus diesen Gründen die Präferenzen für Ritter Sport höher als die für Milka ausgeprägt sind. Weiterhin wurde in Betracht gezogen, daß Probanden, deren höchst präferierte Marke nicht unter den hier abgefragten fünf Marken war, möglicherweise ihre Wahlentscheidungen mehrheitlich zugunsten von Ritter Sport treffen. Eine Prüfung dieser Zusammenhänge konnte mangels geeigneter Daten nicht innerhalb der Labor-Stichprobe vorgenommen werden, erfolgte

---

460 Vgl. Krafft (1999), S. 251 und die dort angegebene Literatur.

461 Vgl. Handbuch zum CBC-Programmpaket, Appendix D - 2.

462 Siehe hierzu Abschnitt 3.2.3.

jedoch für entsprechende Teilgesamtheiten von Probanden innerhalb der Omnibus-Stichprobe. Bei der Auswertung aller nichtmonetären Einzelindikatoren erzielte Milka stets weiterhin höhere Werte als Ritter Sport, so daß alle drei Hypothesen verworfen wurden. Insgesamt kann aber dennoch nicht mit Sicherheit festgestellt werden, ob die Ursachen der Ergebnisabweichungen methodisch, inhaltlich oder durch strukturelle Stichprobenunterschiede begründet sind. Somit verbleibt eine Restunsicherheit hinsichtlich der Vergleichbarkeit der Labor-Stichprobe und der Omnibus-Teilstichprobe für den Tafelschokoladenmarkt.

Weiterhin wurde untersucht, ob unter den Probanden beider Labor-Stichproben verschiedene homogene Segmente bestehen, welche bei Vorhandensein eine Verzerrung der aggregierten Ergebnisse bewirken. Zur Prüfung dieser Zusammenhänge wurde das Tool „**Latent Class**“[463] aus dem CBC-Programmpaket genutzt, anhand dessen in beiden Märkten jeweils Berechnungen für die Ein- bis Fünf-Segment-Lösungen erfolgten. Hierbei führte jeweils die Ein-Segment-Lösung zu dem zuverlässigsten Ergebnis (Beurteilungskriterium: relatives Chi Quadrat => max!),[464] was inhaltlich hier auch als sinnvoll erachtet wurde. Somit erfolgten alle weiteren Berechnungen auf Basis der Ein-Segment-Lösung.

Abb. 74: Zusammenhang zwischen Preis und Teilnutzen des Preises

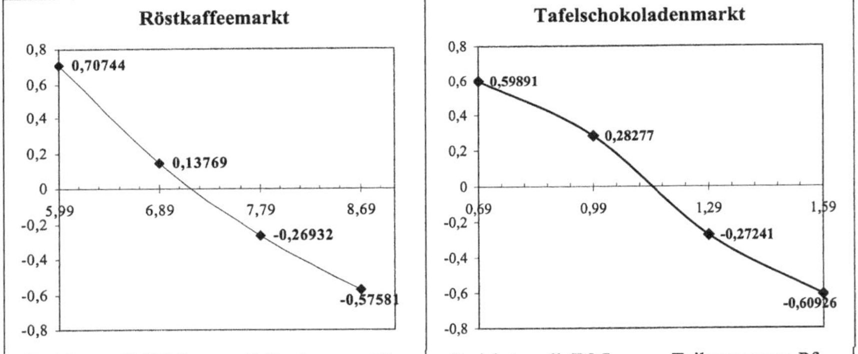

Preisintervall (DM)	Teilnutzen pro Pf.
5,99 zu 6,89	0,00633
6,89 zu 7,79	0,00452
7,79 zu 8,69	0,00341

Preisintervall (DM)	Teilnutzen pro Pf.
0,69 zu 0,99	0,01054
0,99 zu 1,29	0,01851
1,29 zu 1,59	0,01123

[463] Zur Beschreibung und Anwendung dieser Software vgl. Handbuch zum CBC-Programmpaket, Appendix L; zur umfassenden Beurteilung der Leistungsfähigkeit des Latent-Class-Verfahrens vgl. Teichert (2000).

[464] Das relative Chi Quadrat wird als Beurteilungskriterien zur Auswahl der Segmentanzahl vom Hersteller als am besten geeignet empfohlen. Vgl. Handbuch zum CBC-Programmpaket, Appendix L – 19 f.

Wie aus Abbildung 74 ersichtlich wird, ist der bei CBC ermittelte Zusammenhang zwischen Preis und Teilnutzen des Preises nicht linear. Im Rahmen nachfolgender Berechnungen wurde zwischen den ermittelten Datenpunkten eine Linearisierung vorgenommen, was insofern vertretbar erscheint, als daß keine stufenlose (grobe) Näherung über die gesamte Bandbreite der Preise erfolgte. Hierin bestand ein Unterschied zu der zuvor behandelten Ermittlung von Preis-Premien auf Basis direkter Abfragen, bei der ein linearer Zusammenhang über die gesamte Bandbreite der als Nutzen interpretierten Ratingwerte von 1 bis 10 zugrundegelegt war.

Anhand der Teilnutzenwerte für die Attributausprägungen von Marke und Preis aus Abbildung 73 erfolgte eine Berechnung durchschnittlicher **Preis-Premien** auf aggregierter Ebene. Hierfür wurde zunächst je Markt eine Marke und ein Preis als Bezugsbasis ausgewählt und deren Teilnutzensumme gebildet. Die Subtraktion des Teilnutzens einer Vergleichsmarke führt zum Teilnutzen desjenigen Preises, mit dem Nutzenindifferenz zwischen beiden Bündeln erzielt wird. Durch lineare Interpolation (Extrapolation) innerhalb (außerhalb) der Spannweite der als Attributausprägungen gewählten Preise ergibt sich schließlich der gesuchte Indifferenzpreis, auf dessen Basis der Preisabstand zwischen den verglichenen Marken und schließlich Preis-Premien berechnet werden können. Die Wahl eines Marke-Preis-Bündels als Bezugsbasis stellt ein subjektives Element dieser Methode dar, welches einen Einfluß auf die Bewertungsergebnisse ausübt. Um Aufschluß über dessen Ergebniswirkungen zu erlangen, wurden Preis-Premien für insgesamt drei Varianten berechnet; die Ergebnisse zeigt Abbildung 75. Als Bezugsbasis zur Berechnung von Preisabständen dienten bei **Variante V1** jeweils die Marke mit den geringsten und der Preis mit dem höchsten Teilnutzen; so daß die Preisabstände inhaltlich hier eine zusätzliche Zahlungsbereitschaft gegenüber der schwächsten Marke darstellen. Bei **Variante V2** wurde entsprechend umgekehrt die Marke mit dem höchsten und der Preis mit dem geringsten Teilnutzen verwendet; hier entsprechen die Preisabstände einer Minderzahlungsbereitschaft gegenüber der stärksten Marke. **Variante V3** verwendet die in der Mitte plazierte Marke und den zweithöchsten Preis als Bezugsbasis und stellt somit eine Mischform aus Mehr- und Minderzahlungsbereitschaft dar. Die ermittelten Preisabstände aller drei Varianten wurden zur Vergleichbarkeit in Preis-Premien gegenüber den bereits zuvor verwendeten Ankerpunktmarken Idee Kaffee und Trumpf umgerechnet.

Bei vergleichender Ergebnisbetrachtung der Varianten V1 bis V3 zeigte sich ein weitgehend konsistentes Gesamtbild. Eine Berechnung von paarweisen zweiseitigen Korrelationen der Indikatoren ergab, daß alle drei Varianten hochsignifikant ($\alpha = 0{,}01$) positiv miteinander korreliert sind (Korrelationskoeffizienten im Röstkaffeemarkt = 1; im Tafelschokoladenmarkt > 0,99). Dennoch bewirkten die

Abb. 75: Ergebnisse der indirekten Abfrage von Preis-Premien

Preis-Premien im Röstkaffeemarkt bei Paarvergleich mit Idee Kaffee

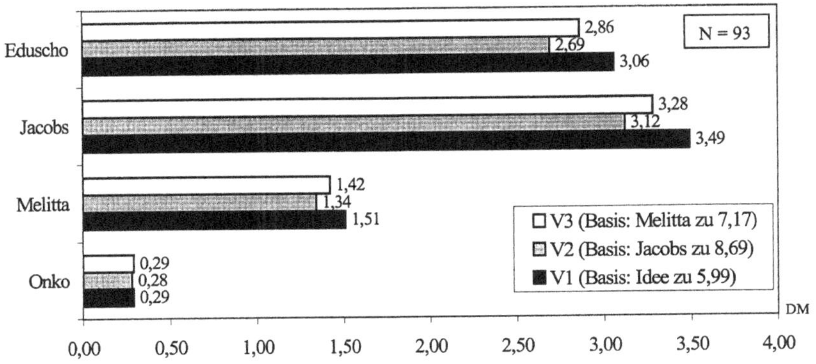

Preisabstände zwischen den Röstkaffeemarken

Paarvergleich	Teilnutzendifferenz	Preisabstand V1	Preisabstand V2	Preisabstand V3
Idee zu Onko	0,1805	0,29 DM	0,28 DM	0,29 DM
Onko zu Melitta	0,8028	1,22 DM	1,06 DM	1,13 DM
Melitta zu Eduscho	0,4211	1,55 DM	1,35 DM	1,44 DM
Eduscho zu Jacobs	0,1464	0,43 DM	0,43 DM	0,42 DM

Preis-Premien im Tafelschokoladenmarkt bei Paarvergleich mit Trumpf

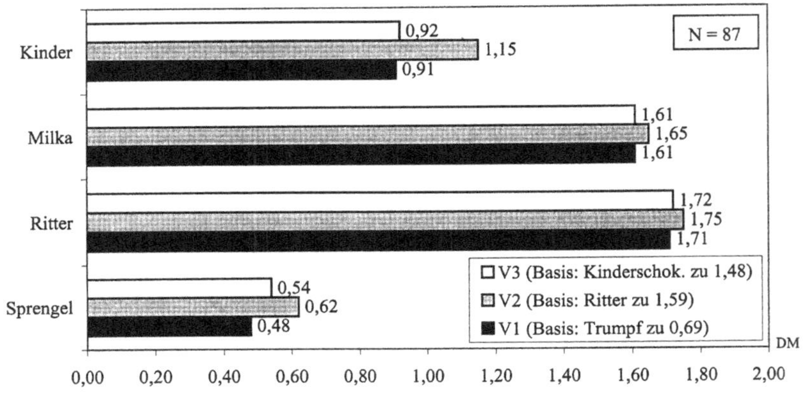

Preisabstände zwischen den Tafelschokoladenmarken

Paarvergleich	Teilnutzendifferenz	Preisabstand V1	Preisabstand V2	Preisabstand V3
Trumpf zu Sprengel	0,6563	0,48 DM	0,62 DM	0,54 DM
Sprengel zu Kinder.	0,5673	0,43 DM	0,53 DM	0,38 DM
Kinder. zu Milka	0,7656	0,70 DM	0,50 DM	0,69 DM
Milka zu Ritter	0,1176	0,10 DM	0,10 DM	0,11 DM

unterschiedlichen Referenzpunkte der Varianten für einzelne Marken teils deutliche Absolutwertabweichungen der Preis-Premien. Die maximale Bewertungsabweichung einer Marke betrug im Röstkaffeemarkt 0,37 DM und im Tafelschokoladenmarkt 0,24 DM, was relativen Unterschieden von >10% bzw. >20% entspricht. Eine Analyse der Preisabstände zwischen den einzelnen Marken zeigte, daß diese bei geringer Teilnutzendifferenz der Marken für allen drei Varianten jeweils kaum Unterschiede zeigten, so daß sich die vorliegenden Abweichungen auf Ungenauigkeiten bei der Interpolation zurückführen lassen. Da keine inhaltlichen oder weiteren methodischen Unterschiede zwischen den drei Varianten bestanden, sollte bei den späteren Indikatorenvergleichen nur eine Variante weiterverwendet werden. Hierfür wurde die Variante V1 ausgewählt, da diese hinsichtlich der Wahl von Idee Kaffee und Trumpf als Referenzmarken inhaltlich am ehesten mit den Preis-Premien auf Basis direkter Abfragen vergleichbar ist.

Bei Beurteilung der Ergebnisse hinsichtlich ihrer Face-Validität erschienen die Relationen der Marken zueinander plausibel und es ergab sich ein weitgehend den Teilnutzen der Marken entsprechendes Gesamtbild. Jedoch bestanden insgesamt deutliche Absolutwertabweichungen zwischen den Preis-Premien je Marke auf Basis direkter und indirekter Abfrage. Da bei der indirekten Erhebung auf die Verwendung einer Nichtwahloption verzichtet wurde,[465] bestand für die Probanden hier nicht die Möglichkeit, eine zusätzliche Zahlungsbereitschaft von Null zu artikulieren. Bei der direkten Abfrage innerhalb der Omnibus-Erhebungen war diese Eingabeoption jedoch möglich, so daß die bestehenden Absolutwertabweichungen der Preis-Premien auf die gewählten Untersuchungsdesigns zurückführbar sind. Dennoch sind die Werte zumindest hinsichtlich relativer Abstände zwischen den untersuchten Marken sowie realisierter Marken-Rangreihen im Rahmen von Korrelationsrechnungen miteinander vergleichbar und wurden daher in die Indikatorvergleichsbetrachtungen einbezogen.

Neben den Preis-Premien erfolgte auch eine Berechnung von zwei Varianten von **Marken-Wahlanteilen**. Hierfür wurde anhand des CBC-Marktsimulator-Tools zum einen eine Preisgleichheit mittels Zugrundelegung des gewichteten Marktdurchschnittspreises für alle untersuchten Marken simuliert und andererseits je Marke deren Marktpreis gesetzt.[466] Da die bei direkter Erhebung von Marken-Wahlanteilen verwendete BTL-Entscheidungsregel nicht als Berechnungsparameter im CBC Marktsimulator-Tools enthalten war, wurde für beide Varianten die „**Share of Preference-Option**“ gewählt, welche ebenfalls eine probabilistische Entscheidungsregel darstellt und als solche mit der BTL-Regel

[465] Vgl. Abschnitt 3.2.4.

[466] Vgl. Handbuch zum CBC-Programmpaket, S. 16 – 1 ff.

vergleichbar ist.[467] Die Ergebnisse beider Simulationen zeigt Abbildung 76. Auf die Einbeziehung einer weiteren Berechnungsvariante auf Basis der zuvor bei der direkten Abfrage angewandten „First Choice-Regel" wurde hier verzichtet, da CBC auf Basis von aggregierten Daten arbeitet und somit bei dieser Variante die jeweils erfolgreichste Marke einen Wahlanteil von 100% erzielen würde. Dieses entspräche einer Monopolsituation, die hier nicht gegeben ist.

Abb. 76: Ergebnisse der indirekten Abfrage von Marken-Wahlanteilen

Röstkaffeemarkt					
Marken / Marken-Wahlanteile bei	Eduscho	Idee Kaffee	Jacobs	Melitta	Onko
Preisgleichheit aller Marken*	29,6%	7,3%	34,4%	19,8%	8,8%
Marktpreis je Marke**	22,7%	3,3%	34,2%	28,2%	11,5%

Tafelschokoladenmarkt					
Marken / Marken-Wahlanteile bei	Kinder-schokolade	Milka	Ritter Sport	Sprengel	Trumpf
Preisgleichheit aller Marken***	15,6%	33,4%	37,6%	8,8%	4,6%
Marktpreis je Marke****	11,4%	29,6%	38,7%	12,4%	7,9%

*Simulation bei Setzung des gewichteten Durchschnittspreises von 7,17 DM für alle Kaffee-Marken
**Simulation bei Setzung der durchschnittlichen Marktpreise je Kaffee-Marke gem. Abb. 59
***Simulation bei Setzung des gewichteten Durchschnittspreises von 1,48 DM für alle Schokoladen-Marken
****Simulation bei Setzung der durchschnittlichen Marktpreise je Schokoladen-Marke gem. Abb. 59
Alle Simulationen erfolgten unter Anwendung der Share of Preference-Option;
N(Kaffee) = 93; N(Schokolade) = 87

Bei vergleichender Betrachtung der Simulationsergebnisse für beide Varianten fällt auf, daß diese sich deutlich voneinander unterscheiden; lediglich die Wahlanteile der beiden erstplazierten Marken Jacobs und Ritter Sport bilden eine Ausnahme. Inhaltlich ist dies so zu interpretieren, daß nur für diese beiden Marken eine starke Präferenz in Verbindung mit einer geringen Preiselastizität vorliegt. Weiterhin unterscheiden sich die beiden Varianten im Röstkaffeemarkt hinsichtlich eines Rangplatztauschs der Marken Melitta und Eduscho und im Tafelschokoladenmarkt hinsichtlich eines Rangplatztauschs der Marken Kinderschokolade und Sprengel. Bezüglich ihrer Face-Validität erschienen diese Ergebnisse nicht unplausibel und überdies konsistent mit den übrigen indirekt ermittelten Wertmaßen; somit gingen beide Varianten in die späteren Indikatorvergleichsbetrachtungen ein.

[467] Vgl. Handbuch zum CBC-Programmpaket, S. 16 – 1 ff.

3.3.3. Konsumentengerichtete Markenwertindikatoren für Markentransfers

Als konsumentengerichtete Markenwertindikatoren für Markentransfers wurden die vom Probanden wahrgenommene Qualität des Transferprodukts und das vom Probanden eingeschätzte Zusammenpassen des Transferprodukts mit dem Muttermarkenprodukt („Fit") in direkter Abfrage erhoben. Bei ersteren handelt es sich um ein Maß für den Erfolg eines Markentransfers (abhängige Variable) und bei letzteren um einen Erfolgsfaktor für Markentransfers (unabhängige Variable).[468] Die Erhebung dieser Indikatoren erfolgte auf Basis von je zwei fiktiven Markentransfers, wobei als hypothetische Transferprodukte für den Röstkaffeemarkt Kakaopulver bzw. Tee und für den Tafelschokoladenmarkt Schokoriegel bzw. Eiscreme verwendet wurden. Für diese Auswahl war ausschlaggebend, daß die Transferprodukte realistisch erscheinen sollten und daß das jeweils erste Transferprodukt einen höheren Fit mit dem Muttermarkenprodukt als das zweite Transferprodukt aufweist.

Die Ergebnisse sowie weitere Erhebungsdetails zeigen die Abbildungen 77 und 78. Die dort aufgezeigten Ausprägungen der Indikatoren stellen jeweils das arithmetische Mittel der probandenweisen Angaben dar. Weiterhin wurden Standardabweichungen berechnet, welche insgesamt relativ geringe Werte aufwiesen und bei fast allen untersuchten Marken hinsichtlich des Fits systematisch höher ausfielen als bei der wahrgenommenen Qualität des Transferprodukts. Dies deutet darauf hin, daß für die Probanden die Qualität des Transferprodukts aufgrund von Erfahrungen mit der Muttermarke objektivierbarer war und dementsprechend einheitlichere Beurteilungen erhielt. Insgesamt wiesen beide Indikatoren jeweils nur relativ geringe Ergebnisabweichungen auf, was jedoch angesichts ihres bestehenden Zusammenhangs plausibel erschien. Hinsichtlich beider Indikatoren trat die bereits zuvor beobachtete Aufgliederung der Marken in ein Top-, Mittel- und Schlußfeld auf, was beim ersten Markentransfer noch deutlicher zu erkennen ist als bei dem zweiten Markentransfer. Bei markenweiser Ergebnisbetrachtung fällt auf, daß Yogurette bei dem Transferprodukt „Eiscreme" vergleichsweise deutlich bessere Werte erreichte, was in früheren Werbespots begründet liegen mag, welche eine Aufbewahrung im Kühlschrank thematisieren. Die Marke Lindt erzielte eine besonders hohe Beurteilung hinsichtlich der Qualität beider Transferprodukte, wofür auch hier die Positionierung als Premium-Marke ursächlich sein dürfte; parallel wurde der Fit mit dem Muttermarkenprodukt für beide Transferprodukte als relativ gering erachtet; hier wies Lindt die über alle Marken größte Ergebnisdiskrepanz zwischen beiden Indikatoren auf.

[468] Vgl. Abschnitt 3.2.1.

Abb. 77: Beurteilung fiktiver Markentransfers im Röstkaffeemarkt

Markentransfer 1: Einführung eines neuen Kakaopulvers

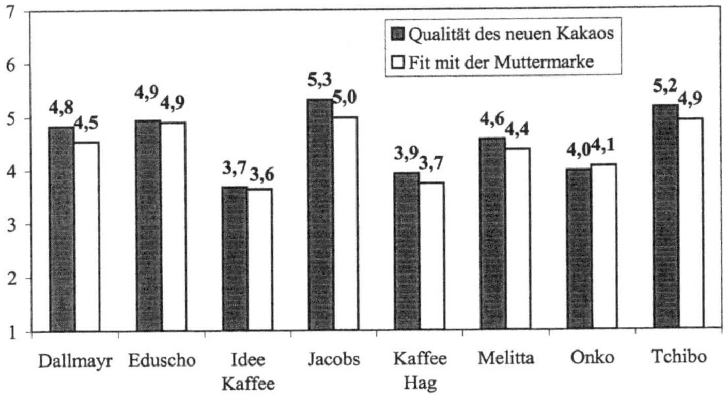

Marke / Kriterium	Dall-mayr	Eduscho	Idee Kaffee	Jacobs	Kaffee Hag	Melitta	Onko	Tchibo
N	239	268	185	299	219	276	247	278
SA (Qualität)	1,67	1,69	1,67	1,58	1,66	1,65	1,61	1,49
SA (Fit)	1,81	1,80	1,82	1,78	1,83	1,88	1,74	1,73

Markentransfer 2: Einführung eines neuen Tees

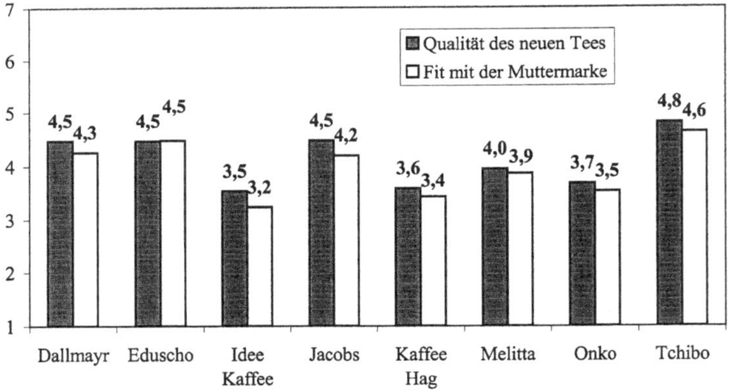

Marke / Kriterium	Dall-mayr	Eduscho	Idee Kaffee	Jacobs	Kaffee Hag	Melitta	Onko	Tchibo
N	239	268	185	299	219	276	247	278
SA (Qualität)	1,87	1,83	1,72	1,87	1,81	1,80	1,64	1,62
SA (Fit)	1,95	1,96	1,76	2,03	1,83	1,93	1,75	1,86

Erhebung: jeweils Vorlage eines Sets mit drei zufällig ausgewählten, individuell bekannten Marken und direkte Abfrage, wie bei Einführung eines neuen Kakaopulvers bzw. eines neuen Tees unter der jeweiligen Kaffeemarke dessen Qualität eingeschätzt würde (Qualität) und inwiefern das neue Produkt und die jeweiligen Kaffeemarke zusammenpassen (Fit); Beurteilungen jeweils anhand einer Ratingskala von 1 (sehr geringe Qualität bzw. paßt gar nicht) bis 7 (sehr hohe Qualität bzw. paßt sehr gut);
SA = Standardabweichung; Nges= 701

Abb. 78: Beurteilung fiktiver Markentransfers im Tafelschokoladenmarkt

Markentransfer 1: Einführung eines neuen Schokoriegels

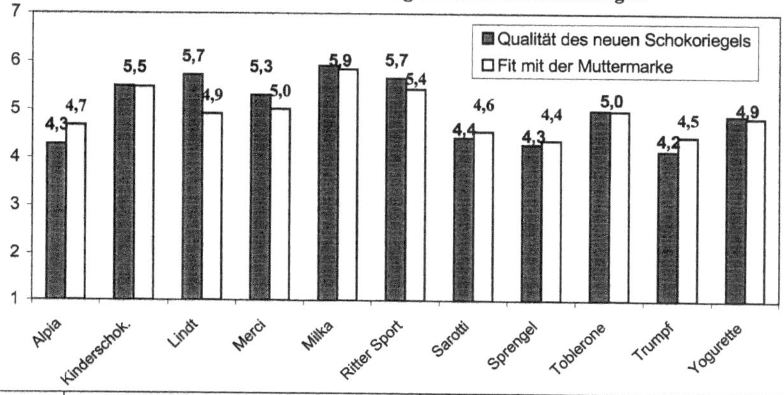

Marke / Kriterium	Alpia	Kinder-schoko.	Lindt	Merci	Milka	Ritter Sport	Sarotti	Spren-gel	Toble-rone	Trumpf	Yogu-rette
N	152	215	184	207	275	218	149	145	191	145	196
SA (Qual.)	1,77	1,63	1,66	1,45	1,35	1,44	1,69	1,77	1,79	1,78	1,76
SA (Fit)	1,77	1,86	2,03	1,60	1,46	1,62	1,65	1,89	1,85	1,82	1,96

Markentransfer 2: Einführung einer neuen Eiscreme

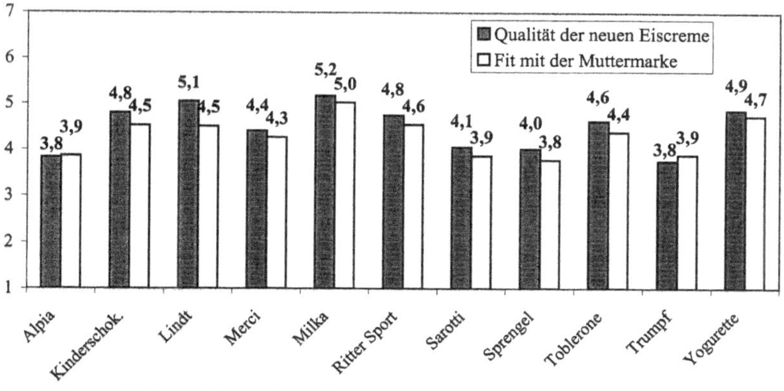

Marke / Kriterium	Alpia	Kinder-schoko.	Lindt	Merci	Milka	Ritter Sport	Sarotti	Spren-gel	Toble-rone	Trumpf	Yogu-rette
N	152	215	184	207	275	218	149	145	191	145	196
SA (Qual.)	1,81	1,92	2,00	1,77	1,74	1,76	1,83	1,87	1,95	1,80	1,83
SA (Fit)	1,93	1,96	2,13	1,90	1,88	1,95	1,88	2,07	2,04	1,94	1,93

Erhebung: jeweils Vorlage eines Sets mit drei zufällig ausgewählten, individuell bekannten Marken und direkte Abfrage, wie bei Einführung eines neuen Schokoriegels bzw. einer neuen Eiscreme unter der jeweiligen Schokoladenmarke deren Qualität eingeschätzt würde (Qual.) und inwiefern das neue Produkt und die jeweilige Schokoladenmarke zusammenpassen (Fit); Beurteilungen jeweils anhand einer Ratingskala von 1 (sehr geringe Qualität bzw. paßt gar nicht) bis 7 (sehr hohe Qualität bzw. paßt sehr gut); SA = Standardabweichung; Nges= 714

Weiterhin ist zu ersehen, daß das zugrundeliegende Transferprodukt einen Einfluß auf die Bewertung je Marke ausübt. Wie bei der Befragungskonzeption intendiert, wird der Fit des zweiten Transferprodukts mit dem Muttermarkenprodukt jeweils geringer bewertet als der Fit des ersten Transferprodukts; entsprechend ist auch die wahrgenommene Qualität des Transferprodukts beim zweiten Markentransfers stets geringer als beim ersten Markentransfer. Hieraus wird ersichtlich, daß aus Probandensicht die Hersteller- bzw. Markenkompetenz für naheliegende Transferprodukte als höher erachtet wird. Auch einzelne Marken erzielen in Abhängigkeit vom Transferprodukt unterschiedliche Bewertungen. So wird beispielsweise die Qualität des Transferprodukts „Kakaopulver" für die Marke Jacobs am höchsten eingeschätzt, während bei dem Transferprodukt „Tee" die Marke Tchibo die höchsten Werte erzielt. Insgesamt erschienen alle Ergebnisse hinsichtlich ihrer Face-Validität plausibel und gingen somit in die späteren Indikatorvergleichsbetrachtungen ein.

3.3.4. Kombinationen von Markenwertindikatoren

Um im Rahmen von Vergleichsbetrachtungen auch Kombinationen von Markenwertindikatoren untersuchen zu können, welche innerhalb von nichtmonetären und monetären Markenbewertungsverfahren aus Wissenschaft und Unternehmenspraxis zur Anwendung kommen, wurde eine Auswahl von sieben Indikatorkombinationen zzgl. drei Gewichtungsvarianten getroffen und auf Basis der zuvor erhobenen Einzelindikatoren nachgebildet.[469] Eine Übersicht dieser Indikatorkombinationen sowie der zur Nachbildung verwendeten Einzelindikatoren und Gewichtungen gibt Abbildung 79. Die Ermittlung einer aggregierten Maßzahl („Markenscore") für die jeweiligen Indikatorkombinationen erfolgte anhand eines eigenerstellten Scoringmodells, das methodisch an praxisgängige Kombinierte Verfahren angelehnt ist. Die verwendeten Transformations- und Verknüpfungsfunktionen sind nachfolgend dokumentiert.

In einem ersten Schritt wurden die markenweisen Ausprägungen je Einzelindikator zunächst durch Setzung eines Punktwerts von 10 bzw. 0 für die Marke mit der jeweils höchsten bzw. geringsten Attraktion transformiert und die Punktwerte der übrigen Marken durch lineare Interpolation ermittelt. Hierbei behalten die markenweisen Ausprägungen der Einzelindikatoren metrisches Skalenniveau, sind jedoch nunmehr dimensionslos und auf den Wertebereich von null bis zehn normiert. Im zweiten Schritt wurden je Marke die Punktwerte der in den Indikatorkombinationen enthaltenen Einzelindikatoren zu einem Gesamtscore aggregiert; als Verknüpfungsfunktion diente hierbei das arithmetische Mittel der

[469] Hinsichtlich einer Erläuterung der Auswahlkriterien für die untersuchten Indikatorkombinationen, ihrer inhaltlichen Erläuterung sowie der verwendeten Indikatorgewichtungen siehe Abschnitt 3.2.1.

Abb. 79: Zusammensetzung der untersuchten Indikatorkombinationen

Abk.	Quelle; Modell; Indikatoren	Zur Nachbildung ausgewählte Indikatoren
K1a, K1b	Keller (1993; 1998); Markenbekanntheit und Markenimage	• Markenbekanntheit • BPI-Gesamtscore (anstatt Markenimage) 2 Varianten; K1a: Gleichgewichtung der Indikatoren und K1b: Gewichtung von 1 zu 10 gemäß Sattler (1997a)
K2	Aaker (1991); Brand Loyalty, Brand Awareness, Brand Associations, Percieved Quality, other Proprietary Brand Assets (competitive Advantages; esp. patents, trademarks, channel relationships, etc.)	• regelmäßige Markenverwendung (anstatt „Brand Loyalty“) • Markenbekanntheit (anstatt „Brand Awareness“) • BPI-Gesamtscore (anstatt „Brand Associations“) • kein Indikator für „Percieved Quality“, da die Markenqualität bereits als Statement im BPI-Gesamtscore enthalten ist • kein Indikator für „other Proprietary Brand Assets“, da entsprechendes Datenmaterial nicht vorhanden
K3	Aaker/Jacobsen (1994), Owen (1993); *Landor's Image Power:* Markenbekanntheit und Markenqualität	• Markenbekanntheit • BPI-Statement „Markenqualität“
K4	Winters (1991); *Ansatz von DDB Worldwide*: Markenbekanntheit, Markenqualität, Markenpräferenz („Liking“)	• Markenbekanntheit • BPI-Statement „Markenqualität“ • Vorhandensein im Relevant Set (anstatt „Liking“)
K5	Richter/Werner (1998); *Brand Asset Valuator von Young & Rubicam:* Brand Strenght (Differentiation, Relevance), Brand Stature (Esteem, Knowledge)	• BPI-Statement „Uniqueness“ (für „Differentiation“) • Vorhandensein im Relevant Set (für „Relevance“) • BPI-Statement „Markenqualität“ (für „Esteem“) • Markenbekanntheit (für „Knowledge“)
K6a, K6b	A.C. Nielsen (2000); Riedel (1996); *Brand Performancer von A.C. Nielsen / Konzept & Markt:* „Durchsetzungsstärke im Markt“ (Marktanteil, Marktanteilswachstum, jeweils wert- und mengenmäßig; zusammen 35%), „Nachfragerakzeptanz“ (Markenbekanntheit, Vorhandensein im Relevant Set; zusammen 40%), “Verbreitungsgrad“ (numerische und gewichtete Distributionsquote; zusammen 10%) “Marktattraktivität“ (Marktvolumen, Marktwachstum; zusammen 15%)	• wertmäßiger Marktanteil • Marktanteilswachstum zwischen 1997 und 1999[470] • Markenbekanntheit • Vorhandensein im Relevant Set • gewichtete Distributionsquote • kein Indikator für „Marktattraktivität“, da hier keine marktabhängigen Markenvergleiche erfolgen sollen 2 Varianten; K6a: Gleichgewichtung der Konstrukte des Brand Performancers und K6b: relative Gewichtung der Konstrukte analog zum Brand Performancer (siehe links) bei Nichtberücksichtigung von „Marktattraktivität“
K7a, K7b	Högl/Hupp/Maul/Sattler (2002); *GfK/PwC/Sattler-Modell:* Markenbekanntheit (4,4%), relativer Imagevorteil (44,1%), Wiederkaufrate (9,4%), wertmäßiger Marktanteil (11,5%), gewichtete Distribution (6,5%), Marktstellung der letzten fünf Jahre (24,1%)	• Markenbekanntheit • BPI-Gesamtscore (anstatt „relativer Imagevorteil“) • Wiederkaufrate • wertmäßiger Marktanteil • gewichtete Distributionsquote • Veränderung von wertmäßigen Marktanteil und gewichteter Distributionsquote zwischen 1997 und 1999 (anstatt „Marktstellung“) 2 Varianten; K7a: Gleichgewichtung der Indikatoren und K7b: Gewichtung (siehe links) gemäß Sattler (1997a)

470 Die benötigten Daten für die Jahre 1997 und 1998 wurden ebenfalls von der GfK bereitgestellt und stammen jeweils aus den gleichen Panels wie die Daten für das Jahr 1999.

in die jeweilige Kombination eingehenden Einzelscores. Aufgrund ihres metrischen Skalenniveaus können die so ermittelten Gesamtscores je Indikatorkombination im Rahmen der späteren Vergleichsbetrachtungen unmittelbar zur Berechnung von Korrelationen genutzt werden. Für alle Kombinationen wurde zunächst eine Variante unter Gleichgewichtung ($g_i = 1$) der jeweils enthaltenen Indikatoren berechnet. Da bei den Markenbewertungsverfahren, welche die Grundlage für die Kombinationen K6 und K7 bildeten, die verwendeten Indikatorgewichtungen bekannt waren,[471] erfolgte hier zusätzlich die Berechnung einer Variante unter Anwendung der entsprechenden Gewichtung. Ebenso wurde für K1 eine zusätzliche Gewichtungsvariante berechnet, welche inhaltlich auf einer empirischen Untersuchung von Sattler (1997a) beruht.[472]

Transformation von Einzelindikatoren in markenspezifische Scores:

$$SC_{\overline{m},i} = \frac{(ATR_{\overline{m},i} - MIN(ATR_{m,i}))*10}{MAX(ATR_{m,i}) - MIN(ATR_{m,i})};\ 0 \leq SC_{\overline{m},i} \leq 10;\ \overline{m} \in M;\ i \in I$$

Verknüpfungsfunktion zu markenspezifischen Gesamtscores für Indikatorkombinationen:

$$SC_{\overline{m},k} = \frac{\sum_{i \in k} SC_{\overline{m},i} * g_i}{\sum g_i};\ 0 \leq SC_{m,k} \leq 10;\ 0 \leq g_i \leq 1;\ \overline{m} \in M;\ k \subset I;\ k \in K$$

Symbole:

$ATR_{m,i}$: Attraktion der Marke m gemäß Einzelindikator i
$SC_{m,i}$: Score der Marke m gemäß Einzelindikator i
$SC_{m,k}$: Score der Marke m gemäß Indikatorkombination k
g_i: Gewichtungsfaktor des Einzelindikators i
(variiert; bei Gleichgewichtung $g_i = 1$; ansonsten $\sum g_i = 1$)

---

471 Bei den Varianten **K6b** und **K7b** wurden die Indikatorgewichtungen der zugrundeliegenden Modelle (Brand Performancer bzw. GfK/PwC/Sattler-Ansatz) so wie in Abbildung 79 angegeben übernommen. Siehe hierzu auch Abbildung 17 und 37. Hinsichtlich der enthaltenen Einzelindikatoren „Veränderung der Distributionsquote bzw. des Marktanteils innerhalb der letzten drei Jahre" bestand die Besonderheit, daß diese zeitraumbezogenen Größen bei einzelnen Marken negative Ausprägungen annehmen, deren Verwendung innerhalb des Attraktionsmodells nicht sinnvoll war. Somit wurden die Ausgangsdaten in Punktwerte überführt, wobei jeweils 5 Punkte für keine prozentuale Veränderung innerhalb der letzten drei Jahre vergeben wurden und 0 bzw. 10 Punkte für eine Veränderung von minus bzw. plus 100%. Mittels linearer Transformation wurden entsprechend Punktwerte für alle Marken ermittelt; diese gingen ersatzweise in das Attraktionsmodell ein.

472 Die bei Variante **K1b** vorgenommene Gewichtung von 1 (Markenbekanntheit) zu 10 (Markenimage) geht auf Sattler (1997a, S. 251 ff.) zurück und stellt die hohe Bedeutung des Markenimage für den Markenwert heraus; vgl. hierzu zusammenfassend Sattler (1998e), S. 55.

Abb. 80: Markenscores auf Basis von Indikatorkombinationen

Röstkaffeemarkt

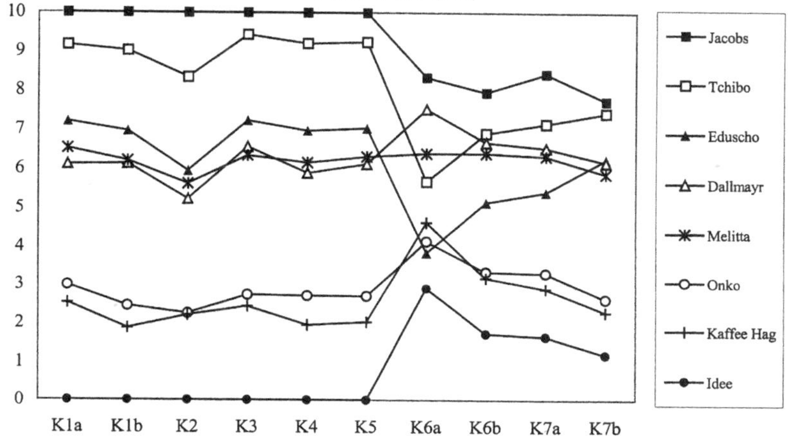

Marke Kriterium	Dallmayr	Eduscho	Idee Kaffee	Jacobs	Kaffee Hag	Melitta	Onko	Tchibo
MW	6,3	6,2	0,7	9,2	2,6	6,2	2,9	8,2
SA	0,6	1,1	1,0	0,9	0,8	0,3	0,5	1,2
Spannweite	2,3	3,4	2,9	2,3	2,7	0,9	1,9	3,8

Tafelschokoladenmarkt

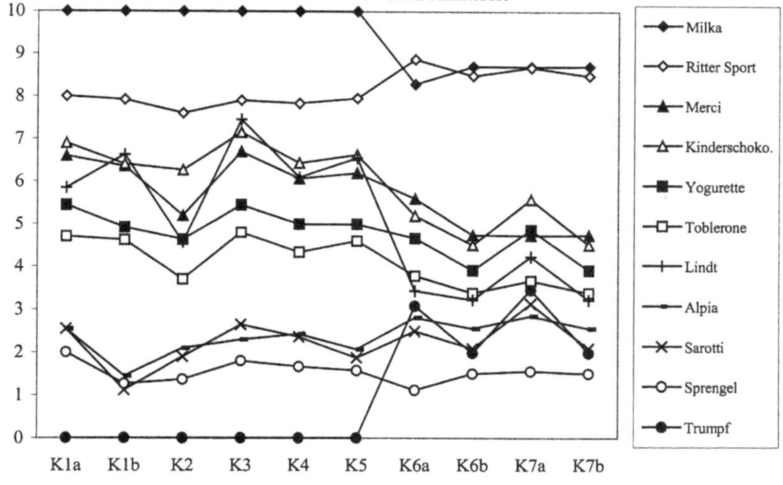

Marke Kriterium	Alpia	Kinder-schoko.	Lindt	Merci	Milka	Ritter Sport	Sarotti	Spren-gel	Toble-rone	Trumpf	Yogu-rette
MW	2,4	6,0	5,1	5,7	9,4	8,2	2,2	1,5	4,1	1,1	4,8
SA	0,4	0,9	1,5	0,8	0,7	0,4	0,5	0,2	0,5	1,4	0,5
Spannweite	1,4	2,6	4,2	2,0	1,7	1,3	2,0	0,9	1,4	3,5	1,5

Die Bewertungsergebnisse der untersuchten Indikatorkombinationen zeigt Abbildung 80. Bei deren Betrachtung fällt zunächst auf, daß einige Kombinationen trotz inhaltlicher Verschiedenheit zu teils sehr ähnlichen Ergebnissen führen. Dies gilt insbesondere für K1 bis K5; hier wird die beste bzw. schlechteste Marke anhand der maximalen bzw. minimalen Gesamtscores gleichermaßen eindeutig identifiziert; auch die übrigen Marken weisen jeweils relativ gleichförmige Ergebnisse je Indikatorkombination auf. Die Ergebnisse für K1 bis K5 sind insofern nicht überraschend, da in diese Kombinationen ausschließlich konsumentengerichtete Markenwertindikatoren eingingen, für welche zuvor bereits ein hohes Maß an Konsistenz festgestellt wurde. Die Kombinationen K6a/b und K7a/b, die überwiegend marktgerichtete Markenwertindikatoren enthalten, heben sich von K1a/b bis K5 deutlich ab und zeigen überdies auch ein in sich diffuseres Bild. Insbesondere nehmen die Scores von K6a bei den meisten Marken deutlich abweichende Werte an. Hierfür ist der Einzelindikator „Distribution" ursächlich, welcher bereits bei Betrachtung der ökonomischen Einzelindikatoren deutlich von den übrigen Indikatoren abweichende Ausprägungen zeigte und innerhalb von K6a ein relativ hohes Gewicht (1/3) einnimmt. Bei Vergleich von K6b mit K7b, bei denen jeweils die Indikatorgewichtungen aus den zugrundeliegenden Markenbewertungsverfahren angewandt wurden, fällt auf, daß hier vergleichsweise geringe Ergebnisabweichungen auftreten. Dieses Ergebnis ist insofern erstaunlich, als daß diese Kombinationen hinsichtlich der enthaltenen Einzelindikatoren besonders verschieden sind. Die Ergebnisse aus der Ermittlung von Indikatorkombinationen erschienen im Hinblick auf deren Face-Validität insgesamt nicht unplausibel und gingen somit in die folgenden Indikatorvergleichsbetrachtungen ein.

3.4. Konvergenzvergleich von Markenwertindikatoren

Für die erhobenen Markenwertindikatoren wird im folgenden ein Konvergenzvergleich[473] durchgeführt, der in Anlehnung an die Studien von Francois/Mac Lachlan (1995), Agarwal/ Rao (1996) und Mackay (2001)[474] eine Berechnung und Auswertung von Indikatorkorrelationen nach Pearson auf aggregierter Ebe-

[473] Die inhaltlich starke Unterschiedlichkeit der in dieser Arbeit untersuchten Markenwertindikatoren läßt eher geringe Zusammenhänge zwischen diesen vermuten, so daß hier eine Untersuchung der Diskriminanz-Validität angeraten erscheint. Andererseits konnten in den bisherigen Untersuchungen aus diesem Forschungsgebiet hohe statistische Zusammenhänge zwischen verschiedenen Markenwertindikatoren festgestellt werden, so daß hier auch eine Untersuchung der Konvergenzvalidität angeraten erscheinen könnte. Da keiner der beiden Annahmen eindeutig der Vorzug gegeben werden konnte, erfolgte hier keine (klassische) Untersuchung der Konvergenz- oder Diskriminanz-Validität; statt dessen wurde ein **Konvergenzvergleich** vorgenommen. Zur Erläuterung der Validitätsbegriffe siehe Abschnitt 2.2.

[474] Vgl. Abschnitt 3.1.

ne (markenweise) und auf disaggregierter Ebene (probandenweise) umfaßt. Darüber hinaus wurden auf aggregierter Ebene auch Rangreihenkorrelationen nach Kendalls Tau berechnet sowie mehrere Faktorenanalysen durchgeführt. Hinsichtlich der in den Omnibus-Stichproben erhobenen Kaufmengen der einzelnen Probanden[475] wurde erwägt, diese für eine Probandengewichtung heranzuziehen und die hierbei resultierenden aggregierten Daten für weitere Indikatorvergleichsbetrachtungen zu verwenden. Somit wurde für alle Einzelindikatoren zusätzlich zu den bislang dokumentierten Ergebnissen auch je eine Variante berechnet, bei der die individuellen Kaufmengen als Gewichtungsfaktor dienten. Ein Ergebnisvergleich der mit und ohne Probandengewichtung ermittelten Einzelindikatoren zeigte, daß lediglich geringe Ergebnisabweichungen (< +/-1,5%) auftraten, so daß auf eine Weiterverwendung der Variante mit Probandengewichtung verzichtet wurde.[476] Im Rahmen der vorliegenden Untersuchung übte die Gewichtung mit Kaufmengen somit keinen bedeutenden Einfluß auf die Ermittlung aggregierter Markenwertindikatoren aus, so daß es allgemein hinsichtlich Erhebungen von Markenwertindikatoren angeraten erscheint, diesen zusätzlichen Erhebungsaufwand ohne Zusatznutzen zu vermeiden. Inwiefern dieser Befund auch auf andere Untersuchungsdesigns bzw. Produktgruppen übertragbar ist, sollte jedoch anhand von weiteren Studien verifiziert werden.

3.4.1. Indikatorkorrelationen auf aggregierter Ebene

Zur Aufdeckung von statistischen Zusammenhängen zwischen den erhobenen Markenwertindikatoren wurden zunächst paarweise zweiseitige **Korrelationen nach Pearson** auf aggregierter Ebene für insgesamt 35 Einzelindikatoren bzw. Indikatorkombinationen ermittelt.[477] Diese Berechnungen erfolgten einerseits jeweils getrennt für den Röstkaffee- und den Tafelschokoladenmarkt (N = 8 bzw. N = 11) und andererseits in Anlehnung an Francois/MacLachlan (1995) auch marktübergreifend (N = 19). Die Ergebnisse dieser Berechnungen zeigen die Abbildungen 81, 82 und 83. Zusammenfassend kann festgestellt werden, daß unter den betrachteten Markenwertindikatoren und Indikatorkombinationen trotz deren inhaltlicher Verschiedenheit ein insgesamt erstaunlich hohes Maß an Konsistenz herrscht, welches sich durch mehrheitlich hochsignifikante ($\alpha = 0{,}01$) und durchweg hohe positive Korrelationen (zumeist > 0,9) ausdrückt. Hierbei ist die Stärke der positiven Zusammenhänge im Röstkaffeemarkt (Abbildung 81) insgesamt noch etwas höher als im Tafelschokoladenmarkt (Abbildung 82). Bei

[475] Vgl. Abschnitt 3.2.3.

[476] Dies erschien auch bezüglich der Vergleichbarkeit mit den in der Labor-Stichprobe erhobenen Indikatoren angeraten, da hier mangels Abfrage individueller Kaufmengen keine entsprechende Gewichtung möglich war.

[477] Zur Auswahl der in dieser Arbeit untersuchten Indikatoren und Indikatorkombinationen siehe Abschnitt 3.2.1.

marktübergreifender Betrachtung (Abbildung 83) treten insgesamt mehr hochsignifikante ($\alpha = 0{,}01$) Korrelationen auf als zuvor und es herrscht eine insgesamt geringere Stärke der positiven Zusammenhänge vor. Bei der Interpretation dieser Ergebnisse ist jedoch einschränkend zu beachten, daß ein geringer Stichprobenumfang systematisch das Auftreten von höheren Korrelationen begünstigt. Somit ist es nicht verwunderlich, daß die Stärke der positiven Zusammenhänge im Röstkaffeemarkt (N = 8) höher ausfällt als im Tafelschokoladenmarkt (N = 11) bzw. als bei marktübergreifender Betrachtung (N = 19). Das Signifikanzniveau hingegen steht nicht in einer systematischen Abhängigkeitsbeziehung mit dem Stichprobenumfang.

Die Ergebnisse der Korrelationsberechnungen werden im folgenden gruppenweise diskutiert. Bei Betrachtung der Gruppe der **marktgerichteten Markenwertindikatoren** (I1 bis I8) fällt auf, daß hinsichtlich des Marktpreises (I2) und der Distributionsquote (I3) kaum Zusammenhänge mit anderen Indikatoren bestehen. So treten für den Marktpreis bei Einzelmarktbetrachtung keinerlei signifikante Korrelationen mit anderen Indikatoren auf; bei marktübergreifender Betrachtung bestehen hier lediglich hochsignifikante Korrelationen mit den mengen- bzw. wertmäßigen Bedarfsdeckungsraten (I6, I7), wobei diese Zusammenhänge vergleichsweise weniger stark sind und inhaltlich unmittelbar plausibel erscheinen. Weiterhin besteht ein hochsignifikant positiver Zusammenhang zwischen dem Marktpreis mit den direkt abgefragten Preis-Premien (I17); dies könnte inhaltlich dadurch erklärbar sein, daß Käufer von höherpreisigen Marken weniger preissensibel sind und dementsprechend auch beim Erwerb ihrer favorisierten Marke eine vergleichsweise höhere zusätzliche Zahlungsbereitschaft haben. Der Teilbefund hinsichtlich des Marktpreises deutet darauf hin, daß Marke und Preis zwei eigenständige bzw. unabhängige Produktmerkmale darstellen.

Hinsichtlich der Distributionsquote (I3) bestehen keinerlei hochsignifikante Zusammenhänge mit anderen Indikatoren; eine Ausnahme bilden hierbei lediglich die Indikatorkombinationen K6a und K7a (I28; I30), in welche die Distributionsquote mit einem relativ hohen Gewicht eingeht. Weiterhin bestehen weniger signifikante und kaum deutlich ausgeprägte Zusammenhänge zwischen der Distributionsquote und einzelnen konsumentengerichteten Markenwertindikatoren (I10, I11, I13, I14), welche sich bei der marktübergreifenden Betrachtung jedoch verlieren. So können insgesamt kaum Zusammenhänge zwischen der Distributionsquote und anderen Markenwertindikatoren festgestellt werden, was auf eine Unabhängigkeit der Distribution von der Marke hindeutet. Der wertmäßige Marktanteil (I1) weist unabhängig vom Marktaggregationsniveau mit den meisten Indikatoren hochsignifikante, stark positive Zusammenhänge auf. Bei Vorhandensein eines starken Markeneinflusses auf den Marktanteil eignet sich demgemäß eine Vielzahl der hier betrachteten Indikatoren zur Prognose von Marktanteilen. Hinsichtlich der Markenkraft des GfK-Markensimulators (I8) bestehen

Abb. 81: Indikatorkorrelationen im Röstkaffeemarkt

Marktgerichtete Indikatoren								Konsumentengerichtete Indikatoren													Indikatorkombinationen										Markentransfer				
I1	I2	I3	I4	I5	I6	I7	I8	I9	I10	I11	I12	I13	I14	I15	I16	I17	I18	I19	I20	I21	I22	I23	I24	I25	I26	I27	I28	I29	I30	I31	I32	I33	I34	I35	Abk.
-	n.s.	n.s.	**0,94**	**0,97**	**0,99**	**0,96**	**0,90**	**0,93**	**0,98**	**0,96**	**0,96**	**0,97**	**0,94**	**0,94**	**0,95**	**0,93**	**0,90**	*0,96*	n.s.	*0,89*	**0,96**	**0,97**	**0,97**	**0,95**	**0,97**	**0,96**	**0,75**	*0,93*	**0,96**	**0,94**	**0,94**	**0,90**	**0,84**	*0,80*	I1
	-	n.s.	n.s.	n.s.	n.s.	n.s.	n.s.	n.s.	n.s.	n.s.	n.s.	n.s.	n.s.	n.s.	n.s.	n.s.	n.s.	n.s.	n.s.	n.s.	n.s.	n.s.	n.s.	n.s.	n.s.	n.s.	n.s.	n.s.	n.s.	n.s.	n.s.	n.s.	n.s.	n.s.	I2
		-	n.s.	n.s.	n.s.	n.s.	n.s.	n.s.	n.s.	n.s.	n.s.	n.s.	n.s.	n.s.	n.s.	n.s.	n.s.	n.s.	n.s.	n.s.	n.s.	n.s.	n.s.	n.s.	n.s.	n.s.	n.s.	n.s.	n.s.	n.s.	n.s.	n.s.	n.s.	n.s.	I3
			-	**0,98**	**0,96**	**0,90**	*0,79*	**0,92**	**0,94**	*0,83*	**0,84**	**0,94**	**0,94**	*0,80*	*0,94*	**0,91**	n.s.	**0,99**	n.s.	n.s.	**0,93**	**0,94**	**0,92**	**0,93**	**0,94**	**0,94**	*0,72*	**0,94**	**0,95**	**0,94**	**0,90**	**0,89**	*0,82*	*0,81*	I4
				-	**0,96**	**0,90**	**0,85**	**0,94**	**0,98**	**0,90**	**0,90**	**0,97**	**0,96**	**0,87**	**0,96**	**0,93**	*0,91*	**0,99**	*0,89*	*0,91*	**0,96**	**0,96**	**0,96**	**0,95**	**0,96**	**0,96**	*0,73*	**0,94**	**0,96**	**0,95**	**0,94**	**0,93**	*0,82*	*0,81*	I5
					-	**0,97**	**0,89**	**0,92**	**0,96**	**0,93**	**0,94**	**0,95**	**0,92**	**0,90**	**0,92**	**0,90**	n.s.	**0,97**	n.s.	n.s.	**0,94**	**0,95**	**0,95**	**0,94**	**0,95**	**0,95**	*0,77*	**0,94**	**0,96**	**0,94**	**0,91**	**0,86**	*0,82*	*0,78*	I6
						-	*0,83*	**0,90**	**0,93**	**0,92**	**0,92**	**0,94**	**0,90**	**0,90**	**0,91**	**0,91**	*0,89*	*0,95*	n.s.	*0,90*	**0,92**	**0,94**	**0,94**	**0,93**	**0,94**	**0,94**	*0,71*	**0,91**	**0,92**	**0,92**	**0,92**	**0,85**	**0,88**	*0,83*	I7
							-	*0,77*	*0,82*	**0,94**	**0,93**	*0,82*	*0,75*	**0,94**	*0,75*	**0,73**	n.s.	n.s.	n.s.	n.s.	*0,80*	*0,81*	**0,86**	*0,80*	*0,81*	*0,81*	**0,88**	**0,86**	**0,88**	*0,78*	*0,78*	n.s.	n.s.	n.s.	I8
								-	**0,98**	**0,90**	**0,89**	**0,99**	**0,98**	**0,86**	**0,98**	**0,97**	*0,93*	**0,97**	*0,92*	*0,93*	**1,00**	**0,99**	**0,98**	**0,99**	**0,99**	**0,99**	*0,71*	**0,94**	**0,96**	**0,97**	**0,96**	**0,95**	**0,87**	**0,88**	I9
									-	**0,93**	**0,93**	**0,99**	**0,98**	**0,90**	**0,98**	**0,96**	*0,95*	**0,97**	*0,94*	*0,93*	**0,98**	**0,99**	**0,99**	**0,98**	**0,99**	**0,99**	n.s.	**0,92**	**0,95**	**0,96**	**0,96**	**0,95**	**0,87**	**0,86**	I10
										-	**1,00**	**0,92**	**0,88**	**0,99**	**0,89**	**0,87**	*0,88*	*0,89*	n.s.	n.s.	**0,92**	**0,92**	**0,96**	**0,91**	**0,92**	**0,92**	*0,78*	**0,89**	**0,91**	**0,88**	**0,89**	*0,83*	*0,77*	n.s.	I11
											-	**0,92**	**0,87**	**0,99**	**0,88**	**0,86**	n.s.	*0,89*	n.s.	n.s.	**0,91**	**0,92**	**0,96**	**0,91**	**0,92**	**0,91**	*0,76*	**0,88**	**0,90**	**0,87**	**0,88**	*0,82*	*0,76*	n.s.	I12
												-	**0,99**	**0,89**	**0,99**	**0,98**	**0,96**	**0,97**	*0,95*	*0,96*	**1,00**	**1,00**	**0,99**	**1,00**	**1,00**	**1,00**	*0,73*	**0,96**	**0,98**	**0,99**	**0,99**	**0,96**	**0,91**	**0,90**	I13
													-	**0,85**	**1,00**	**0,99**	*0,95*	*0,94*	*0,95*	*0,94*	**0,99**	**0,99**	**0,97**	**0,99**	**0,99**	**0,99**	*0,67*	**0,93**	**0,95**	**0,98**	**0,98**	**0,99**	**0,93**	**0,93**	I14
														-	**0,86**	**0,85**	n.s.	n.s.	n.s.	n.s.	**0,88**	**0,89**	**0,93**	**0,88**	**0,89**	**0,89**	*0,80*	**0,87**	**0,89**	**0,84**	**0,87**	*0,80*	*0,76*	n.s.	I15
															-	**0,99**	*0,96*	*0,95*	*0,95*	*0,94*	**0,99**	**0,99**	**0,97**	**0,99**	**0,99**	**0,99**	n.s.	**0,93**	**0,95**	**0,98**	**0,98**	**0,98**	**0,93**	**0,92**	I16
																-	**0,97**	0,92	**0,97**	*0,95*	**0,98**	**0,98**	**0,96**	**0,98**	**0,98**	**0,98**	n.s.	**0,92**	**0,94**	**0,98**	**0,99**	**0,99**	**0,96**	**0,95**	I17
																	-	*0,88*	**1,00**	**0,99**	*0,95*	**0,96**	*0,95*	*0,96*	*0,96*	*0,96*	n.s.	n.s.	*0,90*	*0,96*	**0,99**	**0,97**	**0,99**	*0,93*	I18
																		-	n.s.	*0,90*	**0,97**	**0,97**	**0,97**	**0,97**	**0,97**	**0,97**	*0,89*	**1,00**	**0,99**	**0,98**	*0,93*	n.s.	n.s.	n.s.	I19
																			-	**0,98**	*0,94*	*0,95*	*0,93*	*0,95*	*0,95*	*0,94*	n.s.	n.s.	n.s.	**0,94**	**0,98**	**0,98**	**0,99**	*0,94*	I20
																				-	*0,94*	*0,95*	*0,93*	*0,95*	*0,95*	*0,95*	n.s.	n.s.	*0,90*	**0,97**	**0,98**	*0,96*	**0,97**	*0,93*	I21
																					-	**1,00**	**0,99**	**1,00**	**1,00**	**1,00**	*0,72*	**0,95**	**0,97**	**0,98**	**0,98**	**0,96**	**0,90**	**0,89**	I22
																						-	**0,99**	**1,00**	**1,00**	**1,00**	*0,73*	**0,96**	**0,97**	**0,99**	**0,99**	**0,96**	**0,91**	**0,90**	I23
																							-	**0,99**	**0,99**	**0,99**	*0,76*	**0,95**	**0,97**	**0,97**	**0,97**	**0,93**	**0,87**	**0,85**	I27
																								-	**1,00**	**1,00**	*0,73*	**0,96**	**0,97**	**0,99**	**0,99**	**0,96**	**0,92**	**0,91**	I24
																									-	**1,00**	*0,72*	**0,95**	**0,97**	**0,98**	**0,98**	**0,96**	**0,91**	**0,90**	I25
																										-	*0,72*	**0,95**	**0,97**	**0,99**	**0,98**	**0,96**	**0,91**	**0,90**	I26
																											-	**0,88**	**0,86**	*0,74*	*0,71*	n.s.	n.s	n.s.	I28
																												-	**1,00**	**0,97**	**0,94**	**0,88**	**0,84**	*0,82*	I29
																													-	**0,98**	**0,96**	**0,91**	**0,86**	*0,83*	I30
																														-	**0,99**	**0,96**	**0,93**	**0,92**	I31
																															-	**0,98**	**0,95**	**0,94**	I32
																																-	**0,94**	**0,95**	I33
																																	-	**0,98**	I34
																																		-	I35
8	8	8	8	8	8	8	8	8	8	8	8	8	8	8	8	8	5	5	5	5	8	8	8	8	8	8	8	8	8	8	8	8	8	8	N

Indikatoren:

I1: Marktanteil
I2: Marktpreis
I3: Distributionsquote
I4: Wiederkaufrate
I5: Käuferreichweite
I6: Bedarfsdeckung (m)
I7: Bedarfsdeckung (w)
I8: Markenkraft
I9: Markenbekanntheit
I10: Relevant Set
I11: Markentreue
I12: zuletzt gekauft
I13: BPI
I14: Markenpräferenz
I15: Wahlanteil, dA1
I16: Wahlanteil, dA2
I17: Preis-Premium, dA
I18: Wahlanteil, iA1
I19: Wahlanteil, iA2
I20: Preis-Premium, iA
I21: Markenteilnutzen
I22: Score K1a
I23: Score K1b
I24: Score K2
I25: Score K3
I26: Score K4
I27: Score K5
I28: Score K6a
I29: Score K6b
I30: Score K7a
I31: Score K7b
I32: MT1-Qualität
I33: MT1-Fit
I34: MT2-Qualität
I35: MT2-Fit

Korrelationen:

Die **fett** *(kursiv)* markierten Korrelationen sind auf dem Niveau von **0,01** *(0,05)* zweiseitig signifikant.

n.s.: die Korrelationen sind nicht signifikant auf dem Niveau von 0,05.

Abb. 82: Indikatorkorrelationen im Tafelschokoladenmarkt

Marktgerichtete Indikatoren								Konsumentengerichtete Indikatoren													Indikatorkombinationen										Markentransfer				
I1	I2	I3	I4	I5	I6	I7	I8	I9	I10	I11	I12	I13	I14	I15	I16	I17	I18	I19	I20	I21	I22	I23	I24	I25	I26	I27	I28	I29	I30	I31	I32	I33	I34	I35	Abk.
-	n.s.	n.s.	*0,67*	**0,90**	**0,91**	**0,94**	**0,94**	**0,75**	**0,90**	**0,93**	**0,93**	**0,77**	**0,85**	**0,92**	**0,87**	**0,79**	*0,93*	n.s.	*0,89*	n.s.	**0,78**	**0,77**	**0,85**	*0,73*	**0,80**	**0,78**	**0,89**	**0,94**	**0,92**	**0,94**	*0,71*	**0,82**	n.s.	*0,68*	I1
	-	n.s.	n.s.	n.s.	n.s.	n.s.	n.s.	n.s.	n.s.	n.s.	n.s.	n.s.	*0,40*	n.s.	n.s.	n.s.	n.s.	n.s.	n.s.	n.s.	n.s.	n.s.	n.s.	n.s.	n.s.	n.s.	n.s.	n.s.	n.s.	n.s.	n.s.	n.s.	n.s.	n.s.	I2
		-	n.s.	n.s.	n.s.	n.s.	n.s.	n.s.	*0,61*	*0,61*	n.s.	*0,62*	*0,56*	n.s.	n.s.	n.s.	n.s.	n.s.	n.s.	n.s.	*0,62*	*0,63*	*0,63*	n.s.	*0,61*	*0,61*	**0,84**	*0,72*	**0,79**	*0,72*	n.s.	*0,67*	n.s.	*0,63*	I3
			-	*0,72*	*0,69*	*0,65*	*0,70*	n.s.	n.s.	*0,65*	*0,69*	n.s.	*0,42*	n.s.	n.s.	n.s.	*0,88*	n.s.	n.s.	n.s.	n.s.	n.s.	n.s.	n.s.	n.s.	n.s.	n.s.	*0,63*	*0,63*	*0,63*	n.s.	n.s.	n.s.	n.s.	I4
				-	**0,97**	**0,85**	**0,97**	n.s.	**0,74**	**0,82**	**0,86**	n.s.	*0,61*	*0,73*	*0,63*	n.s.	*0,92*	*0,88*	n.s.	n.s.	n.s.	n.s.	*0,65*	n.s.	n.s.	n.s.	**0,78**	**0,82**	**0,84**	**0,82**	n.s.	0,68	n.s.	n.s.	I5
					-	**0,87**	**0,98**	n.s.	*0,70*	**0,77**	**0,84**	n.s.	n.s.	**0,76**	*0,62*	n.s.	n.s.	n.s.	n.s.	n.s.	n.s.	n.s.	*0,60*	n.s.	n.s.	n.s.	*0,71*	**0,77**	**0,76**	**0,77**	n.s.	*0,61*	n.s.	n.s.	I6
						-	**0,86**	*0,67*	**0,83**	**0,86**	**0,88**	**0,76**	**0,84**	**0,95**	**0,86**	**0,80**	*0,93*	*0,88*	*0,89*	n.s.	**0,74**	**0,76**	**0,80**	**0,74**	**0,78**	**0,77**	**0,78**	**0,85**	**0,85**	**0,85**	**0,75**	**0,76**	*0,62*	*0,66*	I7
							-	*0,62*	**0,78**	**0,85**	**0,89**	n.s.	*0,66*	**0,78**	*0,68*	n.s.	*0,89*	n.s.	n.s.	n.s.	n.s.	n.s.	**0,70**	n.s.	*0,62*	n.s.	**0,80**	**0,84**	**0,84**	**0,84**	n.s.	*0,71*	n.s.	n.s.	I8
								-	**0,95**	**0,89**	**0,79**	**0,90**	**0,92**	**0,77**	**0,92**	**0,89**	n.s.	n.s.	*0,94*	*0,95*	**0,97**	**0,91**	**0,96**	**0,93**	**0,96**	**0,94**	**0,83**	**0,86**	**0,82**	**0,86**	**0,85**	**0,91**	**0,80**	**0,82**	I9
									-	**0,97**	**0,90**	**0,92**	**0,94**	**0,89**	**0,95**	**0,90**	*0,94*	n.s.	**0,97**	**0,96**	**0,95**	**0,92**	**0,98**	**0,91**	**0,96**	**0,94**	**0,92**	**0,96**	**0,92**	**0,96**	**0,85**	**0,94**	**0,77**	**0,84**	I10
										-	**0,97**	**0,87**	**0,89**	**0,90**	**0,91**	**0,84**	*0,90*	n.s.	*0,92*	*0,92*	**0,90**	**0,88**	**0,96**	**0,85**	**0,91**	**0,89**	**0,91**	**0,95**	**0,94**	**0,95**	**0,81**	**0,95**	**0,74**	**0,83**	I11
											-	**0,78**	**0,83**	**0,91**	**0,85**	**0,77**	n.s.	n.s.	n.s.	n.s.	**0,80**	**0,78**	**0,88**	**0,76**	**0,82**	**0,80**	**0,83**	**0,89**	**0,89**	**0,89**	*0,72*	**0,90**	*0,64*	**0,74**	I12
												-	**0,96**	**0,87**	**0,96**	**0,97**	*0,91*	n.s.	*0,95*	*0,95*	**0,98**	**1,00**	**0,96**	**0,99**	**0,98**	**0,99**	**0,85**	**0,87**	**0,85**	**0,87**	**0,98**	**0,92**	**0,91**	**0,91**	I13
													-	**0,91**	**1,00**	**0,99**	*0,94*	n.s.	**0,97**	**0,98**	**0,97**	**0,97**	**0,96**	**0,97**	**0,98**	**0,97**	**0,85**	**0,90**	**0,87**	**0,90**	**0,95**	**0,91**	**0,82**	**0,81**	I14
														-	**0,92**	**0,89**	n.s.	n.s.	n.s.	n.s.	**0,84**	**0,86**	**0,88**	**0,85**	**0,88**	**0,87**	**0,78**	**0,86**	**0,84**	**0,86**	**0,84**	**0,84**	**0,75**	**0,78**	I15
															-	**0,99**	*0,94*	n.s.	**0,97**	**0,97**	**0,96**	**0,96**	**0,97**	**0,96**	**0,98**	**0,97**	**0,86**	**0,91**	**0,88**	**0,91**	**0,94**	**0,92**	**0,81**	**0,80**	I16
																-	*0,92*	n.s.	**0,96**	**0,96**	**0,96**	**0,97**	**0,94**	**0,97**	**0,97**	**0,97**	**0,80**	**0,85**	**0,81**	**0,85**	**0,97**	**0,88**	**0,84**	**0,80**	I17
																	-	**0,97**	**0,98**	**0,97**	*0,89*	*0,91*	*0,90*	*0,88*	*0,90*	*0,90*	*0,94*	**0,98**	*0,93*	**0,98**	*0,88*	n.s.	n.s.	n.s.	I18
																		-	*0,92*	*0,90*	n.s.	n.s.	n.s.	n.s.	n.s.	n.s.	n.s.	*0,91*	n.s.	*0,91*	n.s.	n.s.	n.s.	n.s.	I19
																			-	**1,00**	*0,95*	*0,95*	*0,94*	*0,94*	*0,95*	*0,95*	*0,90*	*0,96*	*0,90*	*0,96*	*0,93*	n.s.	*0,90*	n.s.	I20
																				-	*0,96*	*0,95*	*0,95*	*0,95*	*0,96*	*0,95*	*0,89*	*0,94*	*0,89*	*0,94*	*0,94*	n.s.	*0,91*	n.s.	I21
																					-	**0,99**	**0,99**	**0,99**	**1,00**	**0,99**	**0,86**	**0,89**	**0,86**	**0,89**	**0,94**	**0,94**	**0,88**	**0,89**	I22
																						-	**0,97**	**0,99**	**0,99**	**1,00**	**0,85**	**0,88**	**0,86**	**0,88**	**0,98**	**0,92**	**0,91**	**0,91**	I23
																							-	**0,96**	**0,99**	**0,98**	**0,90**	**0,93**	**0,91**	**0,93**	**0,92**	**0,97**	**0,85**	**0,89**	I24
																								-	**0,99**	**0,99**	**0,81**	**0,84**	**0,82**	**0,84**	**0,98**	**0,91**	**0,92**	**0,89**	I25
																									-	**1,00**	**0,86**	**0,90**	**0,87**	**0,90**	**0,96**	**0,94**	**0,89**	**0,89**	I26
																										-	**0,85**	**0,88**	**0,86**	**0,88**	**0,97**	**0,93**	**0,91**	**0,90**	I27
																											-	**0,98**	**0,98**	**0,98**	**0,79**	**0,89**	*0,66*	**0,78**	I28
																												-	**0,98**	**1,00**	**0,81**	**0,91**	*0,68*	**0,79**	I29
																													-	**0,98**	**0,81**	**0,91**	*0,71*	**0,82**	I30
																														-	**0,81**	**0,91**	*0,68*	**0,79**	I31
																															-	**0,89**	**0,92**	**0,86**	I32
																																-	**0,79**	**0,86**	I33
																																	-	**0,95**	I34
																																		-	I35
11	11	11	11	11	11	11	11	11	11	11	11	11	11	11	11	11	5	5	5	5	11	11	11	11	11	11	11	11	11	11	11	11	11	11	N

Indikatoren:

I1: Marktanteil	I18: Wahlanteil, iA1
I2: Marktpreis	I19: Wahlanteil, iA2
I3: Distributionsquote	I20: Preis-Premium, iA
I4: Wiederkaufrate	I21: Markenteilnutzen
I5: Käuferreichweite	I22: Score K1a
I6: Bedarfsdeckung (m)	I23: Score K1b
I7: Bedarfsdeckung (w)	I24: Score K2
I8: Markenkraft	I25: Score K3
I9: Markenbekanntheit	I26: Score K4
I10: Relevant Set	I27: Score K5
I11: Markentreue	I28: Score K6a
I12: zuletzt gekauft	I29: Score K6b
I13: BPI	I30: Score K7a
I14: Markenpräferenz	I31: Score K7b
I15: Wahlanteil, dA1	I32: MT1-Qualität
I16: Wahlanteil, dA2	I33: MT1-Fit
I17: Preis-Premium, dA	I34: MT2-Qualität
	I35: MT2-Fit

Korrelationen:

Die **fett** *(kursiv)* markierten Korrelationen sind auf dem Niveau von **0,01** *(0,05)* zweiseitig signifikant.

n.s.: die Korrelationen sind nicht signifikant auf dem Niveau von 0,05.

Abb. 83: Indikatorkorrelationen bei marktübergreifender Betrachtung

Marktgerichtete Indikatoren								Konsumentengerichtete Indikatoren													Indikatorkombinationen										Markentransfer				
I1	I2	I3	I4	I5	I6	I7	I8	I9	I10	I11	I12	I13	I14	I15	I16	I17	I18	I19	I20	I21	I22	I23	I24	I25	I26	I27	I28	I29	I30	I31	I32	I33	I34	I35	Abk.
-	n.s.	n.s.	**0,73**	**0,93**	**0,83**	**0,86**	**0,87**	**0,82**	**0,87**	**0,87**	**0,95**	**0,75**	**0,84**	**0,92**	**0,85**	**0,73**	**0,92**	**0,90**	*0,71*	**0,87**	**0,84**	**0,85**	**0,89**	**0,81**	**0,86**	**0,85**	**0,85**	**0,94**	**0,93**	**0,94**	**0,64**	**0,59**	*0,54*	*0,57*	I1
	-	*0,46*	n.s.	n.s.	**0,60**	**0,64**	n.s.	n.s.	n.s.	n.s.	n.s.	n.s.	n.s.	n.s.	*0,53*	**0,63**	n.s.	n.s.	n.s.	n.s.	n.s.	n.s.	n.s.	n.s.	n.s.	n.s.	n.s.	n.s.	n.s.	n.s.	n.s.	*-0,46*	n.s.	n.s.	I2
		-	*0,40*	n.s.	n.s.	n.s.	n.s.	*0,47*	n.s.	n.s.	n.s.	n.s.	n.s.	n.s.	n.s.	n.s.	n.s.	n.s.	n.s.	n.s.	n.s.	n.s.	n.s.	n.s.	n.s.	n.s.	**0,76**	*0,56*	*0,53*	*0,46*	n.s.	n.s.	n.s.	n.s.	I3
			-	**0,78**	**0,79**	**0,76**	**0,62**	*0,52*	*0,50*	*0,54*	**0,69**	n.s.	n.s.	**0,61**	**0,66**	**0,61**	**0,84**	**0,90**	*0,70*	**0,77**	*0,52*	*0,54*	*0,57*	*0,48*	*0,53*	*0,54*	**0,63**	**0,70**	**0,66**	**0,68**	n.s.	n.s.	n.s.	n.s.	I4
				-	**0,88**	**0,82**	**0,86**	**0,70**	**0,75**	**0,76**	**0,87**	**0,58**	**0,70**	**0,79**	**0,78**	**0,69**	**0,92**	**0,92**	*0,74*	**0,85**	**0,71**	**0,69**	**0,77**	**0,67**	**0,73**	**0,71**	**0,78**	**0,87**	**0,88**	**0,87**	*0,47*	*0,49*	n.s.	n.s.	I5
					-	**0,95**	**0,78**	**0,65**	*0,51*	*0,52*	**0,76**	n.s.	*0,52*	**0,73**	**0,83**	**0,81**	*0,75*	**0,79**	**0,77**	*0,71*	**0,59**	**0,58**	**0,64**	*0,55*	**0,61**	**0,59**	**0,67**	**0,76**	**0,71**	**0,74**	n.s.	n.s.	n.s.	n.s.	I6
						-	**0,74**	**0,74**	**0,59**	**0,58**	**0,79**	*0,49*	**0,64**	**0,82**	**0,90**	**0,87**	**0,82**	**0,81**	**0,80**	**0,80**	**0,70**	**0,72**	**0,74**	**0,69**	**0,73**	**0,72**	**0,70**	**0,80**	**0,76**	**0,79**	n.s.	n.s.	n.s.	n.s.	I7
							-	**0,64**	**0,73**	**0,76**	**0,88**	**0,61**	**0,67**	**0,86**	**0,71**	**0,65**	*0,75*	**0,80**	*0,69*	*0,69*	**0,70**	**0,69**	**0,77**	**0,67**	**0,72**	**0,70**	**0,78**	**0,81**	**0,83**	**0,78**	*0,50*	*0,48*	n.s.	n.s.	I8
								-	**0,86**	**0,81**	**0,82**	**0,79**	**0,86**	**0,79**	**0,88**	**0,76**	**0,86**	**0,78**	*0,76*	**0,93**	**0,94**	**0,91**	**0,94**	**0,91**	**0,93**	**0,92**	**0,80**	**0,89**	**0,85**	**0,89**	**0,68**	**0,59**	**0,63**	**0,62**	I9
									-	**0,95**	**0,87**	**0,94**	**0,95**	**0,84**	**0,75**	**0,59**	**0,92**	**0,86**	*0,69*	**0,92**	**0,94**	**0,92**	**0,95**	**0,91**	**0,94**	**0,93**	**0,77**	**0,88**	**0,90**	**0,91**	**0,87**	**0,87**	**0,80**	**0,82**	I10
										-	**0,93**	**0,87**	**0,86**	**0,87**	**0,66**	**0,48**	**0,84**	**0,76**	n.s.	**0,84**	**0,86**	**0,85**	**0,91**	**0,83**	**0,86**	**0,85**	**0,82**	**0,87**	**0,89**	**0,87**	**0,81**	**0,81**	**0,73**	**0,74**	I11
											-	**0,77**	**0,82**	**0,94**	**0,81**	**0,69**	**0,85**	**0,78**	*0,70*	**0,84**	**0,85**	**0,84**	**0,91**	**0,82**	**0,86**	**0,85**	**0,80**	**0,89**	**0,90**	**0,88**	**0,66**	**0,64**	**0,58**	**0,59**	I12
												-	**0,96**	**0,80**	**0,70**	*0,56*	**0,89**	**0,83**	*0,70*	**0,90**	**0,93**	**0,94**	**0,92**	**0,94**	**0,94**	**0,94**	**0,71**	**0,80**	**0,85**	**0,84**	**0,97**	**0,90**	**0,91**	**0,90**	I13
													-	**0,86**	**0,83**	**0,70**	**0,93**	**0,87**	**0,77**	**0,94**	**0,96**	**0,96**	**0,95**	**0,97**	**0,97**	**0,97**	**0,73**	**0,86**	**0,89**	**0,91**	**0,92**	**0,84**	**0,83**	**0,82**	I14
														-	**0,83**	**0,73**	**0,84**	**0,79**	*0,73*	**0,81**	**0,86**	**0,88**	**0,91**	**0,86**	**0,88**	**0,88**	**0,79**	**0,86**	**0,87**	**0,85**	**0,72**	**0,60**	**0,63**	**0,60**	I15
															-	**0,96**	**0,87**	**0,82**	**0,93**	**0,87**	**0,89**	**0,89**	**0,88**	**0,88**	**0,90**	**0,89**	**0,72**	**0,86**	**0,83**	**0,88**	**0,58**	n.s.	*0,52*	*0,52*	I16
																-	*0,74*	*0,70*	**0,96**	*0,73*	**0,78**	**0,78**	**0,76**	**0,77**	**0,79**	**0,78**	**0,60**	**0,74**	**0,72**	**0,77**	n.s.	n.s.	n.s.	n.s.	I17
																	-	**0,93**	**0,85**	**0,98**	**0,92**	**0,93**	**0,92**	**0,91**	**0,92**	**0,92**	**0,84**	**0,94**	**0,91**	**0,97**	**0,84**	*0,74*	**0,79**	**0,76**	I18
																		-	**0,77**	**0,89**	**0,86**	**0,87**	**0,86**	**0,85**	**0,86**	**0,86**	**0,86**	**0,94**	**0,91**	**0,93**	*0,75*	*0,63*	*0,65*	*0,64*	I19
																			-	**0,83**	**0,82**	**0,83**	**0,80**	**0,82**	**0,83**	**0,83**	n.s.	*0,73*	*0,72*	**0,78**	n.s.	n.s.	n.s.	n.s.	I20
																				-	**0,94**	**0,95**	**0,93**	**0,94**	**0,95**	**0,95**	**0,81**	**0,92**	**0,88**	**0,95**	**0,86**	*0,74*	**0,82**	*0,76*	I21
																					-	**0,99**	**0,99**	**0,99**	**1,00**	**1,00**	**0,79**	**0,90**	**0,91**	**0,93**	**0,85**	**0,75**	**0,79**	**0,79**	I22
																						-	**0,98**	**0,99**	**0,99**	**1,00**	**0,80**	**0,90**	**0,91**	**0,93**	**0,87**	**0,74**	**0,81**	**0,79**	I23
																							-	**0,97**	**0,99**	**0,99**	**0,83**	**0,93**	**0,94**	**0,95**	**0,83**	**0,75**	**0,76**	**0,76**	I24
																								-	**0,99**	**1,00**	**0,76**	**0,87**	**0,89**	**0,90**	**0,88**	**0,76**	**0,83**	**0,80**	I25
																									-	**1,00**	**0,79**	**0,90**	**0,92**	**0,93**	**0,86**	**0,76**	**0,80**	**0,79**	I26
																										-	**0,79**	**0,90**	**0,91**	**0,93**	**0,87**	**0,75**	**0,80**	**0,79**	I27
																											-	**0,95**	**0,92**	**0,89**	**0,61**	*0,52*	*0,49*	*0,50*	I28
																												-	**0,98**	**0,98**	**0,70**	**0,62**	**0,60**	**0,63**	I29
																													-	**0,98**	**0,76**	**0,71**	**0,67**	**0,71**	I30
																														-	**0,75**	**0,69**	**0,66**	**0,71**	I31
																															-	**0,92**	**0,94**	**0,90**	I32
																																-	**0,87**	**0,91**	I33
																																	-	**0,96**	I34
																																		-	I35
19	19	19	19	19	19	19	19	19	19	19	19	19	19	19	19	19	10	10	10	10	19	19	19	19	19	19	19	19	19	19	19	19	19	19	N

Indikatoren:

I1: Marktanteil
I2: Marktpreis
I3: Distributionsquote
I4: Wiederkaufrate
I5: Käuferreichweite
I6: Bedarfsdeckung (m)
I7: Bedarfsdeckung (w)
I8: Markenkraft
I9: Markenbekanntheit
I10: Relevant Set
I11: Markentreue
I12: zuletzt gekauft
I13: BPI
I14: Markenpräferenz
I15: Wahlanteil, dA1
I16: Wahlanteil, dA2
I17: Preis-Premium, dA
I18: Wahlanteil, iA1
I19: Wahlanteil, iA2
I20: Preis-Premium, iA
I21: Markenteilnutzen
I22: Score K1a
I23: Score K1b
I24: Score K2
I25: Score K3
I26: Score K4
I27: Score K5
I28: Score K6a
I29: Score K6b
I30: Score K7a
I31: Score K7b
I32: MT1-Qualität
I33: MT1-Fit
I34: MT2-Qualität
I35: MT2-Fit

Korrelationen:

Die **fett** *(kursiv)* markierten Korrelationen sind auf dem Niveau von **0,01** *(0,05)* zweiseitig signifikant.

n.s.: die Korrelationen sind nicht signifikant auf dem Niveau von 0,05.

kaum hochsignifikante und vergleichsweise schwächere positive Zusammenhänge mit den übrigen Indikatoren, was auf die inhaltliche Andersartigkeit dieses Indikators hindeutet.

Bei Betrachtung der Gruppe der **konsumentengerichteten Markenwertindikatoren** (I9 bis I21) fällt auf, daß zwischen den mittels direkter Abfrage erhobenen Indikatoren (I9 bis I17) durchweg hochsignifikante und stark positive Zusammenhänge bestehen; dies gilt auch für den inhaltlich nur schwach fundierten Markenwertindikator „zuletzt gekaufte Marke" (I12). Die in indirekter Abfrage erhobenen Indikatoren (I18 bis I21) korrelieren mit anderen Indikatoren bei Einzelmarktbetrachtung zwar zumeist in starken Maße positiv, jedoch kaum hochsignifikant. Da hier jedoch bei Marktzusammenfassung vermehrt hochsignifikante Korrelationen auftreten, könnte hierfür die geringe Stichprobengröße von N = 5 bei Einzelmarktbetrachtung ursächlich sein. Die auf Basis von direkter und indirekter Abfrage erhobenen Preis-Premien (I17; I20) weisen unabhängig vom Marktaggregationsniveau hochsignifikante und stark positive Korrelation miteinander auf. Für die jeweils in direkter und indirekter Abfrage erhobenen Marken-Wahlanteile (I15; I16; I18; I19) gilt dies lediglich bei marktübergreifender Betrachtung. Die Zusammenhänge zwischen Markenteilnutzen (I21) und anderen Indikatoren sind bei Einzelmarktbetrachtung zumeist nicht hochsignifikant positiv bzw. oftmals sogar nicht signifikant; bei Marktzusammenfassung hingegen treten hier einige hochsignifikante und stark positive Korrelationen mit verschiedenen Indikatoren (z.B. I1, I5; I9 bis I16) auf.

Unter den **Kombinationen von Markenwertindikatoren** (I22 bis I31) bestehen fast durchgängig hochsignifikante und stark positive Zusammenhänge mit den übrigen Indikatoren; im Röstkaffeemarkt stellt jedoch die Kombination K6a (I28) diesbezüglich eine Ausnahme dar. Weiterhin bestehen hochsignifikante, stark positive Zusammenhänge mit allen in direkter Abfrage erhoben konsumentengerichteten Markenwertindikatoren (I8 bis I17), was unmittelbar plausibel erscheint, da die Kombinationsbildung schwerpunktmäßig unter Heranziehung dieser Indikatoren erfolgte. Die **konsumentenbezogenen Markenwertindikatoren für Markentransfers** (I32 bis I35) korrelieren unabhängig vom zugrundeliegenden Markentransferprodukt und Marktaggregationsniveau stets hochsignifikant und stark positiv miteinander. Ebenso korrelieren sie auch hochsignifikant und stark positiv mit einzelnen konsumentengerichteten Markenwertindikatoren (z.B. I9 bis I15) sowie mit denjenigen Indikatorkombinationen, die ausschließlich aus konsumentengerichteten Indikatoren gebildet wurden (I22 bis I27). Deutlich schwächere bzw. kaum Zusammenhänge bestehen hingegen mit den marktgerichteten Markenwertindikatoren (I1 bis I8). Diese Zusammenhänge deuten darauf hin, daß die Akzeptanz von Konsumenten hinsichtlich Markentransfers davon abhängt, inwieweit die betreffende Marke bekannt ist, als attraktiv empfunden bzw. präferiert wird und auch (regelmäßig) gekauft wird.

3.4.2. Indikatorkorrelationen auf disaggregierter Ebene

Inwieweit die auf aggregierter Ebene bestehenden Zusammenhänge auch auf disaggregierter Ebene nachweisbar sind, ist Gegenstand der folgenden Betrachtungen. Die Berechnung paarweiser Korrelationen nach Pearson setzt das Vorhandensein metrischer Daten auf disaggregierter Ebene voraus, was jedoch nur bei wenigen der in den Omnibus-Stichproben erhobenen Indikatoren vorliegt. Hierzu zählen lediglich die **BPI-Gesamtscores,**[478] die durchschnittlichen **Markenscores**, die direkt abgefragten **Preis-Premien** sowie die Markenwertindikatoren für Markentransfers („**Qualität**" und „**Fit**"; jeweils 2x). Alle übrigen Indikatoren können nicht einbezogen werden, da diese auf disaggregierter Ebene binär oder nominal kodiert sind (z.B. Markenbekanntheit, Relevant Set, Markentreue, zuletzt gekaufte Marke) bzw. auf disaggregierter Ebene nicht existieren bzw. vorlagen (z.B. marktgerichtete Markenwertindikatoren) oder gebildet werden können (z.B. Indikatorkombinationen). Diejenigen Indikatoren, für die Korrelationen auf disaggregierter Ebene berechnet werden konnten, werden im folgenden gruppenweise betrachtet. Die Ergebnisse der Korrelationsberechnungen für die konsumentengerichteten Markenwertindikatoren zeigt Abbildung 84.

Abb. 84: Indikatorkorrelationen auf disaggregierter Ebene (1): Zusammenhänge zwischen konsumentengerichteten Markenwertindikatoren

Röstkaffeemarkt

Marke / Paarvergleich	Dallmayr	Eduscho	Idee Kaffee	Jacobs	Kaffee Hag	Melitta	Onko	Tchibo	MW
BPI-Gesamtscore / Preis-Premium	**0,36**	**0,34**	-	**0,30**	**0,36**	**0,36**	**0,22**	**0,29**	0,32
BPI-Gesamtscore / Markenscore	**0,69**	**0,54**	**0,51**	**0,57**	**0,65**	**0,63**	**0,50**	**0,49**	0,57
Preis-Premium / Markenscore	**0,55**	**0,45**	-	**0,47**	**0,55**	**0,50**	**0,46**	**0,46**	0,50
N*	239	268	185	299	219	276	247	278	-

Tafelschokoladenmarkt

Marke / Paarvergleich	Alpia	Kinderschoko.	Lindt	Merci	Milka	Ritter Sport	Sarotti	Sprengel	Toblerone	Trumpf	Yogurette	MW
BPI-Gesamtscore / Preis-Premium	n.s.	**0,34**	**0,30**	**0,34**	**0,21**	**0,35**	*0,21*	n.s.	**0,35**	-	**0,31**	0,31
BPI-Gesamtscore / Markenscore	**0,60**	**0,67**	**0,61**	**0,56**	**0,45**	**0,55**	**0,51**	**0,47**	**0,66**	**0,55**	**0,69**	0,58
Preis-Premium / Markenscore	**0,45**	**0,51**	**0,53**	**0,50**	**0,34**	**0,42**	**0,43**	**0,42**	**0,51**	-	**0,51**	0,46
N*	152	215	184	207	275	218	149	145	191	145	196	-

Die **fett** *(kursiv)* markierten Korrelationen sind signifikant auf dem Niveau von **0,01** *(0,05)*; n.s.: die Korrelationen sind nicht signifikant auf dem Niveau von 0,05; MW: Mittelwert der hochsignifikanten Korrelationen
Da die Marken Idee Kaffee und Trumpf bei der Berechung von Preis-Premien jeweils als Ankerpunkte dienten, konnten hier keine Korrelationen berechnet werden.
*Der angegebene Stichprobenumfang bezieht sich nur auf den ersten und zweiten Paarvergleich, beim dritten Paarvergleich (Preis-Premium vs. Markenscore) beträgt N (Kaffee) = 701 und N (Schokolade) = 714.

[478] Da bereits zuvor eine Berechnung von Korrelationen der BPI-Einzelstatements erfolgte, werden diese im folgenden nicht erneut einbezogen; siehe hierzu Abschnitt 3.3.2.2.

Die Korrelationen zwischen den konsumentengerichteten Markenwertindikatoren sind fast durchgängig hochsignifikant positiv; die Stärke des Zusammenhangs variiert jedoch in Abhängigkeit von der zugrundeliegenden Marke. Die Korrelationen der BPI-Gesamtscores mit den Markenscores sind am stärksten, was aufgrund der inhaltlichen Nähe dieser Indikatoren plausibel erscheint. Vergleichsweise schwächer fallen die Korrelationen der Preis-Premien mit den übrigen Indikatoren aus; bei zwei Tafelschokoladenmarken (Alpia, Sprengel) treten hier sogar nicht signifikante Zusammenhänge mit dem BPI auf. Zusätzlich zu den markenweisen Indikatorkorrelationen wurden auch Mittelwerte der hochsignifikanten Korrelationen über alle Marken berechnet. Diese gleichen sich über beide Märkte in erstaunlich hohen Maße, was darauf hindeutet, daß die bei Einzelmarktbetrachtung festgestellten Zusammenhänge auch marktübergreifend gelten.

Abb. 85: Indikatorkorrelationen auf disaggregierter Ebene (2): Zusammenhänge zwischen den Markenwertindikatoren für Markentransfers

Röstkaffeemarkt									
Marke Paarvergleich	Dall-mayr	Edu-scho	Idee Kaffee	Jacobs	Kaffee Hag	Melitta	Onko	Tchibo	MW
MT1, Qualität; MT1, Fit	**0,60**	**0,77**	**0,65**	**0,69**	**0,62**	**0,71**	**0,66**	**0,63**	0,67
MT2, Qualität; MT2, Fit	**0,72**	**0,66**	**0,66**	**0,76**	**0,75**	**0,78**	**0,70**	**0,77**	0,73
MT1, Qualität; MT2, Qualität	**0,61**	**0,60**	**0,69**	**0,60**	**0,58**	**0,58**	**0,55**	**0,51**	0,59
MT1, Fit; MT2, Fit	**0,68**	**0,64**	**0,72**	**0,56**	**0,59**	**0,54**	**0,45**	**0,59**	0,60
MT1, Qualität; MT2, Fit	**0,52**	**0,56**	**0,52**	**0,47**	**0,47**	**0,51**	**0,45**	**0,46**	0,50
MT1, Fit; MT2, Qualität	**0,56**	**0,57**	**0,64**	**0,54**	**0,53**	**0,53**	**0,46**	**0,53**	0,55
N	239	268	185	299	219	276	247	278	-

Tafelschokoladenmarkt											
Marke Paarvergleich	Alpia	Kinder-schoko.	Lindt	Merci	Milka	Ritter Sport	Sarotti	Spren-gel	Toble-rone	Trumpf	Yogu-rette	MW
MT1, Qualität; MT1, Fit	**0,68**	**0,64**	**0,60**	**0,57**	**0,62**	**0,64**	**0,59**	**0,65**	**0,73**	**0,61**	**0,60**	0,63
MT2, Qualität; MT2, Fit	**0,66**	**0,75**	**0,73**	**0,70**	**0,77**	**0,72**	**0,73**	**0,84**	**0,80**	**0,81**	**0,77**	0,75
MT1, Qualität; MT2, Qualität	**0,53**	**0,54**	**0,62**	**0,45**	**0,47**	**0,51**	**0,62**	**0,72**	**0,62**	**0,64**	**0,57**	0,57
MT1, Fit; MT2, Fit	**0,51**	**0,49**	**0,62**	**0,57**	**0,54**	**0,58**	**0,63**	**0,66**	**0,64**	**0,58**	**0,70**	0,59
MT1, Qualität; MT2, Fit	**0,44**	**0,41**	**0,55**	**0,33**	**0,43**	**0,51**	**0,42**	**0,61**	**0,65**	**0,50**	**0,43**	0,48
MT1, Fit; MT2, Qualität	**0,41**	**0,46**	**0,50**	**0,57**	**0,52**	**0,44**	**0,56**	**0,67**	**0,61**	**0,63**	**0,61**	0,54
N	152	215	184	207	275	218	149	145	191	145	196	-

Die **fett** *(kursiv)* markierten Korrelationen sind signifikant auf dem Niveau von **0,01** *(0,05)*;
MT: Markentransfer; MW: Mittelwert der hochsignifikanten Korrelationen

Die Korrelationen der konsumentengerichteten Markenwertindikatoren für die zwei fiktiven Markentransfers zeigt Abbildung 85. Hier treten durchgängig hochsignifikant positive Zusammenhänge auf, welche wie zuvor in Abhängigkeit von der Marke variieren. Ebenso gleichen sich auch hier die Mittelwerte der markenweisen Korrelationen über beide Märkte hinweg in einem erstaunlich hohen Maße. Die Zusammenhänge zwischen der Qualität des Transferprodukts („Qualität") und dem Fit mit dem Muttermarkenprodukt („Fit") bezogen auf den jeweils gleichen Markentransfer sind am stärksten ausgeprägt, was aufgrund deren Abhängigkeitsbeziehung[479] plausibel erscheint. Weiterhin besteht in beiden Märkten ein stark positiver transferübergreifender Zusammenhang zwischen den Qualitäten der Transferprodukte; gleiches gilt für die Fits mit den Muttermarken. Dies deutet darauf hin, daß das jeweilige Transferprodukt für die Probanden relativ austauschbar ist. Dies findet auch eine Bestätigung darin, daß Qualität und Fit selbst über jeweils beide Markentransfers hinweg noch relativ stark miteinander korrelieren.

In einem letzten Schritt wurden Korrelationen zwischen den konsumentengerichteten Markenwertindikatoren und den Markenwertindikatoren für Markentransfers berechnet; die Ergebnisse zeigt Abbildung 86. Entgegen den vorherigen Betrachtungen treten hier deutlich weniger hochsignifikante sowie insgesamt schwächere positive Zusammenhänge auf. So sind in beiden Märkten insbesondere die Korrelationen zwischen Preis-Premium und Qualität bzw. Fit über je beide Transfers entweder nur sehr schwach ausgeprägt oder nicht signifikant. Die Indikatoren „Markenscore" und „BPI-Gesamtscore" korrelieren markenweise zumeist hochsignifikant und überdies auch unabhängig von dem zugrundeliegenden Transferprodukt mit beiden Markenwertindikatoren für Markentransfers, wobei diese Zusammenhänge im Röstkaffeemarkt etwas stärker ausgeprägt sind als im Tafelschokoladenmarkt. Die Mittelwerte der hochsignifikanten Indikatorkorrelationen über alle Marken gleichen sich in beiden Märkten kaum, so daß hier kein marktübergreifender Zusammenhang vermutet werden kann.

Zusammenfassend ist zu konstatieren, daß auch auf disaggregierter Ebene einige hochsignifikant positive Zusammenhänge zwischen den hier betrachteten Indikatoren bestehen, welche jedoch vergleichsweise deutlich schwächer als auf aggregierter Ebene ausgeprägt sind. Darüber hinaus bestehen zwischen einigen Indikatoren auch keine Zusammenhänge; im Kern konnten die Ergebnisse der Untersuchungen auf aggregierter Ebene jedoch auch auf disaggregierter Ebene weitgehend bestätigt werden.

[479] Siehe hierzu Abschnitt 3.2.2.

Abb. 86: Indikatorkorrelationen auf disaggregierter Ebene (3): Zusammenhänge zwischen konsumentengerichteten Markenwertindikatoren und Markenwertindikatoren für Markentransfers

Marke / Paarvergleich	Röstkaffeemarkt: Dallmayr	Eduscho	Idee Kaffee	Jacobs	Kaffee Hag	Melitta	Onko	Tchibo	MW
MT1, Qualität; BPI-Gesamtscore	**0,47**	**0,33**	**0,30**	**0,34**	**0,40**	**0,42**	**0,47**	**0,25**	0,37
MT1, Qualität; Markenscore	**0,49**	**0,35**	**0,30**	**0,36**	**0,43**	**0,41**	**0,45**	**0,25**	0,38
MT1, Qualität; Preis-Premium	**0,20**	n.s.	-	*0,14*	**0,22**	*0,18*	*0,15*	*0,15*	0,21
MT1, Fit; BPI-Gesamtscore	**0,33**	**0,30**	**0,20**	**0,31**	**0,23**	**0,38**	**0,36**	**0,23**	0,29
MT1, Fit; Markenscore	**0,33**	**0,33**	**0,30**	**0,30**	**0,27**	**0,23**	**0,38**	**0,18**	0,26
MT1, Fit; Preis-Premium	*0,16*	n.s.	-	n.s.	n.s.	n.s.	*0,14*	*0,10*	-
MT2, Qualität; BPI-Gesamtscore	**0,33**	**0,31**	**0,29**	**0,32**	**0,19**	**0,27**	**0,40**	**0,18**	0,29
MT2, Qualität; Markenscore	**0,35**	**0,32**	**0,33**	**0,24**	**0,26**	**0,23**	**0,34**	**0,17**	0,28
MT2, Qualität; Preis-Premium	n.s.	*0,13*	-	n.s.	n.s.	n.s.	*0,13*	n.s.	-
MT2, Fit; BPI-Gesamtscore	**0,29**	**0,27**	**0,25**	**0,29**	*0,16*	**0,31**	**0,26**	n.s.	0,28
MT2, Fit; Markenscore	**0,29**	**0,29**	**0,26**	**0,17**	**0,22**	**0,20**	**0,27**	n.s.	0,24
MT2, Fit; Preis-Premium	n.s.	n.s.	-	n.s.	n.s.	n.s.	n.s.	n.s.	-
N	239	268	185	299	219	276	247	278	-

Marke / Paarvergleich	Tafelschokoladenmarkt: Alpia	Kinderschoko.	Lindt	Merci	Milka	Ritter Sport	Sarotti	Sprengel	Toblerone	Trumpf	Yogurette	MW
MT1, Qualität; BPI-Gesamtscore	**0,54**	**0,55**	**0,65**	**0,47**	**0,52**	**0,58**	**0,51**	**0,56**	**0,64**	**0,47**	**0,66**	0,56
MT1, Qualität; Markenscore	**0,51**	**0,56**	**0,62**	**0,51**	**0,45**	**0,46**	**0,55**	**0,55**	**0,65**	**0,50**	**0,68**	0,55
MT1, Qualität; Preis-Premium	**0,24**	**0,26**	**0,27**	**0,24**	*0,13*	*0,17*	n.s.	**0,26**	**0,35**	-	**0,27**	0,27
MT1, Fit; BPI-Gesamtscore	**0,29**	**0,34**	**0,50**	**0,32**	**0,38**	**0,38**	**0,30**	**0,48**	**0,48**	**0,28**	**0,44**	0,38
MT1, Fit; Markenscore	**0,26**	**0,28**	**0,48**	**0,31**	**0,41**	**0,27**	**0,36**	**0,34**	**0,49**	**0,30**	**0,40**	0,35
MT1, Fit; Preis-Premium	n.s.	*0,14*	n.s.	n.s.	n.s.	n.s.	n.s.	*0,18*	**0,19**	-	n.s.	0,19
MT2, Qualität; BPI-Gesamtscore	**0,32**	**0,33**	**0,54**	**0,39**	**0,41**	**0,42**	**0,41**	**0,54**	**0,52**	**0,48**	**0,46**	0,44
MT2, Qualität; Markenscore	*0,19*	**0,28**	**0,39**	**0,22**	**0,37**	**0,27**	**0,31**	**0,40**	**0,48**	**0,46**	**0,46**	0,36
MT2, Qualität; Preis-Premium	n.s.	n.s.	*0,15*	n.s.	n.s.	*0,17*	n.s.	n.s.	**0,29**	-	**0,19**	0,24
MT2, Fit; BPI-Gesamtscore	**0,28**	**0,38**	**0,52**	**0,29**	**0,33**	**0,48**	**0,27**	**0,53**	**0,51**	**0,44**	**0,34**	0,40
MT2, Fit; Markenscore	n.s.	**0,22**	**0,36**	**0,17**	**0,24**	*0,16*	**0,22**	**0,35**	**0,42**	**0,31**	**0,32**	0,29
MT2, Fit; Preis-Premium	n.s.	n.s.	n.s.	n.s.	n.s.	*0,15*	n.s.	n.s.	**0,25**	-	n.s.	0,25
N	152	215	184	207	275	218	149	145	191	145	196	-

Die **fett** *(kursiv)* markierten Korrelationen sind signifikant auf dem Niveau von **0,01** *(0,05)*; n.s.: die Korrelationen sind nicht signifikant auf dem Niveau von 0,05; MW: Mittelwert der hochsignifikanten Korrelationen

3.4.3. Rangreihenkorrelationen auf aggregierter Ebene

Marken-Rangreihen auf Basis verschiedener Markenwertindikatoren wurden bislang nicht im Hinblick auf deren konvergierende Validität auf breiter empirischer Basis verglichen und darüber hinaus kaum in der Literatur thematisiert, so daß deren Analyse ein exploratives Element der vorliegenden Arbeit begründet. Gegenüber den vorherigen Betrachtungen von Indikatorkorrelationen nach Pearson wird hierbei auf das spezielle, jedoch vergleichsweise weniger anspruchsvolle Beurteilungskriterium fokussiert, ob Marken nach verschiedenen Indikatoren unbesehen ihrer relativen Abstände in gleiche Rangfolgen angeordnet werden. Für eine inhaltliche Interpretation sind Marken-Rangreihen insofern bedeutsam, als daß sie einen unmittelbaren Eindruck darüber vermitteln, inwieweit einzelne Marken in Relation zu ihrem Wettbewerbsumfeld über eine Vielzahl von Indikatoren hinweg erfolgreich sind. Eben dieser Umstand dient in der Unternehmenspraxis oftmals als ein Erfolgsmaß für Markenmanager, das im Rahmen von strategischen Zielsetzungen[480] oder Werbeaussagen[481] thematisiert wird. Im Gegensatz zur Betrachtung einer einzelnen Marke im Hinblick auf ihr absolutes Abschneiden bei verschiedenen Markenwertindikatoren wird somit zusätzlich eine relative Perspektive eröffnet, welche eine tiefergreifende Beurteilung des Markenerfolgs ermöglicht.

Im Rahmen der Untersuchung von Marken-Rangreihen wurden in einem ersten Schritt die aggregierten metrischen Daten sämtlicher zuvor betrachteter Markenwertindikatoren und Indikatorkombinationen auf ordinales Skalenniveau transformiert, welches zur Berechnungen von Rangreihenkorrelationen erforderlich ist. Eine Zusammenstellung dieser Daten zeigen die Abbildungen 87 und 88. Die dortigen Ergebnisse werden zunächst inhaltlich interpretiert, bevor in einem zweiten Schritt getrennt nach Märkten Rangreihenkorrelationen anhand von Kendalls Tau berechnet und ausgewertet werden; die Ergebnisse dieser Berechnungen sind in den Abbildungen 89 und 90 zusammengefaßt. Auf eine marktübergreifende Betrachtung wurde verzichtet, da diese hier nicht sinnvoll erscheint. Ebenso erfolgte keine Analyse von Marken-Rangreihen auf disaggregierter Ebene, da diese inhaltlich nicht sinnvoll erschien und überdies auch bei vielen der betrachteten Indikatoren aufgrund deren nicht metrischen Skalenniveaus auf disaggregierter Ebene nicht möglich war.[482]

---

[480] So kann beispielsweise als strategische Unternehmenszielsetzung angestrebt werden, daß eine Marke zu den führenden drei Marken innerhalb einer Produktkategorie gehören soll.

[481] Praxisgängige PR- oder Werbeaussagen wie "Marke X ist Nr. 1 hinsichtlich..." oder "Marke X ist die führende Marke innerhalb von..." sind inhaltlich durch Marken-Rangreihen untermauert.

[482] Hinsichtlich des Skalenniveaus der Markenwertindikatoren auf disaggregierter Ebene siehe die Erläuterungen am Beginn des vorherigen Abschnitts.

Abb. 87: Indikatorspezifische Marken-Rangreihen

Indikator / Marke	Dall-mayr	Edusch o	Idee Kaffee	Jacobs	Kaffee Hag	Melitta	Onko	Tchibo
				Röstkaffeemarkt				
Marktgerichtete Markenwertindikatoren								
Marktanteil	4	5	7	1	8	3	6	2
Marktpreis	3	4	5	6	2	7	8	1
Distributionsquote	1	8	5	2	3	6	4	7
Wiederkaufrate	4	5	7	1	8	3	6	2
Käuferreichweite	5	4	7	1	8	3	6	2
Bedarfsdeckung, m.	4	5	7	1	8	3	6	2
Bedarfsdeckung, w.	4	5	7	2	6	3	8	1
Markenkraft	4	5	7	1	6	2	8	3
Konsumentengerichtete Markenwertindikatoren								
Markenbekanntheit	5	3	8	1	7	4	6	2
Relevant Set	5	3	8	1	7	4	6	2
Markentreue	5	4	8	1	6	3	7	2
zuletzt gekauft	5	4	8	1	6	3	7	2
BPI	5	3	8	1	7	4	6	2
Markenscores	4	3	8	1	7	5	6	2
Wahlanteil, dA,Pg,fc	3	5	8	1	6	4	7	2
Wahlanteil, dA,Pg,BT	4	3	8	1	7	5	6	2
Preis-Premium, dA	4	3	(8)	1	7	5	6	2
Teilnutzen der Marke	-	2	5	1	-	3	4	-
Wahlanteil, iA,Pg,SoP	-	2	5	1	-	3	4	-
Wahlanteil, iA,Mp,So	-	3	5	1	-	2	4	-
Preis-Premium, iA	-	2	(5)	1	-	3	4	-
Kombinationen von Markenwertindikatoren								
Score K1a	5	3	8	1	7	4	6	2
Score K1b	5	3	8	1	7	4	6	2
Score K2	4	3	8	1	7	5	6	2
Score K3	5	3	8	1	7	4	6	2
Score K4	5	3	8	1	7	4	6	2
Score K5	5	3	8	1	7	4	6	2
Score K6a	2	7	8	1	5	3	6	4
Score K6b	3	5	8	1	7	4	6	2
Score K7a	3	5	8	1	7	4	6	2
Score K7b	4	3	8	1	7	5	6	2
Konsumentengerichtete Markenwertindikatoren für Markentransfers								
MT1; Qualität	4	3	8	1	7	5	6	2
MT1; Fit	4	3	8	1	7	5	6	2
MT2; Qualität	2	4	8	3	7	5	6	1
MT2; Fit	3	2	8	4	7	5	6	1

Abkürzungen: dA = direkte Abfrage; iA = indirekte Abfrage; Pg = Preisgleichheit; Mp = Marktpreis; fc = first choice; BTL = Bradley/Terry/Luce; SoP = Share of Preference; MT = Markentransfer; m. = mengenmäßig; w. = wertmäßig

(Fortsetzung)

Abb. 87: Indikatorspezifische Marken-Rangreihen

Marke / Indikator	Alpia	Kinder-schoko.	Lindt	Merci	Milka	Ritter Sport	Sarotti	Spren-gel	Toble-rone	Trumpf	Yogu-rette
Tafelschokoladenmarkt											
Marktgerichtete Markenwertindikatoren											
Marktanteil	9	5	4	3	1	2	8	11	10	7	6
Marktpreis	11	4	2	1	6	7	9	8	3	10	5
Distributionsquote	10	3	8	2	5	1	9	11	7	6	4
Wiederkaufrate	3	6	8	11	1	2	4	9	10	5	7
Käuferreichweite	3	4	8	10	1	2	6	11	9	5	7
Bedarfsdeckung, m.	3	6	7	10	1	2	5	9	11	4	8
Bedarfsdeckung, w.	5	4	3	7	1	2	6	11	10	8	9
Markenkraft	3	4	9	7	1	2	6	10	11	5	8
Konsumentengerichtete Markenwertindikatoren											
Markenbekanntheit	9	3	6	4	1	2	8	10	7	11	5
Relevant Set	8	3	6	4	1	2	9	10	7	11	5
Markentreue	8	3	6	5	1	2	9	10	7	11	4
zuletzt gekauft	6	3	4	7	1	2	10	11	8	9	5
BPI	8	5	3	4	1	2	10	9	7	11	6
Markenscores	9	5	3	4	1	2	8	10	6	11	7
Wahlanteil, dA,Pg,fc	8	4	3	5	1	2	9	10	7	10	6
Wahlanteil, dA,Pg,BT	9	5	4	3	1	2	8	10	6	11	7
Preis-Premium, dA	10	5	3	4	1	2	8	9	6	(11)	7
Teilnutzen der Marke	-	3	-	-	2	1	-	4	-	5	-
Wahlanteil, iA,Pg,SoP	-	4	-	-	2	1	-	3	-	5	-
Wahlanteil, iA,Mp,So	-	3	-	-	2	1	-	4	-	5	-
Preis-Premium, iA	-	3	-	-	2	1	-	4	-	(5)	-
Kombinationen von Markenwertindikatoren											
Score K1a	9	3	5	4	1	2	8	10	7	11	6
Score K1b	8	4	3	5	1	2	10	9	7	11	6
Score K2	9	4	3	5	1	2	8	10	7	11	6
Score K3	8	3	4	5	1	2	9	10	7	11	6
Score K4	8	3	4	5	1	2	9	10	7	11	6
Score K5	8	3	6	4	1	2	9	10	7	11	5
Score K6a	9	4	7	3	2	1	10	11	6	8	5
Score K6b	8	4	7	3	1	2	9	11	6	10	5
Score K7a	10	3	6	5	1	2	9	11	7	8	4
Score K7b	8	4	7	3	1	2	9	11	6	10	5
Konsumentengerichtete Markenwertindikatoren für Markentransfers											
MT1; Qualität	10	4	2	5	1	3	8	9	6	11	7
MT1; Fit	8	2	6	4	1	3	9	11	5	10	7
MT2; Qualität	10	4	2	7	1	5	8	9	6	11	3
MT2; Fit	10	4	5	7	1	3	9	11	6	8	2

Abkürzungen: dA = direkte Abfrage; iA = indirekte Abfrage; PG = Preisgleichheit; MP = Marktpreis; fc = first choice; BTL = Bradley/Terry/Luce; SoP = Share of Preference; MT = Markentransfer; m. = mengenmäßig; w. = wertmäßig

Bei Betrachtung der Marken-Rangreihen in Abbildung 87 fällt unmittelbar auf, daß sich diese in beiden Märkten über eine Vielzahl von Indikatoren hinweg in hohem Maße gleichen. Ein besonders konsistentes Bild ergibt sich hierbei für die konsumentengerichteten Markenwertindikatoren und für die Indikatorkombinationen; hier treten jeweils nur wenige Rangplatzvertauschungen auf; lediglich die Kombination K6a führt zu vergleichsweise deutlich abweichenden Ergebnissen. Weiterhin kommt es im Tafelschokoladenmarkt bei den indirekt erhobenen Wertmaßen entgegen fast allen übrigen Indikatoren systematisch zu einem Tausch von Rang 1 (Ritter Sport) und Rang 2 (Milka), welcher bereits zuvor analysiert wurde.[483] Bei den konsumentengerichteten Markenwertindikatoren für Markentransfers ähneln sich die Rangreihen der pro Markentransfer erhobenen Indikatoren in hohen Maße, variieren jedoch in bezug auf die Transferprodukte, was ebenfalls zuvor thematisiert wurde.[484] Bei den marktgerichteten Markenwertindikatoren herrscht die insgesamt geringste Konsistenz; insbesondere weichen die Marken-Rangreihen der Indikatoren „Marktpreis" und „Distributionsquote" deutlich von allen übrigen ab. Insgesamt zeigt sich im Röstkaffeemarkt ein noch konsistenteres Bild als im Tafelschokoladenmarkt, was jedoch durch die jeweilige Anzahl der pro Markt betrachteten Marken (N = 8 bzw. 11) begünstigt wird. Weiterhin fällt auf, daß bei den meisten Indikatoren jeweils die gleichen Marken auf den ersten bzw. letzten Rangplätzen liegen, wohingegen sich im Mittelfeld eine vergleichsweise geringere Konsistenz ergibt.

Obwohl aus der Betrachtung der Rangreihen je Indikator bereits umfassende Erkenntnisse gezogen werden konnten, wurden separat für beide Märkte auch paarweise **Rangreihenkorrelationen** nach Kendalls Tau ermittelt. Für beide Märkte zeigt sich ein den Korrelationen nach Pearson sehr ähnliches Gesamtbild, bei dem die im wesentlichen gleichen Zusammenhänge wie zuvor erkennbar sind, jedoch stärkere Zusammenhänge der Indikatoren vergleichsweise deutlicher hervortreten. Dies drückt sich in beiden Märkten durch weniger hochsignifikante und mehr nicht signifikante Korrelationen aus. Im Röstkaffeemarkt werden nach vielen Indikatoren identische Marken-Rangfolgen (Korrelationskoeffizient = 1,0) gebildet, was bereits auch schon in der vorherigen Betrachtung deutlich wurde. Im Tafelschokoladenmarkt hingegen zeigen die Korrelationskoeffizienten, daß zwar viele ähnliche, jedoch kaum identische Rangfolgen bestehen.[485]

---

[483] Vgl. Abschnitt 3.3.2.4.

[484] Vgl. Abschnitt 3.3.3.

[485] Bei einem Paarvergleich von Rangreihen wird ein Rangplatztausch von nur zwei aufeinanderfolgenden Marken im Röstkaffeemarkt bei N = 8 (im Tafelschokoladenmarkt bei N = 11) durch einen hochsignifikanten Korrelationskoeffizienten von 0,93 (0,97) ausgedrückt; bei zwei bzw. drei Rangplatzvertauschungen treten Werte von 0,86 bzw. 0,79 (0,96 bzw. 0,89) auf. Diese Konstellationen sind in beiden Märkten jeweils sehr häufig gegeben und können noch als ein hohes Maß an Ähnlichkeit interpretiert werden.

Abb. 88: Rangreihenkorrelationen im Röstkaffeemarkt

Marktgerichtete Indikatoren								Konsumentengerichtete Indikatoren													Indikatorkombinationen										Markentransfer				
I1	I2	I3	I4	I5	I6	I7	I8	I9	I10	I11	I12	I13	I14	I15	I16	I17	I18	I19	I20	I21	I22	I23	I24	I25	I26	I27	I28	I29	I30	I31	I32	I33	I34	I35	Abk.
-	n.s.	n.s.	**1,00**	**0,93**	**1,00**	*0,71*	*0,71*	**0,79**	**0,79**	**0,79**	**0,79**	**0,79**	**0,71**	**0,79**	*0,71*	*0,71*	n.s.	*1,00*	n.s.	n.s.	**0,79**	**0,79**	**0,79**	*0,71*	**0,79**	**0,79**	n.s.	**0,86**	**0,86**	*0,71*	*0,71*	*0,71*	*0,64*	n.s.	I1
	-	n.s.	n.s.	n.s.	n.s.	n.s.	n.s.	n.s.	n.s.	n.s.	n.s.	n.s.	n.s.	n.s.	n.s.	n.s.	n.s.	n.s.	n.s.	n.s.	n.s.	n.s.	n.s.	n.s.	n.s.	n.s.	n.s.	n.s.	n.s.	n.s.	n.s.	n.s.	n.s.	n.s.	I2
		-	n.s.	n.s.	n.s.	n.s.	n.s.	n.s.	n.s.	n.s.	n.s.	n.s.	n.s.	n.s.	n.s.	n.s.	n.s.	n.s.	n.s.	n.s.	n.s.	n.s.	n.s.	n.s.	n.s.	n.s.	n.s.	n.s.	n.s.	n.s.	n.s.	n.s.	n.s.	n.s.	I3
			-	**0,93**	**1,00**	*0,71*	*0,71*	**0,79**	**0,79**	**0,79**	**0,79**	**0,79**	*0,71*	**0,79**	*0,71*	*0,71*	n.s.	*1,00*	n.s.	n.s.	**0,79**	**0,79**	**0,79**	*0,71*	**0,79**	**0,79**	n.s.	**0,86**	**0,86**	*0,71*	*0,71*	*0,71*	*0,64*	n.s.	I4
				-	**0,93**	*0,64*	*0,64*	**0,86**	**0,86**	**0,86**	**0,86**	**0,86**	**0,79**	*0,71*	**0,79**	**0,79**	n.s.	*1,00*	n.s.	n.s.	**0,86**	**0,86**	**0,86**	**0,79**	**0,86**	**0,86**	n.s.	**0,79**	**0,79**	**0,79**	**0,79**	**0,79**	*0,57*	*0,57*	I5
					-	*0,71*	*0,71*	**0,79**	**0,79**	**0,79**	**0,79**	**0,79**	*0,71*	**0,79**	*0,71*	*0,71*	n.s.	*1,00*	n.s.	n.s.	**0,79**	**0,79**	**0,79**	*0,71*	**0,79**	**0,79**	n.s.	**0,86**	**0,86**	*0,71*	*0,71*	*0,71*	*0,64*	n.s.	I6
						-	**0,86**	*0,64*	*0,64*	**0,79**	**0,79**	*0,64*	*0,57*	**0,79**	*0,57*	*0,57*	n.s.	n.s.	n.s.	n.s.	*0,64*	*0,64*	*0,64*	*0,57*	*0,64*	*0,64*	n.s.	*0,71*	*0,71*	*0,57*	*0,57*	*0,57*	*0,64*	n.s.	I7
							-	*0,64*	*0,64*	**0,79**	**0,79**	*0,64*	*0,57*	**0,79**	*0,57*	0,57	n.s.	n.s.	n.s.	n.s.	*0,64*	*0,64*	*0,64*	*0,57*	*0,64*	*0,64*	*0,64*	*0,71*	*0,71*	*0,57*	*0,57*	*0,57*	n.s.	n.s.	I8
								-	**1,00**	**0,86**	**0,86**	**1,00**	**0,93**	*0,71*	**0,93**	**0,93**	*1,00*	n.s.	*1,00*	*1,00*	**1,00**	**1,00**	**1,00**	**0,93**	**1,00**	**1,00**	n.s.	**0,79**	**0,79**	**0,93**	**0,93**	**0,93**	*0,71*	*0,71*	I9
									-	**0,86**	**0,86**	**1,00**	**0,93**	*0,71*	**0,93**	**0,93**	*1,00*	n.s.	*1,00*	*1,00*	**1,00**	**1,00**	**1,00**	**0,93**	**1,00**	**1,00**	n.s.	**0,79**	**0,79**	**0,93**	**0,93**	**0,93**	*0,71*	*0,71*	I10
										-	**1,00**	**0,86**	**0,79**	**0,86**	**0,79**	**0,79**	n.s.	*1,00*	n.s.	n.s.	**0,86**	**0,86**	**0,86**	**0,79**	**0,86**	**0,86**	*0,57*	**0,79**	**0,79**	**0,79**	**0,79**	**0,79**	*0,57*	*0,57*	I11
											-	**0,86**	**0,79**	**0,86**	**0,79**	**0,79**	n.s.	*1,00*	n.s.	n.s.	**0,86**	**0,86**	**0,86**	**0,79**	**0,86**	**0,86**	*0,57*	**0,79**	**0,79**	**0,79**	**0,79**	**0,79**	*0,57*	*0,57*	I12
												-	**0,93**	*0,71*	**0,93**	**0,93**	*1,00*	n.s.	*1,00*	*1,00*	**1,00**	**1,00**	**1,00**	**0,93**	**1,00**	**1,00**	n.s.	**0,79**	**0,79**	**0,93**	**0,93**	**0,93**	*0,71*	*0,71*	I13
													-	**0,79**	**1,00**	**1,00**	*1,00*	n.s.	*1,00*	*1,00*	**0,93**	**0,93**	**0,93**	**1,00**	**0,93**	**0,93**	n.s.	**0,86**	**0,86**	**1,00**	**1,00**	**1,00**	**0,79**	**0,79**	I14
														-	**0,79**	**0,79**	n.s.	*1,00*	n.s.	n.s.	*0,71*	*0,71*	*0,71*	**0,79**	*0,71*	*0,71*	*0,71*	**0,93**	**0,93**	**0,79**	**0,79**	**0,79**	*0,71*	*0,57*	I15
															-	**1,00**	*1,00*	n.s.	*1,00*	*1,00*	**0,93**	**0,93**	**0,93**	**1,00**	**0,93**	**0,93**	n.s.	**0,86**	**0,86**	**1,00**	**1,00**	**1,00**	**0,79**	**0,79**	I16
																-	*1,00*	n.s.	*1,00*	*1,00*	**0,93**	**0,93**	**0,93**	**1,00**	**0,93**	**0,93**	n.s.	**0,86**	**0,86**	**1,00**	**1,00**	**1,00**	**0,79**	**0,79**	I17
																	-	n.s.	*1,00*	*1,00*	*1,00*	*1,00*	*1,00*	*1,00*	*1,00*	*1,00*	n.s.	n.s.	n.s.	*1,00*	*1,00*	*1,00*	*1,00*	n.s.	I18
																		-	n.s.	n.s.	n.s.	n.s.	n.s.	n.s.	n.s.	n.s.	n.s.	*1,00*	*1,00*	n.s.	n.s.	n.s.	n.s.	n.s.	I19
																			-	*1,00*	*1,00*	*1,00*	*1,00*	*1,00*	*1,00*	*1,00*	n.s.	n.s.	n.s.	*1,00*	*1,00*	*1,00*	*1,00*	n.s.	I20
																				-	*1,00*	*1,00*	*1,00*	*1,00*	*1,00*	*1,00*	n.s.	n.s.	n.s.	*1,00*	*1,00*	*1,00*	*1,00*	n.s.	I21
																					-	**1,00**	**1,00**	**0,93**	**1,00**	**1,00**	n.s.	**0,79**	**0,79**	**0,93**	**0,93**	**0,93**	*0,71*	*0,71*	I22
																						-	**1,00**	**0,93**	**1,00**	**1,00**	n.s.	**0,79**	**0,79**	**0,93**	**0,93**	**0,93**	*0,71*	*0,71*	I23
																							-	**0,93**	**1,00**	**1,00**	n.s.	**0,79**	**0,79**	**0,93**	**0,93**	**0,93**	*0,71*	*0,71*	I24
																								-	**0,93**	**0,93**	n.s.	**0,86**	**0,86**	**1,00**	**1,00**	**1,00**	**0,79**	**0,79**	I25
																									-	**1,00**	n.s.	**0,79**	**0,79**	**0,93**	**0,93**	**0,93**	*0,71*	*0,71*	I26
																										-	n.s.	**0,79**	**0,79**	**0,93**	**0,93**	**0,93**	*0,71*	*0,71*	I27
																											-	*0,64*	*0,64*	n.s.	n.s.	n.s.	n.s.	n.s.	I28
																												-	**1,00**	**0,86**	**0,86**	**0,86**	**0,79**	*0,64*	I29
																													-	**0,86**	**0,86**	**0,86**	**0,79**	*0,64*	I30
																														-	**1,00**	**1,00**	**0,79**	**0,79**	I31
																															-	**1,00**	**0,79**	**0,79**	I32
																																-	**0,79**	**0,79**	I33
																																	-	**0,86**	I34
																																		-	I35
8	8	8	8	8	8	8	8	8	8	8	8	8	8	8	8	8	5	5	5	5	8	8	8	8	8	8	8	8	8	8	8	8	8	8	N

Indikatoren:

I1: Marktanteil
I2: Marktpreis
I3: Distributionsquote
I4: Wiederkaufrate
I5: Käuferreichweite
I6: Bedarfsdeckung (m)
I7: Bedarfsdeckung (w)
I8: Markenkraft
I9: Markenbekanntheit
I10: Relevant Set
I11: Markentreue
I12: zuletzt gekauft
I13: BPI
I14: Markenpräferenz
I15: Wahlanteil, dA1
I16: Wahlanteil, dA2
I17: Preis-Premium, dA
I18: Wahlanteil, iA1
I19: Wahlanteil, iA2
I20: Preis-Premium, iA
I21: Markenteilnutzen
I22: Score K1a
I23: Score K1b
I24: Score K2
I25: Score K3
I26: Score K4
I27: Score K5
I28: Score K6a
I29: Score K6b
I30: Score K7a
I31: Score K7b
I32: MT1-Qualität
I33: MT1-Fit
I34: MT2-Qualität
I35: MT2-Fit

Korrelationen:

Die **fett** *(kursiv)* markierten Korrelationen sind auf dem Niveau von **0,01** *(0,05)* zweiseitig signifikant.

n.s.: die Korrelationen sind nicht signifikant auf dem Niveau von 0,05.

Abb. 89: Rangreihenkorrelationen im Tafelschokoladenmarkt

Marktgerichtete Indikatoren								Konsumentengerichtete Indikatoren													Indikatorkombinationen										Markentransfer				
I1	I2	I3	I4	I5	I6	I7	I8	I9	I10	I11	I12	I13	I14	I15	I16	I17	I18	I19	I20	I21	I22	I23	I24	I25	I26	I27	I28	I29	I30	I31	I32	I33	I34	I35	Abk.
-	n.s.	**0,64**	n.s.	n.s.	n.s.	**0,64**	n.s.	**0,67**	**0,64**	*0,60*	**0,67**	**0,67**	**0,71**	**0,70**	**0,75**	**0,67**	n.s.	n.s.	n.s.	n.s.	**0,71**	**0,64**	**0,64**	**0,71**	**0,64**	**0,64**	**0,71**	**0,67**	**0,75**	**0,67**	*0,60*	*0,60*	n.s.	*0,60*	I1
	-	n.s.	n.s.	n.s.	n.s.	n.s.	n.s.	n.s.	n.s.	n.s.	n.s.	n.s.	n.s.	n.s.	*0,49*	*0,49*	n.s.	n.s.	n.s.	n.s.	n.s.	n.s.	n.s.	n.s.	n.s.	n.s.	n.s.	n.s.	n.s.	n.s.	*0,49*	n.s.	n.s.	n.s.	I2
		-	n.s.	n.s.	n.s.	n.s.	n.s.	*0,60*	*0,56*	*0,53*	n.s.	n.s.	*0,49*	*0,48*	*0,53*	n.s.	n.s.	n.s.	n.s.	n.s.	*0,56*	n.s.	*0,56*	*0,49*	*0,49*	*0,49*	**0,78**	**0,67**	**0,67**	**0,67**	n.s.	*0,53*	n.s.	*0,53*	I3
			-	**0,82**	**0,89**	*0,53*	**0,75**	n.s.	n.s.	n.s.	n.s.	n.s.	n.s.	n.s.	n.s.	n.s.	n.s.	n.s.	n.s.	n.s.	n.s.	n.s.	n.s.	n.s.	n.s.	n.s.	n.s.	n.s.	n.s.	n.s.	n.s.	n.s.	n.s.	n.s.	I4
				-	**0,78**	**0,64**	**0,85**	n.s.	n.s.	n.s.	*0,53*	n.s.	n.s.	n.s.	n.s.	n.s.	n.s.	n.s.	n.s.	n.s.	n.s.	n.s.	n.s.	n.s.	n.s.	n.s.	n.s.	n.s.	n.s.	n.s.	n.s.	n.s.	n.s.	n.s.	I5
					-	*0,56*	**0,78**	n.s.	n.s.	n.s.	n.s.	n.s.	n.s.	n.s.	n.s.	n.s.	n.s.	n.s.	n.s.	n.s.	n.s.	n.s.	n.s.	n.s.	n.s.	n.s.	n.s.	n.s.	n.s.	n.s.	n.s.	n.s.	n.s.	n.s.	I6
						-	**0,64**	*0,53*	*0,56*	*0,53*	**0,67**	*0,60*	*0,56*	**0,70**	*0,53*	*0,53*	n.s.	n.s.	n.s.	n.s.	*0,56*	**0,64**	*0,56*	**0,64**	**0,64**	**0,64**	n.s.	*0,53*	n.s.	*0,53*	*0,53*	*0,53*	n.s.	n.s.	I7
							-	n.s.	n.s.	n.s.	n.s.	n.s.	n.s.	n.s.	n.s.	n.s.	n.s.	n.s.	n.s.	n.s.	n.s.	n.s.	n.s.	n.s.	n.s.	n.s.	n.s.	n.s.	n.s.	n.s.	n.s.	n.s.	n.s.	n.s.	I8
								-	**0,96**	**0,93**	**0,71**	**0,78**	**0,82**	**0,84**	**0,85**	**0,78**	n.s.	n.s.	n.s.	n.s.	**0,96**	**0,82**	**0,96**	**0,89**	**0,89**	**0,89**	**0,75**	**0,85**	**0,85**	**0,85**	**0,78**	**0,78**	**0,64**	**0,71**	I9
									-	**0,96**	**0,75**	**0,82**	**0,78**	**0,88**	**0,82**	**0,75**	n.s.	n.s.	n.s.	n.s.	**0,93**	**0,85**	**1,00**	**0,85**	**0,93**	**0,93**	**0,78**	**0,89**	**0,82**	**0,89**	**0,75**	**0,82**	*0,60*	**0,67**	I10
										-	**0,78**	**0,78**	**0,75**	**0,84**	**0,78**	**0,71**	n.s.	n.s.	n.s.	n.s.	**0,89**	**0,82**	**0,96**	**0,82**	**0,89**	**0,89**	**0,75**	**0,85**	**0,85**	**0,85**	**0,71**	**0,78**	**0,64**	**0,71**	I11
											-	**0,71**	**0,67**	**0,81**	**0,64**	**0,64**	n.s.	n.s.	n.s.	n.s.	**0,75**	**0,75**	**0,75**	**0,75**	**0,82**	**0,82**	**0,67**	**0,71**	**0,78**	**0,71**	**0,64**	**0,71**	*0,56*	**0,71**	I12
												-	**0,89**	**0,92**	**0,85**	**0,85**	n.s.	n.s.	n.s.	n.s.	**0,82**	**0,96**	**0,82**	**0,89**	**0,89**	**0,89**	**0,67**	**0,78**	**0,64**	**0,78**	**0,78**	**0,71**	**0,64**	*0,56*	I13
													-	**0,88**	**0,96**	**0,96**	n.s.	n.s.	n.s.	n.s.	**0,85**	**0,85**	**0,78**	**0,93**	**0,85**	**0,85**	**0,64**	**0,75**	**0,67**	**0,75**	**0,89**	**0,75**	**0,67**	*0,60*	I14
														-	**0,84**	**0,84**	n.s.	n.s.	n.s.	n.s.	**0,88**	**0,95**	**0,88**	**0,95**	**0,95**	**0,95**	**0,70**	**0,81**	**0,73**	**0,81**	**0,84**	**0,81**	**0,70**	**0,66**	I15
															-	**0,93**	n.s.	n.s.	n.s.	n.s.	**0,89**	**0,82**	**0,82**	**0,89**	**0,82**	**0,82**	**0,67**	**0,78**	**0,71**	**0,78**	**0,85**	**0,78**	**0,64**	*0,56*	I16
																-	n.s.	n.s.	n.s.	n.s.	**0,82**	**0,82**	**0,75**	**0,89**	**0,82**	**0,82**	*0,60*	**0,71**	**0,64**	**0,71**	**0,93**	**0,71**	**0,71**	*0,56*	I17
																	-	n.s.	*1,00*	*1,00*	n.s.	n.s.	n.s.	n.s.	n.s.	n.s.	n.s.	n.s.	n.s.	n.s.	n.s.	n.s.	n.s.	n.s.	I18
																		-	n.s.	n.s.	n.s.	n.s.	n.s.	n.s.	n.s.	n.s.	n.s.	n.s.	n.s.	n.s.	n.s.	n.s.	n.s.	n.s.	I19
																			-	*1,00*	n.s.	n.s.	n.s.	n.s.	n.s.	n.s.	n.s.	n.s.	n.s.	n.s.	n.s.	n.s.	n.s.	n.s.	I20
																				-	n.s.	n.s.	n.s.	n.s.	n.s.	n.s.	n.s.	n.s.	n.s.	n.s.	n.s.	n.s.	n.s.	n.s.	I21
																					-	**0,85**	**0,93**	**0,93**	**0,93**	**0,93**	**0,71**	**0,82**	**0,82**	**0,82**	**0,82**	**0,82**	**0,67**	**0,67**	I22
																						-	**0,85**	**0,93**	**0,93**	**0,93**	**0,64**	**0,75**	**0,67**	**0,75**	**0,82**	**0,75**	**0,67**	*0,60*	I23
																							-	**0,85**	**0,93**	**0,93**	**0,78**	**0,89**	**0,82**	**0,89**	**0,75**	**0,82**	*0,60*	**0,67**	I24
																								-	**0,93**	**0,93**	**0,64**	**0,75**	**0,75**	**0,75**	**0,89**	**0,75**	**0,75**	**0,67**	I25
																									-	**1,00**	**0,71**	**0,82**	**0,75**	**0,82**	**0,82**	**0,82**	**0,67**	**0,67**	I26
																										-	**0,71**	**0,82**	**0,75**	**0,82**	**0,82**	**0,82**	**0,67**	**0,67**	I27
																											-	**0,89**	**0,82**	**0,89**	*0,53*	**0,75**	n.s.	**0,67**	I28
																												-	**0,78**	**1,00**	**0,64**	**0,85**	*0,49*	**0,64**	I29
																													-	**0,78**	**0,64**	**0,71**	*0,56*	**0,85**	I30
																														-	**0,64**	**0,85**	*0,49*	**0,64**	I31
																															-	**0,71**	**0,78**	*0,56*	I32
																																-	*0,56*	*0,56*	I33
																																	-	**0,71**	I34
																																		-	I35
11	11	11	11	11	11	11	11	11	11	11	11	11	11	11	11	11	5	5	5	5	11	11	11	11	11	11	11	11	11	11	11	11	11	11	N

Indikatoren:

I1: Marktanteil
I2: Marktpreis
I3: Distributionsquote
I4: Wiederkaufrate
I5: Käuferreichweite
I6: Bedarfsdeckung (m)
I7: Bedarfsdeckung (w)
I8: Markenkraft
I9: Markenbekanntheit
I10: Relevant Set
I11: Markentreue
I12: zuletzt gekauft
I13: BPI
I14: Markenpräferenz
I15: Wahlanteil, dA1
I16: Wahlanteil, dA2
I17: Preis-Premium, dA
I18: Wahlanteil, iA1
I19: Wahlanteil, iA2
I20: Preis-Premium, iA
I21: Markenteilnutzen
I22: Score K1a
I23: Score K1b
I24: Score K2
I25: Score K3
I26: Score K4
I27: Score K5
I28: Score K6a
I29: Score K6b
I30: Score K7a
I31: Score K7b
I32: MT1-Qualität
I33: MT1-Fit
I34: MT2-Qualität
I35: MT2-Fit

Korrelationen:

Die **fett** *(kursiv)* markierten Korrelationen sind auf dem Niveau von **0,01** *(0,05)* zweiseitig signifikant.

n.s.: die Korrelationen sind nicht signifikant auf dem Niveau von 0,05.

Die Betrachtung der Marken-Rangreihen zeigt, daß die untersuchten Marken in Relation zum Wettbewerb über eine Vielzahl von inhaltlich verschiedenen Indikatoren hinweg einen relativ gleichförmigen Erfolg aufweisen, so daß zumindest hier die Auswahl eines Indikators im Hinblick auf eine Erfolgsbeurteilung relativ beliebig ausgestaltet sein kann.

3.4.4. Faktorenanalysen

Die hohen Korrelationen der Markenwertindikatoren gaben Anlaß zur Untersuchung ihrer Eindimensionalität. Hierfür wurden mehrere explorative Faktorenanalysen auf aggregierter Ebene durchgeführt, welche angesichts der hohen Indikatorenanzahl und der relativ geringen Menge an Datenpunkten je Indikator nach Indikatorkategorien differenziert wurden. Entgegen der vorherigen Betrachtungen wurden hierbei stets nur übergreifende Analysen über alle Marken vorgenommen, da die Teilstichprobenumfänge von N = 8 bzw. N = 11 für eine nach Märkten differenzierte Analyse als zu gering erachtet wurden. Aus gleichem Grunde erfolgte auch eine separate Faktorenanalyse (FA3) über alle innerhalb der Labor-Stichprobe erhobenen Indikatoren, bei welchen jeweils nur Daten für 5 + 5 = 10 Marken vorlagen. Da für alle übrigen Indikatoren jeweils 19 Datenpunkte erhoben wurden, hätten hier die bei einer übergreifenden Faktorenanalyse auftretenden missing values bei listenweisem Fallausschluß eine Reduktion des Stichprobenumfang auf N = 10 bewirkt, was angesichts der geringen Menge an Datenpunkten nicht angeraten erschien. Einen Überblick der in die Faktorenanalysen einbezogenen Markenwertindikatoren gibt Abbildung 90.

Abb. 90: Indikatorzusammenstellungen für die Faktorenanalysen

Faktoren-analyse	Indikatorenkategorie und Indikatoren
FA1	Marktgerichtete Marktwertindikatoren: Marktanteil (wertmäßig), Marktpreis (durchschnittlich), Distributionsquote (gewichtet), Wiederkaufrate, Käuferreichweite, Bedarfsdeckungsrate (mengen- und wertmäßig), Markenkraft (GfK-Markensimulator)
FA2	Konsumentengerichtete Marktwertindikatoren der Omnibus-Stichprobe: Markenbekanntheit, Vorhandensein der Marke im Relevant Set, regelmäßige Markenverwendung, zuletzt gekaufte Marke, BPI, allgemeine Markenpräferenzen (Markenscores), direkt abgefragtes Preis-Premium, direkt abgefragte Marken-Wahlanteile bei Preis- und Packungsgrößengleichheit (first choice, BTL)
FA3	Konsumentengerichtete Marktwertindikatoren der Labor-Stichprobe: indirekt abgefragtes Preis-Premium, indirekt abgefragte Marken-Wahlanteile bei Preisgleichheit und bei Marktpreisen (jeweils Share of Preference), Teilnutzen der Marke
FA4	Konsumentengerichtete Marktwertindikatoren für Markentransfers: eingeschätzte Qualität des Transferprodukts, eingeschätzter Fit mit dem Muttermarkenprodukt (für je zwei Markentransfers)
FA5	Kombinationen von Marktwertindikatoren: K1a, K1b; K2, K3, K4, K5, K6a, K6b, K7a, K7b

Vor Durchführung der Faktorenanalysen erfolgte eine Überprüfung der Eignung des Datenmaterials anhand verschiedener Kriterien. Hierzu wurde für jede Indikatorgruppe die Korrelationsmatrix der Variablen und die Anti-Image-Kovarianz-Matrix berechnet sowie Bartlett-Tests (of Sphericity), Kaiser-Meyer-Olkin (KMO) -Tests und Measure of Sampling Adequacy (MSA) Tests durchgeführt.[486] Innerhalb der Korrelationsmatrizen lagen stets ausreichend hohe Indikatorkorrelationen vor, was aufgrund der vorangegangenen Betrachtungen zu erwarten war. Bei den Bartlett-Tests konnten durchgängig Signifikanzniveaus von 0,000 festgestellt werden und innerhalb der Anti-Image-Kovarianzmatrizen waren jeweils keine Elemente betragsmäßig ≥0,09. Darüber hinaus lagen alle KMO-Werte deutlich oberhalb von 0,5, was soweit jeweils für die Durchführbarkeit der Faktorenanalysen sprach. Die MSA-Werte lagen bei allen Indikatoren der Faktorenanalysen FA2 bis FA5 stets deutlich oberhalb von 0,5; bei FA1 traten jedoch MSA-Werte unterhalb von 0,5 für die Indikatoren Marktpreis und Distributionsquote auf, was nach Kaiser und Rice dafür spricht, daß die Durchführungseignung der Faktorenanalyse nicht gegeben ist.[487] Somit wurden diese beiden Indikatoren sukzessive ausgeschlossen und erneut alle Prüfkriterien ermittelt. Hierbei ergaben sich für alle Indikatoren MSA-Werte ≥0,662, so daß die Faktorenanalyse FA1 nunmehr durchführbar war. Inhaltlich ist dieser Befund dahingehend zu deuten, daß Marktpreis und Distributionsquote keine signifikanten Zusammenhänge mit den übrigen Indikatoren aufweisen, was angesichts ihrer geringen Korrelationen mit den übrigen Indikatoren kaum überraschend war. Abbildung 91 zeigt die ermittelten Ausprägungen der Prüfkriterien.

Abb. 91: Prüfkriterien zur Durchführbarkeit von Faktorenanalysen

Abk.	N	Bartlett-Test[1)]	Anti-Image-Kovarianzmatrix[2)]	KMO-Kriterium[3)]	MSA-Werte[4)]	Eignung
FA1 vor sukzessiver Eliminierung von Indikatoren:						
	19	0,000	0%	0,694	Preis: 0,349; Distr.: 0,448; sonstige ≥ 0,719	Nein
FA1 nach sukzessiver Eliminierung von Indikatoren:						
	19	0,000	0%	0,739	≥ 0,662	Ja
FA2	19	0,000	0%	0,827	≥ 0,756	Ja
FA3	10	0,000	0%	0,796	≥ 0,690	Ja
FA4	19	0,000	0%	0,638	≥ 0,613	Ja
FA5	19	0,000	0%	0,786	≥ 0,728	Ja

Bedingungen der Prüfkriterien: [1)] Signifikanz ≤ 0,05; [2)] max. 25% der nichtdiagonalen Elemente betragsmäßig ≥ 0,09; [3)] KMO-Kriterium ≥ 0,5; [4)] alle MSA-Werte ≥ 0,5 (MSA ≥ 0,6: „mittelmäßig"; MSA ≥ 0,7: „ziemlich gut"; MSA ≥ 0,8: „verdienstvoll")[488]

[486] Zur Prüfung der Güte von explorativen Faktorenanalysen siehe ausführlich Backhaus (2000), S. 262 ff. und zusammenfassend Litfin/Teichmann/Clement (2000).

[487] Vgl. Backhaus (2000), S. 269 und die dort angegebene Literatur.

[488] Vgl. Backhaus (2000), S. 269 und die dort angegebene Literatur.

Bei allen Faktorenanalysen wurde zur Faktorextraktion die Hauptkomponentenmethode angewendet und die Anzahl der extrahierten Faktoren nach dem Kaiser-Kriteriums bestimmt.[489] Die Ergebnisse der Faktorenanalysen zeigt Abbildung 92. Es wurde stets ein Faktor extrahiert, welcher jeweils sehr hohe Anteile der Varianz zwischen 84,6% und 93,9% erklärte. Sämtliche Indikatoren wiesen hierbei durchgängig hohe Kommunalitäten und Faktorladungen auf. Zur Prüfung der statistischen Güte der jeweils extrahierten Faktoren wurde Cronbachs Alpha herangezogen. Die ermittelten Alpha-Werte lagen hierbei zumeist deutlich oberhalb des empfohlenen Mindestwerts von 0,7, was für die interne Konsistenz der extrahierten Faktoren sprach.[490] Die Cronbachs Alpha if-item-deleted-Werte zeigten, daß die interne Konsistenz der extrahierten Faktoren durch Ausschluß einzelner Variablen nicht bzw. nur sehr geringfügig erhöht werden kann. Die Eigenwerte aller zweiten Komponenten lagen stets deutlich unterhalb von eins, jedoch wies die zweite Komponente bei der Faktorenanalyse FA2 einen relativ hohen Eigenwert von 0,86 auf. Da hier die zweite Komponente mit 9,6% einen relativ hohen Anteil an der erklärten Varianz hat, wurde diese Faktorenanalyse unter Vorgabe von zwei zu extrahierenden Komponenten erneut durchgeführt. Hierbei zeigte sich innerhalb der rotierten Komponentenmatrix, daß bei einzelnen Variablen hohe Querladungen bestanden und daß insbesondere das Preis-Premium und der Marken-Wahlanteil bei Preisgleichheit unter Zugrundelegung der Entscheidungsregel nach Bradley/Tery/Luce (BTL) hohe Ladungen auf den zweiten Faktor aufwiesen. Inhaltlich deutet dies darauf hin, daß diese Indikatoren zwar von den übrigen abweichen, diese Zusammenhänge jedoch nur schwach ausgeprägt sind.

Ergänzend zu den zuvor betrachteten Korrelationen konnte auch anhand der Faktoranalysen gezeigt werden, daß zwischen den betrachteten Indikatoren hohe statistische Zusammenhänge bestehen. Hieraus kann gefolgert werden, daß mit Ausnahme von Marktpreis und Distributionsquote sämtliche Indikatoren gleichermaßen zur Markenwertmessung geeignet sind und somit eine Auswahl von Markenwertindikatoren im Hinblick auf eine monetäre Markenbewertung weitgehend beliebig erfolgen kann. Inwieweit dies tatsächlich zutrifft, kann untersucht werden, indem verschiedene Indikatoren und Indikatorkombinationen bei ansonsten konstanten Bedingungen im Rahmen einer monetären Markenbewertung zum Einsatz kommen. Sofern hierbei nur unwesentliche Abweichungen der ermittelten monetären Wertmaße auftreten, könnte die Auswahl von Markenwertindikatoren aufs Geratewohl erfolgen. Diese Thematik ist Gegenstand des nächsten Abschnitts.

---

[489] Vgl. Backhaus (2000), S. 270 ff.; S. 288 ff.; Litfin/Teichmann/Clement (2000), S. 284.

[490] Vgl. Hair et al. (1998), S. 118; Litfin/Teichmann/Clement (2000), S. 285.

Abb. 92: Ergebnisse der Faktorenanalysen

Faktor-analyse	Kompo-nente	Anfängliche Eigenwerte			Summe der quadrierten Faktor-ladungen für Extraktion			Cronbachs Alpha für Komponente 1
		Gesamt	% der Varianz	Kumu-lierte %	Gesamt	% der Varianz	Kumu-lierte %	
FA1	1	5,08	84,64	84,64	5,08	84,64	84,64	0,9304
	2	0,43	7,08	91,73				
FA2	1	7,48	83,15	83,15	7,48	83,15	83,15	0,8894
	2	0,86	9,58	92,74				
FA3	1	3,63	90,69	90,69	3,63	90,69	90,69	0,7259
	2	0,25	6,16	96,85				
FA4	1	3,75	93,78	93,78	3,75	93,78	93,78	0,9724
	2	0,14	3,59	97,37				
FA5	1	10,33	93,93	93,93	10,33	93,93	93,93	0,9919
	2	0,50	4,56	98,48				

Faktor-analyse	Indikatoren	Kommunalitäten	Komponentenmatrix; (Ladungen auf Faktor 1)	Cronbachs Alpha if item deleted
FA1	Marktanteil -w	0,8987	0,948	0,9174
	Wiederkaufrate	0,7171	0,847	0,9392
	Käuferreichweite	0,9135	0,956	0,9026
	Bedarfsdeckung -m	0,9022	0,950	0,9028
	Bedarfsdeckung -w	0,8697	0,933	0,9057
	Markenkraft	0,7774	0,882	0,9357
FA2	Markenbekanntheit	0,8505	0,922	0,8633
	Relevant Set	0,9016	0,950	0,8739
	Markentreue	0,8285	0,910	0,8739
	zuletzt gekauft	0,8715	0,934	0,8498
	BPI	0,8186	0,905	0,8996
	Markenscore	0,9185	0,958	0,8933
	Wahlanteil (dA, PG, fc)	0,8759	0,936	0,8835
	Wahlanteil (dA, PG, BTL)	0,8094	0,900	0,9020
	Preis-Premium, dA.	0,6093	0,781	0,8633
FA3	Wahlanteil (iA, PG, SoP)	0,9735	0,987	0,3168
	Wahlanteil (iA, MP, SoP)	0,8925	0,945	0,3290
	Preis-Premium, iA	0,9455	0,972	0,7798
	Marken-Teilnutzen	0,8160	0,903	0,7639
FA4	MT1, Qualität	0,9439	0,972	0,9660
	MT1, Fit	0,9108	0,954	0,9659
	MT2, Qualität	0,9466	0,973	0,9600
	MT2, Fit	0,9498	0,975	0,9630
FA5	Score K1a	0,9681	0,984	0,9904
	Score K1b	0,9641	0,982	0,9907
	Score K2	0,9422	0,971	0,9909
	Score K3	0,9707	0,985	0,9904
	Score K4	0,9678	0,984	0,9905
	Score K5	0,9825	0,991	0,9903
	Score K6a	0,7652	0,875	0,9937
	Score K6b	0,9237	0,961	0,9917
	Score K7a	0,9322	0,966	0,9917
	Score K7b	0,9457	0,972	0,9912

Abkürzungen: dA = direkte Abfrage; iA = indirekte Abfrage; PG = Preisgleichheit; MP = Marktpreis; fc = first choice; BTL = Bradley/Terry/Luce; SoP = Share of Preference; FA = Faktorenanalyse; K = Kombination; MT = Markentransfer

3.5. Monetäre Transformationen von Markenwertindikatoren

Nachdem die Untersuchungen im vorangegangenen Abschnitt ergeben haben, daß hinsichtlich der im Rahmen dieser Arbeit betrachteten Markenwertindikatoren und Indikatorkombinationen ein insgesamt hohes Maß an konvergierender Validität besteht, werden diese nunmehr zur Berechnung monetärer Markenwertmaße verwendet. Die folgenden Betrachtungen haben zum Ziel, Abweichungen von verschiedenen monetären Markenwertmaßen in Abhängigkeit von den zur Wertermittlung verwendeten Indikatoren bzw. von den diesen Indikatoren zugrundeliegenden Erhebungsmethoden zu quantifizieren, um hieraus Erkenntnisse über den Einfluß von Markenwertindikatoren im Rahmen von monetären Markenbewertungen zu erlangen. Ferner ist diese Betrachtung verschiedener monetärer Transformationsmethoden auch dahingehend geeignet, einen vertieften Einblick hinsichtlich des zugrundeliegenden Markenwertverständnisses sowie der Unterschiedlichkeit der jeweils resultierenden Wertmaße zu erlangen. Anhand von fünf gängigen Transformationsmethoden bzw. kommerziellen Spezialtools der Unternehmenspraxis, für deren Auswahl insbesondere das Vorhandensein bewertungsrelevanter Daten ausschlaggebend war, werden im folgenden monetäre Markenwertmaße berechnet. Bei den betrachteten Methoden handelt es sich um:

- Preis-Premium-orientierte Ansätze (Abschnitt 3.5.1.)
- Kaufabsichtorientierte Ansätze (Abschnitt 3.5.1.)
- GfK-Markensimulator (Abschnitt 3.5.2.)
- Brand Performancer von AC Nielsen / Konzept und Markt (Abschnitt 3.5.3.)
- Kombinierte Verfahren mit lizenzierungsorientierten Schwerpunkt; in teilweiser Anlehnung an den Valmatrix-Ansatz von Consor (Abschnitt 3.5.4.)

3.5.1. Transformation von Preis-Premien und Marken-Wahlanteilen

Nachdem bereits eine kritische Würdigung von Preis-Premium- sowie Kaufabsichtorientierten Ansätzen erfolgte[491] und eine Erhebung der diesen Verfahren zugrundeliegenden Markenwertindikatoren vorgenommen wurde,[492] werden nunmehr monetäre Wertmaße auf Basis der zuvor ermittelten Preis-Premien und Marken-Wahlanteile berechnet.[493] Da beide Indikatoren jeweils direkt sowie indirekt erhoben und darüber hinaus auch verschiedene Aggregationsvarianten berechnet wurden, können die resultierenden monetären Wertmaße jeweils zu Vergleichsbetrachtungen herangezogen werden, die insbesondere einen Aufschluß hinsichtlich der durch die Erhebungsmethodik bedingten Wertabweichungen geben. Zur Ermittlung periodenbezogener monetärer Wertmaße auf Basis

[491] Vgl. Abschnitt 2.3.2.3.1.

[492] Vgl. Abschnitt 3.3.2.3. und Abschnitt 3.3.2.4.

[493] Siehe hierzu auch Sattler (2001c), S. 169 ff.

von Preis-Premien bzw. Marken-Wahlanteilen bedarf es jeweils Periodenabsatzmengen bzw. Periodenumsätzen, welche leicht aus den vorhandenen Daten[494] und anhand der folgenden Formeln ermittelt werden können. Die Ergebnisse dieser Berechnungen zeigt Abbildung 93.

Ermittlung von Periodenumsätzen
$UMS_m = WMV * WMA_m$

Ermittlung von Periodenabsatzmengen
$ABS_m = WMV * WMA_m / P_m$

Symbole

UMS_m:	Periodenumsatz der Marke m
ABS_m:	Periodenabsatzmenge der Marke m
WMA_m:	wertmäßiger Marktanteil der Marke m
WMV:	wertmäßiges Gesamtmarktvolumen der betrachteten Marken
P_m:	Marktpreis der Marke m

Abb. 93: Periodenumsätze und -absatzmengen der betrachteten Marken

Röstkaffeemarkt								
Marke / Kennzahlen	Dallmayr	Eduscho	Idee Kaffee	Jacobs	Kaffee Hag	Melitta	Onko	Tchibo
Umsatz (Tsd. DM)	446.400	441.936	93.744	906.192	75.888	535.680	178.560	767.808
Absatzmenge (Tsd. ME)	60.243	61.380	13.129	133.460	9.907	86.122	29.224	92.396

Tafelschokoladenmarkt											
Marke / Kennzahlen	Alpia	Kinderschoko.	Lindt	Merci	Milka	Ritter Sport	Sarotti	Sprengel	Toblerone	Trumpf	Yogurette
Umsatz (Tsd. DM)	61.350	122.700	122.700	144.786	588.960	441.720	63.804	12.270	34.356	68.712	71.166
Absatzmenge (Tsd. ME)	87.643	93.664	43.053	38.202	490.800	394.393	79.755	13.337	22.023	94.126	57.392

Die auf Basis direkter und indirekter Abfragen ermittelten **Preis-Premien** stellen durchschnittliche stückbezogene Mehrwerte gegenüber einer Ankerpunktmarke (hier: Idee Kaffee bzw. Trumpf) dar und können durch Gewichtung mit der Periodenabsatzmenge leicht in monetäre Wertmaße transformiert werden, welche inhaltlich als periodenbezogene Mehrwerte gegenüber den Ankerpunktmarken Idee Kaffee bzw. Trumpf zu interpretieren sind. Da diese Wertmaße jedoch einen experimentellen Charakter haben und nicht auf tatsächlichen Markttransaktionen beruhen, stellen sie keine „harten“ Markenwertmaße dar. Die Berechnung der Preis-Premium-basierten Wertmaße erfolgte gemäß der folgenden Formel; hierbei wurden jeweils die direkt erhobenen Preis-Premien[495] sowie alle

[494] Siehe hierzu Abbildung 59.

[495] Zu den direkt erhobenen Preis-Premien siehe Abbildung 71.

drei Varianten (V1 bis V3) der indirekt ermittelten Preis-Premien[496] einbezogen.[497] Da die indirekte Ermittlung von Preis-Premien auf vier Marken je Markt beschränkt war,[498] werden im folgenden nur für jeweils diese Marken periodenbezogene Wertmaße berechnet und Vergleichsbetrachtungen vorgenommen. Die Ergebnisse dieser Berechnungen zeigt Abbildung 94.

Monetäre Transformation der Preis-Premien

$MU_m = PP_m * ABS_m; \quad m \in M$

Symbole:

ABS_m: Periodenabsatzmenge der Marke m

MU_m: Mehrumsatz der Marke m gegenüber der Ankerpunktmarke Idee Kaffee bzw. Trumpf

PP_m: Preis-Premium der Marke m gegenüber der Ankerpunktmarke Idee Kaffee bzw. Trumpf

Abb. 94: Monetäre Wertmaße auf Basis von Preis-Premien

Indikator / Marke	Röstkaffeemarkt				Tafelschokoladenmarkt			
	Eduscho	Jacobs	Melitta	Onko	Kinder	Milka	Ritter	Sprengel
	Ermittelte monetäre Wertmaße in Mio. DM							
PP1 (dA)	46,6	125,5	43,1	8,5	21,5	196,3	122,3	1,1
PP2 (iA, V1)	187,8	465,8	130,0	8,5	85,2	790,2	674,4	6,4
PP3 (iA, V2)	165,1	416,4	115,4	8,2	107,7	809,8	690,2	8,3
PP4 (iA, V3)	175,5	437,7	122,3	8,5	86,2	790,2	678,4	7,2
MW	143,8	361,3	102,7	8,4	75,2	646,6	541,3	5,7
SA	56,7	137,3	34,8	0,1	32,2	260,1	242,0	2,8
Spannweite	141,2	340,3	87,0	0,3	86,2	613,5	567,9	7,2
	Abweichungen vom Mittelwert je Marke in Prozent							
PP1 (dA)	-67,6	-65,3	-58,1	0,9	-71,3	-69,6	-77,4	-81,4
PP2 (iA, V1)	30,6	28,9	26,6	0,9	13,4	22,2	24,6	11,6
PP3 (iA, V2)	14,8	15,2	12,4	-2,6	43,3	25,2	27,5	44,2
PP4 (iA, V3)	22,1	21,1	19,1	0,9	14,6	22,2	25,3	25,6

Abkürzungen: dA = direkte Abfrage; iA = indirekte Abfrage; PP = Preis-Premium; V1 bis V3: Berechnungsvarianten gemäß Abbildung 75; MW = Mittelwert; SA = Standardabweichung

Bei Betrachtung der Transformationsergebnisse fällt auf, daß die monetären Mehrwerte auf Basis indirekt abgefragter Preis-Premien (PP2 bis PP4) gegenüber dem auf Basis direkt abgefragter Preis-Premien (PP1) um den Faktor 2,7

[496] Zu den drei Varianten der indirekt erhobenen Preis-Premien siehe Abbildung 75.

[497] Zur Berechnungen von periodenbezogenen monetären Markenwertmaßen auf Basis von Preis-Premien siehe insbesondere Sattler (2001c), S. 169 ff.

[498] Siehe hierzu Abschnitt 3.2.4.

bis 7,6 höher sind. Die einzige Ausnahme bildet die Marke Onko, welche über alle Modellierungsvarianten hinweg annähernd konstante Ergebnisse erzielt. Auch innerhalb der Wertmaße auf Basis indirekt abgefragter Preis-Premien bestehen teilweise erhebliche Abweichungen. So differieren die Bewertungsergebnisse für Jacobs um bis zu 49 Mio. DM, die für Eduscho, Kinderschokolade und Milka um rund 20 Mio. DM und die für Melitta und Ritter Sport um rund 15 Mio. DM. Bei Onko bzw. Sprengel beträgt die maximale absolute Abweichung 0,3 bzw. 1,9 Mio. DM, was jedoch hinsichtlich Sprengel eine große relative Abweichung von 33% darstellt (Bezugsbasis: PP3).

Die ermittelten **Marken-Wahlanteile** stellen relative Größen dar, die als solche leicht durch Umlage auf das anteilige Marktvolumen der betrachteten Marken in periodenbezogene Wertmaße überführbar sind. Die resultierenden monetären Markenwertmaße sind inhaltlich als (fiktive) Umsätze zu interpretieren, die allein aufgrund der Marke (Wahlanteile bei Preisgleichheit) bzw. aufgrund der Kombination der Marketing-Mix-Elemente Marke und Preis (Wahlanteile bei Marktpreisen) realisiert werden würden. Der inhaltliche Gehalt dieser Wertmaße sowie deren experimenteller Charakter lassen bereits ihre Eignung für eine monetäre Markenwertmessung fraglich erscheinen.

Die Berechnung von periodenbezogenen monetären Wertmaßen auf Basis der erhobenen Marken-Wahlanteile wurde anhand der nachfolgenden Formel vorgenommen. Hierbei war zu beachten, daß bei direkter und indirekter Abfrage verschiedene anteilige Marktvolumina relevant sind. Während die jeweils fünf im Rahmen der indirekten Abfrage untersuchten Marken ein anteiliges Gesamtmarktvolumen von 2,156 Mrd. DM im Röstkaffeemarkt bzw. 1,234 Mrd. DM im Tafelschokoladenmarkt auf sich vereinen, so werden bei der direkten Abfrage acht bzw. elf Marken betrachtet, deren anteiliges Gesamtmarktvolumen 3,446 Mrd. DM bzw. 1,733 Mrd. DM beträgt. Da diesbezüglich eine eingeschränkte Vergleichbarkeit der direkt und indirekt abgefragten Wertmaße besteht, wurde jeweils eine zusätzliche Variante für die direkt abgefragten Marken-Wahlanteile berechnet, bei der nur die fünf im Rahmen der indirekten Abfrage betrachteten Marken sowie deren anteiliges Gesamtmarktvolumen zugrundegelegt waren. Die folgenden Betrachtungen beschränken sich auf eben diese fünf Marken je Markt; die Transformationsergebnisse zeigt Abbildung 95.

Monetäre Transformation der Marken-Wahlanteile

$$MSU_m = WA_m * WMV; \quad m \in M$$

Symbole:

MSU_m:	markenspezifischer Umsatz der Marke m
WMV:	wertmäßiges Marktvolumen der betrachteten Marken (variiert)
WA_m:	markenspezifischer Wahlanteil der Marke m

Abb. 95: Monetäre Wertmaße auf Basis von Marken-Wahlanteilen

Indikator \ Marke	Röstkaffeemarkt: Edu-scho	Idee Kaffee	Jacobs	Melitta	Onko	Tafelschokoladenmarkt: Kinder-schoko.	Milka	Ritter Sport	Spren-gel	Trumpf
Ermittelte monetäre Wertmaße in Mio. DM										
WA 1 (dA,PG,fc)*	330,8	44,8	1185,5	355,0	120,6	149,0	563,1	296,3	24,3	24,3
WA 2 (dA,PG,fc)**	350,2	47,4	1255,0	375,8	127,7	174,0	657,7	346,0	28,3	28,3
WA 3 (dA,PG,BTL)*	513,5	224,0	596,2	448,0	351,5	173,3	239,1	211,4	119,5	93,6
WA 4 (dA,PG,BTL)**	519,0	226,4	602,6	452,8	355,3	255,6	352,7	311,8	176,3	138,0
WA 5 (iA,PG,SoP)**	638,2	157,4	741,7	426,9	189,7	192,6	412,3	464,1	108,6	56,8
WA 6 (iA,MP,SoP)**	489,4	71,2	737,4	608,0	248,0	140,7	365,4	477,7	153,1	97,5
MW	473,5	128,5	853,1	444,4	232,1	180,9	431,7	351,2	101,7	73,1
SA	105,4	77,9	266,6	81,5	95,6	37,5	139,3	93,9	57,7	40,6
Spannweite	307,4	181,6	658,8	253,0	234,7	114,9	418,6	266,3	152,0	113,7
Prozentuale Abweichungen vom Mittelwert je Marke										
WA 1 (dA,PG,fc)*	-30,1	-65,1	39,0	-20,1	-48,0	-17,6	30,4	-15,6	-76,1	-66,8
WA 2 (dA,PG,fc)**	-26,0	-63,1	47,1	-15,4	-45,0	-3,8	52,3	-1,5	-72,2	-61,3
WA 3 (dA,PG,BTL)*	8,4	74,3	-30,1	0,8	51,4	-4,2	-44,6	-39,8	17,5	28,1
WA 4 (dA,PG,BTL)**	9,6	76,1	-29,4	1,9	53,1	41,3	-18,3	-11,2	73,4	88,8
WA 5 (iA,PG,SoP)**	34,8	22,5	-13,1	-3,9	-18,3	6,5	-4,5	32,1	6,8	-22,3
WA 6 (iA,MP,SoP)**	3,4	-44,6	-13,6	36,8	6,8	-22,2	-15,4	36,0	50,6	33,4

Abkürzungen:
dA = direkte Abfrage; iA = indirekte Abfrage; PG = Preisgleichheit; MP = Marktpreis; fc = first choice; BTL = Bradley/Terry/Luce; SoP = Share of Preference; MW = Mittelwert; SA = Standardabweichung; WA = Marken-Wahlanteil

*Wertberechnung auf Basis von 8 Röstkaffeemarken mit einem anteiligen Marktvolumen von 3,446 Mrd. DM bzw. 11 Tafelschokoladenmarken mit einem anteiligen Marktvolumen von 1,733 Mrd. DM
**Wertberechnung auf Basis von 5 Röstkaffeemarken mit einem anteiligen Marktvolumen von 2,156 Mrd. DM bzw. 5 Tafelschokoladenmarken mit einem anteiligen Marktvolumen von 1,234 Mrd. DM

Betrachtet man zunächst die monetären Wertmaße auf Basis der direkt erhobenen Marken-Wahlanteile im Hinblick auf Unterschiede, die durch die Anzahl an einbezogenen Marken begründet werden (WA1 versus WA2 und WA3 versus WA4), so sind hier teils gravierende Ergebnisabweichungen festzustellen. WA1 und WA2 weisen Abweichungen von 5,5% bei den Röstkaffeemarken und von

14,4% bei den Tafelschokoladenmarken auf (Bezugsbasis: WA2), während bei WA3 und WA4 Abweichungen von 1,1% bei den Röstkaffeemarken und von 32,2% bei den Tafelschokoladenmarken bestehen (Bezugsbasis: WA4). Die höheren Unterschiede bei den Tafelschokoladenmarken sind darauf zurückzuführen, daß hier die Differenz der betrachteten Marken größer ist (11 versus 5) als im Röstkaffeemarkt (8 versus 5). Hieraus wird ein hoher Einfluß der Marktabgrenzung (bzw. Anzahl von einbezogenen Marken) auf die Bewertungsergebnisse deutlich. Noch höhere Ergebnisabweichungen bestehen zwischen den Varianten nach der angewendeten Entscheidungsregel (WA1 versus WA3 und WA2 versus WA4).[499] Bei den Topfeldmarken Jacobs und Milka sind WA3 bzw. WA4 nur rund halb so hoch wie WA1 bzw. WA2 und bei den Schlußfeldmarken Idee Kaffee und Trumpf rund fünf mal höher. Diese Vergrößerung der Abstände zwischen Topfeld- und Schlußfeldmarken bei Anwendung der first choice-Regel ist zwar nicht in der Tendenz, jedoch in ihrem Ausmaß überraschend. Da beide Entscheidungsregeln grundsätzlich plausibel sind, kann keinem der Wertmaße der Vorzug gegeben werden. Ein Vergleich von durch die Erhebungsform begründeten Differenzen ist insbesondere auf WA4 (direkte Abfrage) versus WA5 (indirekte Abfrage) zu beziehen, da hier jeweils gleichermaßen Preisgleichheit der betrachteten Marken unterstellt war und bei der Aggregation der probandenweisen Antworten zu einem Gesamtwert eine probabilistische Entscheidungsregel zur Anwendung kam. Trotz dieser Parallelen in der Modellierung weisen auch diese Wertmaße erhebliche Abweichungen auf, die jedoch in ihrer Höhe vergleichsweise weniger gravierend ausfallen. Bei WA6 waren entgegen allen übrigen Indikatoren Marktpreise zugrundegelegt, wodurch dieses Wertmaß inhaltlich von den übrigen Varianten abweicht; entsprechend sind die hier auftretenden, teils deutlichen Ergebnisabweichungen weniger überraschend.

Zusammenfassend ist festzustellen, daß die auf Basis von Preis-Premien und Marken-Wahlanteilen ermittelten periodenbezogenen Wertmaße je nach Erhebungsart und Modellierungsform größtenteils deutliche, teils extreme Ergebnisabweichungen aufweisen. Da keine der zugrundeliegenden Erhebungs- bzw. Modellierungsvarianten grundsätzlich verworfen werden kann, lassen zusätzlich zu dem experimentellen Charakter der Wertmaße auch die festgestellten Ergebnisabweichungen die Eignung von Preis-Premien und Marken-Wahlanteilen für eine monetäre Markenbewertung grundsätzlich fraglich erscheinen.

---

[499] Zur inhaltlichen Erläuterung der verwendeten Entscheidungsregeln siehe Abschnitt 2.3.2.3.1.

3.5.2. Transformation der Markenkraft des GfK-Markensimulators

Nachdem im Rahmen der Marktübersicht von kommerziellen monetären Spezialtools bereits eine kritische Würdigung des GfK-Markensimulators erfolgte[500] und die Erhebungsergebnisse des diesem Verfahren zugrundeliegenden Indikators „Markenkraft" bereits behandelt wurden,[501] sollen nunmehr monetäre Wertmaße anhand der erhobenen Daten berechnet werden. Da die Markenkraft wie die zuvor betrachteten Marken-Wahlanteile eine relative Größe darstellt,[502] ist ihre Transformation in ein periodenbezogenes monetäres Wertmaß gleichfalls durch Umlage auf das anteilige Marktvolumen der betrachteten Marken durchführbar. Hierfür wird von der GfK das Produkt des durchschnittlichen Kilopreises und des durch die Marke zusätzlich erwirtschafteten Mengenvolumens gebildet, wobei der Kilopreis aus der zugrundeliegenden Paneldatenbasis ermittelt wird und das zusätzlich erwirtschaftete Mengenvolumen sich aus dem Produkt des mengenmäßigen Marktvolumens und der Markenkraft ergibt.[503] Die Berechnung der periodenbezogenen monetären Wertmaße wurden anhand der folgenden Formel durchgeführt; die Ergebnisse zeigt Abbildung 96.

Monetäre Transformation der Markenkraft

$$MW_m = MK_m * PK_m * MMV; \quad m \in M$$

Symbole

MW_m: monetärer Wert der Marke m

$MK_{,m}$: Markenkraft der Marke m

PK_m: durchschnittlicher Kilopreis der Marke m

MMV: mengenmäßiges Marktvolumen der betrachteten Marken

Da beim GfK-Markensimulator keine Trennung zwischen Produkt und Marke vollzogen wird und überdies keine Berücksichtigung markenspezifischer Kosten erfolgt,[504] stellen die resultierenden monetären Wertmaße Periodenumsätze der entsprechenden Markenprodukte dar, welche um den Einfluß von Preisen, Promotions und Artikelbreite (teil-) bereinigt sind. Eine weitere Besonderheit ergibt sich durch die Verwendung des durchschnittlichen Kilopreises für die zu bewertende Marke, welcher eine Integration aller vorhandenen Verpackungsgrößen des Markenprodukts ermöglicht. Da bei der Erhebung von Preis-Premien und

---

[500] Vgl. Abschnitt 2.4.2.5.1.

[501] Vgl. Abschnitt 3.3.1.2.

[502] Die Markenkraft stellt nach Maretzki/Wildner (1994) den markenspezifischen Anteil am Marktanteil dar, der nicht durch Effekte anderer Marketing-Mix-Instrumente erzielt wird.

[503] Alle Detailangaben zur Transformationsmethodik des Markensimulators basieren auf einem internen Arbeitspapier der GfK, das zusammen mit den Bewertungsergebnissen für diese Untersuchung bereitgestellt wurde.

[504] Vgl. Abschnitt 2.4.2.5.1.

Marken-Wahlanteilen jeweils einheitliche Packungsgrößen von 500gr (Röstkaffee) bzw. 100gr (Tafelschokolade) zugrundegelegt waren, ist auch diesbezüglich eine fehlende Vergleichbarkeit gegeben. Somit ist die monetäre Ergebnisgröße des GfK-Markensimulators inhaltlich mit keinem der innerhalb dieser Arbeit betrachteten monetären Wertmaße vergleichbar.

Abb. 96: Monetäre Wertmaße auf Basis der Markenkraft des GfK-Markensimulators

Röstkaffeemarkt								
Marke	Dallmayr	Eduscho	Idee Kaffee	Jacobs	Kaffee Hag	Melitta	Onko	Tchibo
Monetäres Wertmaß (Mio. DM)	537,3	161,7	86,6	1.214,7	112,2	516,2	27,0	614,7

Tafelschokoladenmarkt											
Marke	Alpia	Kinder-schoko.	Lindt	Merci	Milka	Ritter Sport	Sarotti	Sprengel	Toblerone	Trumpf	Yogurette
Monetäres Wertmaß (Mio. DM)	118,3	125,7	105,4	108,8	304,4	234,9	75,9	24,9	39,6	61,6	89,1

3.5.3. Transformationen in Anlehnung an den Brand Performancer

Im folgenden wird mit dem Brand Performancer von AC Nielsen / Konzept und Markt ein kommerzielles monetäres Spezialtool behandelt, das zur Gruppe der kombinierten Verfahren zählt. Als solches beinhaltet der Brand Performancer ein Scoringmodell mit verschiedenen Markenwertindikatoren, das eine zentrale Komponente im Rahmen der Ermittlung der monetären Ergebnisgröße dieses Verfahrens darstellt.[505] Da innerhalb von Scoringmodellen prinzipiell verschiedene Markenwertindikatoren einbezogen werden können, ergibt sich gerade bei kombinierten Verfahren ein Auswahlproblem hinsichtlich der zu verwendenden Indikatoren bzw. Indikatorkombination.[506] Dies findet auch seinen Ausdruck darin, daß die bestehenden kombinierten Verfahren jeweils sehr verschiedene Kombinationen von Markenwertindikatoren verwenden.[507] Die Zusammensetzung der verwendeten Indikatorkombination übt hierbei einen entscheidenden Einfluß auf die monetäre Ergebnisgröße von kombinierten Verfahren aus. Am Beispiel des Brand Performancers soll im folgenden exemplarisch untersucht werden, welche quantitativen Auswirkungen alternative Indikatorverwendungen auf die resultierende monetäre Ergebnisgröße haben. Hierfür werden bei der An-

[505] Zur Methodik des Brand Performancers vgl. Abschnitt 2.4.2.1.1.

[506] Vgl. Abschnitt 2.3.2.3.6.

[507] Vgl. Abschnitt 2.4.2.6.

wendung der Bewertungsmethodik des Brand Performancers verschiedene Einzelindikatoren und Indikatorkombinationen unter Konstanthaltung aller übrigen Determinanten einbezogen. Die jeweils resultierenden monetären Ergebnisgrößen werden schließlich systematisch miteinander verglichen.

Unter den insgesamt 35 im Rahmen dieser Arbeit erhobenen Markenwertindikatoren bzw. Indikatorkombinationen[508] wurde zunächst eine Teilauswahl für die im folgenden einzubeziehenden Indikatoren getroffen. Aus verschiedenen Gründen wurde eine Reihe von Indikatoren ausgeschlossen. Hierzu zählen die direkt und indirekt ermittelten Preis-Premien und Marken-Wahlanteile wie auch die Markenkraft des GfK-Markensimulators, da diese Indikatoren jeweils einen spezifischen Bestandteil anderer Markenbewertungsverfahren darstellen.[509] Da die Markenwertindikatoren für Markentransfers sich inhaltlich auf andere als die hier untersuchten Märkte beziehen, erschien deren Einbeziehung ebenfalls nicht sinnvoll. Aufgrund ihrer zuvor festgestellten extremen statistischen Abweichungen von den übrigen Indikatoren erfolgte ein Ausschluß der Marktpreise und Distributionsquoten. Von den mengen- und wertmäßigen Bedarfsdeckungsraten wurden nur die wertmäßigen Bedarfsdeckungsraten einbezogen. Schließlich wurden auch die Marken-Teilnutzen nicht einbezogen, da deren Erhebung jeweils nur für fünf Marken erfolgte. Für die verbleibenden 20 Indikatoren bzw. Indikatorkombinationen[510] erfolgte jeweils die Berechnung eines monetären Wertmaßes anhand einer der folgenden Formel, welche die Bewertungsmethodik des Brand Performancers nachvollzieht.

Monetäre Transformation des Brand Performancers:

$$E_{\overline{m},i} = \frac{ATR_{\overline{m},i}}{\sum_{m \in M} ATR_{m,i}} * \frac{WMV * UR * 100}{z}; i \in I$$

Symbole:

$E_{m,i}$: Ertragswert der Marke m gemäß Einzelindikator i
$ATR_{m,i}$: Attraktion der Marke m gemäß Einzelindikator i
WMV: wertmäßiges Marktvolumen der betrachteten Marken
UR: Umsatzrendite des betrachteten Marktes
z: Kapitalmarktzins

---

[508] Vgl. Abschnitt 3.2.1.

[509] Vgl. Abschnitt 3.5.1. und Abschnitt 3.5.2.

[510] Für die Indikatorkombinationen wurden jeweils die zuvor ermittelten Punktwerte verwendet; diese können als aggregierte Punktwerte hier wie ein Einzelindikatoren behandelt werden; vgl. Abschnitt 3.3.4.

Innerhalb des ersten Transformationsschritts erfolgte eine Berechnung von relativen Markenstärken je Indikator bzw. Indikatorkombination, welche in einem nächsten Schritt auf das anteilige Marktvolumen der untersuchten Marken (Röstkaffeemarkt: 3,446 Mrd. DM; Tafelschokoladenmarkt: 1,733 Mrd. DM) umgelegt wurden. Zur Berechnung einer gewinnbezogenen Größe sieht der Brand Performancer im nächsten Schritt eine Multiplikation mit der durchschnittlichen Umsatzrendite der Branche vor. Da diesbezüglich keine Daten vorlagen, wurde hierfür in beiden Märkten ein (fiktiver) Satz von 10% verwendet. Das resultierende kurzfristige Wertmaß wird sodann unter Annahme konstanter Verhältnisse sowie einer unendlichen Restlebensdauer der Marke in eine ewige Rente überführt und im letzten Schritt mittels Division durch den Kapitalmarktzins in einen abdiskontierten Gegenwartswert. Hierbei wurde ein (fiktiver) Kapitalmarktzins von 7% zugrundegelegt. Da beim Brand Performancer keine Trennung zwischen marken- und produktspezifischen Komponenten erfolgt, stellt die finale Ergebnisgröße keinen monetären Markenwert dar, sondern vielmehr eine theoretisch aufgrund der Markenstärke erzielbare, langfristige Gewinngröße für das Markenprodukt, welche jedoch nicht dem tatsächlichen Gewinn entspricht. Inwieweit dieses Wertmaß im Hinblick auf eine Markenbewertung inhaltlich hilfreich ist, erscheint fraglich.

Bei Betrachtung der Transformationsformel wird der Einflusses der einzelnen Determinanten auf die Ergebnisgröße des Brand Performancers ersichtlich. Das monetäre Wertmaß wird durch das markenspezifische Kriterium der (indikatorbasierten) relativen Markenstärke sowie durch drei hier konstant gehaltene Außenkriterien (Marktvolumen, Umsatzrendite, Kapitalmarktzins) determiniert. Die relative Markenstärke als Quotient aus der Attraktivität der zu bewertenden Marke und der Summe der Attraktivitäten aller Marken ist wiederum abhängig von den jeweiligen Indikatorausprägungen der zu bewertenden Marke sowie von denen aller Wettbewerbsmarken. Betrachtet man die Transformationsformeln hinsichtlich der Elastizität des monetären Wertmaßes (ϵ) in bezug auf seine Determinanten, so ist festzustellen, daß diese ceteris paribus in bezug auf die relative Markenstärke, das Marktvolumen und die Umlaufrendite des Marktes jeweils +1 beträgt und in Bezug auf den Kapitalmarktzins $0 > \epsilon > -1$ gilt. Des weiteren gilt für die Elastizität des Ertragswerts in Bezug auf die Attraktivität der zu bewertenden Marke $\epsilon > 1$ und für die Elastizität des Ertragswerts in Bezug auf die Attraktivität einer Wettbewerbsmarke $1 > \epsilon > 0$. Hieraus ist ersichtlich, daß das monetäre Wertmaß auf Änderungen der Indikatorausprägung für die zu bewertende Marke am sensibelsten reagiert. Somit übt die Indikatorenauswahl hier einen besonders hohen Einfluß auf die monetäre Ergebnisgröße aus.

Die Ergebnisse der monetären Transformationen unter Zugrundelegung verschiedener Indikatoren bzw. Indikatorkombinationen zeigt Abbildung 97. Für die dort ausgewiesenen monetären Wertmaße wurden jeweils markenweise Mittelwerte, Standardabweichungen, Spannweiten sowie prozentuale Abweichungen vom Mittelwert berechnet. Diese einfachen statistischen Maße bilden die Grundlage der folgenden Vergleichsbetrachtungen. Da die Indikatorkombination K6b eine Nachbildung des Indikatorenmodells vom Brand Performancer unter Anwendung der dortigen Indikatorengewichtung darstellt, entsprechen die hier ausgewiesenen monetären Werte dem tatsächlichen Bewertungsergebnis dieses kommerziellen Tools.

Bei Betrachtung der Ergebnisse für den Röstkaffeemarkt fällt auf, daß die monetären Wertmaße je Marke nur zum Teil erhebliche Abweichungen aufweisen, was sich auch in der relativ geringen Höhe der ermittelten Standardabweichungen ausdrückt. Bei vier Marken (Dallmayr, Eduscho, Melitta, Tchibo) liegen die Spannweiten der Wertmaße deutlich unterhalb des Mittelwerts; bei den übrigen Marken weisen Spannweiten und Mittelwerte annähernd die gleiche Höhe auf (Jacobs, Onko) bzw. liegen die Spannweiten deutlich oberhalb des Mittelwerts (Idee Kaffee, Kaffee Hag). So zeigt sich auch bei markenweiser Betrachtung der prozentualen Abweichungen vom Mittelwert, daß Jacobs, Idee Kaffee, Kaffee Hag und Onko eine besonders hohe Streuung der monetären Wertmaße aufweisen. Bei diesen Marken treten gehäuft Abweichungen vom Mittelwert auf, deren Betrag jeweils höher als 10% ist. Weiterhin treten nur bei diesen Marken Abweichungen auf, deren Betrag 50% übersteigt. Angesichts dessen, daß Jacobs nach den meisten Beurteilungskriterien die erstplazierte Marke darstellt und Idee Kaffee, Kaffee Hag bzw. Onko zumeist das Schlußfeld bilden, deutet sich an, daß die Markenbewertung hier insbesondere in den Randbereichen des Marktes divergiert. Entsprechend treten bei den Mittelfeldmarken Dallmayr, Eduscho und Melitta jeweils die meisten Abweichungen auf, deren Betrag jeweils nur unterhalb von 10% liegt. Bei indikatorenweiser Betrachtung der Abweichungen vom Mittelwert fällt auf, daß besonders hohe Werte bei Marktanteil, Markentreue (regelmäßige Verwendung) sowie zuletzt gekaufter Marke bestehen. Diese Indikatoren weisen die inhaltliche Gemeinsamkeit auf, daß sie eng mit realen Markttransaktionen in Verbindung stehen.

Die Ergebnisse für den Tafelschokoladenmarkt zeigen ein vergleichsweise diffuseres Bild, bei dem jedoch im wesentlichen die gleichen Beobachtungen wie im Röstkaffeemarkt gemacht werden können. Auch hier treten durchgängig relativ geringe Standardabweichungen auf. Bei sieben Marken (Milka, Ritter Sport, Merci, Sarotti, Sprengel, Toblerone, Trumpf) übersteigt die Höhe der Spannweite den Mittelwert der monetären Wertmaße. Bei den prozentualen Abweichungen vom Mittelwert weisen auch hier Topfeldmarken (Milka, Ritter Sport) und Schlußfeldmarken (Trumpf, Sprengel, Toblerone) besonders hohe Werte auf. Weiterhin fällt auf, daß auch hier Marktanteil, Markentreue (regelmäßige Verwendung), zuletzt gekaufte Marke und überdies auch Käuferreichweite jeweils besonders hohe Abweichungen aufzeigen.

Abb. 97: Monetäre Transformationen in Anlehnung an den Brand Performancer

	Röstkaffeemarkt							
Marke / Indikator	Dall-mayr	Eduscho	Idee Kaffee	Jacobs	Kaffee Hag	Melitta	Onko	Tchibo
Ermittelte monetäre Wertmaße in Mio. DM								
Marktanteil	637,7	631,3	133,9	1294,6	108,4	765,3	255,1	1096,9
Wiederkaufrate	640,5	628,6	467,9	731,7	458,1	703,5	566,7	726,3
Käuferreichweite	647,8	717,5	204,3	1086,3	166,9	797,3	431,0	872,0
Bedarfsdeckung	653,3	591,3	407,5	854,9	427,4	668,8	396,4	923,5
Bekanntheit	618,5	636,8	539,4	669,3	582,5	629,1	586,7	660,8
Relevant Set	585,6	752,4	180,2	1069,4	266,9	694,0	415,4	959,3
Markentreue	577,4	573,1	69,5	1541,2	299,6	629,5	182,3	1050,6
zuletzt gekauft	531,7	546,5	59,1	1619,7	241,2	644,9	152,6	1127,4
BPI	648,0	677,4	414,6	795,2	480,3	648,0	503,0	756,7
Markenscore	660,0	732,3	326,5	841,9	390,6	636,7	511,9	823,2
Score K1a	634,1	656,3	478,1	732,4	530,6	639,1	544,4	708,2
Score K1b	645,5	673,6	426,1	783,8	489,4	646,3	510,5	747,9
Score K2	645,3	650,2	495,0	714,2	539,4	630,5	546,7	701,9
Score K3	625,4	684,5	390,7	832,3	448,2	651,7	502,3	788,0
Score K4	634,2	682,2	394,0	818,9	458,1	653,9	502,4	779,5
Score K5	615,2	628,3	341,2	1002,3	454,4	636,5	423,3	821,9
Score K6a	644,9	594,4	450,9	841,2	488,8	656,7	519,3	727,0
Score K6b	625,5	638,1	397,0	883,7	428,4	668,9	487,5	794,0
Score K7a	638,5	626,0	483,6	770,6	502,2	652,4	532,1	717,7
Score K7b	639,4	650,6	452,0	788,2	482,5	652,7	514,2	743,5
MW	627,4	648,6	355,6	933,6	412,2	665,3	454,2	826,3
SA	29,8	50,3	142,3	260,2	125,0	43,4	119,6	133,1
Maximaler Wert	660,0	752,4	539,4	1619,7	582,5	797,3	586,7	1127,4
Minimaler Wert	531,7	546,5	59,1	669,3	108,4	629,1	152,6	660,8
Spannweite	128,3	205,9	480,3	950,4	474,1	168,2	434,1	466,6
Prozentuale Abweichungen vom Mittelwert je Marke								
Marktanteil	1,6	-2,7	-62,3	38,7	-73,7	15,0	-43,8	32,7
Wiederkaufrate	2,1	-3,1	31,6	-21,6	11,1	5,7	24,8	-12,1
Käuferreichweite	3,2	10,6	-42,5	16,4	-59,5	19,8	-5,1	5,5
Bedarfsdeckung	4,1	-8,8	14,6	-8,4	3,7	0,5	-12,7	11,8
Bekanntheit	-1,4	-1,8	51,7	-28,3	41,3	-5,4	29,2	-20,0
Relevant Set	-6,7	16,0	-49,3	14,5	-35,2	4,3	-8,5	16,1
Markentreue	-8,0	-11,6	-80,5	65,1	-27,3	-5,4	-59,9	27,1
zuletzt gekauft	-15,3	-15,7	-83,4	73,5	-41,5	-3,1	-66,4	36,4
BPI	3,3	4,4	16,6	-14,8	16,5	-2,6	10,7	-8,4
Markenscore	5,2	12,9	-8,2	-9,8	-5,2	-4,3	12,7	-0,4
Score K1a	1,1	1,2	34,5	-21,6	28,7	-3,9	19,9	-14,3
Score K1b	2,9	3,9	19,8	-16,0	18,7	-2,9	12,4	-9,5
Score K2	2,8	0,3	39,2	-23,5	30,9	-5,2	20,4	-15,1
Score K3	-0,3	5,5	9,9	-10,8	8,7	-2,0	10,6	-4,6
Score K4	1,1	5,2	10,8	-12,3	11,1	-1,7	10,6	-5,7
Score K5	-1,9	-3,1	-4,0	7,4	10,2	-4,3	-6,8	-0,5
Score K6a	2,8	-8,4	26,8	-9,9	18,6	-1,3	14,3	-12,0
Score K6b	-0,3	-1,6	11,7	-5,3	3,9	0,5	7,3	-3,9
Score K7a	1,8	-3,5	36,0	-17,5	21,8	-1,9	17,2	-13,1
Score K7b	1,9	0,3	27,1	-15,6	17,1	-1,9	13,2	-10,0
Abkürzungen: MW = Mittelwert; SA = Standardabweichung								

(Fortsetzung)

Abb. 97: Monetäre Transformationen in Anlehnung an den Brand Performancer

Marke / Indikator	Alpia	Kinder-schoko.	Lindt	Merci	Milka	Ritter Sport	Sarotti	Sprengel	Toblerone	Trumpf	Yogurette
Tafelschokoladenmarkt											
Ermittelte monetäre Wertmaße in Mio. DM											
Marktanteil	87,6	175,3	175,3	206,8	841,4	631,0	91,1	17,5	49,1	98,2	101,7
Wiederkaufrate	255,8	218,5	190,2	110,3	337,3	331,8	249,8	187,8	140,1	245,4	208,1
Käuferreichweite	232,5	221,9	106,3	39,9	597,8	572,6	215,2	39,9	75,7	220,5	152,8
Bedarfsdeckung	179,3	190,0	315,7	171,6	493,5	403,1	173,2	116,5	124,1	157,9	150,2
Bekanntheit	212,6	242,5	221,1	237,1	262,9	246,9	216,2	204,8	219,7	180,6	230,8
Relevant Set	178,9	259,4	203,0	251,9	438,8	357,7	144,5	131,6	202,5	81,1	225,6
Markentreue	108,4	352,1	163,3	190,1	677,4	468,2	72,7	40,8	142,9	33,2	225,8
zuletzt gekauft	116,3	401,0	148,5	101,5	878,6	487,6	54,5	37,1	64,4	56,9	128,7
BPI	182,0	247,7	254,5	247,7	295,3	268,1	177,5	181,3	225,8	166,9	228,1
Markenscore	176,8	246,4	258,4	258,0	330,9	297,1	186,7	174,7	208,5	136,4	201,1
Score K1a	197,4	245,1	237,4	242,7	278,8	257,8	196,4	193,3	223,1	173,8	229,1
Score K1b	184,8	247,3	251,4	246,8	292,3	266,3	180,9	183,5	225,3	168,2	228,3
Score K2	194,2	244,9	253,6	241,2	274,6	253,6	197,9	190,5	222,6	174,4	227,6
Score K3	188,9	249,9	236,7	244,9	329,1	288,7	179,8	170,7	216,1	143,5	226,8
Score K4	186,2	250,6	243,2	245,6	318,7	283,4	177,6	173,3	220,3	149,1	227,1
Score K5	168,4	280,7	213,0	225,4	412,0	327,7	155,2	142,0	196,5	126,3	227,9
Score K6a	175,8	240,3	199,9	249,3	379,5	351,3	172,5	125,4	186,4	176,9	217,7
Score K6b	177,0	232,3	204,1	238,0	414,5	357,2	170,5	139,3	180,8	156,3	205,2
Score K7a	187,5	235,2	205,9	229,1	353,2	335,4	188,5	141,6	183,2	198,6	216,8
Score K7b	183,2	237,5	222,0	234,5	344,8	319,8	182,3	151,9	194,4	187,0	217,7
MW	178,7	250,9	215,2	210,6	427,6	355,3	169,2	137,2	175,1	151,6	203,9
SA	37,5	48,0	44,7	58,4	177,9	104,6	46,4	57,0	55,3	50,9	37,3
Maximaler Wert	255,8	401,0	315,7	258,0	878,6	631,0	249,8	204,8	225,8	245,4	230,8
Minimaler Wert	87,6	175,3	106,3	39,9	262,9	246,9	54,5	17,5	49,1	33,2	101,7
Spannweite	168,2	225,7	209,4	218,1	615,7	384,1	195,3	187,3	176,7	212,2	129,1
Prozentuale Abweichungen vom Mittelwert je Marke											
Marktanteil	-51,0	-30,1	-18,5	-1,8	96,8	77,6	-46,1	-87,2	-72,0	-35,2	-50,1
Wiederkaufrate	43,2	-12,9	-11,6	-47,6	-21,1	-6,6	47,7	36,9	-20,0	61,9	2,1
Käuferreichweite	30,1	-11,6	-50,6	-81,1	39,8	61,2	27,2	-70,9	-56,8	45,5	-25,0
Bedarfsdeckung	0,3	-24,3	46,7	-18,5	15,4	13,5	2,4	-15,1	-29,1	4,2	-26,3
Bekanntheit	19,0	-3,4	2,8	12,6	-38,5	-30,5	27,8	49,3	25,5	19,2	13,2
Relevant Set	0,1	3,4	-5,7	19,6	2,6	0,7	-14,6	-4,1	15,7	-46,5	10,7
Markentreue	-39,3	40,3	-24,1	-9,7	58,4	31,8	-57,0	-70,3	-18,4	-78,1	10,8
zuletzt gekauft	-34,9	59,8	-31,0	-51,8	105,5	37,2	-67,8	-73,0	-63,2	-62,5	-36,9
BPI	1,9	-1,3	18,3	17,6	-30,9	-24,5	4,9	32,2	29,0	10,1	11,9
Markenscore	-1,1	-1,8	20,1	22,5	-22,6	-16,4	10,4	27,4	19,1	-10,0	-1,4
Score K1a	10,5	-2,3	10,3	15,2	-34,8	-27,4	16,1	40,9	27,4	14,7	12,4
Score K1b	3,4	-1,4	16,8	17,2	-31,6	-25,0	6,9	33,8	28,7	11,0	12,0
Score K2	8,7	-2,4	17,9	14,5	-35,8	-28,6	17,0	38,9	27,1	15,1	11,6
Score K3	5,7	-0,4	10,0	16,3	-23,0	-18,7	6,3	24,4	23,4	-5,3	11,3
Score K4	4,2	-0,1	13,0	16,6	-25,5	-20,2	5,0	26,3	25,8	-1,6	11,4
Score K5	-5,8	11,9	-1,0	7,0	-3,6	-7,8	-8,2	3,5	12,2	-16,7	11,8
Score K6a	-1,6	-4,2	-7,1	18,4	-11,2	-1,1	2,0	-8,6	6,5	16,7	6,8
Score K6b	-0,9	-7,4	-5,1	13,0	-3,1	0,5	0,8	1,5	3,3	3,1	0,7
Score K7a	4,9	-6,3	-4,3	8,8	-17,4	-5,6	11,4	3,2	4,6	31,0	6,4
Score K7b	2,5	-5,4	3,2	11,3	-19,4	-10,0	7,8	10,7	11,0	23,4	6,8

Abkürzungen: MW = Mittelwert; SA = Standardabweichung

Bei Betrachtung der Ergebnisse für den Röstkaffeemarkt fällt auf, daß die monetären Wertmaße je Marke nur zum Teil erhebliche Abweichungen aufweisen, was sich auch in der relativ geringen Höhe der ermittelten Standardabweichungen ausdrückt. Bei vier Marken (Dallmayr, Eduscho, Melitta, Tchibo) liegen die Spannweiten der Wertmaße deutlich unterhalb des Mittelwerts; bei den übrigen Marken weisen Spannweiten und Mittelwerte annähernd die gleiche Höhe auf (Jacobs, Onko) bzw. liegen die Spannweiten deutlich oberhalb des Mittelwerts (Idee Kaffee, Kaffee Hag). So zeigt sich auch bei markenweiser Betrachtung der prozentualen Abweichungen vom Mittelwert, daß Jacobs, Idee Kaffee, Kaffee Hag und Onko eine besonders hohe Streuung der monetären Wertmaße aufweisen. Bei diesen Marken treten gehäuft Abweichungen vom Mittelwert auf, deren Betrag jeweils höher als 10% ist. Weiterhin treten nur bei diesen Marken Abweichungen auf, deren Betrag 50% übersteigt. Angesichts dessen, daß Jacobs nach den meisten Beurteilungskriterien die erstplazierte Marke darstellt und Idee Kaffee, Kaffee Hag bzw. Onko zumeist das Schlußfeld bilden, deutet sich an, daß die Markenbewertung hier insbesondere in den Randbereichen des Marktes divergiert. Entsprechend treten bei den Mittelfeldmarken Dallmayr, Eduscho und Melitta jeweils die meisten Abweichungen auf, deren Betrag jeweils nur unterhalb von 10% liegt. Bei indikatorweiser Betrachtung der Abweichungen vom Mittelwert fällt auf, daß besonders hohe Werte bei Marktanteil, Markentreue (regelmäßige Verwendung) sowie zuletzt gekaufter Marke bestehen. Diese Indikatoren weisen die inhaltliche Gemeinsamkeit auf, daß sie eng mit realen Markttransaktionen in Verbindung stehen.

Die Ergebnisse für den Tafelschokoladenmarkt zeigen ein vergleichsweise diffuseres Bild, bei dem jedoch im wesentlichen die gleichen Beobachtungen wie im Röstkaffeemarkt gemacht werden können. Auch hier treten durchgängig relativ geringe Standardabweichungen auf. Bei sieben Marken (Milka, Ritter Sport, Merci, Sarotti, Sprengel, Toblerone, Trumpf) übersteigt die Höhe der Spannweite den Mittelwert der monetären Wertmaße. Bei den prozentualen Abweichungen vom Mittelwert weisen auch hier Topfeldmarken (Milka, Ritter Sport) und Schlußfeldmarken (Trumpf, Sprengel, Toblerone) besonders hohe Werte auf. Weiterhin fällt auf, daß auch hier Marktanteil, Markentreue (regelmäßige Verwendung), zuletzt gekaufte Marke und überdies auch Käuferreichweite jeweils besonders hohe Abweichungen aufzeigen.

Zusammenfassend kann für beide betrachteten Märkte festgestellt werden, daß die Auswahl von Einzelindikatoren bzw. Indikatorkombinationen einen erheblichen Einfluß auf die Höhe des mit dem Brand Performancer ermittelten monetären Wertmaßes hat. Die bei der Untersuchung von statistischen Zusammenhängen festgestellte Konsistenz der Markenwertindikatoren ist im Hinblick auf die monetäre Transformation des Brand Performancers nicht gegeben.

3.5.4. Transformationen in Anlehnung an den Valmatrix-Ansatz

Nachdem mit dem Brand Performancer ein Kombiniertes Verfahren mit absatzmarktorientierten Schwerpunkt hinsichtlich der quantitativen Auswirkungen von variierenden Indikatorverwendungen untersucht wurde, soll nun noch eine weitere Unterart der Kombinierten Verfahren im Hinblick auf diesen Untersuchungszweck behandelt werden. Da angesichts der vorhandenen Daten am ehesten Kombinierte Verfahren mit lizenzierungsorientierten Schwerpunkt nachgebildet werden konnten, fiel die Wahl auf diese Verfahrensart; die hierbei angewandte Bewertungsmethodik ist an den Valmatrix-Ansatzes von Consor angelehnt.[511] Mit diesem Verfahren wird eine Bandbreite für den langfristigen monetären Markenwert ermittelt, die jedoch für den hier relevanten Untersuchungszweck weniger geeignet ist. Somit wurde die Transformationsfunktion des Valmatrix-Ansatzes diesbezüglich nicht originalgetreu nachgebildet; statt dessen erfolgte eine Adaption, die eine einwertige Ergebnisgröße hervorbringt.

Aus dem zuvor aufgezeigten Bewertungsbeispiel des Valmatrix-Ansatzes kann der benötigte Dateninput für dieses Verfahren entnommen werden.[512] Da keine spezifischen Referenzdaten hinsichtlich Lizenztransaktionen für die betrachteten Marken bzw. Märkte vorlagen, war eine Lizenzsatzspannweite auf Basis allgemein erhältlicher Daten zu bestimmen. Nach Binder (2001) liegen marktübliche Lizenzsätze des Food/Getränkebereichs innerhalb Deutschlands zwischen 3% (l_{min}) und 8% (l_{max}) vom Umsatz;[513] diese Spannweite wurde im folgenden zugrundegelegt. Hinsichtlich der aktuellen Umsatzbasis (UMS_m) lagen spezifische Daten für die einzelnen Marken vor.[514] Für die jährliche Wachstumsrate des Umsatzes und für die verbleibende Restlebensdauer der Marken wurden jeweils vereinfachend 0% bzw. eine unendliche Laufzeit angenommen; als risikoadjustierte Diskontierungsrate (r) wurden pauschal 10% angesetzt. Die Berechnung von indikatorspezifischen Lizenzsätzen je Marke ($LS_{m,i}$) und von monetären Markenwertmaßen ($MW_{m,i}$) erfolgte anhand der folgenden Formeln. Die darin enthaltenen Markenscores je Indikator bzw. Indikatorkombination ($SC_{m,i}$) wurden anhand der bereits zuvor verwandten Transformationsformeln ermittelt.[515] Weiterhin wurde die im vorherigen Abschnitt getroffene Auswahl von 20 Indikatoren und Indikatorkombinationen (i) für diese Untersuchung unverändert übernommen.

---

[511] Zur Methodik des Valmatrix-Ansatzes vgl. Abschnitt 2.4.2.2.1.

[512] Siehe hierzu Abbildung 21.

[513] Vgl. Binder (2001), S. 405.

[514] Vgl. Abschnitt 3.5.1.

[515] Vgl. Abschnitt 3.3.4.

Berechnung von markenspezifischen Lizenzsätzen:

$$LS_{m,i} = l_{\min} + \frac{SC_{m,i} * (l_{\max} - l_{\min})}{10}; \ l_{\min} \leq LS_{m,i} \leq l_{\max}; \ m \in M; \ i \in I$$

Berechnung von monetären Markenwerten:

$$MW_{m,i} = \frac{LS_{m,i} * UMS_m}{r}; \ m \in M; \ i \in I$$

Symbole:

$LS_{m,i}$: Lizenzsatz der Marke m nach Indikator i
$MW_{m,i}$: Markenwert der Marke m nach Indikator i
$SC_{m,i}$: Markenscore der Marke m nach Indikator i
UMS_m: Umsatz der Marke m
l_{min}: minimaler Lizenzsatz
l_{max}: maximaler Lizenzsatz
r: risikoadjustierter Diskontierungsfaktor

Zur Berechnung von monetären Markenwertmaßen wurde zunächst ein Punktwert je Indikator bzw. Indikatorkombination ermittelt, der in einem nächsten Schritt zur linearen Interpolation innerhalb der Lizenzsatzbandbreite diente. Hierbei entsprach ein Punktwert von null bzw. zehn Punkten dem minimalen bzw. maximalen Lizenzsatz. Im nächsten Schritt wurden die indikatorspezifischen Lizenzsätze der Marken mit den Periodenumsätzen der Markenprodukte multipliziert; die Ergebnisgröße stellt ein kurzfristiges monetäres Markenwertmaß dar. Durch die Zugrundelegung konstanter Verhältnisse (Nullwachstum) und einer unendlichen Lebensdauer der Marken resultiert eine ewige Rente, für die ein diskontierter Gegenwartswert mittels Division des kurzfristigen Wertmaßes durch den Diskontierungsfaktor ermittelt wird. Die finale Ergebnisgröße kann als langfristiger monetärer Markenwert interpretiert werden.

In die Wertermittlung gehen als Dateninput ein indikatorspezifischer Markenscore, eine Bandbreite marktüblicher Lizenzsätze, Periodenumsätze der Markenprodukte sowie ein Diskontierungsfaktor ein. Betrachtet man die Transformationsformeln hinsichtlich der Elastizität des monetären Wertmaßes (ϵ) in Bezug auf seine Determinanten, so zeigt sich, daß diese ceteris paribus in bezug auf den Markenscore und den Umsatz jeweils +1 beträgt. Weiterhin gilt für die Elastizität des Markenwerts in Bezug auf den minimalen Lizenzsatz $\epsilon > 1$, für die Elastizität des Markenwerts in Bezug auf den maximalen Lizenzsatz $1 > \epsilon > 0$ und für die Elastizität des Markenwerts in Bezug auf den Kapitalmarktzins $0 > \epsilon > -1$. Hieraus wird ersichtlich, daß dieses monetäre Wertmaß am sensibelsten auf

Änderungen des minimalen Lizenzsatzes reagiert. Im Rahmen der Bestimmung einer Lizenzsatzspannweite hätte somit ein Ausschluß von Referenztransaktionen mit sehr geringen Lizenzsätzen einen relativ hohen Einfluß auf das monetäre Markenwertmaß.

Die Ergebnisse der monetären Transformation in Anlehnung an den Valmatrix-Ansatz sind in Abbildung 98 zusammengefaßt. Es fällt auf, daß in beiden Märkten vergleichsweise geringere Abweichungen in der absoluten Höhe der indikatorspezifischen Wertmaße auftreten, was in der beschränkenden Wirkung der Lizenzsatzspannweite begründet liegt. Diese hat zur Folge, daß Abweichungen der monetären Wertmaße vornehmlich bei Mittelfeldmarken auftreten, da der jeweils besten bzw. schlechtesten Marke ceteris paribus ein Höchst- bzw. Mindestmarkenwert zugewiesen wird, der überdies nicht von der Markenstärke anderer Vergleichsmarken abhängig ist. Das Bestehen eines Mindestmarkenwerts erscheint für die hier betrachteten Marken insofern grundsätzlich plausibel, als daß diese durchweg renommiert und erfolgreich am Markt etabliert sind. Die Maximalbewertung einer Marke ist bei dieser Transformationsmethodik erreicht, sobald diese nach dem jeweiligen Beurteilungskriterium erfolgreicher ist als alle übrigen Wettbewerbsmarken. Sofern hinsichtlich des betreffenden Erfolgskriteriums eine weitere Verbesserung erfolgt, schlägt sich diese nicht in einem höheren Markenwert nieder. Diesbezüglich ist die obere Begrenzung des Markenwerts kritisch zu hinterfragen.

Die innerhalb beider Märkte geringeren Abweichungen der monetären Wertmaße zeigen sich insbesondere auch anhand der relativ geringen Standardabweichungen sowie anhand der in Relation zum Mittelwert geringen Spannweiten. Eine Ausnahme bildet hierbei die Marke Dallmayr, bei welcher die monetären Wertmaße auf Basis von Wiederkaufrate, Käuferreichweite und Bedarfsdeckung deutlich nach oben abweichen. Innerhalb beider Märkte treten insgesamt auch sehr viel geringere prozentuale Abweichungen vom Mittelwert auf als bei den Transformationen in Anlehnung an den Brand Performancer.

Zusammenfassend kann für die in diesem Abschnitt vorgenommenen Transformationen konstatiert werden, daß hier eine über weite Bereiche beliebige Indikatorenverwendung erfolgen kann, die in der Folge nur relativ geringe Abweichungen der Bewertungsergebnisse bewirkt.

Abb. 98: Monetäre Transformation in Anlehnung an den Valmatrix-Ansatz

Indikator \ Marke	Dallmayr	Eduscho	Idee Kaffee	Jacobs	Kaffee Hag	Melitta	Onko	Tchibo
Röstkaffeemarkt								
Ermittelte monetäre Wertmaße in Mio. DM								
Marktanteil	234,4	230,0	29,1	725,0	22,8	309,0	64,6	550,3
Wiederkaufrate	1011,7	270,2	29,8	725,0	22,8	400,9	89,0	606,6
Käuferreichweite	888,2	264,9	30,0	725,0	22,8	344,3	79,2	524,8
Bedarfsdeckung	766,9	214,3	29,1	665,9	25,0	299,1	53,6	614,2
Bekanntheit	270,1	298,3	28,1	725,0	35,3	345,6	86,1	589,2
Relevant Set	236,6	274,8	28,1	725,0	26,5	315,5	77,2	566,7
Markentreue	212,0	208,2	28,1	725,0	28,7	262,6	60,4	486,3
zuletzt gekauft	200,9	201,6	28,1	725,0	27,2	261,2	58,9	493,1
BPI	270,7	285,2	28,1	725,0	29,3	324,9	74,3	575,4
Markenscore	278,3	306,6	28,1	725,0	27,5	321,9	85,7	600,3
Score K1a	270,3	291,7	28,1	725,0	32,3	335,2	80,2	582,3
Score K1b	270,7	286,3	28,1	725,0	29,9	326,8	75,4	576,7
Score K2	280,1	292,1	28,1	725,0	32,0	330,2	77,9	592,4
Score K3	265,3	286,4	28,1	725,0	30,1	325,3	77,7	583,8
Score K4	270,4	287,8	28,1	725,0	30,4	329,4	77,6	585,2
Score K5	250,5	263,9	28,1	725,0	31,1	311,1	73,6	550,3
Score K6a	301,7	217,4	41,7	649,4	40,3	331,6	90,5	447,9
Score K6b	282,7	246,1	36,2	632,1	34,8	331,7	83,4	495,2
Score K7a	279,4	251,8	35,8	653,8	33,7	329,7	83,0	504,5
Score K7b	271,2	270,4	33,6	622,0	31,4	317,5	76,9	515,1
MW	355,6	262,4	30,1	704,9	29,7	322,7	76,3	552,0
SA	228,6	31,6	3,7	35,7	4,4	28,2	9,7	46,3
Maximaler Wert	1011,7	306,6	41,7	725,0	40,3	400,9	90,5	614,2
Minimaler Wert	200,9	201,6	28,1	622,0	22,8	261,2	53,6	447,9
Spannweite	810,8	105,0	13,6	103,0	17,5	139,7	36,9	166,3
Prozentuale Abweichungen vom Mittelwert je Marke								
Marktanteil	-34,1	-12,3	-3,4	2,9	-23,2	-4,2	-15,3	-0,3
Wiederkaufrate	184,5	3,0	-1,1	2,9	-23,2	24,2	16,7	9,9
Käuferreichweite	149,8	1,0	-0,4	2,9	-23,2	6,7	3,9	-4,9
Bedarfsdeckung	115,7	-18,3	-3,4	-5,5	-15,8	-7,3	-29,7	11,3
Bekanntheit	-24,0	13,7	-6,7	2,9	18,9	7,1	12,9	6,7
Relevant Set	-33,5	4,7	-6,7	2,9	-10,8	-2,2	1,2	2,7
Markentreue	-40,4	-20,7	-6,7	2,9	-3,4	-18,6	-20,8	-11,9
zuletzt gekauft	-43,5	-23,2	-6,7	2,9	-8,4	-19,1	-22,8	-10,7
BPI	-23,9	8,7	-6,7	2,9	-1,3	0,7	-2,6	4,2
Markenscore	-21,7	16,8	-6,7	2,9	-7,4	-0,2	12,4	8,7
Score K1a	-24,0	11,2	-6,7	2,9	8,8	3,9	5,2	5,5
Score K1b	-23,9	9,1	-6,7	2,9	0,7	1,3	-1,1	4,5
Score K2	-21,2	11,3	-6,7	2,9	7,8	2,3	2,2	7,3
Score K3	-25,4	9,1	-6,7	2,9	1,4	0,8	1,9	5,8
Score K4	-24,0	9,7	-6,7	2,9	2,4	2,1	1,8	6,0
Score K5	-29,6	0,6	-6,7	2,9	4,7	-3,6	-3,5	-0,3
Score K6a	-15,2	-17,1	38,4	-7,9	35,7	2,8	18,7	-18,9
Score K6b	-20,5	-6,2	20,2	-10,3	17,2	2,8	9,4	-10,3
Score K7a	-21,4	-4,0	18,8	-7,3	13,5	2,2	8,8	-8,6
Score K7b	-23,7	3,0	11,5	-11,8	5,7	-1,6	0,8	-6,7

Abkürzungen: MW = Mittelwert; SA = Standardabweichung

(Fortsetzung)

Abb. 98: Monetäre Transformation in Anlehnung an den Valmatrix-Ansatz

Tafelschokoladenmarkt											
Marke / Indikator	Alpia	Kinder-schoko.	Lindt	Merci	Milka	Ritter Sport	Sarotti	Spren-gel	Toble-rone	Trumpf	Yogu-rette
Ermittelte monetäre Wertmaße in Mio. DM											
Marktanteil	21,2	48,6	48,6	60,1	471,2	297,0	22,0	3,7	11,0	24,0	25,0
Wiederkaufrate	38,0	66,1	58,4	43,4	471,2	348,1	38,8	5,8	12,6	41,1	36,7
Käuferreichweite	29,1	56,8	44,1	43,4	471,2	343,4	29,2	3,7	11,4	31,7	28,6
Bedarfsdeckung	23,6	48,8	69,2	54,0	471,2	300,4	23,9	3,7	10,7	24,4	24,5
Bekanntheit	30,4	83,0	67,0	93,1	471,2	310,4	32,9	5,5	18,5	20,6	43,1
Relevant Set	26,7	67,4	57,7	78,0	471,2	303,3	24,8	4,5	16,1	20,6	36,1
Markentreue	22,1	67,2	49,2	61,1	471,2	281,7	21,1	3,8	13,2	20,6	32,0
zuletzt gekauft	21,2	63,3	44,9	49,0	471,2	250,7	19,8	3,7	10,9	21,4	25,2
BPI	22,1	75,4	78,7	89,0	471,2	306,6	21,8	4,4	18,2	20,6	38,3
Markenscore	24,8	71,5	75,3	88,7	471,2	315,0	27,4	4,9	16,7	20,6	33,2
Score K1a	26,2	79,1	72,7	91,2	471,2	309,2	27,3	4,9	18,4	20,6	40,7
Score K1b	22,8	76,1	77,5	89,4	471,2	307,4	22,7	4,5	18,2	20,6	38,8
Score K2	25,5	80,7	82,5	91,9	469,7	307,0	27,6	4,8	18,6	20,6	40,7
Score K3	25,9	76,3	74,2	87,4	470,2	305,5	26,7	4,7	17,8	20,6	39,1
Score K4	24,8	77,5	77,0	88,3	470,4	308,1	25,1	4,6	18,2	20,6	39,1
Score K5	24,8	75,3	64,8	81,1	471,2	300,4	25,2	4,5	16,7	20,6	37,8
Score K6a	27,0	68,7	57,9	84,0	420,6	328,3	27,1	4,4	16,8	31,2	38,0
Score K6b	26,3	64,5	56,6	77,8	432,9	319,8	25,8	4,6	16,1	27,5	35,3
Score K7a	27,1	71,1	62,8	77,7	432,6	324,1	29,1	4,6	16,6	32,5	38,7
Score K7b	26,3	64,5	56,6	77,8	432,9	319,8	25,8	4,6	16,1	27,5	35,3
MW	25,8	69,1	63,8	75,3	462,7	309,3	26,2	4,5	15,6	24,4	35,3
SA	3,7	9,4	11,6	16,5	16,7	20,1	4,2	0,6	2,8	5,6	5,4
Maximaler Wert	38,0	83,0	82,5	93,1	471,2	348,1	38,8	5,8	18,6	41,1	43,1
Minimaler Wert	21,2	48,6	44,1	43,4	420,6	250,7	19,8	3,7	10,7	20,6	24,5
Spannweite	16,8	34,4	38,4	49,7	50,6	97,4	19,0	2,1	7,9	20,5	18,6
Prozentuale Abweichungen vom Mittelwert je Marke											
Marktanteil	-17,8	-29,7	-23,8	-20,2	1,8	-4,0	-16,0	-17,7	-29,7	-1,6	-29,2
Wiederkaufrate	47,3	-4,3	-8,4	-42,4	1,8	12,5	48,1	29,0	-19,4	68,5	3,9
Käuferreichweite	12,8	-17,8	-30,9	-42,4	1,8	11,0	11,4	-17,7	-27,1	29,9	-19,0
Bedarfsdeckung	-8,5	-29,4	8,5	-28,3	1,8	-2,9	-8,8	-17,7	-31,6	0,0	-30,6
Bekanntheit	17,9	20,1	5,0	23,6	1,8	0,4	25,5	22,4	18,3	-15,6	22,1
Relevant Set	3,5	-2,5	-9,5	3,6	1,8	-1,9	-5,4	0,1	2,9	-15,6	2,2
Markentreue	-14,3	-2,7	-22,9	-18,9	1,8	-8,9	-19,5	-15,5	-15,6	-15,6	-9,4
zuletzt gekauft	-17,8	-8,4	-29,6	-34,9	1,8	-18,9	-24,4	-17,7	-30,3	-12,3	-28,6
BPI	-14,3	9,1	23,4	18,2	1,8	-0,9	-16,8	-2,1	16,4	-15,6	8,5
Markenscore	-3,9	3,5	18,1	17,8	1,8	1,8	4,6	9,0	6,8	-15,6	-6,0
Score K1a	1,6	14,5	14,0	21,1	1,8	0,0	4,2	9,0	17,6	-15,6	15,3
Score K1b	-11,6	10,1	21,5	18,7	1,8	-0,6	-13,4	0,1	16,4	-15,6	9,9
Score K2	-1,1	16,8	29,3	22,0	1,5	-0,7	5,3	6,8	18,9	-15,6	15,3
Score K3	0,4	10,4	16,3	16,0	1,6	-1,2	1,9	4,6	13,8	-15,6	10,7
Score K4	-3,9	12,2	20,7	17,2	1,7	-0,4	-4,2	2,3	16,4	-15,6	10,7
Score K5	-3,9	9,0	1,6	7,7	1,8	-2,9	-3,8	0,1	6,8	-15,6	7,1
Score K6a	4,7	-0,6	-9,2	11,5	-9,1	6,1	3,4	-2,1	7,4	27,9	7,6
Score K6b	2,0	-6,7	-11,3	3,3	-6,4	3,4	-1,5	2,3	2,9	12,7	0,0
Score K7a	5,1	2,9	-1,5	3,2	-6,5	4,8	11,0	2,3	6,1	33,2	9,6
Score K7b	2,0	-6,7	-11,3	3,3	-6,4	3,4	-1,5	2,3	2,9	12,7	0,0

Abkürzungen: MW = Mittelwert; SA = Standardabweichung

4. Schlußbetrachtung

Die vorliegende Arbeit verfolgte zwei zentrale Zielsetzungen. Das erste Ziel bestand darin, die wissenschaftliche Marketingliteratur um eine umfassende Übersicht, Systematisierung, kritische Analyse sowie einen Vergleich der Markenbewertungsverfahren aus Wissenschaft und Unternehmenspraxis zu ergänzen, wobei der Schwerpunkt auf monetären Markenbewertungsverfahren lag und hier insbesondere auf den Bewertungstools von Anbietern kommerzieller Markenbewertungsservices. Darüber hinaus wurden auch nichtmonetäre Verfahren behandelt, da diese oftmals als Basis für eine monetäre Bewertung dienen. Anhand der Verfahrensanalyse konnte auch ein Überblick der zur monetären und nichtmonetären Markenbewertung verwendeten Markenwertindikatoren erlangt werden, welcher eine Grundlage für die zweite Zielsetzung der Arbeit bildete. Das zweite Ziel bestand darin, die bisherige Forschung zum Bereich der Markenwertindikatoren um eine breitangelegte empirische Studie zu ergänzen, die eine hohe Anzahl möglichst verschiedenartiger Indikatoren umfaßt und hinsichtlich ihrer Interdependenzen sowie ihrer Eignung als Basis für eine monetäre Transformation untersucht. Hiermit wurde ein Beitrag zum Auswahlproblem von Markenwertindikatoren im Rahmen von monetären wie auch nichtmonetären Markenbewertungen geleistet.

Im Hinblick auf das **erste Ziel** erfolgte eine umfassende Literatur- und Internetrecherche sowie eine Unternehmensbefragung von insgesamt 116 Anbietern kommerzieller Markenbewertungsservices, von denen insgesamt 57 antworteten (Rücklaufquote = 49%). Aufbauend auf den Rechercheergebnissen und den zugesandten Materialien wurde eine Übersicht der in der Literatur referierten Markenbewertungsverfahren sowie eine Marktübersicht von insgesamt 50 nichtmonetären und 19 monetären kommerziellen Markenbewertungstools gegeben. Hinsichtlich der Übersicht, Systematisierung, Analyse und Vergleichsbetrachtungen von monetären wie auch nichtmonetären Markenbewertungsverfahren leistet diese Arbeit den bislang umfassendsten Beitrag in der Marketingliteratur. Ihr Beitrag zur Erhöhung der Transparenz in diesem Bereich ermöglicht es insbesondere auch markenverantwortlichen Führungskräften in der Unternehmenspraxis, eine inhaltlich fundiertere Beurteilung von Markenbewertungsverfahren sowie der hiermit jeweils ermittelten Wertmaße vorzunehmen.

Durch die Verfahrensanalyse wurde deutlich, im welchem Maße trotz weitgehend einheitlicher Verwendung des Begriffs „Markenwert" bzw. „Brand Equity" inhaltlich höchst unterschiedliche Wertmaße gemessen werden. Aufgrund dessen erscheint es kaum verwunderlich, daß bei Bewertung der selben Marke mit verschiedenen Verfahren oftmals hohe bzw. teils auch extreme Ergebnisabweichungen auftreten.[516] Neben einem uneinheitlichen Markenwertverständnis ha-

[516] Siehe hierzu insbesondere Nußbaum (1998).

ben diese auch ihren Ursprung in einer unterschiedlichen Handhabung der drei zentralen Problembereiche einer monetären Markenbewertung.

So werden im Rahmen des Isolierungsproblems teils nur markenrelevante Einzahlungen betrachtet und Auszahlungen gänzlich vernachlässigt mit dem Resultat, daß das ermittelte Wertmaß eine umsatz- und keine gewinnbezogene Größe darstellt. Weiterhin wird oftmals keine Trennung zwischen produkt- und markenspezifischen Ein- bzw. Auszahlungskomponenten vollzogen, wodurch nicht der isolierte Wert der Marke, sondern ein auf das markierte Produkt bezogenes Wertmaß Gegenstand der Bewertung ist. Überdies erfolgt zumeist keine Isolierung der Wirkungen von anderen immateriellen Wertgegenständen des Unternehmens, so daß auch hier kein rein markenspezifisches Wertmaß gemessen wird. Auch hinsichtlich des Prognoseproblems treten unterschiedliche Handhabungen auf. Einzelne Verfahren dienen zur Messung eines nur auf eine Periode bezogenen (kurzfristigen) Wertmaßes; hierbei findet das Prognoseproblem keinerlei Berücksichtigung. Doch auch die Ermittlung eines langfristigen Wertmaßes wird unterschiedlich vollzogen. So wird teils unter der pauschalen Annahme konstanter Verhältnisse eine naive Prognose vorgenommen und teils auf Basis von umfangreichen Datenmaterial und Expertenwissen eine explizit zukunftsorientierte Bewertung realisiert. Sofern eine Einbeziehung von Risikoaspekten überhaupt erfolgt, werden hier teils markenspezifische und teils branchenspezifische Aspekte berücksichtigt. Eine monetäre Bewertung von markenstrategischen Optionen wird trotz deren hoher wertmäßiger Bedeutung zumeist nicht realisiert; eine Ausnahme bildet hierbei das neu entwickelte Bewertungstool von GfK/PwC/Sattler.

Als Basis der weiteren Forschung wie auch der Verfahrensanwendung in der Unternehmenspraxis erscheint ein vereinheitlichtes Markenwertverständnis unabdingbar. Weiterhin ist eine Differenzierung der je Verfahren gemessenen Konstrukte hinsichtlich der Handhabung der drei zentralen Problembereiche einer monetären Markenbewertung zweckmäßig. Hierdurch kann ein bedeutender Beitrag zu mehr Transparenz innerhalb dieses Forschungsgebiets geleistet und ein Abbau der in der Unternehmenspraxis bestehenden Skepsis gegenüber Markenbewertungsverfahren begünstigt werden. Ein besonderer Schwerpunkt zukünftiger Forschung sollte auf der Bewertung von markenstrategischen Optionen liegen, da hier deren hohe wertmäßige Bedeutung im Kontrast zu dem Entwicklungsstand der Meßmethoden steht.

Im Hinblick auf das **zweite Ziel** erfolgte eine bundesweit repräsentative Erhebung von konsumentenorientierten Markenwertindikatoren für jeweils alle relevanten Herstellermarken der beiden Produktbereiche Röstkaffee und Tafelschokolade. Weiterhin wurden im Rahmen einer Laboruntersuchung mittels einer Choice Based Conjoint Analyse (CBC) indirekt abgefragte Preis-Premien und

Marken-Wahlanteile erhoben. Überdies konnten für alle betrachteten Marken ebenfalls bundesweit repräsentative Daten über marktorientierte Markenwertindikatoren auf Basis von GfK-Paneldaten sowie Bewertungsergebnisse des GfK-Markensimulators in die Analyse integriert werden. Auf Basis der vorhandenen Daten wurden Kombinationen von Markenwertindikatoren in Anlehnung an bekannte Markenbewertungsverfahren gebildet. Insgesamt gingen inklusive aller gebildeter Varianten 35 Indikatoren und Indikatorkombinationen in die Vergleichsbetrachtungen ein. Hierdurch stellt die vorliegende Arbeit die bislang umfassendste Untersuchung des hier interessierenden Forschungsgebiets dar. Gegenüber den bisherigen Studien, die jeweils Beschränkungen in ihrer externen Validität aufweisen und lediglich ein schmales Spektrum an Markenwertindikatoren abdecken, konnte somit ein tiefergreifender Forschungsbeitrag geleistet werden.

Für die betrachteten Indikatoren und Indikatorkombinationen wurden zunächst **statistische Zusammenhänge** anhand verschiedener Analysemethoden untersucht. Hierbei konnten mit Ausnahme von Marktpreis und Distributionsquote insgesamt erstaunlich starke Zusammenhänge zwischen den untersuchten Markenwertindikatoren und Indikatorkombinationen nachgewiesen werden. So bestehen insbesondere auf aggregierter Ebene viele hochsignifikante und stark positive Korrelationen. Auf disaggregierter Ebene konnte eine entsprechende Untersuchung nur bei denjenigen Indikatoren erfolgen, für welche auch hier Daten mit metrischem Skalenniveau vorlagen. Für diese Indikatoren konnten die auf aggregierter Ebene nachgewiesenen Zusammenhänge tendenziell bestätigt werden, obwohl deren Stärke auf disaggregierter Ebene vergleichsweise deutlich geringer ist und zwischen einigen Indikatoren auch keine Zusammenhänge nachweisbar waren. Darüber hinaus zeigte die Betrachtung von Marken-Rangreihen auf aggregierter Ebene, daß die untersuchten Marken weitgehend unabhängig vom jeweiligen Indikator in sehr ähnlichen bzw. annähernd identischen Rangreihen angeordnet werden, was sich auch in entsprechend hohen Rangreihenkorrelationen nach Kendalls Tau ausdrückt. Eine Einschränkung ist für die innerhalb der Labor-Stichprobe indirekt erhobenen Wertmaße zu machen, bei denen aufgrund der geringeren Fallzahl weniger signifikante Zusammenhänge nachweisbar waren und überdies im Tafelschokoladenmarkt eine Rangplatzvertauschung zwischen den beiden Topfeldmarken zu beobachten war. Weiterhin wurden gruppenweise Faktorenanalysen unter Anwendung der Hauptkomponentenmethode und Zugrundelegung des Kaiser-Kriteriums durchgeführt, bei denen stets nur ein Faktor extrahiert wurde, der jeweils zwischen 83% und 93% der Varianz erklärte. Die Befunde der Untersuchungen sind insofern bemerkenswert, als daß die betrachteten Indikatoren und Indikatorkombinationen höchst unterschiedliche Facetten des Markenwerts abdecken, welche inhaltlich oftmals kaum miteinander vergleichbar sind.

Über die Gründe der insgesamt überraschend starken Zusammenhänge zwischen vielen der untersuchten Indikatoren kann nur gemutmaßt werden. Hinsichtlich der konsumentengerichteten Markenwertindikatoren ist anzunehmen, daß die Art des beim Konsumenten vollzogenen Kaufentscheidungsprozesses eine wesentliche Ursache darstellt. So könnte bei den Konsumenten ein relativ geringes Involvement für die untersuchten Produktgruppen bzw. Marken bestehen, welches zu einer starken Vereinfachung der Kaufentscheidung führt. Dafür spricht, daß der Kauf von Röstkaffee bzw. Tafelschokolade aufgrund relativ niedriger absoluter Stückpreise und Verbrauchszeiträume für Konsumenten mit keinem hohen Risiko in Falle eines „Fehlkaufs“ verbunden ist. Überdies könnten die untersuchten Produkte bzw. Marken als weitgehend homogen bzw. ähnlich empfunden werden, so daß relativ wenig differenzierte Markenpräferenzen beim Konsumenten bestehen. So könnte sich einen undifferenziertes, kaufentscheidungsleitendes „Bauchgefühl“ ergeben, das sich in einer nur groben Markenbeurteilung („finde ich gut“ oder „finde ich nicht gut“) niederschlägt. Mangels wahrgenommener Unterschiede in Bezug auf Preis und Produktqualität wäre somit die Marke das wichtigste kaufentscheidungsleitende Kriterium, obwohl sie nicht die Basis differenzierter kognitiver Prozesse bildet. Ein derartiges Kaufverhalten einzelner Konsumenten schlägt sich schließlich auch tendenziell auf Gesamtmarktebene nieder, wodurch die Zusammenhänge zwischen einzelnen konsumenten- und marktorientierten Markenwertindikatoren begründbar sind. In der letztendlichen Konsequenz schneiden die untersuchten Marken über viele alternative Beurteilungskriterien hinweg weitgehend gleichförmig gut ab.

Marke, Preis und Distribution stellen jeweils eigenständige Marketing-Mix-Instrumente dar. Insofern erscheint es zunächst nicht überraschend, daß hinsichtlich Marktpreis und Distributionsquote kaum statistische Zusammenhänge mit den übrigen Markenwertindikatoren bestehen. Dennoch ist auch dieser Befund bemerkenswert, da aufgrund von Plausibilitätsüberlegungen anzunehmen ist, daß starke Marken höhere Preise am Markt durchzusetzen vermögen und auch eine entsprechend höhere Distribution erfahren. Es ist zu vermuten, daß sämtliche der hier untersuchten Markenprodukte aus Konsumentensicht insgesamt erschwingliche Preise und relativ geringe Preisdifferenzen aufweisen und überdies jeweils so hoch distribuiert sind, daß deren Erhältlichkeit keinen Engpaßfaktor darstellt. Demnach sind Preis und Distribution innerhalb der hier untersuchten Märkte zwei in geringerem Maße kaufentscheidungs- bzw. erfolgsrelevante Merkmale, während die Bedeutung der Marke entsprechend hoch ist.

Aus diesen Untersuchungsergebnissen kann unter Vorbehalt gefolgert werden, daß viele Indikatoren im Hinblick auf eine Markenwertmessung weitestgehend gleichermaßen gut geeignet sind. Somit bietet es sich an, bevorzugt möglichst einfach und kostengünstig zu erhebende Indikatoren zu verwenden; dementsprechend wäre eine indirekte Erhebung von Markenwertindikatoren mittels Conjoint Analysen zu vermeiden, da diese aufwendiger ist, nicht zu besseren Ergebnissen führt und aufgrund verfahrenstechnischer Beschränkungen vergleichsweise weniger Marken in die Untersuchung einbeziehbar sind.

Zur Untersuchung der Eignung von Markenwertindikatoren im Hinblick auf eine **monetäre Transformation** erfolgte eine Nachbildung der Transformationsfunktion des Brand Performancers von A.C. Nielsen / Konzept und Markt sowie der des Valmatrix-Ansatzes von Consor; bei letzterem wurde die Transformationsfunktion in Anpassung an den Untersuchungszweck sowie an die vorhandene Datenbasis leicht modifiziert. Hierbei zeigte sich, daß die in Anlehnung an den Brand Performancer ermittelten indikatorspezifischen monetären Wertmaße nur zum Teil erhebliche Abweichungen je Marke aufwiesen, welche insbesondere bei Marken des Top- und Schlußfeldes bestanden. Bei den in Anlehnung an den Valmatrix-Ansatz ermittelten indikatorspezifischen monetären Wertmaße traten je Marke vergleichsweise noch geringere Abweichungen auf, welche methodenbedingt bei einzelnen Marken des Mittelfelds bestanden. Bei beiden Transformationsarten zeigte sich, daß die Indikatorenverwendung im Rahmen einer monetären Markenbewertung nicht beliebig gestaltbar ist, wie es anhand der nachgewiesenen statistischen Zusammenhänge hätte erwartet werden können.

Weiterhin wurden auch die Markenkraft des GfK-Markensimulators sowie die Marken-Wahlanteile und Preis-Premien auf Basis direkter und indirekter Abfragen in periodenbezogene monetäre Wertmaße überführt, wobei jeweils die für diese Indikatoren bestehenden Transformationsverfahren Anwendung fanden. Aufgrund der inhaltlichen Unterschiedlichkeit konnten nur Vergleiche der monetären Wertmaße auf Basis direkt und indirekt erhobener Marken-Wahlanteile und Preis-Premien vorgenommen werden. Hierbei zeigte sich, daß jeweils erhebliche Abweichungen der transformierten monetären Wertmaße in Abhängigkeit von Modellierung und Erhebungsform auftreten. Hierdurch erscheinen Marken-Wahlanteile und Preis-Premien im Hinblick auf eine monetäre Markenwertmessung weniger gut geeignet; hinzu kommt, daß diese Indikatoren nicht auf tatsächlichen Markttransaktionen beruhen und insofern keine „harten“ ökonomischen Wertmaße darstellen.

Die Befunde sind jedoch mit Einschränkungen verbunden. Diese beziehen sich insbesondere auf die Verallgemeinerbarkeit über die hier betrachteten kurzlebigen Konsumgüter hinaus. Es ist zwar vorstellbar, daß die beschriebenen Zusammenhänge insbesondere bei anderen kurzlebigen Konsumgütern und darüber hinaus auch bei langlebigen Konsumgütern und Dienstleistungen bestehen, jedoch können auf Basis der vorliegenden Ergebnisse keine gesicherten Aussagen hierüber getroffen werden. Bei einer Übertragung der Erkenntnisse auf andere kurzlebige Konsumgüter ist somit Vorsicht geboten; eine Übertragung auf langlebige Konsumgüter und Dienstleistungen ist hingegen nur unter noch größerer

Vorsicht möglich. Weiterhin ist die Generalisierbarkeit der Aussagen auf Basis der innerhalb der Labor-Erhebung gezogenen Stichprobe eingeschränkt, da diesbezüglich kein Anspruch auf Bevölkerungsrepräsentativität erfüllbar ist. Jedoch wurden hier nur vier der insgesamt 35 untersuchten Indikatoren erhoben. Weiterhin wurde im Rahmen einer Stichprobenanpassung und Signifikanztests eine Vergleichbarkeit der Labor-Stichproben mit den Omnibus-Stichproben erzielt bzw. bestätigt, so daß diese Einschränkung reduziert werden konnte.

Insgesamt konnte die vorliegende Arbeit zwei bedeutende Forschungsbeiträge im Bereich der Markenbewertung leisten. Diese sollen Anregungen zur Verbesserung bestehender bzw. Entwicklung neuer monetärer Markenbewertungsverfahren geben und mehr Transparenz in diese von Wissenschaft und Unternehmenspraxis vieldiskutierte Thematik bringen.

Literaturverzeichnis

&Equity (2002a): Methodenbeschreibung CAPO, Methodenpräsentation, Hamburg 2002

&Equity (2002b): CAPO - Homo Ludens in Zahlen, Methodenpräsentation, Hamburg 2002

A.C. Nielsen (2000a): Brand Performance System, Firmenbroschüre, Frankfurt 2000

A.C. Nielsen (2000b): ACNielsen Brand Performance, Firmenbroschüre, Frankfurt 2000

Aaker, D.A. (1991): Managing Brand Equity: Capitalizing on the Value of a Brand Name, New York

Aaker, D. (1996a): Measuring Brand Equity Across Products and Markets, in: California Management Review, Vol. 38, No.3, Spring 1996, S. 102 - 120

Aaker, D.A. (1996b): Building Strong Brands, New York 1996

Aaker, D.A. / Biel, A.L. (1993) (Hrsg.): Brand Equity & Advertising. Advertising's Role in Building Strong Brands, Hillsdale et al 1993

Aaker, D.A. / Jacobson, R.(1994): The Financial Information Content of Perceived Quality, in: Journal of Marketing Research, Vol. 31, May, S. 191 - 210

Aaker, D.A. / Keller, K.L. (1990): Consumer Evaluations of Brand Extensions, in: Journal of Marketing, Vol. 54, January, S. 27 - 41

Aaker, D.A / Joachimsthaler, A. (2000): Brand Leadership, New York 2000

Agarwal, M.K. / Rao, V.R. (1996): An Empirical Comparison of Consumer-Based Measures of Brand Equity, in: Marketing Letters, Vol. 7, July, S. 237 - 247

Albach, H. et al. (1999) (Hrsg.): Die Theorie der Unternehmung in Forschung und Praxis, Berlin et. al. 1999

Albers, S. / Herrmann, A. (2000) (Hrsg.): Handbuch Produktpolitik, Wiesbaden 2000

Ambler, T. (1997): How Much of Brand Equity is Explained by Trust?, in: Management Decision, 35/4, S. 283-292

Andresen, T. / Esch, F.-R. (2001): Messung der Markenstärke durch den Markeneisberg, in: Esch, F. R. (2001) (Hrsg.): Moderne Markenführung, 3. Aufl., Wiesbaden 2001, S. 1081 - 1104

Anson, W. (1996): Establishing Market Values for Brands, Trademarks and Marketing Intangibles, in: Business Valuation Review, June 1996, S. 47 - 56

Anson, W. (1997): Valuing Intangible Assets: The Big Pot of Goodwill, in: Anson, W. et. al. (Hrsg.): Mergers and Acquisitions Handbook for Small and Midsize Companies, S. 183 - 188

Anson, W. (1998): Identify, Value, Leverage Your Intellectual Assets, in: les Nouvelles, March 1998, S. 37 - 40

Anson, W. (1999): Managing Corporate Intellectual Capital, in: Euromoney Institutional Investor PLC (Hrsg.): Hidden Value: Profiting from the Intellectual Property Economy, London 1999, S. 180 - 197

Anson, W. / Drews, D. (2000): Valuation of Brand Names, Manuskript der Consor Intellectual Asset Management (Hrsg.), La Jolla / Kalifornien / USA 2000

Bachem, R. / Esser, M. / Riesenbeck, H. (2001): Mit >>BPP<< den Markenwert maximieren, in: akzente Nr. 20, Juli 2001, S. 2 - 9

Backhaus, K. / Erichson, B. / Plinke, W. / Weiber, R. (2000): Multivariate Analysemethoden, eine anwendungsorientierte Einführung, 9. Aufl., Berlin et al. 2000

Barwise, P. / Higson, C. / Likierman, A. / Marsh, P. (1989): Accounting for Brands, London 1989

Baumgarth, C. (2000): Fit- und Anordnungseffekte beim Co-Branding - Ergebnisse eines Laborexperiments, Arbeitspapier des Lehrstuhls für Marketing der Universität Siegen, Siegen 2000

Baumgartner, B. (1997): Monetäre Bewertung von Produkteigenschaften auf dem deutschen Automobilmarkt mit Hilfe hedonischer Modelle, in: Marketing Zeitschrift für Planung, Vol. 30, No. 1, 1997, S. 15 - 25

BBDO Consulting (2001) (Hrsg.): Markenbewertung als strategischer Erfolgsfaktor, Düsseldorf 2001

Bekmeier, S. (1995): Markenwert, in: Tietz, B. / Köhler, R. / Zentes, J. (Hrsg.): Handwörterbuch des Marketing, 2. Aufl., Stuttgart 1995, S. 1460-1471

Bekmeier-Feuerhahn, S. (1998): Marktorientierte Markenbewertung - Eine konsumenten- und unternehmensbezogene Betrachtung, Wiesbaden 1998

Bergen, M. / John, G. (1997): Understanding Cooperative Advertising, in: Journal of Marketing Research, 34. Jg. (1997), S. 357 f.

Bernd, R. / Sander, M. (1994): Der Wert von Marken - Begriffliche Grundlagen und Ansätze der Markenbewertung, in: Bruhn, M. (Hrsg.): Handbuch Markenartikel – Anforderungen an die Markenpolitik aus Sicht von Wissenschaft u. Praxis, 3. Bände, Stuttgart 1994, S. 1353 - 1372

Biel, A.L. (2001): Grundlagen zum Markenwertaufbau, in: Esch, F. R. (2001) (Hrsg.): Moderne Markenführung, 3. Aufl., Wiesbaden 2001, S. 61-90

Binder, C. (2001): Lizenzierung von Marken, in: Esch, F. R. (2001) (Hrsg.): Moderne Markenführung, 3. Aufl., Wiesbaden 2001, S. 385 - 411

Blackstone, M. (1992): Price Trade-offs as a measure of Brand Value, in: Journal of Advertising Research, 30. Jg., Heft 4, S. RC-3-RC-6

Böhler, H. (1992): Marktforschung, 2.Aufl., Stuttgart u.a. 1992

Braitmayer, O. (1998): Die Lizensierung von Marken, Frankfurt am Main 1998

Brand-Finance (2000a) (Hrsg.): Current Practice in Brand Valuation, New York 2000

Brand-Finance (2000b) (Hrsg.): Brand Valuation: Measuring and Leveraging your Brand - A Report für the Institute of Canadian Advertising, New York 2000

Brandmeyer, K. / Schulz, R. (1990): Die Markenbilanz im Kreuzverhör, in: der Markenartikel, 5.Jg. (1990), S. 236 - 238

Brockhoff, K. / Sattler, H. (1996): Schwartauer Werke. Markenwert und Qualitätszeichen, in: Dichtl, E. / Eggers, W. (Hrsg.): Markterfolg mit Marken, München 1996, S. 207 - 224

Bruhn, M. (1994) (Hrsg.): Handbuch Markenartikel - Anforderungen an die Markenpolitik aus Sicht von Wissenschaft u. Praxis, 3. Bände, Stuttgart 1994

Bruhn, M. (1997) (Hrsg.): Handelsmarken - Entwicklungstendenzen und Zukunftsperspektiven der Handelsmarkenpolitik, 2. Aufl., Stuttgart 1997

Bruhn, M. / Lusti, M. / Müller, W. / Schierenbeck, H. / Studer, T. (1998) (Hrsg.): Wertorientierte Unternehmensführung, Wiesbaden 1998

Buchanan, L. / Simmons C.J. / Bickart, B.A. (1999): Brand Equity Dilution: Retailer Display and Context Brand Effects, in: Journal of Marketing Research, 36 (August), S. 345 - 355

Bunk, B. (2002): Produktfälschung: Marketing als Brand-Schützer, in: absatzwirtschaft Nr. 4/2002, S. 26 - 31

Caspar, M. / Metzler, P. (2002): Entscheidungsorientierte Markenführung: Aufbau und Führung starker Marken, Arbeitspapier Nr. 3, hrsg. von Backhaus, K. et al. Münster 2002

Chen, A. (2001): Using Free Association to Examine the Relationship Between the Characteristics of Brand Associations and Brand Equity, in: Journal of Product & Brand Management, Vol.10, No.7/2001, S. 439 - 451

Cobb-Walgren, C.J. / Ruble C.A. / Donthu N. (1995): Brand Equity, Brand Preference, and Purchase Intent, in: Journal of Advertising, 24 (3), S. 25 - 40

Cohausz, H.B. (1999): Marken & Namen : Waren- und Dienstleistungsmarken, Geschäftsbezeichnungen, Firmennamen, Werktitel, München 1999

Consor Intellectual Asset Management (2000) (Hrsg.): Firmenbroschüre, La Jolla / Kalifornien / USA 2000

Crimmins, J.C. (1992): Better Measurement and Management of Brand Value, in: Journal of Advertising Research, Vol. 32, July/August, S. 11 - 19

Croft, N. (2001): Brand Valuation - Applications in Financial Services, hrsg. von Brand Finance plc, o.O. 2001

Dahm, A. / Neumann, C. (2002): Wie Reemtsma das Paradoxon überwindet, in: absatzwirtschaft, Sonderheft Marken 2002, S. 82 - 87

Day, G. / Fahey, L. (1988): Valuing Market Strategies, in: Journal of Marketing, Vol. 52 (Juli 1988), S. 45 - 57

Dichtl, E. / Eggers, W. (1992) (Hrsg.): Marke und Markenartikel als Instrumente des Wettbewerbs, München 1992

Dichtl, E. / Eggers, W. (1996) (Hrsg.): Markterfolg mit Marken, München 1996

Dick, A. / Basu, K. (1994): Customer Loyalty: Toward an Integrated Conceptual Framework, in: Journal of the Academy of Marketing Science, Vol. 22 No. 2, S. 99 - 113

Diller, H. (2000) (Hrsg.): Vahlens großes Marketing-Lexikon, 2. Aufl., München 2000

Dillon, W. / Madden, Th. / Kirmani, A. / Mukherjee, S. (2001): Understanding What's in a Brand Rating: A Model for Assessing Brand and Attribute Effects and Their Relationship to Brand Equity, in: Journal of Marketing Research, Vol. 38, November 2001, S. 415-429

Drees, N. (1999): Markenbewertung und Markenberatung in Deutschland, Studie der Fachhochschule Erfurt, Erfurt 1999

Echterling, J. / Fischer, M. / Kranz, M. (2002): Die Erfassung der Markenstärke und des Markenpotenzials als Grundlage der Markenführung, Arbeitspapier Nr. 2, hrsg. von Backhaus, K. et al. Münster 2002

Erdem, T. / Swait, J. (1998): Brand Equity as a Signalling Phenomenon, in: Journal of Consumer Psychology, 7 (2), S. 131 - 157

Erdem, T. / Swait, J. (1999): Brand Equity, Consumer Learning and Choice, in: Marketing Letters, Nr. 10/1999, S. 301 - 318

Erichson, B. (1981): TESI: Ein Test- und Prognoseverfahren, in: Marketing ZFP, Heft 3, 3. Quartal 1981, S. 201 - 207

Esch, F.-R. (2001) (Hrsg.): Moderne Markenführung, 3. Aufl., Wiesbaden 2001

Esch, F.-R. / Geus, P. (2001b): Markenwertmessungen auf dem Prüfungstand, in: absatzwirtschaft - Zeitschrift für Marketing, Sonderheft Marken 2002, Heft 5, S. 24 - 27

Esch, F.-R. / Geus, P. (2001a): Ansätze zur Messung des Markenwerts, in: Esch, F. R. (2001) (Hrsg.): Moderne Markenführung, 3. Aufl., Wiesbaden 2001, S. 1026 - 1057

Facit Marketing-Forschung (2000) (Hrsg.): Wege zur Steigerung des Markenwerts. Auf Basis psychologischer Marktforschung, Firmenbroschüre, München 2000

FutureBrand (2000) (Hrsg.): Building Brand Value, Firmenbroschüre, New York 2000

FutureBrand (2002) (Hrsg.): Brand Valuation - Realize the full value of your brand, Firmenbroschüre, New York 2002

EUMARA AG (o.J.) (Hrsg.): Brand Vision: Ihr Schlüssel zum Markenverständnis, interne Präsentation, o.O. o.J.

Farquhar, P.H. / Han, J.Y. / Ijiri, Y. (1992): Brands on the Balance Sheet, in: Marketing Management, Vol. 1, Winter, S. 16 - 22

Farquhar, P.H. / Ijiri, Y. (1993): A Dialogue on Momentum Accounting for Brand Management, in: International Journal of Research in Marketing, Vol. 10, S. 77 - 92

FCB Wilkens (2002) (Hrsg.): Relationship Monitor: Mensch-Marken-Beziehungen, interne Methodenpräsentation, Hamburg 2002

Fischer, O. (2000): In Marke und Pfennig, in: manager magazin Nr. 4/00, S. 196 - 197

Forster, T. (2001): Marken-Codes unter der Lupe, in: werben und verkaufen (w&v) vom 12.07.2001

Francois, P. / Mac Lachlan, D.L. (1995): Ecological Validation of Alternative Customer-Based Brand Strength Measures, in: International Journal of Research in Marketing, Vol. 12, S. 321 – 332

Franzen, O. (1994): Neue Wege in der Bewertung des immateriellen Vermögensgutes Marke, Manuskript A.C. Nielsen, Frankfurt a.M. 1994

Franzen, O. (2002): Die Wertentwicklung der Marke im Zeitablauf beobachten, in: Markenartikel - Zeitschrift für Markenführung, Nr. 1/2002, S. 26 - 31

Franzen, O. / Lenzen, W. (2000): Markenbewertungen im Praxistest – Erfahrungen, in: planung & analyse Nr. 2/2000, S. 34 - 37

Franzen, O. / Reimann, A. (1998): Markenwert als Ziel- und Controllinggröße für die Unternehmensführung, in: Bruhn, M. / Lusti, M. / Müller, W. / Schierenbeck, H. / Studer, T. (Hrsg.): Wertorientierte Unternehmensführung, 1998, S. 213 - 229

Freter, H. / Baumgarth, C. (2001): Ingredient Branding – Begriff und theoretische Begründung, in: Esch, F.-R. (2001) (Hrsg.): Moderne Markenführung, 3. Aufl., Wiesbaden 2001, S. 317 - 344

Friedrich, G. (2000): Was Banken wert sind, in: Die Telebörse Nr. 29/2000, S. 14 - 16

Gaeth, G.J. / Irwin, P.L. / Goutam, C. / Aron, M.L. (1990): Consumer Evaluation of Multi-Product Bundles: An Information Integration Analysis, in: Marketing Letters 2:1. (1990), S. 47 - 57

GfK AG (2000) (Hrsg.): Wissen Sie, wie sie heute im Markt stehen? Zukunftsorientiert handeln mit dem GfK-Omnibussystem, Firmenbroschüre, Nürnberg 2000

GfK AG (2001) (Hrsg.): Markenbewertung mit dem GfK Brand Assessment System BASS, GfK-Jahrestagung 2001

Giannias, D. (1999): Microeconomic Analysis-Based Comparative Evaluation of Brands, in: Journal of Product & Brand Management, Vol. 8, No. 2, 1999, S. 119 - 129

Goerne, C. (1992): Disney Rated top U.S. Brand, in: Marketing News TM v. 27.4.1992, S. 1

Göttgens, O. / Sander, B. / Wirtz, B. / Dunz, M. (2001): Markenbewertung als strategischer Erfolgsfaktor, Arbeitspapier, hrsg. von BBDO Consulting GmbH

Green, P.E. / Krieger, A.M. (1988): Choice Rules and Sensitivity Analysis in Conjoint Simulators, in: Journal of the Academy of Marketing Science, Spring 1988, Vol. 16, No. 1, S. 114 - 127

Grey Global Group (2001) (Hrsg.): Grey Brand Building Bausteine: Instrumente und Techniken zur Entwicklung und Führung von Erfolgsmarken, interne Präsentationsmaterialien, Düsseldorf 2001

Grey GmbH, Düsseldorf (2000) (Hrsg.): Diskussionsbeiträge zur Zukunft der Marke, Firmenbroschüre, Düsseldorf 2000

Grimm, M. / Högl, S. / Hupp, O. (2000): Target Positioning - ein bewährtes Tool zur Unterstützung des Strategischen Markenmanagements, in: Jahrbuch der Absatz- und Verbrauchsforschung Nr. 1/2000, S. 4 - 18

Günther, T. / Kriegbaum, C. (1999): Markenmanagement - State of the Art - Auswertungsbericht, Dresdner Beiträge zur Betriebswirtschaftslehre Nr. 33/99

Gustafsson, A. / Herrmann, A. / Huber, F. (2000) (Hrsg.): Conjoint Measurement: Methodes and Applications, Berlin et al. 2000, S. 121 - 133

H,T,P, Concept (2001): Inspiration for Marketing, interne Firmenpräsentation, München, 2001

Haigh, D. (1999): Putting a Price on Brand Equity, in: Jones, J.P. (Hrsg.): How to Use Advertising to Build Strong Brands, Thousand Oaks u.a. 1999

Haigh, D. (2000): Brand Valuation: Measuring and Leveraging your Brand, hrsg. von Brand Finance plc, o.O. 2000

Hair, J.F. / Anderson, R.E. / Tatham, R.L. / Black, W.C. (1998): Multivariate Data Analysis, 5. Aufl., Englewood Cliffs 1998

Hammann, P. (1992): Der Wert einer Marke aus betriebswirtschaftlicher und rechtlicher Sicht, in: Dichtl, E. / Eggers, W. (1992) (Hrsg.): Marke und Markenartikel als Instrumente des Wettbewerbs, München 1992, S. 205 - 245

Hammann, P. (2001): Markencontrolling: Motor oder Bremse für die Steigerung des Markenwerts?, in Köhler, R, Majer, W., Wiezorek, H. (2001): Erfolgsfaktor Marke - neue Strategien des Markenmanagements, Wiesbaden 2001, S. 281 - 294

Hammann, P. / von der Gathen, A. (1994): Bilanzierung des Markenwerts und kapitalmarktorientierte Markenbewertungsverfahren, in: Markenartikel - Zeitschrift für Markenführung, Nr. 5/1994, S. 204 - 211

Hensel-Börner, S. (2000): Validität computergestützter hybrider Conjoint Analysen, Dissertation, Wiesbaden 2000

Hensel-Börner, S. / Sattler, H. (2000): Ein empirischer Validitätsvergleich zwischen der Customized Computerized Conjoint Analysis (CCC), der Adaptive Conjoint Analysis (ACA) und Self-Explicated-Verfahren", in: Zeitschrift für Betriebswirtschaft (ZfB), 70. Jg. (2000), Heft 6, S. 705 - 727

Heberden, T. (2001): Brand Value Management – The Achilles Heel of Many Risk Management Systems, hrsg. von Brand Finance plc, o.O. 2001

Hermann, A. / Homburg, C. (2000) (Hrsg.): Marktforschung, 2. Aufl., Wiesbaden 2000

Herp, T. (1982): Der Markenwert von Marken des Gebrauchsgütersektors, Frankfurt 1982

Högl, S. / Hupp, O. (2001): Neue und weitergehende Wege in der Markensteuerung, in: Markenartikel - Zeitschrift für Markenführung, Nr. 4/2001, S. 22 - 27

Högl, S. / Hupp, O. / Maul, K.-H. / Sattler, H. (2002): Der Geldwert der Marke als Erfolgsfaktor für Marketing und Kommunikation, in: Gesamtverband Werbeagenturen GWA e.V. (Hrsg.): Edition Erfolgsbeiträge der Werbung 2002, Nr. 7, S. 37 - 80

Högl, S. / Twardawa, W. / Hupp, O. (2001): Key Driver starker Marken, in: Gesamtverband Werbeagenturen GWA e.V. (Hrsg.): Edition Erfolgsbeiträge der Werbung, Nr. 6, S. 15 - 59

Holbrook, M.B. (1992): Product Quality, Attributes, and Brand Name as Determinants of Price: The Case of Consumer Electronics, in: Marketing Letters, Vol. 3, Nr. 1, S. 71 - 83

Huber, H. (1997): Markenwert und Extensionspotential, in: MTP e.V. (Hrsg.): Erfolgreiches Markenmanagement - Vom Wert einer Marke, ihrer Stärke und Erhaltung, Wiesbaden 1997, S. 125 - 160

Hubertz, I. (2000): Die Marke auf der Couch: Das Wesen der Marke und wie man es messen kann, in: planung & analyse Nr. 2/2000, S. 26 - 32

Hubertz, I. (2001): Verbraucherbindung durch Markenführung, in: planung & analyse Nr. 6/2001, S. 3 - 10

Hupp, O. (2000a): Die Validierung von Markenwerten als Voraussetzung für die erfolgreiche Markenführung, in: planung & analyse Nr. 5/2000, S. 44 - 47

Hupp, O. (2000b): Markenpositionierung: Ansatzpunkte zu einer Verbesserung der Wettbewerbsfähigkeit des Lebensmitteleinzelhandels in Deutschland, in: planung & analyse Nr. 2/2000, S. 38 - 45

Hupp, O. (2001a): Wie stark sind große Marken wirklich?, in: Markenartikel - Zeitschrift für Markenführung, Nr. 1/2001, S. 20 - 22

Hupp, O. (2001b): Wovon hängen die Erfolgschancen von Markentransfers ab?, in: Markenartikel - Zeitschrift für Markenführung, Nr. 2/2001, S. 12 - 16

Hupp, O. (2001c): Sind starke Marken stark genug für Neuprodukt-Einführungen?, in: Markenartikel - Zeitschrift für Markenführung, Nr. 3/2001, S. 60 - 62

Hupp, O. (2001d): Brand Potential Index, in: Diller, H. (Hrsg.): Vahlens großes Marketing Lexikon, 2. Aufl. S. 191 - 192

Hupp, O. (2002a): Mehr als die halbe Miete, in: absatzwirtschaft, Sonderheft Marken 2002 2002, S. 90

Hupp, O. (2002b): Wie attraktiv sind Internet-Brands?, in: Markenartikel - Zeitschrift für Markenführung, Nr. 1/2002, S. 16 - 19

Hupp, O. / Schuster, H. (2000): Imagegestützte Positionierung: Ansatzpunkte zu einer Verbesserung der Wettbewerbsfähigkeit des Lebensmitteleinzelhandels, in: Jahrbuch der Absatz- und Verbrauchsforschung, Heft 4 (2000), S. 351 - 370

Hüttner, M. (1999): Grundzüge der Marktforschung, 6. Aufl., München u.a. 1999

icon (1999) (Hrsg.): Analyse des Markenkerns von TV Movie, interne Studie, 1999

icon (o.J.) (Hrsg.): Forschungsinstrumente für erfolgreiche Markenführung, Firmenbroschüre, Nürnberg o.J.

ifm Wirkungen + Strategien (2001) (Hrsg.): Morphologische Marktpsychologie: Ein Booklet zu Philosophie, Tools und Erhebungsmethoden, Firmenbroschüre, Köln 2001

INRA Deutschland (o.J.) (Hrsg.): Brand Metrics: Modulares Testverfahren zur Messung der wichtigsten Komponenten der Brand Equity einer Marke, Firmenbroschüre, Mölln o.J.

Interbrand (1998) (Hrsg.): Brands - The New Wealth Creators, New York 1998

Interbrand (1999) (Hrsg.): Brand Valuation, Firmenbroschüre, London 1999

Interbrand (2001) (Hrsg.): Interbrand World's most valuable Brand's 2001 Methodology, Manuskript der Firma Interbrand Newell and Sorrell, London 2001

Irmscher, M. (1997): Starke Marken, Blue Chips? in: Absatzwirtschaft, Sondernummer Oktober 1997, S. 120 - 129

John, D.R. / Loken, B. / Joiner, C. (1998): The Negative Impact of Extensions: Can Flagship Products Be Diluted?, in: Journal of Marketing, 62 (January), S. 19 - 32

Jones, J.P. (Hrsg.): How to Use Advertising to Build Strong Brands, Thousand Oaks u.a. 1999

Kaas, K. (1990): Langfristige Werbewirkung und Brand Equity, in: W&P 1990, S. 48 - 52

Kaeuffer, J. (2001a): Champions bleiben unter sich, in: Horizontmagazin Nr. 4/2001 v. 18.10.2001, S. 23 - 26

Kaeuffer, J. (2001b): Markenwerte deutscher Banken in Euro und Cent, in: CONSART Management Consultants (Hrsg.): Strategisches Marken--Management für Banken: Branding – der Erfolgsfaktor im Retailgeschäft, Wiesbaden 2001, S. 25 - 38

Kalra, A. / Goodstein, R.C. (1998): The Impact of Advertising Positioning Strategies on Consumer Price Sensitivity, in: Journal of Marketing Research, 35 (May), S. 210 - 224

Kamakura, W.A. / Russel, G.J. (1993): Measuring Brand Value with Scanner Data, in: International Journal of Research in Marketing, Vol. 10, S. 9 - 22

Kapferer, J.-N. (1992): Die Marke - Kapital des Unternehmens, Landsberg und Lech 1992

Kapferer, J.-N. (1997): Strategic Brand Management - Creating and Sustaining Brand Equity Long Term, 2. Aufl., Dover 1997

Kaplan, R.S. / Norton, D.P. (1997): Balanced Scorecard, Stuttgart 1997

Keller, K.L. (1993): Conceptualizing, Measuring, and Managing Customer-Based Brand Equity, in: Journal of Marketing, Vol. 57, January, S. 1 - 22

Keller, K.L. (1998): Building, Measuring and Managing Brand Equity, New Jersey 1998

Kern, W. (1962): Bewertung von Warenzeichen, in: Betriebswirtschaftliche Forschung und Praxis, 14. Jg., Heft 1, S. 17 - 31

Kernstock, J. / Brockdorff, B. / Aders, C. / Wiedemann, F. (2001): Markenevaluation in der Konsumgüterindustrie und anderen markengetriebenen Branchen – Eine Empirische Studie, St. Gallen u.a. 2001

Kish, P. / Riskey, D. / Kerin, R. (2001): Management and Tracking of Brand Equity in the Golbal Marketplace – The PepsiCo Experience, in: International Marketing Review, Vol. 18, No. 1, S. 91 - 96

Kleinaltenkamp, M. (2001): Ingredient Branding: Markenpolitik im Business-to-Business-Geschäft, in: Köhler, R, Majer, W., Wiezorek, H. (2001): Erfolgsfaktor Marke - neue Strategien des Markenmanagements, Wiesbaden 2001, S. 261 - 270

Kolvenbach, C. / Krieg, S. / Felten, C. (1999): Evaluating Brand Value: A Conjoint Measurement Application for the automotive Industry, in: Albach, H. et al. (Hrsg.): Die Theorie der Unternehmung in Forschung und Praxis, Berlin et. al. 1999

Knigge, J. (1995): Franchising, in: Tietz, B. / Köhler, R. / Zentes, J. (Hrsg.): Handwörterbuch des Marketing, 2. Aufl., Stuttgart 1995, S. 702 - 710

Knüppel, H. / Lindner, C. (2001) (Hrsg.): Die Aktie als Marke? Wie Unternehmen mit Investoren kommunizieren sollen, Frankfurt 2001

Köhler, R. / Majer, W. / Wiezorek, H. (2001): Erfolgsfaktor Marke - neue Strategien des Markenmanagements, Wiesbaden 2001

KPMG (2001) (Hrsg.): Brand Valuation: Errechnen die bekannten Ansätze der Markenbewertung entscheidungsrelevante Markenwerte?, internes Arbeitspapier, o.O. 2001

Kranz, M. (2002): Markenbewertung – Bestandsaufnahme und kritische Würdigung, in: Meffert, H. / Burmann, C. / Koers, M. (2002): Markenmanagement – Grundfragen zur identitätsorientierten Markenführung, Wiesbaden 2002, S. 429 - 458

Kriegbaum, C. (2001): Markencontrolling - Bewertung und Steuerung von Marken als immaterielle Vermögenswerte im Rahmen eines unternehmenswertorientierten Controlling, Dissertation, München 2001

Krishnan, H.S. (1996): Characteristics of Memory Associations: A Consumer-Based Brand Equity Perspective, in: International Journal of Research in Marketing, Vol. 13, S. 389 - 405

Krüger, C. / Buri, J. (2002): „CAPO" – spielerisch zum „Share of Soul", in: absatzwirtschaft, Sonderheft Marken 2002, S. 92 - 95

Kumar, S. (2001): Brand Valuation, Präsentationsunterlagen zum Vortrag auf dem McCann Erickson Forum in Kopenhagen am 28.03.2001

Kunisch, R. (1998): Markenwert und Shareholder Value, in: Marketing Journal, Vol. 31, 1998, No. 1, S. 11 - 12

Kunz, R.M. (1998): Das Shareholder-Value-Konzept, in: Bruhn, M. / Lusti, M. / Müller, W. / Schierenbeck, H. / Studer, T. (1998) (Hrsg.): Wertorientierte Unternehmensführung, Wiesbaden 1998, S. 391 - 412

Kutz, O. (2000): Strategisches Lizenzmarkenmanagement, München u.a. 2000

Lavenka, N.M. (1991): Measurement of Consumers' Perception of Product Quality, Brand Name and Packaging: Candy Bar Comparisions by Magnitude Estimation, in: Marketing Research, Juni 1991, S. 38 - 46

Lefton, T. / Anson, W. (1996): How Much Is Your Brand Worth?, in: Brandweek v. 29.01.1996, S. 43 - 44

Levin, A.M. / Davis, J.C. / Levin, I. (1996): Theoretical and Empirical Linkages between Consumers' Responses to Different Branding Strategies, in: AiCR, 23. Jg. (1996), S. 289 ff.

Linxweiler, R. (2001): BrandScoreCard - ein neues Instrument der Markenführung, Groß Umstadt 2001

Linxweiler, R. / Henneka, G. (2002): Die BrandScoreCard – mehr als Markenführung, in: absatzwirtschaft, Sonderheft Marken 2002, S. 76 - 80

Little, J.D.C. (1970): Models and Managers: The Concept of a Decision Calculus, in: Management Science, Vol. 16, Nr. 8, April 1970, S. B466 - B485

Lou, M. / Anson, W. (2000): Brand Valuation. Die marktorientierte Markenbewertung, in: absatzwirtschaft, Sondernummer Oktober 2000, S. 164 - 168

Low, G. / Lamb, C. (2000): The Measurement and Dimensionality of Brand Associations, in: Journal of Product & Brand Management, Vol. 9, No. 6, 2000, S. 350-368

Mackay, M.M. (2001): Evaluation of brand equity measures: further empirical results, in: Journal of Product & Brand Management, Vol. 10, No. 1/2001, S. 38-51

Maretzki, J. (2001): Preisorientierte Markenwertmessung, Dissertation, Wiesbaden 2001

Maretzki, J. / Wildner, R. (1994): Messung von Markenkraft, in: Markenartikel - Zeitschrift für Markenführung Nr. 3/94, S. 101 - 105

Martin, G.S. / Brown, T.J. (1991): In Search of Equity: The Conceptualization and Measurement of the Brand Impression Construct, American Marketing Association, 1991 AMA Winter Educators' Conference, "Marketing Theory and Applications", S. 431 - 438

Maul, K-.H. (2002): Mehr Macht den Marken, in: Food Economy Nr. 7/2002, S. 20

McCann-Erickson GmbH (2002): Brand Footprint: The Essence of the Brand, Firmenbroschüre, Hamburg 2002

Meffert, H. / Burmann, C. / Koers, M. (2002): Markenmanagement – Grundfragen zur identitätsorientierten Markenführung, Wiesbaden 2002

Melchers, Ch. (1999): Das morphologische Konzept der Wirkungseinheiten, ifm Wirkungen + Strategien, internes Arbeitspapier, Köln 1999

Mengen, A. / Tacke, G. (1995): Methodengestütztes Automobil-Pricing mit Conjoint Measurement, in: Reus, H. / Müller, W. (1995) (Hrsg.): Wettbewerbsvorteile im Automobilhandel, Frankfurt u.a. 1995, S. 220 - 240

Mercer Management Consulting (2000) (Hrsg.): Mercer Management Journal Nr 12/2000 "The New Brand Strategy: Are You Experienced?", unternehmensinterne Schriftenreihe, o.O.

Meschi, R.L. (1995): Value Added. Refinements in Our Brand Valuation Methodology, in: Financial World, 164 (17), S. 52 - 53

Millward Brown (o.J.): Moving Brands Forward, Firmenbroschüre, Frankfurt am Main o.J.

MTP e.V. (1997) (Hrsg.): Erfolgreiches Markenmanagement - Vom Wert einer Marke, ihrer Stärke und Erhaltung, Wiesbaden 1997

Müller, M. (1997): Der Markenbewertung auf Basis von Konsumentenurteilen, in: MTP e.V. (Hrsg.): Erfolgreiches Markenmanagement - Vom Wert einer Marke, ihrer Stärke und Erhaltung, Wiesbaden 1997, S. 105 - 123

Müller, S. / Kesselmann, P. (1995): Der Markenwert in Abhängigkeit von der Preislage, in: Markenartikel - Zeitschrift für Markenführung, Nr. 10/1995, S. 463 - 464

Müller, S. / Kornmeier, M. (2001): Markenpiraterie hat geradezu beängstigende Ausmaße angenommen, in: Markenartikel - Zeitschrift für Markenführung, Nr. 1/2001, S. 34 - 41

Musiol, K.G. (2001): Was hat denn diese Marke für eine Zukunft?, in: Markenartikel - Zeitschrift für Markenführung, Nr. 1/2001, S. 4 - 10

Na, W.B. / Marshall, R. / Keller, K.L. (1999): Measuring Brand Power: Validating a Model for Optimizing Brand Equity, in: The Journal of Product & Brand Management, Vol. 8, No. 3, 1999, S. 170 - 184

NFO WorldGroup (2001): Strategische Image-Untersuchungen mit dem Impliziten System, interne Methodenpräsentation, Frankfurt am Main 2001

Nussbaum, C. (1998): Der Wert der Marke in Mark und Pfennig, in: media & marketing, Nr. 6/1998, S. 16 - 23

o.V. (1989): Marken - How much in Dollar, in: absatzwirtschaft, Nr. 8/89, S. 50 - 54

o.V. (2000a): Coca-Cola loses its fizz, in: Financial Times v. 18.07.2000

o.V. (2000b): Daimler-Chrysler fährt vorne, in: Horizont - Zeitschrift für Marketing, Werbung und Medien Nr. 42/2000 v. 19.10.2000, o. S.

o.V. (2001a): Marken trotzen dem Terror, in: Wirtschaftswoche Nr. 43 v. 18.10.2001, S. 72

o.V. (2001b): The Best Global Brands, in: Business Week v. 06.08.2001, S. 50 - 64

o.V. (2001c): Das Marken-Tool des T-Holtrop, in: absatzwirtschaft Nr. 2/2001, S. 14 - 17

o.V. (2002): Die Marke ergründen, in: absatzwirtschaft, Sonderheft Marken 2002, S. 98 - 100

Owen, S. (1993): The Landor Image Power Survey: A Global Assessment of Brand Stength, in: Aaker, D.A. / Biel, A.L. (Hrsg.): Brand Equity & Advertising. Advertising's Role in Building Strong Brands, Hillsdale et al., S. 31 - 49

Palupski, R. / Bohmann, B.A. (1994): Co-Promotion, in Marketing ZfP, 16. Jg. (1994), S. 260 f.

Paoli, N. / Fischer, O. (2001): Starke Marken überstehen fast jede Krise, in: manager magazin Nr. 43 v. 18.10.2001, S. 72

Park, C.S. / Srinivasan, V. (1994): A Survey-Based Method for Measuring and Understanding Brand Equity and its Extendibility, in: Journal of Marketing Research, Vol. 31, May, S. 271 - 288

Penrose, N. (1989): Valuation of Brand Names and Trade Marks, in: Murphy, J. (Hrsg.): Brand Valuation: Establishing a True and Fair View, London 1989, S. 32 - 46

Perrier, R. (1997): Brand Valuation, 3. Ed., London 1997

PricewaterhouseCoopers / Sattler, H. (2001): Praxis von Markenbewertung und Markenmanagement in Deutschen Unternehmen, in: Industriestudie, PricewaterhouseCoopers (Hrsg.), 2. Auflage, Frankfurt 2001

Randall, T. / Ulrich K. / Reibstein D. (1998): Brand Equity and Vertical Product Line Extent, in: Marketing Science, 17 (4), S. 356 - 379

Rappaport, A. (1986): Creating Shareholder Value: The New Standard for Business Performance, New York 1986

Reilly, R.F. / Schweihs, R.P. (1998): Valuing Intangible Assets, New York et al. 1998

Repenn, W. (1998): Handbuch der Markenbewertung und -verwertung, Weinheim 1998

Repenn, W. (1999): WoReWert - Die Ermittlung des Markenwertes (nach Bewertungssystem W. Repenn), private Informationsbroschüre, Kirchheim 1999

Research International (o.J.) (Hrsg.): Equity Engine and Loyality Driver: A Summary of Key Measures, Firmenbroschüre, o.O., o.J.

Richter, M. / Werner, G. (1998): Marken im Bereich Dienstleistungen: Gibt es das überhaupt?; in: Tomczak, T. / Schlögel, M. / Ludwig, E. (Hrsg.): Markenmanagement für Dienstleistungen, St. Gallen, S. 24 - 35

Riedel, F. (1996): Die Markenwertmessung als Grundlage strategischer Markenführung, Dissertation, Heidelberg 1996

Rohnke, C. (1992): Bewertung von Warenzeichen beim Unternehmenskauf, in: Der Betrieb, 45. Jg., Heft 39, S. 1941 - 1945

Roland Berger (2002a) (Hrsg.): Strategic Brand Management: Advanced Understanding of Consumer and Brand Value – Sneak Preview, New York et al. 2002

Roland Berger (2002b) (Hrsg.): Brand Championship 2002: Die Top-100 Marken in Deutschland – Ergebnisbericht, München 2002

Roland Berger (2001a) (Hrsg.): Markenvertrauen im Einzelhandel: Empirische Untersuchung von Roland Berger, München 2001

Roland Berger (2001b) The Essence of Retail Branding is Customer Trust: An Empirical Study on German Retail Brands by Roland Berger, München 2001

Rundle-Thiele, S. / Bennett, R. (2001): A Brand For All Seasons? A Discussion of Brand Loyalty Approaches and their Applicability for Different Markets, in: Journal of Product & Brand Management, Vol. 10, No. 1, 2001, S. 25 - 37

Sander, M. (1994a): Die Bestimmung und Steuerung des Wertes von Marken. Eine Analyse aus Sicht des Markeninhabers, Heidelberg 1994

Sander, M. (1994b): Die Bewertung internationaler Marken auf Basis der hedonischen Theorie, in: Marketing ZFP, 16. Jg. (1994), Nr. 4, S. 234 - 245

Sander, M. (1995): Markenbewertung auf Basis der hedonischen Theorie. Ein Ansatz zur Bestimmung des finanziellen Wertes von Marken, in: Markenartikel, 57. Jg. (1995), Nr. 2, S. 76 - 80

Sattler, H. (1991): Herkunfts- und Gütezeichen im Kaufentscheidungsprozeß. Die Conjoint-Analyse als Instrument der Bedeutungsmessung, Stuttgart 1991

Sattler, H. (1995): Markenbewertung, in: Zeitschrift für Betriebswirtschaft (ZfB), 65. Jg., Heft 6, 1995, S. 663 - 682

Sattler, H. (1997a): Monetäre Bewertung von Markenstrategien für neue Produkte, Habilitationsschrift, Stuttgart 1997

Sattler, H. (1997b): Indikatoren für den langfristigen Markenwert, in: Markenartikel – Zeitschrift für Markenführung, Nr. 6 (Dez.), 1997, S. 46 - 50

Sattler, H. (1998a): Beurteilung der Erfolgschancen von Markentransfers, in: Zeitschrift für Betriebswirtschaft (ZfB), 68. Jg., Heft 5, 1998, S. 475 - 495

Sattler, H. (1998b): Markentransfers: Entscheidungshilfen für die Praxis, in: Markenartikel - Zeitschrift für Markenführung, Nr. 4 (Sept.), 1998, S. 40 - 43

Sattler, H. (1998c): Markenbewertung als Instrument zur Wertorientierten Unternehmensführung, in: Bruhn, M. / Lusti, M. / Müller, W. / Schierenbeck, H. / Studer, T. (Hrsg.): Wertorientierte Unternehmensführung, Wiesbaden 1998, S. 190 - 212

Sattler, H. (1998d): Der Wert von Handelsmarken. Eine empirische Analyse, in: Trommsdorff, V. (Hrsg.): Handelsforschung 1998/99: Innovation im Handel, Jahrbuch der Forschungsstelle für den Handel Berlin (FfH) e.V., 1998, S. 433 - 450

Sattler, H. (1998e): Das Image macht die Marke wertvoll, in: Lebensmittelzeitung, Nr. 43/1998, S. 55

Sattler, H. (1999): Ein Indikatorenmodell zur langfristigen monetären Markenwertbestimmung, in: Die Betriebswirtschaft (DBW), 59. Jg., (1999), Heft 5, S. 633 - 653

Sattler, H. (2000a): Markenbewertung, in: Albers, S. / Herrmann, A. (Hrsg.): Handbuch Produktpolitik, Wiesbaden 2000, S. 219 - 240

Sattler, H. (2000b): Eine Simulationsanalyse zur Beurteilung von Markeninvestitionen, in: Operations Research Spektrum (ORS), Sonderband „Operations Research in Marketing“, 2000, S. 173 - 196

Sattler, H. (2001a): Brand-Streching: Chancen und Risiken, in: Köhler, R, Majer, W., Wiezorek, H. (2001): Erfolgsfaktor Marke – neue Strategien des Markenmanagements, Wiesbaden 2001, S. 141 - 149

Sattler, H. (2001b): Markenbewertung (Brand Equity), in: Diller, H. (Hrsg.): Vahlens großes Marketing-Lexikon, 2. Aufl., München 2001, S. 952 - 957

Sattler, H. (2001c): Markenpolitik, Stuttgart et al. 2001

Sattler, H. (2001d): Markenbewertung und Markenberichterstattung in Deutschen Großunternehmen, in: H. Knüppel und C. Lindner (Hrsg.): Die Aktie als Marke? Wie Unternehmen mit Investoren kommunizieren sollen, Frankfurt 2001, S. 48 - 63

Sattler, H. / Hartmann, A. / Völckner, F. (2003): Lizenzen – ein gut florierendes Geschäft, in: absatzwirtschaft, Nr. 03/2003, S. 94 - 97

Sattler, H. / Hensel-Börner, S. (2000): A Comparision of Conjoint Measurement with Self-Explicated Approaches, in: Gustafsson, A. / Herrmann, A. / Huber, F. (Hrsg.): Conjoint Measurement: Methodes and Applications, Berlin et al. 2000, S. 121 - 133

Schiele, O. (1998): Die Lizensierung von Marken, Frankfurt am Main 1998

Schlote, S. (1998): Die Markenmacht, in: Managermagazin, 28. Jg. 1998, Heft 2, S. 59 - 70

Schmidt, M. (1997): Markenwert und Markenmanagement, in: MTP e.V. (Hrsg.): Erfolgreiches Markenmanagement - Vom Wert einer Marke, ihrer Stärke und Erhaltung, Wiesbaden 1997, S. 79 - 103

Schröder, J. / Perrey, J. (2002): So lohnen sich Investitionen in die Marke: Aufbau und Führung starker Marken, hrsg. von Marketing Centrum Münster/ McKinsey, Münster 2002

Schuh, A. (1995): Merchandising, in: Handwörterbuch des Marketing, Stuttgart 1995, S. 1876 - 1897

Schulz, R. / Brandmeyer, K. (1989b): Ein Instrument zur Bestimmung und Steuerung von Markenwerten, in: der Markenartikel - Zeitschrift für Markenführung, 7. Jg. (1989), S. 364 - 370

Schulz, R. / Brandmeyer, K., (1989a): Die Marken-Bilanz, Frankfurt 1989

Schweiger, G. / Schrattenegger, G. (1995): Werbung, 4. Aufl., Stuttgart 1995

Sebastian, K.-H. / Kolvenbach, C. (1998): Der Mehrwert der Marke – Ein Decison-Support-Modell zur empirischen Messung des Marken-Mehrwerts, Arbeitspapier der Firma Simon Kucher & Partner, Bonn 1998

Semion (1999) (Hrsg.): semion brand-broker gmbh, Firmenbroschüre, München 1999

Semion (2000) (Hrsg.): Firmenpräsentationsmaterialien, München 1999

Simon, C.J. / Sullivan, M.W. (1993): The Measurement and Determinants of Brand Equity: A Financial Approach, in: Marketing Science, Vol. 12, Winter, S. 28 - 52

Smith, G.V. (1997): Trademark Valuation, New York et al 1997

Spannagl, J. (2001): Neuer Stand in der Markenbewertung, in: Markenartikel – Zeitschrift für Markenführung, Nr. 5/2001, S. 38 - 43

Srinivasan, V. (1979): Network Models for Estimating Brand-Specific Effects in Multi-Attribute Marketing Models, in: Management Science, Vol. 25, January, S. 11 - 21

Srivastava, R.K. / Shervani, T.A. / Fahey, L. (1998): Market-Based Assets and Shareholder Value: A Framework for Analysis, in: Journal of Marketing, Vol. 62, January, S. 2 - 18

Srivastava, R.K. / Shocker, A.D. (1991): Brand Equity: A Perspective on it's Meaning and Measurement, Report No. 91-124 des Marketing Science Institute, Cambridge MA 1991

Sullivan, M.W. (1992): Brand Extensions: When to Use Them, in: Management Science, 38 (6), S. 793 - 805

Sullivan, M.W. (1998): How Brand Names Affect the Demand for Twin Automobiles, in: Journal of Marketing Research, 35 (May), S. 154 - 165.

Swait, J. / Erdem, T. / Louviere, J. / Dubelaar, C. (1993): The Equalization Price: A Measure of Consumer-Perceived Brand Equity, in: International Journal of Research in Marketing, Vol. 10, S. 23 - 45

Teichert, T. (2000): Das Latent-Class Verfahren zur Segmentierung von wahlbasierten Conjoint-Daten, in: Marketing ZFP, Heft 3, 3. Quartal 2000, S. 227 - 239

The Boston Consulting Group (1999a) (Hrsg.): Opportunities for Action in Consumer Markets - Managing Brands for Value, Firmenbroschüre, Boston 1999

The Boston Consulting Group (1999b) (Hrsg.): Opportunities for Action in Consumer Markets – The CEO as Total Brand Manager, Firmenbroschüre, Boston 1999

The Boston Consulting Group (1999c) (Hrsg.): Opportunities for Action in the Automotive Industry - How to Measure and Build Brand Value, Firmenbroschüre, Boston 1999

Tietz, B. / Köhler, R. / Zentes, J. (1995) (Hrsg.): Handwörterbuch des Marketing, 2. Aufl., Stuttgart 1995

TNS Emnid (o.J.) (Hrsg.): Conversion-Modell – Ein Instrument zur Messung der Kundenbindung und zur Entwicklung einer optimalen Strategie für Halte- und Gewinnungsmarketing, Firmenbroschüre, Bielefeld o.J.

Tomczak, T. / Schögel, M. / Ludwig, E. (1998) (Hrsg.): Markenmanagement für Dienstleistungen, St. Gallen 1998

Trevillon, K. / Perrier, R. (1999): Brand Valuation - A Practical Guide, in: Accountants' Digest (Hrsg.), Issue 405, London 1999

Trommsdorff, V. / Franzen, O. / Riedel, F. (1994): Ansätze der Markenbewertung und Markenbilanz, in: Bruhn, M. (Hrsg.): Handbuch Markenartikel - Anforderungen an die Markenpolitik aus Sicht von Wissenschaft u. Praxis, 3. Bände, Stuttgart 1994, S. 1373 - 1401

Twardawa, W. / Hupp, O. (2000): Die Bedeutung der Werbung für die strategische Markenführung, in: planung & analyse Nr. 3/2000, S. 32 - 36

Ulschmid, C. (1994): Empirische Validierung von Kapitalmarktmodellen. Untersuchungen zum CAPM und zur APT für den deutschen Aktienmarkt, Frankfurt a.M. 1994

Völckner, F. (2003): Markentransfererfolg für kurzlebige Konsumgüter – eine empirische Analyse, Wiesbaden 2003

Weber, M. (1986): Der Marktwert von Produkteigenschaften, Berlin 1986

Wermelskirchen, S. (1999): Kraft des Namens, in: Wirtschaftswoche Nr. 47 v. 18.11.1999, S. 154 - 160.

Wildner, R. (1991): Nutzung integrierter Paneldaten für Simulation und Prognose, in: GfK Jahrbuch der Absatz- und Verbrauchsforschung, Nr. 2/1991, S. 114 - 130

Winters, L.C. (1991): Brand Equity Measures: Some Recent Advances., in: Marketing Research, December, S. 70 - 73.

Wirtz, B.W. / Göttgens, O. / Dunz, M. (2001): Ansätze zur Markenbewertung, in: der markt 2001/4, 40. Jg. Nr. 159, S. 159 - 167

Yoo, B. / Donthu, N. (2001): Developing and Validating a Multidimensional Consumer-Based Brand Equity Scale, in: Journal of Business Research, Nr. 52/2001, S. 1 - 14

Young & Rubicam (o.J.) (Hrsg.): Y&R BrandAsset Valuator - Das umfangreichste Analyse-Instrument über Marken und Verbraucher, Firmenbroschüre, Frankfurt o.J.

Zatloukal, G. (2002): Erfolgsfaktoren von Markentransfers, Dissertation, Wiesbaden 2002

Zimmermann, R. / Klein-Bölting, U. / Sander, B. / Murad-Aga, T. (2001): Brand Equity Review, in: BBDO Group Germany (Hrsg.): Brand Equity Excellence 1, Düsseldorf 2001

Zimmermann, R. / Klein-Bölting, U. / Sander, B. / Murad-Aga, T. (2002): Brand Equity Evaluator, in: BBDO Group Germany (Hrsg.): Brand Equity Excellence 2, Düsseldorf 2002

Anhang 1: Fragebogen und ausgewählte Screenshots der Omnibus-Erhebung

Frage 1a: Trinken Sie gelegentlich Kaffee? (ja/nein)

Frage 1b: Kaufen Sie gelegentlich Kaffee? (ja/nein)

Frage 2: Sagen Sie mir bitte, welche der folgenden Marken Sie kennen, wenn auch nur dem Namen nach.

Frage 3: Und welche dieser Marken kommen für Sie beim Kauf in Frage?

Frage 4: Und welche dieser Marken kommen für Sie beim Kauf nicht in Frage?

Frage 5a: Welche der folgenden Kaffeemarken gefällt Ihnen am besten, so daß Sie diese am ehesten kaufen würden, wenn alle Kaffeemarken den gleichen Preis und die gleiche Packungsgröße hätten?

Frage 5b: Und welche der folgenden Kaffeemarken gefällt Ihnen am schlechtesten, so daß Sie diese an letzter Stelle kaufen würden, wenn alle Kaffeemarken den gleichen Preis und die gleiche Packungsgröße hätten?

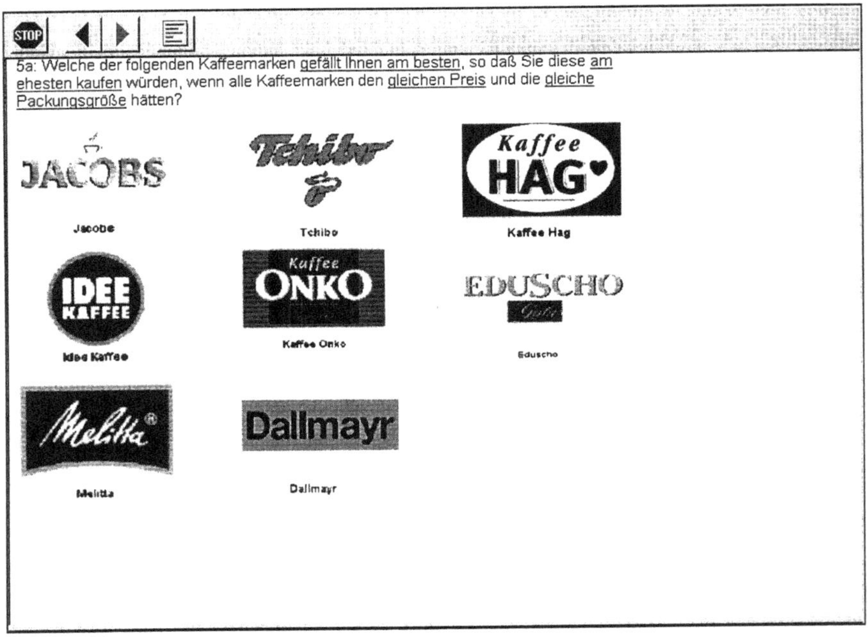

Frage 6: Nun interessiert uns Ihre Meinung über die verbleibenden Kaffeemarken. Nehmen Sie bitte weiterhin an, daß Preise und Packungsgrößen bei allen Marken jeweils gleich sind.
Bitte beurteilen Sie nun die restlichen Kaffeemarken, indem Sie auf der jeweiligen Skala einen Wert zwischen **10** (gefällt mir am besten) und **1** (gefällt mir am schlechtesten) angeben.
Hinweis: der Marke, die Ihnen am besten gefallen hat, haben wir eine "10" auf der nachfolgenden Skala zugeordnet und der Marke, die Ihnen am schlechtesten gefallen hat, haben wir eine "1" auf der nachfolgenden Skala zugeordnet. Sie können Ihre Antwort auch abstufen; z.B. 6,5 oder 3,7...

Frage 7: Angenommen, die beiden unten abgebildeten Kaffeemarken hätten nun doch nicht den gleichen Preis, wieviel würden Sie pro 500gr-Packung für die von Ihnen an erster Stelle gekaufte Kaffeemarke zusätzlich mehr zahlen als für die andere Kaffeemarke?

6: Nun interessiert uns Ihre Meinung über die verbleibenden Kaffeemarken. Nehmen Sie bitte weiterhin an, daß Preise und Packungsgrößen bei allen Marken jeweils gleich sind.
Bitte beurteilen Sie nun die restlichen Kaffeemarken, indem Sie auf der jeweiligen Skala einen Wert zwischen
Sie können Ihre Antwort auch abstufen, z.B. 6,5 oder 3,7 usw.

gefällt mir am schlechtesten — gefällt mir am besten

1-----------2-----------3-----------4-----------5-----------6-----------7-----------8-----------9-----------10

Dallmayr	
Eduscho-Gala	
Idee Kaffee	
Jacobs Kaffee	10
Kaffee Hag	1
Melitta Kaffee	
Onko	
Tchibo	

7	8	9	<-
4	5	6	->
1	2	3	Del
.	0	-	BS

7: Angenommen, die beiden unten abgebildeten Kaffeemarken hätten nun doch nicht den gleichen Preis, wieviel würden Sie pro 500gr-Packung für die von Ihnen an erster Stelle gekaufte Kaffeemarke (linkes Logo) zusätzlich mehr zahlen als für die andere Kaffeemarke? (Eingabebereich 0.0 bis 10.0)

--,-- DM mehr pro 500gr-Packung

7	8	9	<-
4	5	6	->
1	2	3	Del
.	0	-	BS

JACOBS — Jacobs

Tchibo — Tchibo

Frage 8: zweiter Paarvergleich analog zu Frage 7

Frage 9: Wieviel Pfund Kaffee kaufen Sie typischerweise pro Monat? (im Zweifel bitte grob schätzen)

Frage 10: Welche der folgenden Kaffeemarken haben Sie zuletzt gekauft?

Frage 11: Bitte geben Sie den Kaufpreis sowie die Packungsgröße für diese von Ihnen zuletzt gekaufte Kaffeemarke an. (im Zweifel bitte grob schätzen)

Frage 12a: Angenommen, es würde ein neues Kakaopulver am Markt eingeführt und unter einer bekannten Marke (s.u.) angeboten. Wie würden Sie die Qualität folgender drei Kakaopulvermarken einschätzen? (Sie können Ihre Antwort auch abstufen; z.B. 6,5 oder 3,7...)

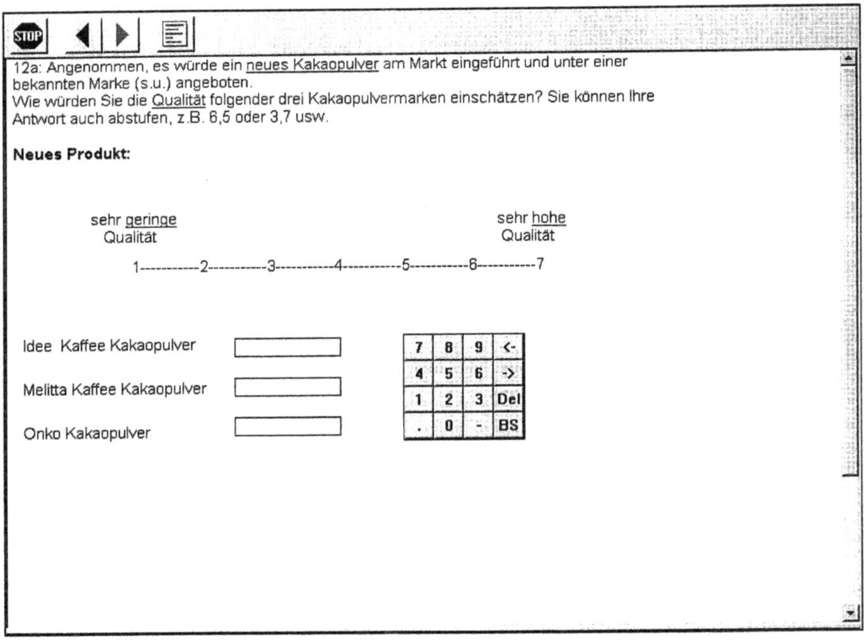
STOP

12a: Angenommen, es würde ein neues Kakaopulver am Markt eingeführt und unter einer bekannten Marke (s.u.) angeboten.
Wie würden Sie die Qualität folgender drei Kakaopulvermarken einschätzen? Sie können Ihre Antwort auch abstufen, z.B. 6,5 oder 3,7 usw.

Neues Produkt:

sehr geringe Qualität — sehr hohe Qualität

1----------2----------3----------4----------5----------6----------7

Idee Kaffee Kakaopulver

Melitta Kaffee Kakaopulver

Onko Kakaopulver

7	8	9	<-
4	5	6	->
1	2	3	Del
.	0	-	BS

Frage 12b: Inwiefern würden Ihrer Meinung nach die drei neuen Kakaopulvermarken und die jeweiligen Kaffeemarken zusammenpassen? (Sie können Ihre Antwort auch abstufen; z.B. 6,5 oder 3,7...)

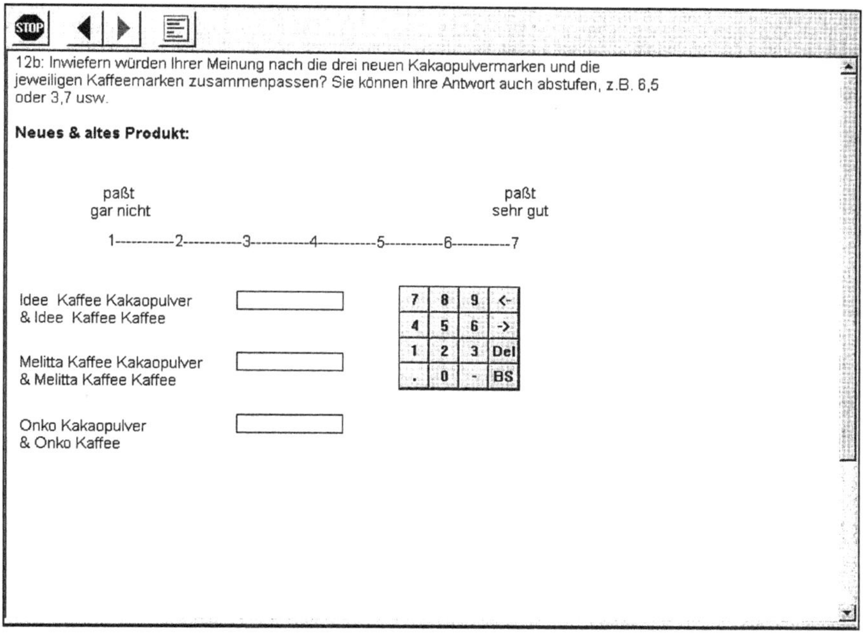

12b: Inwiefern würden Ihrer Meinung nach die drei neuen Kakaopulvermarken und die jeweiligen Kaffeemarken zusammenpassen? Sie können Ihre Antwort auch abstufen, z.B. 6,5 oder 3,7 usw.

Neues & altes Produkt:

paßt gar nicht — paßt sehr gut

1----------2----------3----------4----------5----------6----------7

Idee Kaffee Kakaopulver & Idee Kaffee Kaffee

Melitta Kaffee Kakaopulver & Melitta Kaffee Kaffee

Onko Kakaopulver & Onko Kaffee

7	8	9	<-
4	5	6	->
1	2	3	Del
.	0	-	BS

Frage 13a: Angenommen, es würde ein neuer Tee am Markt eingeführt und unter einer bekannten Marke (s.u.) angeboten. Wie würden Sie die Qualität folgender drei Teemarken einschätzen? (Sie können Ihre Antwort auch abstufen; z.B. 6,5 oder 3,7...)

Frage 13b: Inwiefern würden Ihrer Meinung nach die drei neuen Teemarken und die jeweiligen Kaffeemarken zusammenpassen? (Sie können Ihre Antwort auch abstufen; z.B. 6,5 oder 3,7...)

Frage 14: Nun möchte ich Sie bitten, einige der Marken, über die wir uns unterhalten haben, hinsichtlich einiger Eigenschaften zu beurteilen. Ich lese Ihnen nun einige Aussagen vor, und Sie sagen mir dann bitte zu jeder dieser Aussagen, wie sehr sie für Sie ganz persönlich zutrifft. (1 = trifft überhaupt nicht zu, 5 = trifft voll und ganz zu).

Die Marke...

- ... ist eine Marke, die ich zukünftig kaufen werde
- ... ist eine Marke, für die ich gerne bereit bin mehr auszugeben als für andere Marken
- ... ist eine Marke, mit der ich mich mehr identifizieren kann als mit anderen Marken
- ... ist eine Marke, der ich mehr vertrauen kann als anderen Marken
- ... ist eine Marke, die ich eher weiterempfehlen kann als andere Marken
- ... hebt sich positiv von anderen Marken ab
- ... ist mir sympathischer als andere Marken
- ... ist bekannter als andere Marken
- ... ist eine Marke, bei der ich es mehr als bei anderen bedauere, wenn sie nicht erhältlich ist
- ... ist qualitativ hochwertiger als andere Marken

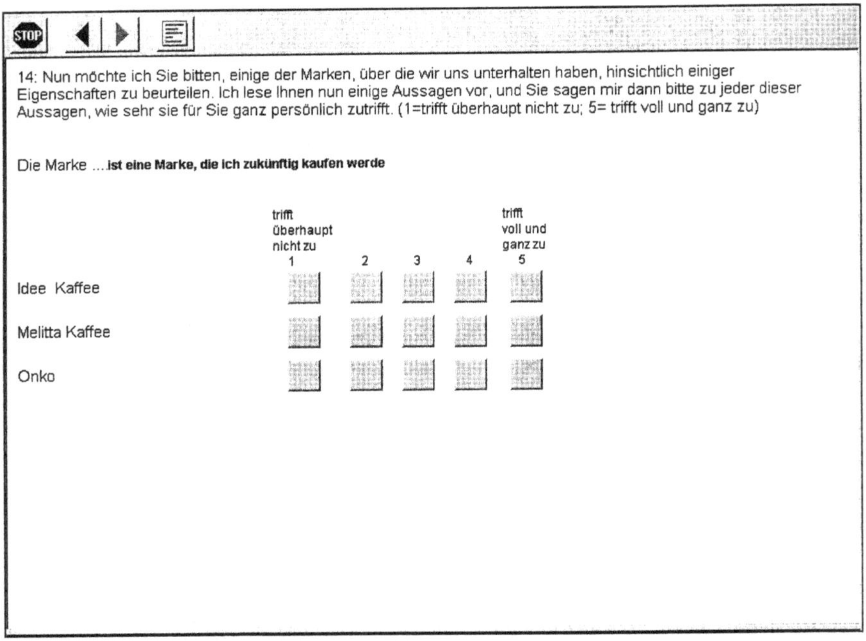
STOP

14: Nun möchte ich Sie bitten, einige der Marken, über die wir uns unterhalten haben, hinsichtlich einiger Eigenschaften zu beurteilen. Ich lese Ihnen nun einige Aussagen vor, und Sie sagen mir dann bitte zu jeder dieser Aussagen, wie sehr sie für Sie ganz persönlich zutrifft. (1=trifft überhaupt nicht zu; 5= trifft voll und ganz zu)

Die Marke ...**ist eine Marke, die ich zukünftig kaufen werde**

	trifft überhaupt nicht zu 1	2	3	4	trifft voll und ganz zu 5
Idee Kaffee					
Melitta Kaffee					
Onko					

Frage 15: Welche der folgenden Marken...

- verwenden Sie regelmäßig
- verwenden Sie ab und zu
- haben Sie früher verwendet, aber heute nicht mehr
- haben Sie noch nie verwendet?

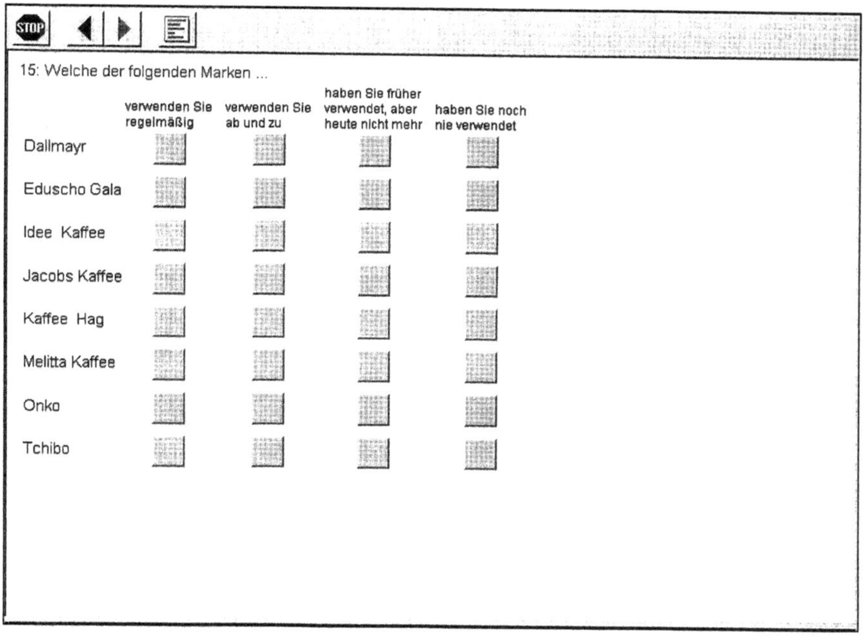

15: Welche der folgenden Marken ...

	verwenden Sie regelmäßig	verwenden Sie ab und zu	haben Sie früher verwendet, aber heute nicht mehr	haben Sie noch nie verwendet
Dallmayr				
Eduscho Gala				
Idee Kaffee				
Jacobs Kaffee				
Kaffee Hag				
Melitta Kaffee				
Onko				
Tchibo				

Frage 16 ff.: Soziodemographische Fragen des GfK-Omnibus

Anhang 2: Ausgewählte Screenshots der Laborerhebung

1) Begrüßung und Instruktion:

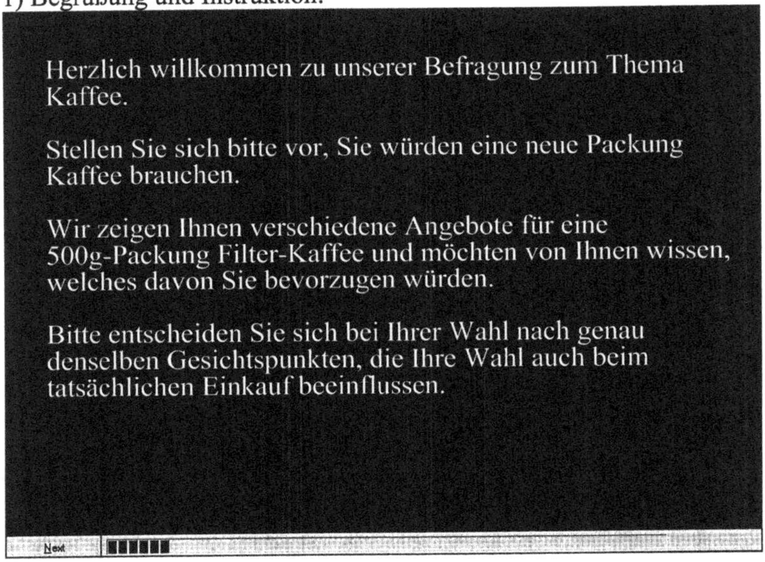

2) Abfrage von Wahlentscheidungen (insgesamt 7 je Proband):

Printed by
CPI books GmbH, Leck